国家文化产业资金支持媒体融合重大项目

职业教育教学改革融合创新型教材·会计类

Excel Zai Caiwu Guanli Zhong De Yingyong

Excel在财务管理中的应用

第六版

周丽媛 主编　戴玉洁 副主编

东北财经大学出版社
Dongbei University of Finance & Economics Press
大连

图书在版编目（CIP）数据

Excel在财务管理中的应用 / 周丽媛主编．—6版．—大连：东北财经大学出版社，2024.8．—（职业教育教学改革融合创新型教材·会计类）．
ISBN 978-7-5654-5402-8

Ⅰ．F275-39

中国国家版本馆CIP数据核字第2024NL3974号

东北财经大学出版社出版
(大连市黑石礁尖山街217号　邮政编码　116025)
网　　址：http://www.dufep.cn
读者信箱：dufep@dufe.edu.cn
大连天骄彩色印刷有限公司印刷　东北财经大学出版社发行

幅面尺寸：185mm×260mm　　字数：410千字　　印张：17.75

2024年8月第6版　　2024年8月第1次印刷

责任编辑：张旭凤　　责任校对：刘贤恩

封面设计：原　皓　　版式设计：原　皓

定价：45.00元

教学支持　售后服务　联系电话：(0411) 84710309

如有印装质量问题，请联系营销部：(0411) 84710711

富媒体智能型教材出版说明

“财经高等职业教育富媒体智能型教材开发系统工程”入选国家新闻出版广电总局新闻出版改革发展项目库，并获得文化产业专项资金支持，是“国家文化产业资金支持媒体融合重大项目”。项目以“融通”“融合”“共建”“共享”为特色，是东北财经大学出版社积极落实国家推动传统媒体与新媒体融合发展的重要举措之一。

“财济书院”智能教学互动平台是该工程项目建设成果之一。该平台通过系统、合理的架构设计，将教学资源与教学应用集成于一体，具有教学内容多元呈现、课堂教学实时交互、测试考评个性设置、用户学情高效分析等核心功能，是高校开展信息化教学的有力支撑和应用保障。

富媒体智能型教材是该工程项目建设成果之二。该类教材是我社供给侧结构性改革探索性策划的创新型产品，是一种新形态立体化教材。富媒体智能型教材秉持严谨的教学设计思想和先进的教材设计理念，为财经职业教育教与学、课程与教材的融通奠定了基础，较好地避免了传统教学模式和单一纸质教材容易出现的“两张皮”现象，有助于教学质量的提高和教学效果的提升。

从教材资源的呈现形式来说，富媒体智能型教材实现了传统纸质教材与数字技术的融合，通过二维码建立链接，将VR、微课、视频、动画、音频、图文和试题库等富媒体资源丰富呈现给用户；从教材内容的选取整合来说，其实现了职业教育与产业发展的融合，不仅注重专业教学内容与职业能力培养的有效对接，而且很好地解决了部分专业课程学与训、训与评的难题；从教材的教学使用过程来说，其实现了线下自主与线上互动的融合，学生可以在有网络支持的任何地方自主完成预习、巩固、复习等，教师可以在教学中灵活使用随堂点名、作业布置及批改、自测及组卷考试、成绩统计分析等平台辅助教学工具。

“重塑教学空间，回归教学本源！”“财济书院”（www.idufep.com）平台不仅仅是出版社提供教学资源和服务的平台，更是出版社为作者和广大院校创设的一个自主选择和自主探究的教与学的空间，作者和广大院校师生既是这个空间的使用者和消费者，也是这个空间的创造者和建设者，在这里，出版社、作者、院校共建资源，共享回报，共创未来。

最后，感谢各位作者为支持项目建设所付出的辛劳和智慧，也欢迎广大院校在教学中积极使用富媒体智能型教材和“财济书院”平台，东北财经大学出版社愿意也必将陪伴广大职业教育工作者走向更加光明而美好的职教发展新阶段。

东北财经大学出版社

第六版前言

伴随着信息技术的快速发展，数字经济已融入社会生活的方方面面，财务管理更加趋于数智化。党的二十大报告提出“加快发展数字经济”，在这一背景下，提升数字素养成为数字经济发展的重要基础。对个人而言，培养数字意识、强化计算思维、增强数字信息安全技能，有助于更好地适应数字经济发展的迫切需要。Excel作为一款不断更新、不断完善的数据处理软件，已经在全球各行各业中得到广泛应用。从基本数据的输入到图、表的生成，从函数、公式的运用到统计、分析、管理等工作的完成，从“私人订制”到“共享使用”，Excel大大提高了企业的数据处理工作效率和工作质量。对于会计、统计、财务管理、仓储管理等与数据有关的工作岗位来说，Excel一定是不可多得的好帮手。目前，世界上大多数企业都使用Excel进行大量的数据分析，从而为企业相关政策和决策的制定和执行提供有效的参考。

《Excel在财务管理中的应用》一书作为国内众多高校会计、财务管理等专业连续多年使用的教科书，不仅适用于教学领域，而且得到了许多实务工作者的认可。本次修订的主要变化是以应用较为广泛的Excel 2016为平台，全面、系统地更新了教材内容，补充介绍了Excel 2016新增加的实用功能，如数据透视图的生成、动态看板的制作等。

本书由周丽媛编写第1章、第4—10章，并负责全书总纂定稿，戴玉洁编写第2、3章，并制作全书小视频。

本书专注于用Excel 2016解决财务管理业务问题，兼顾职业知识、职业能力和职业道德，突出数字、图表的应用能力培养。尽管我们尽最大努力使修订后的教材能更具时代感和实用性，但囿于作者的理论和实践水平，以及实务规则和技术水平的迅猛发展，书中难免存在疏漏。因此，我们会一如既往地努力，与时俱进地更新和完善本教材。

本书能够连续再版，不仅要感谢各位使用者的支持，更要感谢东北财经大学出版社的各位编辑，他们的专业精神与团队协作能力堪称业界一流，在此深表敬意与谢意！

编　者

2024年7月

目 录

第1章
总　论

学习目标

知识目标：了解数字经济与财务管理，认识到Excel电子表格在信息时代企业财务管理中的广泛应用；掌握Excel电子表格软件的特点；知道Excel电子表格软件与其他财务软件的区别。

技能目标：掌握Excel 2016的新功能。

素养目标：培养对数字信息的敏感度和关注度，理解个人与国家的关系，树立为国家发展贡献力量的远大理想。

1.1　数字经济与财务管理

随着以普适技术、泛在网络、自主迭代为特征的新一代信息技术的发展，经济发展越来越多地呈现出经济信息的数字化、数字信息的海量化、数据传递的及时化、数据分析的复杂化、决策技术的数据化等特征。新一代信息技术向经济社会的各个方面不断渗透，不仅改变了信息传递、交互和沟通的方式，极大地降低了沟通交流的成本，提升了沟通交流的效率，同时也为企业提供了更强有力的竞争手段。尤其是伴随着5G技术的不断完善，人工智能、大数据、云计算、区块链、物联网更是越来越广泛地应用到全社会各行各业的各类运行场景中，数字经济已经成为全球最重要的商业乃至产业的基础设置，成为驱动全球经济持续高速发展的关键引擎与动力。党的二十大报告提出"加快发展数字经济，促进数字经济和实体经济深度融合"。同时，数字经济与管理科学的结合又赋能于现代企业管理技术，影响着企业经营战略、组织与文化、制造资源、资金与成本、技术与产品开发、生产计划与控制等各个方面。数智化是企业将生产资料数字化、生产过程智能化、运营管理数据化及智能化的过程，即企业借助信息和通信技术（Information and Communication Technology，ICT）手段将所有元素数字化后，形成以数据为中心，生产经营、组织架构、营销管理、商业模式等各个方面都随之发生数字化、智能化的变革。此时，数据已经成为继土地、劳动力、资本、技术等要素资源后的新要素。例如，金融业的风险管控，目前已经通过海量数据构建企业与企业、企业与重要客户之间的关联网络，并通过对历史数据的模拟训练，构建信用风险传导预测模型，预测企业违约概率以及各关系圈的风险传导概率。

在财务数智化的发展方面，以往占用财务人员很多时间、花费很大精力的基础性、重复性会计核算工作已经可以被机器人取代，而蕴藏着无限商机和可能的海量财务数据分析，已经日益成为财务人员日常基础工作的一部分。财务管理的数智化转型已经成为中国企业新刚需。然而，目前中国企业的财务管理数智化转型发展水平还参差不齐，尤其是大多数中小企业还停留在采用专业财务软件进行基本的会计账务处理，其软件仅能包含一部分相对固化的财务管理内容，财务预测、决策、数据分析的绝大多数内容尚处于传统的管理状态。这一方面是因为财务管理不像财务会计那样有一个规范的准则，另一方面是因为不同企业的管理制度和经营风格存在非常大的差别，很难有一个既可用于核算又能服务于企业管理与决策的通用智能化财务软件。尽管目前有一些具有一定“管理型”功能的财务软件或者在数据分析方面功能更强大的软件，但在规范性、灵活性、便捷性、可操作性等方面往往难以兼顾，在实务界做广泛的推广尚有一定的难度。

本书所称财务管理数智化，就是指以电子表格为主要工具，以“大智移云物”[①]为技术手段，针对企业的资金运动信息，在企业资金循环的各个环节，有效组织财务活动、处理财务关系而进行的全价值链管理活动。本书使用的电子表格软件主要是Excel 2016版。

1.2 什么是电子表格软件

电子表格软件是一种通用的计算工具，它允许操作者在屏幕上设计所需格式的报表，填写数据及计算公式，自动计算并打印输出。它一般不需要编写程序，直接供终端操作者使用，而不是供软件开发人员使用。随着电子计算机技术的迅速发展和广泛应用，电子表格技术也日臻完善，而且通过使用电子表格软件，人们处理表格的便捷度、计算数据的准确性也大大提高，这也进一步促进了电子表格软件的开发与应用。

Excel电子表格集万能的表格计算、丰富的图形显示和方便的数据管理等功能于一体，并且能够便捷地实现与各类经济管理信息系统软件的数据共享。尤其是随着Excel电子表格版本的不断提高，其对数据进行加工、提炼的技术不断强化，助力财务信息处理、管理决策分析以及财务实操的功能也是不断增强。例如，使用模拟运算表进行敏感性分析，使用单变量求解工具进行目标利润规划，使用一键式规划求解工具进行最优化决策，使用数据透视表进行应收账款管理等。而且，随着Excel版本（如图1-1所示）的不断提升，工具、函数、透视、图表这四大要素使得Excel电子表格不愧是一个卓越的信息分析和信息处理软件。

二维码1-1

【小知识1-1】Excel的前世今生

图1-1 Excel版本

① “大智移云物”主要指大数据、人工智能、移动互联网、云计算、物联网。移动互联网和物联网的结合，使大数据的产生和采集成为可能。云计算为移动互联网和物联网的应用提供了支撑，大数据的分析与挖掘反过来助推移动互联网和物联网的发展，使软硬件更加智能化。从用户角度看，“大智移云物”中，移动互联网是最关键的技术，正是它的迅猛发展，让大数据、物联网等技术和应用从概念走向了现实。

Excel电子表格软件目前被广泛地应用于社会的各个领域。从政府部门、世界著名大公司和大企业，到小的工厂、家庭，许多人都在使用Excel。它主要用于管理、组织和处理各种各样的数据、图表。政府机构的职能部门可以用它来处理日常办公事务，传递各种文件，打印各式各样的表格；公司的管理部门可以利用它来制订生产和销售计划，帮助公司完成投资决策；财务部门可以利用它来分析各种类型的数据，将结果用多种统计图形呈现出来，并完成各种财务报表的制作。

虽然Excel并非专为财务人员所设计，但长期以来，由于Excel具有财务上的普及性、标准性和兼容性，因此其用户中财务人员所占的比重较大。此外，设计者在设置Excel的功能时充分考虑了现代财务会计处理的问题，如大量的财务函数的使用设计，因此也有人将Excel称为“通用财务软件”。本教材正是将企业财务管理的内容通过使用Excel 2016进行数字化，从而有助于财务人员实现“财务管理数智化”。

需要明确的是，虽然我们称Excel为“电子表格”，但是我们不应将Excel仅视为一个简单的制表工具，制表只是Excel的具体应用之一。我们应当将Excel视为一个通用的计算工具，将屏幕看成一张计算用的“纸”，行与列的编号是为了便于编写计算公式而提供的坐标。在这样一张“纸”上，我们可以进行很复杂的计算，而不是单纯地或者简单地输出一张表格。

1.3 Excel电子表格软件的特点

1.3.1 Excel电子表格软件的基本特征

1）图形用户界面

Excel的图形用户界面是标准的Windows窗口形式，由控制菜单、【最大化】按钮、【最小化】按钮、标题栏、菜单栏、工具栏等部分组成。菜单栏中列出了Excel的众多功能，工具栏则进一步将常用命令分组，并以按钮的形式列在菜单栏的下方。此外，用户也可以根据需要，重组菜单栏和工具栏，即在菜单栏中添加工具栏按钮或者在工具栏中添加菜单栏命令，甚至定义用户自己专用的菜单栏和工具栏。当用户将鼠标指针停留在菜单栏命令或工具栏按钮上时，菜单栏命令或工具栏按钮会突出显示，并出现相关提示。为了方便用户使用工作表，Excel的图形用户界面中还有编辑栏和工作表标签。

2）表格处理

Excel的另一个突出特点是采用表格方式管理数据，所有数据、信息都以二维表格的形式（工作表）管理，单元格中数据间的相互关系一目了然，从而使数据的编辑和管理更直观、方便、易于理解。对于日常工作中常用的表格处理操作，如增加行、删除列、合并单元格、表格转置等，在Excel中通过菜单栏命令或工具栏按钮的操作即可完成。此外，Excel还提供了数据和公式的自动填充、表格格式的自动套用、自动求和、记忆式输入、自动更正、拼写检查、排序和筛选等多项功能，可以帮助用户快速、高效地建立、编辑和管理各种表格。

3）数据处理与分析

Excel除了能够有效进行各种表格的处理外，还具有强大的数据处理与分析功能。它提供了包括财务函数、日期与时间函数、数学和三角函数、统计函数、查找和引用函数、数据库函数、文本函数、逻辑函数、信息函数、工程函数、用户自定义函数在内的11类数百个内置函数，可以满足许多行业处理与分析数据的要求。如果内置函数不能满足需要，还可以建立自定义函数。为了方便用户使用函数、编辑函数，Excel还提供了粘贴函数命令。Excel分门别类地列出了所有内置函数的名称、功能以及每个参数的意义和使用方法，并可以随时为用户提供帮助。

除了具有一般数据库软件所提供的数据排序、筛选、查询、统计汇总等数据处理功能以外，Excel还提供了许多数据分析与辅助决策工具，如数据透视表、模拟运算表、假设检验、方差分析、模拟分析、回归分析法、规划求解、多方案管理分析等。利用这些工具，用户不需要掌握复杂的数学计算方法，不需要了解具体的求解技术，更不需要编写程序，只要正确地选择适当的参数，即可完成复杂的求解过程，得到相应的分析结果和完整的求解报告，在有效提升企业管理人员的工作效率的同时，还能够有效帮助使用者简化工作流程，进而提升企业决策效率。

4）图表制作

图表是提交数据处理结果的最佳形式。通过图表，用户可以直观地看出数据的众多特征。例如，数据的最大值、最小值、发展变化趋势、集中程度和离散程度等，都可以在图表中直观反映出来。Excel具有很强的图表制作功能，可以方便地将工作表中的有关数据制作成专业化的图表。Excel提供的图表类型有条形图、柱形图、折线图、散点图、股价图以及多种复合图表和三维图表，并且对每一种图表类型还提供了几种不同的自动套用图表格式，用户可以根据需要选择最合适的图表来显示数据。如果所提供的标准图表类型不能满足用户的需要，用户还可以自定义图表类型，并对图表的标题、数值、坐标以及图例等各个项目分别进行编辑，从而获得最佳的外观效果。Excel还能自动建立数据与图表的联系，当增加或删除数据时，图表可以随着数据的变化及时更新。

5）宏功能

为了更好地发挥Excel的强大功能，提高使用Excel的工作效率，Excel还提供了宏功能，并内置了VBA（Visual Basic for Applications）语言。VBA是一种面向对象的程序语言，它直观易学。用户可以使用VBA创建自定义函数和自定义命令，还可以利用VBA在Excel的基础上开发出完整的应用软件系统。更重要的是，对于非计算机专业人员来说，Excel提供了宏记录器，该功能可以将用户的一系列操作记录下来，自动转换成由相应的VBA语句组成的宏命令。日后，当用户需要执行这些操作时，直接运行这些宏即可。对于需要经常使用的宏，用户还可以将有关的宏与自定义菜单栏命令或工具栏按钮相关联，以后只要选择相应的菜单栏命令或者单击相应的工具栏按钮，即可完成上述操作。

6）Internet与共享数据功能

Excel将工作表与Internet紧密结合在一起。用户通过Excel提供的Web功能，可以使用Internet上的文件，可以向Internet输出数据，还可以浏览Internet上的Web页面和插入超级链接。Excel提供的Web组件可以将工作簿、图表或者数据透视表另存为具有交互功能的Web页。此时的Web页除了具有一般HTML文档的功能以外，还具备Excel的众多功能。用户既可以随时使用浏览器访问Web页上的数据，并直接进行各种编辑操作，还可以根据需要将HTML文档中的表格导入Excel中。用户可以在Excel中直接将创建的工作簿作为电子邮件发送给同事或者客户，而不再需要手工启动有关的电子邮件软件。Excel还支持将表格数据直接从浏览器拖放到Excel中，即在浏览Web页面时，通过常用的复制、粘贴甚至直接拖放操作，就可以从浏览器复制电子表格信息。Excel与Internet的紧密结合，使得用户在使用浏览器时即可随时查看、编辑Excel中的内容。

Excel的共享数据功能使得协同作业更加方便，工作组中的各个成员可以同时编辑一个工作簿，还可以利用突出显示、修订、批注等方式及时了解其他用户的工作。

小知识1-2

从实际操作过程来看，Excel的基本功能按照递进顺序依次为：①数据操作——简洁有用，使用技巧；②表格制作——清晰明了，公式运用；③绘制图形——漂亮直观，辅助分析；④数据分析——财务知识，分析透彻。

小知识1-3

Excel的应用领域：人事管理、行政管理、财务管理、市场与营销管理、生产管理、仓库管理、投资分析等。

Excel的主要功能：表格的制作和打印、数据记录与整理、数据加工与计算、数据统计与分析、图形报表的制作等。

1.3.2 Excel 2016的新功能①

与Excel 2010相比，Excel 2016的新增功能主要包括以下10个方面，具体操作详见【小知识1-4】及【小视频1-1】。

二维码1-2

【小知识1-4】Excel 2016的主要新增功能

1）使用操作说明搜索框

Excel 2016的功能区有一个文本框即【贴心的Tell Me】，显示“告诉我您想要做什么”。在其中输入与想要执行的操作相关的字、词和短语，它就会直接引导你进行所需要的或要执行的功能操作。它还可以选择获取与要查找的内容相关的帮助，或是对输入的术语执行智能查找。

二维码1-3

【小视频1-1】Excel 2016新增功能操作视频

2）快速填充数据

利用“快速填充”工具，可以根据从数据中识别的模式，一次性输入剩余的数据。例如，把姓名的姓和名分列。

3）即时数据分析

“快速分析”工具，可以在很少的步骤内将数据转换为图表或表格，并预

① https://jingyan.baidu.com/article/148a1921f956024d71c3b192.html，https://jingyan.baidu.com/article/948f59241dee6ed80ff5f9a7.html.

览使用条件的数据、迷你图或图表。

4）推荐合适的图表

通过“推荐的图表”，Excel 2016可以推荐能够最好展示给用户的数据模式的图表。

5）新增主题色彩

新增彩色和中灰色。

6）新增墨迹公式

可以手写输入数学公式。

7）新增6种图形

Excel 2016中新增了树状图、旭日图、直方图、排列图、箱形图与瀑布图。

8）新增地图

Excel 2016中内置了3D地图，用户可轻松插入三维地图，并与二维地图同步播放，同时Power Map插件也完善了该功能。

9）快速形状样式设置

此功能通过在Excel中引入新的“预设”样式，增加了默认形状样式的数量。

10）新增一键式预测

在Excel的早期版本中，只能使用线性预测。在Excel 2016中，FORECAST函数进行了扩展，允许基于指数平滑（例如，FORECAST.ETS（）…）进行预测。此功能也可以作为新的一键式预测按钮来使用。在“数据”选项卡上，单击“预测工作表”按钮可快速创建数据系列的预测可视化效果。在向导功能中，还可以找到由默认的置信区间自动检测、用于调整常见预测参数（如季节性）的选项。如图1-2所示。

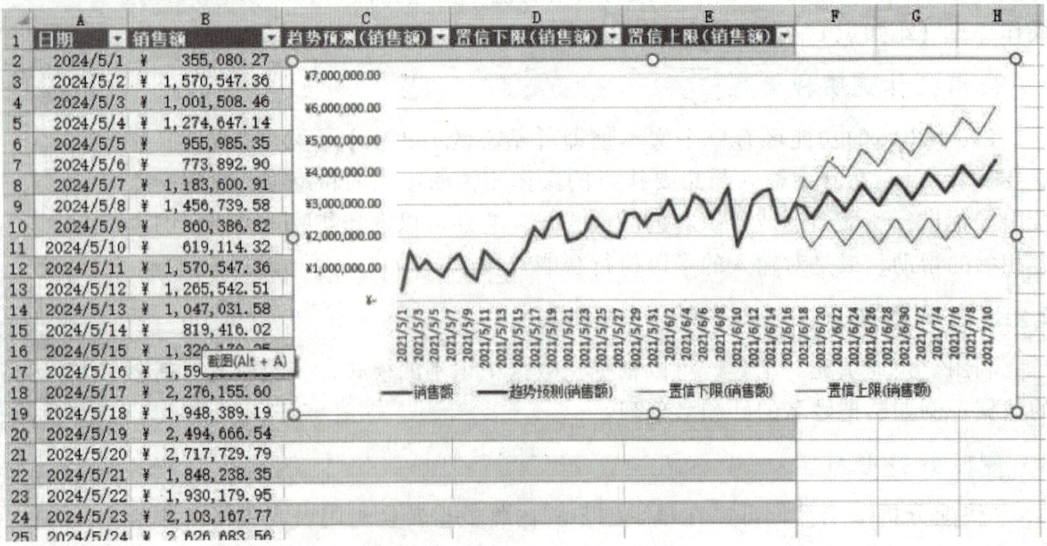

图1-2　Excel 2016一键式预测

1.4 Excel电子表格软件与其他财务软件的比较

1.4.1 Excel电子表格软件与专用财务软件的比较

目前，企业利用电子计算机解决财务问题，大多是通过专用财务软件进行的。运用专用财务软件解决财务问题既简单又方便，但也有一定的局限性。第一，由于企业的业务种类繁多并且不断变化，因此有时会出现专用财务软件解决不了的问题。第二，由于专用财务软件的功能有限，因此其不能完全满足企业管理的需要，从而出现了管理上的死角或盲区。第三，自主开发专用财务软件的难度大、周期长、成本高。随着计算机应用的不断普及与深入，财务管理人员在工作中不能仅局限于使用一两种专用财务软件，还应该掌握更多的处理财务数据的工具，只有这样，在工作中遇到问题时，思路才会广，解决的办法才会多，工作效率才会高。

作为通用办公软件，Excel与专用财务软件相比，主要存在以下几个方面的差异：

1）基本功能不一致

专用财务软件以账务处理为核心，其主要功能包括凭证输入、形成总账及各种分类账、输出财务报表及账本等。Excel突破了传统专用财务软件的模式，它是一种集数据库、工作表与图形于一体的工作环境，这个工作环境中提供了各种工具和方法，能够从根本上满足现代会计工作的各种需求。Excel能够方便地采集、处理数据，有灵活的计算功能，输出报表完美，用户可根据自己的需要设置各种实用功能。

2）开发成本不一致

一般来说，专用财务软件有明确的适用对象，因此其开发成本较高，Excel则不存在额外的开发成本。

3）适用范围不一致

专用财务软件是针对某个或某类企业进行设计并调试的，它能很好地满足目标企业的需求，能够有针对性地解决这些企业的各种问题，但其适用范围较窄；Excel一般不提供会计人员所需的各项可操作的具体功能（如凭证输入、过账等账务处理功能），仅提供工具和方法，因此其功能更强，适用范围更广。

4）难易程度不一致

专用财务软件在使用初期具有一定的难度，因此要对使用者进行专门的培训；Excel可以构建出相当复杂的系统，但其界面始终简单明了，操作过程便捷，不需要对使用者进行专门的培训，具有简单易学、灵活实用的特点。

严格地讲，Excel并不能说是一个已经完善了的财务软件，它只是一个财务工作平台，但是在这个平台上所能操作的财务事项的范围将远远超出一个专用财务软件所能包括的范围。用比较通俗的语言讲，我们可以将专用财务软件比作一把“单一功能的扳手”，它可以方便、有效、有针对性地解决它所指定的具体问题；Excel则可以视为一把“万能的扳手”，它能解决的问题远比“单一功能的扳手”多得多，只是要学会“万能的扳手”的使用方法。

还需要强调的是，Excel的使用并不需要专业编写程序的人来操作，因为Excel是一种不用编程的计算工具。只要掌握了Excel的基本操作原理，解决具体的财务问题原则上就靠使用者自己了。使用者再没有必要像过去那样，将关于解决相关问题的要求写出来，请专业的软件设计人员做出相应的软件再使用，也不会出现当环境变化、参数变化、管理流程变化时，需要再请原设计人员做出相应的修改和维护的情况了。当然，并不是所有利用Excel工具解决具体问题的情况都不需要编程，Excel也为高级用户提供了编程工具。如果将会计业务划分为财务会计和管理会计两部分，则前者适合使用标准化的专用财务软件，而后者适合使用Excel。

下面我们用两个图对上面的陈述做进一步说明。

图1-3形象地说明了Excel与专用财务软件在适用范围方面的差异。专用财务软件的适用范围仅是财务计算问题的一小部分；Excel是一个通用的计算工具，它涵盖了大部分财务计算问题，同时还能解决许多非财务计算问题，但不排除有少量较特殊的财务计算问题它不能解决。

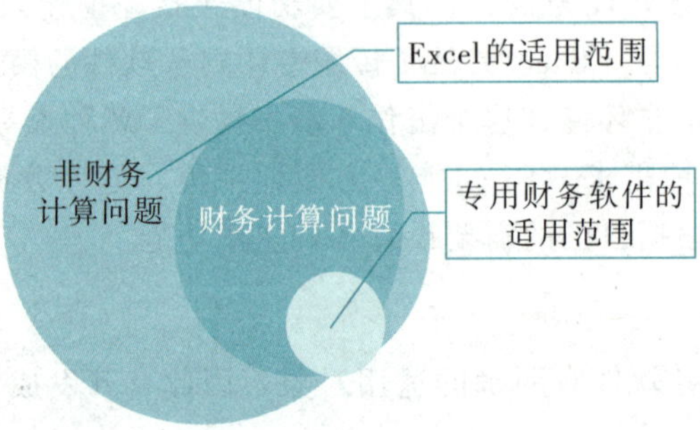

图1-3　Excel与专用财务软件的适用范围比较

按照企业管理层次的不同，办公自动化应用对象通常可以分为3层，即决策层、管理层和事务层。专用财务软件大体定位在事务层，同时尽力向管理层进行一定的延伸。Excel则不同，它对这三层应用对象都非常适用，尤其适用于中高层管理人员，如图1-4所示。

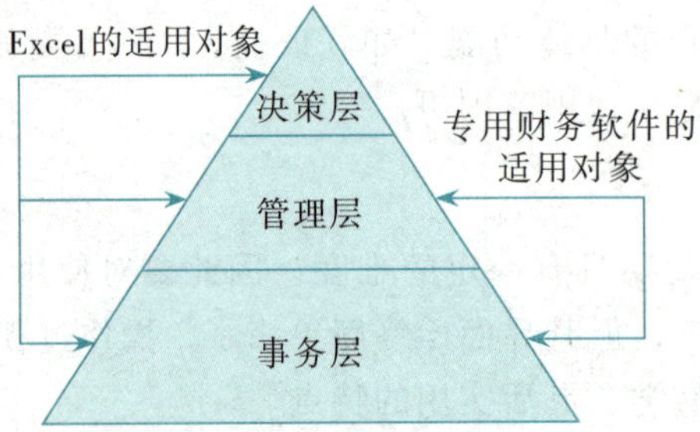

图1-4　Excel与专用财务软件的适用对象

1.4.2　Excel电子表格软件与部分电子表格软件的比较

随着电子表格软件应用的普及，其易于掌握、使用广泛、界面人性化的特点更加受到人们的青睐，陆续出现了多种电子表格软件，如WPS、Numbers、Lotus Notes、Formula One

等。虽然这些电子表格软件有的设计比较符合我国国情，有的在满足某些行业的特殊需求方面有其独到之处，但从总体上来看，无论是界面还是功能，它们都无法与Excel相媲美。

首先，Excel的开发有着强大的技术支持。电子表格软件是一个开发难度较大的软件，做好这类软件需要投入大量的人力和财力，微软公司仅Excel小组就有上百人之多，这是一些中小规模的软件公司无法达到的。其次，Excel具有“集成”优势。Microsoft Windows是微软公司研发的产品，同时，微软公司将Excel与文字处理软件Word等集成在一起，组成了办公自动化“群件”——“Microsoft Office”，因此Excel可以方便地与Word等软件共同使用。

长久以来，始终有一个问题困扰着IT界，即电子表格软件应用程序传统上只适合单人编辑使用，如果两人同时使用，则需要采用文件拷贝或者发送电子邮件的方式进行传递修改，不仅效率低而且易出错。假如财务部里多人一起整理数字与图表信息，则无法及时追踪电子表格软件上的变化。因此，实务界十分渴望有一款软件，能够让许多人简单、迅速地编辑同一份电子表格软件。

目前，腾讯文档、WikiCalc、Num Sum以及微软公司2006年收购的协同工具Groove已经可以解决这个问题。此外，JotSpot Tracker也是类似WikiCalc的产品，它使人人都能建立、发布和分享定制化的电子表格软件及其他追踪软件，并可与其他应用程序结合起来。WikiCalc的解决办法是让使用者输入信息，供其他人修改，同时将修改的情况立即显示在每个参与者的电脑屏幕上。在修改时只需要提供一个ISP的代管账号，因此WikiCalc具有操作便捷、成本低廉的优势。

虽然就电子表格软件的功能而论，WikiCalc还不能与Excel相提并论，但WikiCalc已具备处理许多电子表格软件的功能，包括以表格形式呈现信息，并在独立的单元格里套用计算公式等，这也正是WikiCalc容易上手的原因。

小知识1-5

WikiCalc简介

丹·布莱克林（Dan Bricklin）开发了WikiCalc，让人人都能建立、发布和分享定制化的电子表格软件及其他追踪软件，并可使WikiCalc与其他应用程序结合起来。

布莱克林的解决办法是，让使用WikiCalc者输入信息，供其他人修改，同时使修改的情况立即显示在每个参与者的电脑屏幕上。他说：“你可以把它当成一种编辑工具（authoring tool），除了提供一个ISP的代管账号之外，其他什么都不需要。”

WikiCalc简单易用，能够满足只做简单任务者的需要。同时，因为WikiCalc是开放源代码的软件，所以依照通用公共授权（GPL），WikiCalc唾手可得且不花分文，当然企业也可依照传统授权购买。

英国软件开发者顾问丹尼斯·豪利特（Dennis Howlett）说，WikiCalc允许众人共同编辑信息，也可用来拆除财务部门与销售部门的藩篱，甚至使它们化敌为友。Howlett预期，WikiCalc还会有更多有创意的用途。例如，在会计环境下，WikiCalc可提供Excel不具有的交易报表工具。他认为，这个软件会向世人展示，生产力工具将朝着互联网方向发展，并且是大势所趋。

资料来源 作者根据相关资料整理。

1.5 Excel电子表格软件与财务管理数智化的联系

1.5.1 财务管理的主要内容

1）财务管理的对象与目标

概括来说，财务管理是企业管理的重要组成部分，是驱动企业创造价值的重要手段。它是基于企业再生产过程中客观存在的财务活动和财务关系而产生的，是组织企业资金活动、处理企业同各方面财务关系的一项全价值链、综合性管理工作。

随着市场化竞争不断加剧，价值创造能力也愈发重要。工欲善其事，必先利其器。财务管理的总体目标是保持资金的流动性，提高资金使用效率，降低风险，以使企业价值最大化或股东财富最大化。其分项目标是进行某些具体财务活动所要达到的目标，比如：筹资目标是以合理的筹资成本，取得最佳的资本结构；投资目标是选择合理的投资项目，确定合理的资产结构，达到投资收益最大化、投资风险最小化；收入分配目标是选择合适的股利分配政策，以实现最佳分配等。

2）财务管理的内容与环节

由于财务管理涉及企业经营管理中与资金及其运作有关的问题，因此它的内容十分丰富，归纳起来主要有3个方面：

（1）筹资管理。

筹资管理包括筹资总额和筹资方式的选择；筹资所引起的资本成本、企业价值的权衡；筹资风险的预测和规避；合理资本结构的预测与决策分析。

（2）投资管理。

投资管理包括选择投资项目，控制投资风险；确定合理的资产结构；确定证券投资的合理组合。

（3）收入与分配管理。

收入与分配管理包括经营收入的预算与执行；应收账款的监控；企业税后利润的分配等。

财务管理环节是企业整体财务管理工作的一个阶段，包括财务管理的各种业务。财务管理的主要环节有财务预测、财务决策、财务计划、财务控制、财务分析。这些管理环节互相联系、制约与配合，形成了周而复始的财务管理循环过程，构成了完整的财务管理工作体系。其中，财务预测是财务管理循环的起点，财务决策是财务管理循环的重点阶段，财务计划是财务管理循环的行动指南，财务控制是财务管理循环的执行阶段，财务分析是对财务管理循环的评价总结。

1.5.2 财务管理数智化系统的构成

财务管理数智化系统主要包括以下3个方面：

1）数据处理系统

数据处理系统处于最底层，包括总账系统、工资系统等，主要处理有关资金流的问题，以实现账务和工资处理的电算化。

2）企业管理信息系统

企业管理信息系统处于第二层，包括企业计划子系统、总账子系统、固定资产子系统、工资子系统、采购子系统、付款子系统、销售子系统、应收账款子系统、存货子系统、报表子系统等。它主要解决物流、资金流、信息流的共享和集成处理的问题，使企业生产经营的各种信息能够得到及时、准确的确认、披露和报告，从而为企业管理者、投资人、债权人、政府部门提供了及时、准确、丰富的信息，实现财务与业务的一体化核算与管理。

3）财务管理电算化系统

这里所讨论的财务管理电算化系统是解决财务分析、预测、决策等问题的系统，也就是利用计算机正确、有效地评价企业的财务现状和经营成果，预测未来的销售和生产情况，选择和确定各种最优方案和财务政策，实现定性分析与定量分析相结合的财务管理系统。

计算机财务管理模型是计算机模型的一种，它是利用数学符号和计算机技术描述企业财务活动的定量分析模型。同其他模型一样，计算机财务管理模型舍去了财务管理活动中一些非主要的、不影响本质的因素和条件，只保留了财务管理中的要素及其基本联系，并加以形象化描述。

通过上述分析，我们不难得出结论：就目前的软件发展水平而言，Excel是一个理想的财务工作平台。所谓“平台”，是指一个基础环境，在这个基础上可以成功地建起一座“大厦”——财务管理电算化信息系统。我们不妨用一个称为“Excel树”的图形形象地表明这一点。

图1-5表明：一方面，Excel可以广泛地采集各种格式的外部数据资源；另一方面，Excel本身具有丰富的数据处理和加工能力（其中不少功能是专为财务问题设置的）。在此基础上应用Excel就会长成一棵硕果累累的大树。因此，有效使用Excel已经成为财务管理电算化工作不断深入和提高的关键，对于已经初步实现财务管理电算化的单位来说是如此，对于那些即将实现财务管理电算化的单位来说也是如此。商品化财务管理软件的开发企业也不能对Excel的存在视而不见，它们非常有必要找准自己的产品定位。

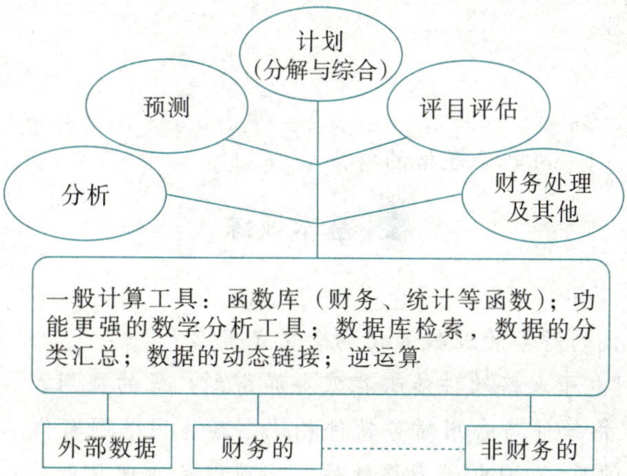

图1-5 Excel树

1.5.3 如何学习Excel，实现财务管理电算化

Excel的功能十分强大，相关的讲解书籍也是一本比一本厚，令初学者望而生畏。虽然深入掌握Excel需要一定时日，但入门是不难的。尤其是Excel的用户界面十分简单与规范，并且与Microsoft Office中的其他操作软件保持着基本一致的操作方法，如菜单栏命令、对话框及工具栏按钮等。这些特点都使得Excel迅速被普及并具有一定的优势。

对于一个应用软件，我们一般不必掌握它所有的功能，只要掌握基本的、自己需要的那部分功能就可以了，特别是在入门阶段。Excel能够满足各层次使用者的需求，但很少有人能够用遍它的功能。Excel最基本的、常用的功能大约只占其全部功能的30%，而掌握这些功能的使用方法有半个月的时间足够了。本书将采用一种“单刀直入”Excel核心内容的方法，让用户尽快掌握Excel，并能解决工作中的一些问题。学习之后能够达到的效果具体分为以下4个方面：

第一，做两三个简单的表格，如工资表、利润表等。该步骤包括数据输入、单元格编辑，以及表内各数据间的运算、函数的调用等。

第二，结合财务管理实际工作，解决一个中等复杂程度的问题。例如，手工输入数据，做一个反映表间数据关联与传递的基本操作。

第三，较复杂问题的设计与求解。例如，企业投资项目评估、企业财务分析等问题可能涉及外部数据的采集、较复杂的表间关联和运算以及财务函数的使用等Excel有关高级功能的使用。

第四，充分理解数字经济时代对财务管理人员素质要求的转变，尽可能强化数据处理的能力和效率。

本章小结

本章概括地介绍了数字经济时代的财务管理数智化趋势下Excel电子表格软件的基本特征、中文版Excel 2016的新增功能及优缺点，以及Excel电子表格软件发展的一些背景知识，同时，本章对财务管理的基本内容以及Excel电子表格软件与财务管理数智化的关联性进行了简单的梳理。

主要概念

财务管理数智化　Excel电子表格的特点

基本训练

□ 知识题

（1）数字经济时代的财务管理数智化的含义是什么？

（2）为什么Excel电子表格软件能够在实务界得到广泛的应用？

（3）Excel电子表格软件与专用财务软件相比，其适用范围有何不同？

（4）如何较好地学习Excel电子表格软件，实现财务管理数智化？

第2章

Excel 2016基础

学习目标

知识目标：了解Excel 2016电子表格的基本结构。

技能目标：快速掌握Excel 2016的一些基本操作，学会创建所需要的工作簿和工作表并对其进行格式化，熟练进行财务管理电算化基础操作。

素养目标：激发探索未知领域的热情和兴趣，培养终身学习意识和发展意识，不断学习新知识、新技术以适应未来社会的发展。

2.1 Excel 2016的基本结构

2.1.1 Excel 2016的启动与退出

二维码2-1

Excel 2016的启动与退出

1）Excel2016的启动

要熟练地使用Excel 2016，首先要学会它的启动方法。

启动Excel 2016常用的方法有以下4种：

（1）从【开始】菜单启动。

选择屏幕左下角的【开始】/【所有程序】/【Excel 2016】命令，即可启动Excel 2016。

（2）使用桌面快捷方式。

双击桌面Excel 2016的快捷方式图标，启动Excel 2016。

（3）任务栏启动。

在任务栏中的快速启动区单击Excel 2016图标。

采用以上3种方法，在软件程序启动时，单击对话框中的【空白工作簿】，将自动新建一个空白的工作簿文件。

（4）双击文档启动。

双击计算机中存储的Excel文档，可直接启动Excel 2016并打开文档。

2）Excel2016的退出

与Excel 2016的启动一样，退出也属于基本操作。

常用的退出Excel 2016的方法有以下4种：

（1）通过标题栏按钮关闭。

单击Excel 2016窗口右上角的【×】按钮，退出Excel 2016。

（2）通过标题栏快捷菜单关闭。

首先右击Excel标题栏，然后单击快捷菜单中的【关闭】命令，退出Excel 2016。

（3）使用快捷键关闭。

按快捷键组合【Alt】+【F4】，也可退出Excel 2016。

（4）任务栏关闭。

右击任务栏中的Excel图标，然后单击快捷菜单中的【关闭窗口】命令或【关闭所有窗口】命令，退出Excel 2016。

如果在退出Excel时尚有已修改但未保存的文件，则会出现询问对话框：若选择【保存】，则保存该工作簿文件后退出Excel；若选择【不保存】，则不保存该工作簿文件退出Excel；若选择【取消】，则返回Excel状态。

2.1.2 Excel 2016的窗口结构

Excel 2016的窗口结构如图2-1所示，由快速访问工具栏、标题栏、功能选项卡、功能区、编辑栏和工作表编辑区等部分组成。

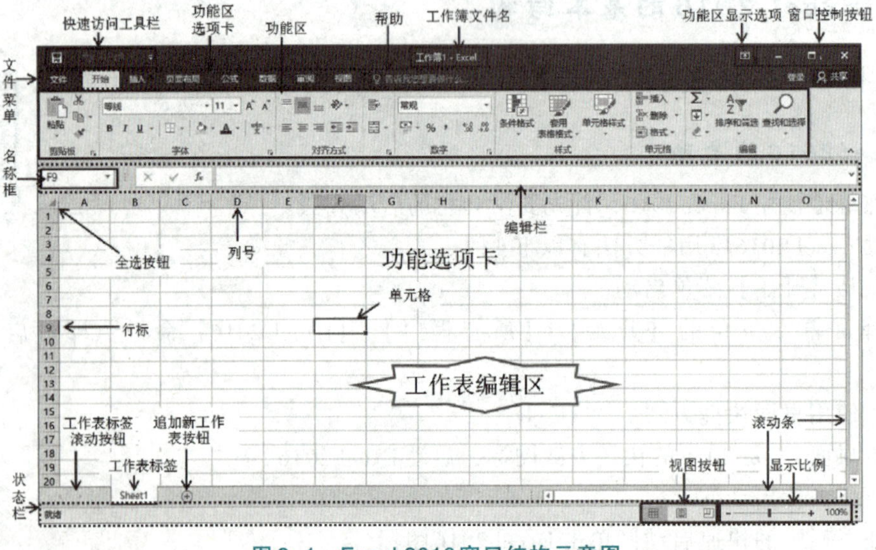

图2-1 Excel 2016窗口结构示意图

1）标题栏

标题栏位于Excel 2016工作界面的最上方，其中列有快速访问工具栏、工作簿文件名、功能区显示选项按钮、窗口控制按钮。

二维码2-2

自定义快速访问工具栏

2）快速访问工具栏

快速访问工具栏位于Excel 2016窗口的左上方。在默认状态下集成了【保存】、【撤销】、【恢复】等按钮。用户可以根据需要设定快速访问工具栏的位置，也可以将功能区的任意命令添加到快速访问工具栏方便使用。

3）窗口控制按钮

窗口控制按钮位于Excel 2016工作界面的最右上方，包括【最大化】、【最小化】及【关闭窗口】的控制按钮，单击相应按钮可执行相应的操作。

4）【文件】菜单

【文件】菜单是标题栏下方左边的第一个标签按钮。单击该按钮，可弹出【新建】、【打开】、【保存】、【打印】、【选项】等命令。

5）功能区

功能区位于标题栏下方。功能区由不同的选项卡组成，选择不同的选项卡标签，可以显示不同的功能区，每个功能区都包含不同的命令选项。如果觉得功能区占用太大的窗口位置，可以将功能区隐藏起来。单击标题栏中的【功能区显示选项】按钮，进行需要的设置即可。

Excel功能区的选项卡可以随Excel窗口的大小自动更改尺寸和样式，以适应显示空间的要求。

除了常规选项卡之外，当在Excel中进行某些操作时，会在功能区自动显示与之有关的选项卡，因此也称为“上下文选项卡”。例如，在工作表中选中插入的形状对象时，功能区自动显示出【绘图工具】选项卡，在【格式】子选项卡中，就包含了与形状操作有关的命令。

6）编辑栏

编辑栏用来显示和编辑当前活动单元格中的数据或公式。在默认情况下，编辑栏中包括名称框、“插入函数”按钮和编辑框，但在单元格中输入数据或插入公式与函数时，编辑栏中的“取消”按钮和“输入”按钮也将显示出来。

名称框也称地址栏，位于编辑栏的左侧。名称框中可以显示光标所在单元格的位置，用户可以对选择的单元格区域定义名称。

“取消”按钮（“×”）：单击该按钮表示取消输入的内容；“输入”按钮（“✔”）：单击该按钮表示确定并完成输入；“插入函数”按钮（“fx”）：单击该按钮，将快速打开“插入函数”对话框，在其中可选择相应的函数插入到单元格中。

编辑框显示单元格中输入或编辑的内容，也可选择单元格后，直接在编辑框中进行输入和编辑的操作。

7）工作表编辑区

工作表编辑区位于编辑栏的下方，是执行Excel电子表格操作的区域。该区域由列标、行号、单元格、工作表标签组成，可以进行工作表的创建和编辑等操作，是用来存放数据的表格。

工作表编辑区上边的A、B、C等是列标；工作表编辑区左边的1、2、3等是行号；位于工作表编辑区左上角列标和行号交叉的方块是全选按钮，单击全选按钮，选中当前工作表中全部单元格，等同于按快捷键【Ctrl】+【A】。

单击工作表标签可以选定工作表，单击工作表标签滚动按钮，则可以左右滚动显示工作表标签，单击【⊕】则在当前工作表的右侧追加工作表。

8）状态栏

状态栏位于工作表编辑区的下方，主要用于显示当前Excel表格的信息，如统计数据、当前的视图方式和显示比例等。右击状态栏，在弹出的自定义状态栏快捷菜单中可以设置状态栏显示的内容和开关状态。

视图按钮位于Excel 2016工作界面的右下方，单击其中某一按钮可以切换至所需要的视图方式。其右侧为显示比例，通过拖动中间的缩放滑块或两端的“-”“+”可以改变工作表的显示比例。滚动条包含水平和垂直滚动条，当点击并拖动滚动条时，表格的内容会跟着移动，用户可以通过拖动滚动条来浏览整个工作表中的内容。

2.1.3　工作簿、工作表与单元格基本概念

1）工作簿

工作簿是在Excel 2016中用来运算和存储数据的文件，其扩展名为“.xlsx”。一个工作簿可以包含多张具有不同类型的工作表。

2）工作表

工作表又称为电子表格，是Excel 2016完成一项工作的基本单位，可用于对数据进行组织和分析，每个工作表最多由16 384列和1 048 576行组成。行的编号由上到下从1至1 048 576编号；列的编号由左到右，用字母从A到XFD编号。

3）单元格

在工作表中，行与列相交形成单元格，是存储数据的基本单位。每一个单元格都有自己唯一的地址，这就是它的名称。单元格的地址由单元格所在的列号和行号组成，且列号在前，行号在后。例如，C3就表示单元格在第C列的第3行，C3就是这个单元格的名称。

单击任何一个单元格，这个单元格的四周就会由粗线条包围起来，它就成为活动单元格。

4）工作簿与工作表之间的关系

Excel工作簿实际上就是一个Excel格式的文件，它可以由一个或多个工作表组成，工作表是工作簿的基本组成单位，是用于存储和管理数据的主要文档。工作簿与工作表的关系，形象地说，就像账簿与账页的关系一样，如图2-2所示。工作表不能独立存在，它必须存在于工作簿中。

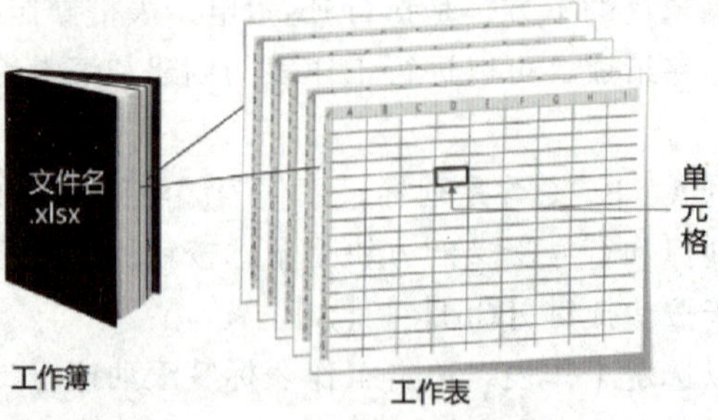

图2-2　工作簿、工作表关系示意图

2.2 工作簿文件的使用

二维码2-3

新建工作簿

使用Excel 2016程序生成单个文件，就是一个单独的工作簿文件，因此，Excel中最基本的操作也是对工作簿的相关操作，包括工作簿的新建、工作簿的保存、工作簿的关闭和打开等。

2.2.1 工作簿的基本操作

启动Excel 2016，单击【空白工作表】后，系统会自动创建一个名为”工作簿1.xlsx”的工作簿文件。在默认情况下，工作簿中有1个工作表，以sheet1命名。“工作簿1”文件是一个默认的、新建的和未保存的工作簿，当用户在该工作簿的工作表中输入信息后第一次保存时，Excel会弹出【另存为】对话框，可以让用户给出新的文件名。

用户可以根据自己的实际需要，创建新的工作簿。

1）新建空白工作簿

（1）选择【文件】选项卡中的【新建】命令，弹出如图2-3所示的任务窗格。

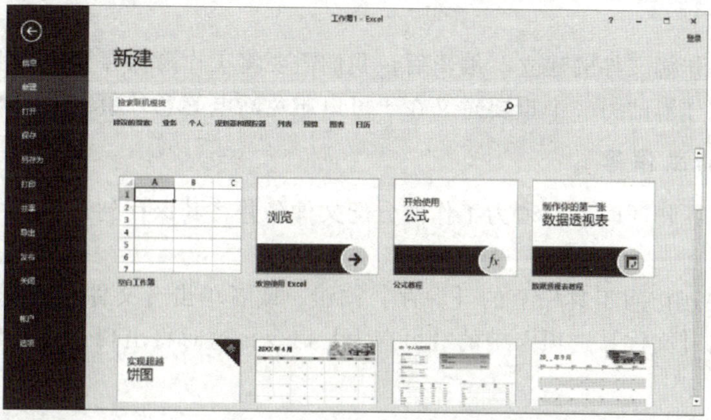

图2-3 【新建】命令任务窗格

（2）单击新建窗格中【空白工作簿】按钮，即可新建一个空白工作簿。

新建一个工作簿后，Excel会自动给该工作簿暂时命名为工作簿1、工作簿2、工作簿3等。用户在保存工作簿时，可以根据工作簿的内容或需要重新命名。

另外，用户也可以直接单击快速访问工具栏上的【新建】按钮，快速新建一个空白工作簿；也可以利用快捷键【Ctrl】+【N】，快速新建一个空白工作簿。

2）在系统中创建工作簿文件

在Windows桌面或是文件夹窗口的空白处单击右键，在弹出的快捷菜单中单击【新建】/【Microsoft Excel工作表】，即可在当前位置创建一个新的Excel工作簿文件，并处于重命名状态，如图2-4所示。使用该命令创建的新Excel工作簿文件是一个存在于系统磁盘内的实体文件。

图 2-4 在系统中创建工作簿文件

二维码 2-4 利用模板新建工作簿

除了以上两种方式外，还可以利用模板新建工作簿，读者可扫码学习。

2.2.2 编辑工作表

在默认情况下，创建的工作簿和工作表都是空的，只有在工作表中输入原始数据后，才能对数据进行各种处理。输入单元格中的所有信息都称为数据，可以输入的数据包括文本、日期和时间、公式和函数等。具体的编辑方法，我们将在后面章节具体介绍。

2.2.3 保存工作簿

完成一个工作簿文件的建立、编辑后，我们需要将工作簿保存到磁盘上，以便保存工作结果。保存工作簿的另一个重要意义在于可以避免断电等意外事故造成数据丢失。

1）保存新建的工作簿

第一次保存工作簿时，必须为工作簿分配文件名并将其保存到计算机中。具体操作步骤如下：

（1）单击快速访问工具栏上的【保存】按钮，或者单击【文件】选项卡中的【保存】命令，或者单击【文件】选项卡中的【另存为】命令，这时将出现【另存为】对话框，如图 2-5 所示。

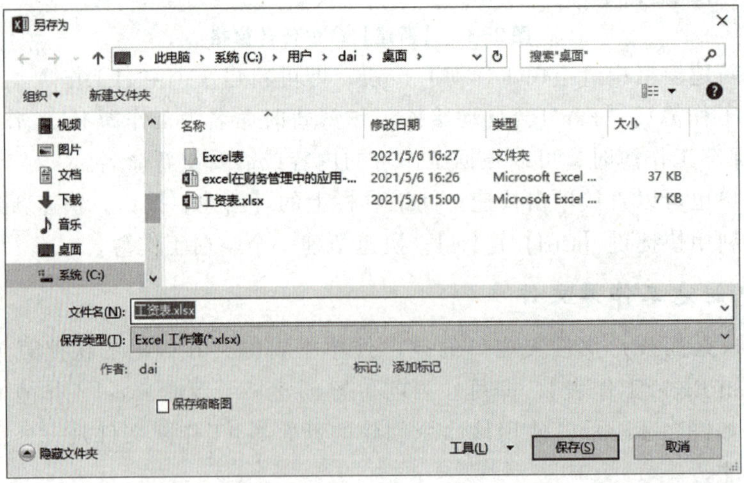

图 2-5 【另存为】对话框

（2）如果要在不同的驱动器上保存工作簿，请在左侧地址栏选择需要保存的位置。

（3）在【文件名】文本框中输入工作簿名称。

（4）单击【保存】按钮，即可将工作簿保存起来。

2）保存已有的工作簿

如果要保存已经存在的工作簿，请单击快速访问工具栏上的【保存】按钮，或者单击【文件】选项卡中的【保存】命令，这时Excel将不再出现【另存为】对话框，而是直接将工作簿保存起来。

为了对已经存在的工作簿进行备份，用户可以选择【文件】选项卡中的【另存为】命令，在出现的【另存为】对话框中输入新文件名，然后单击【保存】按钮。

3）自动保存工作簿

Excel提供了自动保存的功能，可以在指定的时间间隔后，自动保存所有打开的工作簿。自动保存功能可以防止突然断电等意外事故发生时造成的数据丢失。设置自动保存功能的操作步骤如下：

（1）单击【文件】选项卡中的【选项】命令，出现【Excel选项】对话框。

（2）单击【保存】标签，打开如图2-6所示的选项卡。

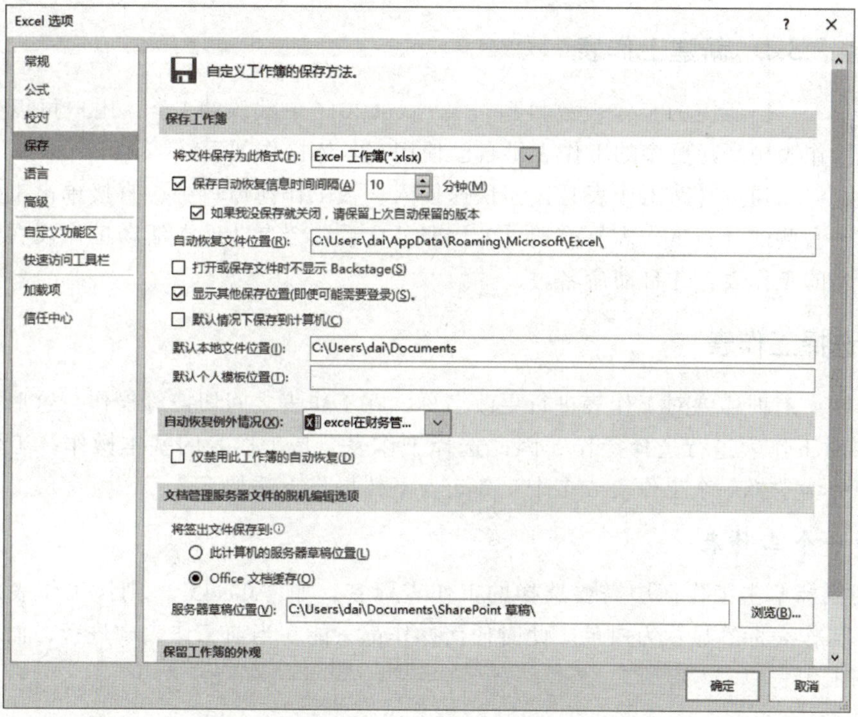

图2-6 【保存】选项卡

（3）选中【保存自动恢复信息时间间隔】复选框。

（4）设置保存自动恢复信息时间间隔以及自动恢复文件位置。

（5）单击【确定】按钮。

用户在Excel 2016中编辑工作簿时，一旦遇到意外错误或者停止响应的情况，则下一次启动Excel 2016时，该文档将显示在【文档恢复】任务窗格中。用户可以将自动恢复工作簿用其他名字保存起来，这样可以尽最大可能减少数据损失。

2.2.4 关闭工作簿

完成工作簿的编辑操作后，应该将它关闭，以释放该工作簿所占用的内存。

如果要关闭当前的工作簿文件，单击右上角的【关闭】命令即可。若该工作簿进行过改动，并且没有执行保存操作，则系统会弹出对话框，询问是否要将当前的工作簿保存起来。单击【保存】按钮，将当前的工作簿保存起来；单击【不保存】按钮，将不进行保存并退出；单击【取消】按钮，取消此次关闭工作簿的操作，返回到工作簿窗口中。

2.3 工作表的基本操作

二维码2-5

工作表的基本操作

工作表是Excel承载管理数据的单元模块，它的基本操作包括新建工作表、选择工作表、重命名工作表、移动和复制工作表、隐藏与显示工作表和删除工作表等。掌握工作表的基本操作，是学习Excel的基础与前提，限于篇幅，这里介绍最简单的操作方法，其他方法将以小技巧的方式给出，读者可扫码学习。

2.3.1 新建工作表

二维码2-6

新建工作表的其他方法

当所需的工作表数目超过了Excel 2016中默认的1个，用户可以直接在工作表中新建更多的工作表供自己使用。具体操作如下：

通过【新工作表】按钮快速插入。在工作簿窗口中，直接单击工作表标签右侧的【新工作表】按钮【⊕】即可，系统会自动地在活动工作表右侧插入新的工作表，并自动命名。

2.3.2 选择工作表

工作中，有时需要对工作表进行更改名称、在工作表之间切换等操作，这些操作的前提是先要对工作表进行选择操作，因此选择工作表，是工作表的基本操作。工作表的选择，可以分为选择一个工作表或多个工作表，具体操作方法如下：

1）选择一个工作表

若用鼠标单击工作簿中需要选择的工作表标签，如“sheet3”，则该工作表成为活动工作表，工作表标签显示为白色。此时任何操作都只能在当前工作表中进行，而不会影响到其他的工作表。

2）选择多个工作表

如果需要同时选择多个工作表，可以先按住键盘上的【Ctrl】键，然后单击要选择的工作表标签，被选中的多个工作表标签均显示为白色，此时的操作能同时改变所选择的多个工作表。同时，Excel 2016工作簿窗口中的标题栏中的工作簿名称会自动增加【工作组】字样，如图2-7所示。

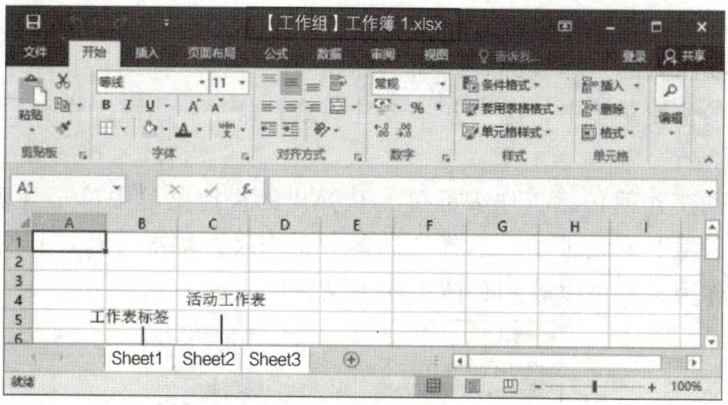

图 2-7 工作表、活动工作表和工作组

取消工作组的话，右击任一工作组中的工作表标签，在弹出的快捷菜单中，选择【取消组合工作表】即可；如果在当前工作簿中，存在没组合在当前工作组中的工作表，单击工作组外的工作表标签，在切换到该工作表的同时，可取消组合工作表。

2.3.3 重命名工作表

在建立新工作表或者插入新工作表时，系统会自动以“sheet n”对工作表命名，但这样的名称不直观，因此可以对工作表重新命名，改用更直观的名称，具体方法如下：

方法一，双击标签编辑名称。双击要改名称的工作表标签，使工作表标签处于可编辑状态，然后输入新的工作表名称即可。

方法二，使用重命名快捷菜单。右击需要更改名称的工作表标签，从弹出的快捷菜单中单击【重命名】命令，此时选中工作表标签处于可编辑状态，直接输入新的工作表名称即可。

2.3.4 移动和复制工作表

在工作簿内可以随意移动工作表，调整工作表的次序，甚至还可以在不同的工作簿之间进行移动，将一个工作簿中的工作表移到另一个工作簿中，具体方法为：在需要移动的工作表标签上，按下鼠标左键，可直接横向拖动，同时标签的左端显示一个黑色的三角。黑色三角的位置即为移动到的位置，释放鼠标工作表即可被移到指定的位置。

复制工作表与移动工作表的操作方法基本一致，主要区别是复制时，工作表在原来的地方还存在，在新的地方又建立了一个副本。与移动工作表类似，复制工作表的方法为：按住键盘上的【Ctrl】键，单击需要复制的工作表标签，按下鼠标左键，并横向拖动，同时标签的左端显示一个黑色的三角。当拖动时，黑色三角的位置即为复制到的位置，释放鼠标，同时松开【Ctrl】键，工作表即可被复制到指定的位置。

二维码 2-7

移动和复制工作表

2.3.5 隐藏与显示工作表

在实际工作中，有时需要工作表共享，以供其他用户查阅，但不希望别人看到某个工作表中的数据，这时可以将该工作表隐藏起来，等其他用户查阅完毕，自己需要的时候再将其显示出来，具体操作步骤如下：

（1）右击需要隐藏的工作表标签，如“总体”。

（2）从弹出的快捷菜单中，选中并单击【隐藏】命令。隐藏工作表后，工作簿窗口将看不到该工作表。

（3）右击当前工作簿任意工作表标签，从弹出的快捷菜单中单击【取消隐藏】命令。在弹出的【取消隐藏】对话框中，选择“总体“工作表，单击【确定】按钮，如图2-8所示。此时返回工作簿，就可以看到总体工作表又恢复显示了。

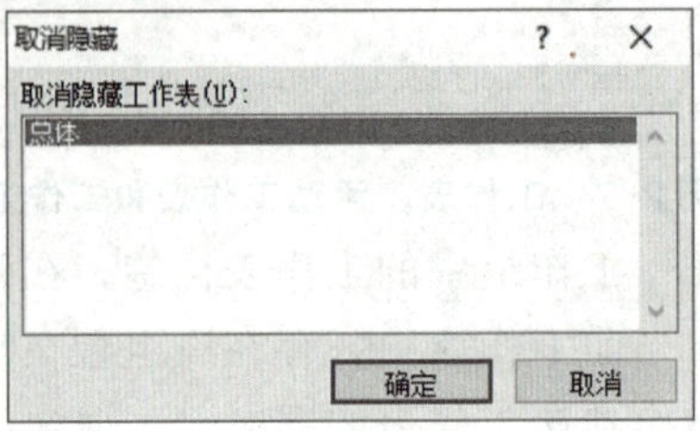

图2-8 【取消隐藏】对话框

2.3.6 删除工作表

二维码2-8

删除工作表的其他方法

如果不再需要工作簿中的某一个工作表，可以将它从工作簿中删除，常用删除工作表的方法为通过快捷菜单删除。右击需要删除工作表的标签，从弹出的快捷菜单中单击【删除】命令，随后屏幕也会出现弹出提示，在对话框中单击【删除】按钮即可删除当前所选择的工作表。

2.4 工作表的内容编辑

Excel工作表是由行与列相交的单元格组成的，它既是存储数据的基本单位，也是工作表中内容编辑的基础。

2.4.1 单元格及单元格区域的选取和定位

二维码2-9

单元格及单元格区域的选取和定位

在Excel 2016中执行大多数命令或任务之前，必须首先选定要进行操作的单元格或单元格区域。

如果想选定单元格，用鼠标单击该单元格即可。此时，该单元格的周围会出现粗边框，表明它是活动单元格。另外，用户也可以同时选定多个单元格，称为单元格区域。选定单元格区域的操作可以为用户节省很多时间。例如，选定一个区域之后，可以一次格式化区域内的所有单元格，或者点击【Delete】键删除区域内所有单元格的内容。

1）选定相邻的单元格或单元格区域

第一种方法：单击区域左上角的单元格，按住鼠标左键并拖到区域的右下角，释放鼠标左键，选定的区域以具有灰色底纹单元显示，只有第一个单元格保持正常显示，表明它为当前活动的单元格。若想取消选定，则单击工作表中任意一个单元格即可。

第二种方法：单击选定区域左上角的第一个单元格，按住【Shift】键，然后单击选定区域的最后一个单元格。

2）选定不相邻的单元格区域

如果要选定不相邻的单元格区域，应先选定第一个单元格区域，按住【Ctrl】键，然后选定其他单元格区域，如图2-9所示。

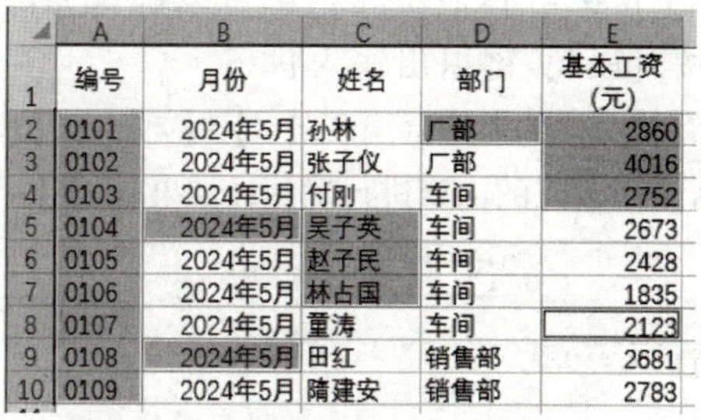

图2-9　选定不相邻的单元格区域

3）选定行、列或整个工作表

如果要选定整行，则单击该行的行号即可。如果要选定整列，则单击该列的列标即可。如果要选定相邻的行或列，则在行号或列标上拖动即可。如果要选定不相邻的行或列，则应先选定第一行或第一列，按住【Ctrl】键，然后单击其他的行号或列标即可。如果要选定整个工作表，则单击行与列的起始交叉处即可。

4）选定特殊的单元格

如果只想选定空白单元格或者包含公式、常量、批注的单元格，可以按照下述步骤进行操作：

（1）选定包括待选单元格的区域。如果要选定活动工作表中所有相同类型的单元格，请单击工作表中的任意单元格。

（2）单击【开始】功能区【编辑】组中的【查找和选择】按钮。

（3）单击【定位条件】按钮，出现如图2-10所示的【定位条件】对话框。

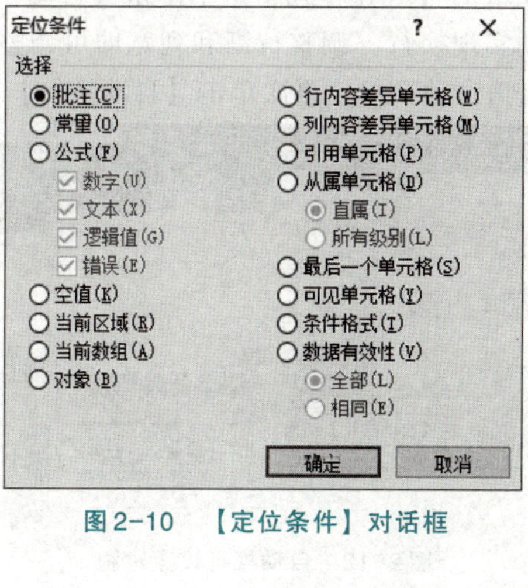

图2-10　【定位条件】对话框

（4）选择所需的选项，如【批注】、【常量】、【公式】或【空值】等。

（5）单击【确定】按钮。

2.4.2 单元格数据输入

如果要在单元格中输入数据，可以在选定要输入数据的单元格后直接输入数据，数据输入完毕后按【Enter】键或者单击其他单元格都可以确认完成输入。如果在输入过程中要取消输入的内容，可以按【Esc】键退出输入状态。

当用户输入数据时，原有编辑栏的左边会出现【×】、【✓】和【*fx*】按钮，如图2-11所示。用户单击【✓】按钮后，可以对当前输入的内容进行确认；如果单击【×】按钮，则表示取消输入。

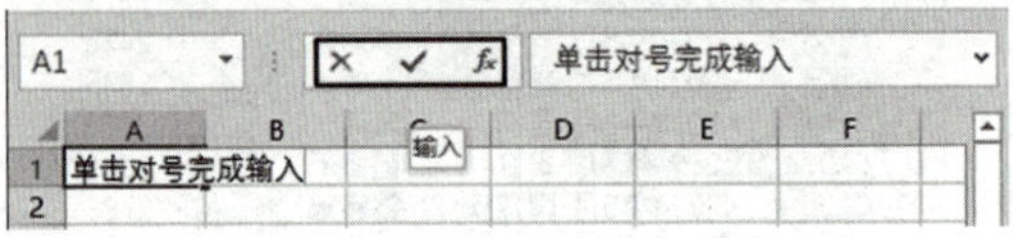

图2-11　输入数据时编辑栏按钮

财务管理过程中需要处理各种类型的数据，如文本、数值、货币、日期、时间、百分比等。正确、精准地表示各数据类型，是数据处理的前提。

1）输入文本

文本是Excel 2016中常用的一种数据类型，如表格的行标题、列标题等。文本数据是字母、数字和键盘符号的组合。只要不被解释成数值、日期、时间或者逻辑值等，Excel 2016就一律将其视为文本。

在默认情况下，Excel 2016在单元格的左边对齐文本，可以通过选定单元格并单击功能区的【居中】或者【右对齐】按钮来改变文本的对齐方式。

当用户输入的文本超过单元格的宽度时，如果右侧相邻的单元格中没有任何数据，则超出的文本会延伸到右侧单元格中；如果右侧相邻的单元格中已有数据，则超出部分的文本会被隐藏起来，但是只要增大列宽或以自动换行的方式格式化该单元格，就能够看到全部内容了。

二维码2-10

强制换行及“记忆式键入”功能

文本输入中经常需要用到自动换行，设置的方法为：首先输入数据，然后在【开始】选项卡的【对齐方式】组中单击【自动换行】，Excel将按照目前的行高和列宽自动实现换行，调整行高和列宽即可调整换行的位置，换行位置会自动调整。想取消自动换行，再次单击【自动换行】即可，如图2-12所示。

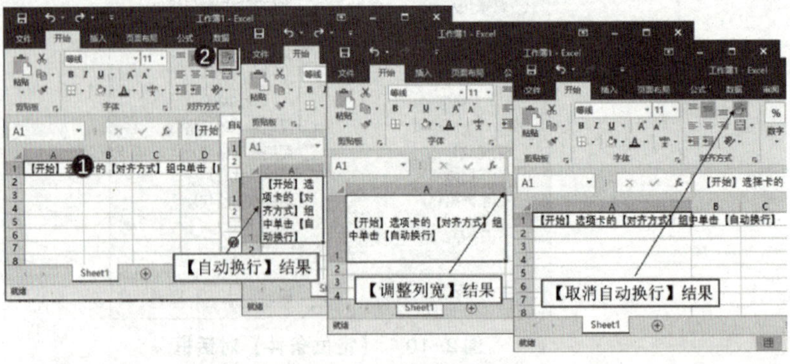

图2-12　自动换行设置过程

2）输入数值

在工作表的操作中，数值的输入是很常见和普遍的，要求也比较严格。在Excel 2016中，输入的数值仅限于下列内容：

0　1　2　3　4　5　6　7　8　9　+　–　（）　/　$　￥　%　.　E　e

例如，可以输入10、–2.68、2.567、2.34E+10、20%、$25.6等。

在默认情况下，数值沿单元格右边对齐，用户可以通过选定单元格并单击功能区的【居中】或者【左对齐】按钮来改变数值的对齐方式。

（1）输入正负数。

如果输入的数值为正数，数值前面的“+”可以省略；如果输入的数值为负数，则在数值前加一个“–”，或者将数值放在圆括号内。

（2）输入分数。

输入分数时，如果直接输入，Excel会将其视为日期，如输入“1/2”，单元格中将会显示为“1月2日”。输入分数的正确方法是，先输入“0”，紧接着输入“空格”，然后再输入分数。

（3）输入长数字。

当输入一个较长的数字时，单元格中将显示为科学记数法（如“2.34E+10”）。如果不想让Excel“智能”转换，可以设置单元格格式。具体操作为：右击单元格，在弹出的快捷菜单中单击【设置单元格格式】命令，在弹出的【设置单元格格式】对话框的【数字】选项卡中，选择【分类】列表框中的【数值】选项，小数位数设置为“0”，单击【确定】按钮。如图2–13所示。此时显示的长数字仍是数值型数据。

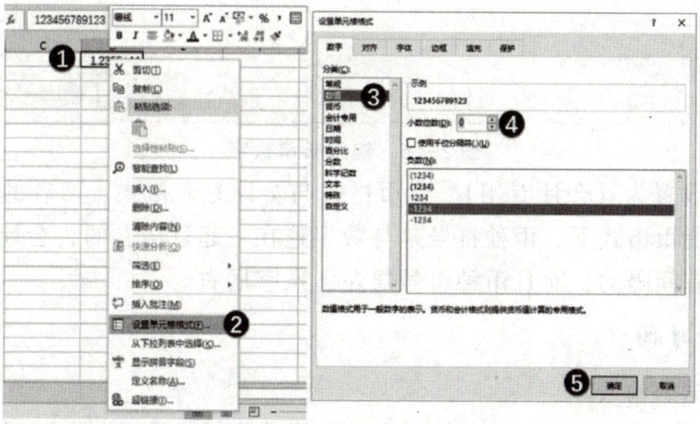

图2–13　设置为数值数据类型

小技巧2–2

通过当前的对话框，也可以设置数值型数据的小数位数及负数的表示方法。

二维码2–11

邮政编码与身份证号码的输入

（4）输入长串数字。

在表示以0开头的数据和身份证、银行账户等长串数字时，可以先将单元格格式设置为文本属性，也可以在输入前先键入单引号（英文状态下），然后再输入数据，如图2-14所示。此时，数字符就会被看作字符串，但在显示时不会将单引号显示出来。

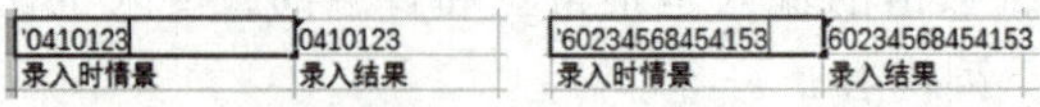

图2-14　输入长串数字

（5）输入货币值。

在各种账中，经常用到货币值。输入货币值的方法很简单，可以像输入长数字那样打开【设置单元格格式】对话框的【数字】选项卡，然后选择【分类】列表框中的【货币】，设置需要的小数位数、货币符号等，最后单击【确定】按钮，如图2-15所示。这样在设定的单元格中输入数据时，会自动加上货币符号。

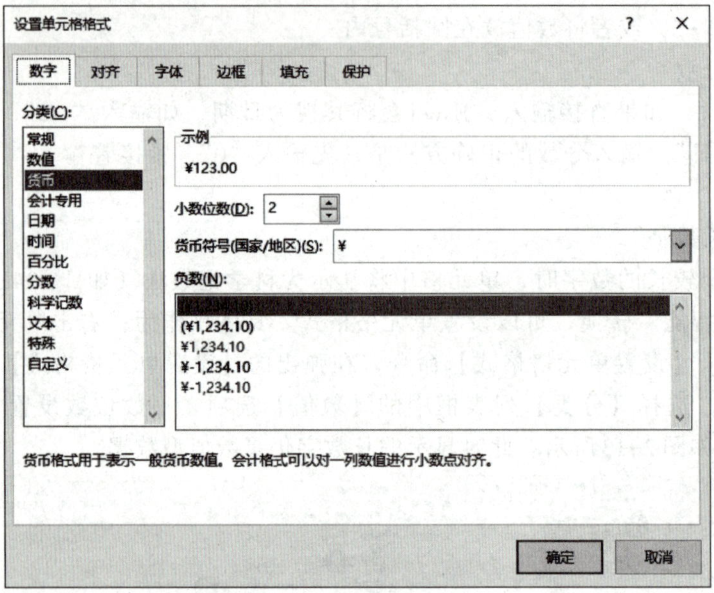

图2-15　输入长串数字

这里也可以设置为【会计专用】。货币格式与会计专业格式，两者的区别在于币种符号的位置不同，货币格式下，币种符号是与数字连在一起且居右的，会计专用格式下，币种符号与数字是有间隔的，而且币种符号居左，数字居右。

3）输入日期和时间

（1）日期数据的输入。

Excel默认情况下，年、月、日之间的间隔符号包括“/”和“-”两种，二者可以混合使用。例如，输入“2021/5-12”，Excel能自动识别为“2021/5/12”。

如使用其他间隔符号，Excel将无法正确识别有效的日期格式。除此之外，在中文操作系统下使用部分国家所习惯的月份在前、年份在后的日期形式，如“2/5/2022”等，Excel也无法正确识别。

在中文操作系统下，文本字符“年”“月”“日”可以作为日期数据的单位被正确识别。Excel也可以识别以英文单词或英文缩写形式表示月份的日期，如在单元格中输入“May-15”，会被Excel识别为系统当前年份的5月15日。

Excel中的日期可以使用四位数字作为年份，如“1999-5-4”，也可以使用两位数字作为年份，如“99-5-4”。以两位数字作为年份时，Excel将0—29的数字对应为2000—2029年，将30—99的数字对应为1930—1999年。为了避免系统自动识别错误，输入日期时建议使用四位数字表示年份。

输入完日期数据后，可以设置日期数据的格式，如图2-16所示，可在【数字格式】中设置日期格式，也可在【设置单元格格式】对话框中进行个性化设置。当单击日期所在单元格时，无论使用了哪种日期格式，编辑栏都会以系统默认的短日期格式显示。

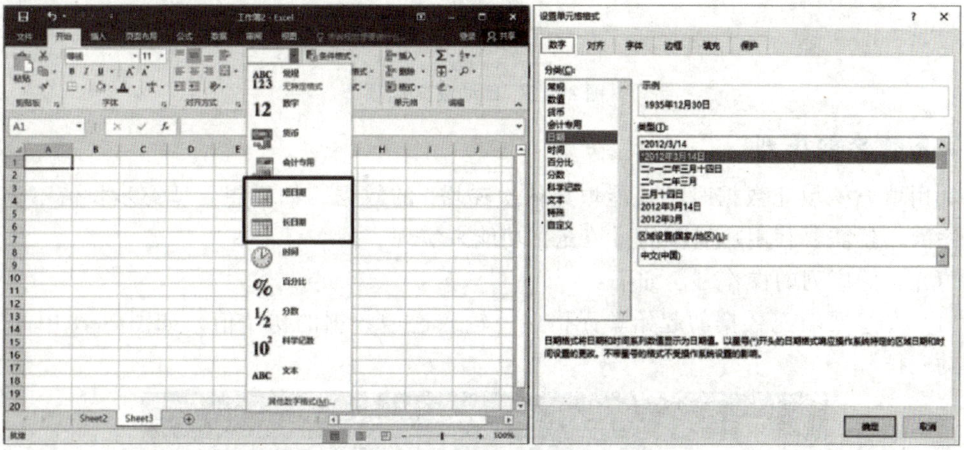

图2-16　日期数据的格式设置

（2）时间数据的输入。

在时间数据中，应使用半角冒号“:”作为分隔符，如“21:55:32”。Excel允许省略秒的时间数据进行输入，如“21时29分”或“21:29”。

使用中文字符作为时间单位时，表示方式为“0时0分0秒”。表示小时单位的“时”不能以日常习惯中的“点”代替，如输入“21时29分32秒”，Excel会自动将其转化为时间格式，而输入“21点29分32秒”则会被识别为文本字符串。

二维码2-12

日期型数据的快速输入方法

如果要在同一单元格中键入日期和时间，则应在它们之间用空格进行分隔。

2.4.3　在相邻单元格自动填充数据

如果相邻的多个单元格中的数据为相同的数据或序列数据，那么用户可不必逐一输入，利用Excel 2016的填充功能就可自动实现该操作。

1）利用填充柄填充数据

选择单元格后，单元格的右下角会出现一个黑色方块，此黑色方块称为填充柄。利用填充柄，用户可以将某一个单元格中的数据复制到相邻的单元格中，或在相邻的单元格中顺序产生依次递增1的数据，从而达到自动输入数据的目的。

利用填充柄自动填充单元格数据的操作方法如下：

首先移动光标，选择填充数据所在的起始单元格（此单元格必须已经输入数据）；然后对准单元格右下角的黑色方块，使鼠标的光标变成“+”；接下来按住鼠标左键，拖动填充柄，往想要填充数据的方向移动；到达填充范围的末端后，释放鼠标，数据就会出现在单元格内，此时窗口界面上会出现【自动填充选项】按钮（“囯”），选择该按钮，会出现选择菜单，在菜单中可以选择填充方式，如图2-17所示。

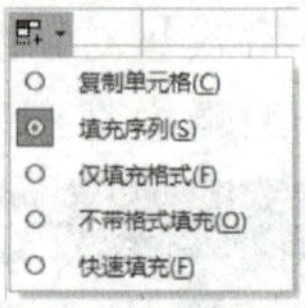

图2-17　自动填充选项

2）填充特殊的序列

利用填充柄填充数据时，仅能填充依次递增1的数据，如果想要填充步长值不为1的特殊序列，就需要利用功能区的【填充】功能来实现。

填充特殊序列的操作方法如下：

（1）在想要填充数据的起始单元格中，输入递增数据的初始值，如图2-18中的“本月预约安排”。

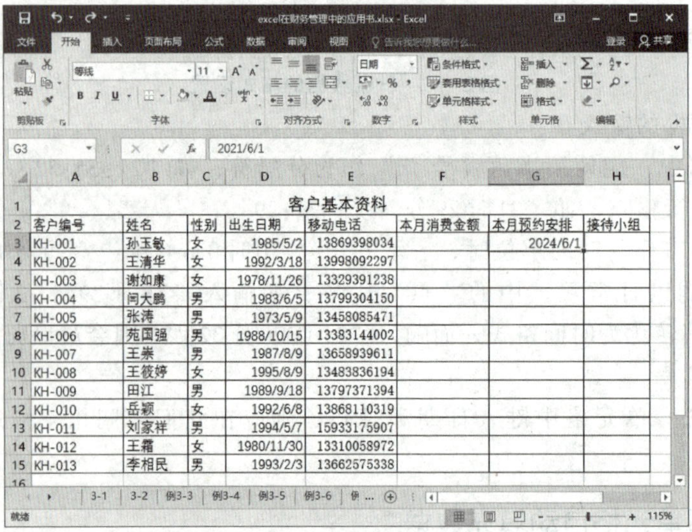

客户基本资料

客户编号	姓名	性别	出生日期	移动电话	本月消费金额	本月预约安排	接待小组
KH-001	孙玉敏	女	1985/5/2	13869398034		2024/6/1	
KH-002	王清华	女	1992/3/18	13998092297			
KH-003	谢如康	女	1978/11/26	13329391238			
KH-004	闫大鹏	男	1983/6/5	13799304150			
KH-005	张涛	男	1973/5/9	13458085471			
KH-006	苑国强	男	1988/10/15	13383144002			
KH-007	王崇	男	1987/8/9	13658939611			
KH-008	王筱婷	女	1995/8/9	13483836194			
KH-009	田江	男	1989/9/18	13797371394			
KH-010	岳颖	女	1992/6/8	13868110319			
KH-011	刘家祥	男	1994/5/7	15933175907			
KH-012	王霜	女	1980/11/30	13310058972			
KH-013	李相民	男	1993/2/3	13662575338			

图2-18　输入递增数据的初始值

（2）拖动光标，从起始单元格开始选择想要填充数据的单元格范围，然后在功能区选择【填充】命令（“囯”），接着从下拉菜单中选择【序列】命令。

（3）出现【序列】对话框后，在【类型】区选择序列的类型，然后在【步长值】文本框中输入序列的步长，最后点击【确定】按钮，如图2-19所示。

除了填充日期序列外，还可以填充步长不是1的等差序列或等比序列。若在【序列】对话框中选择【等差序列】，然后在【步长值】文本框中输入“2”，则所产生的等差序列数据会依次递增2。若在【序列】对话框中选择【等比序列】，则其递增的数值会乘以步长，如开始值为1，步长为2，则产生的等比序列为“1，2，4，8，16，32，64，…”。

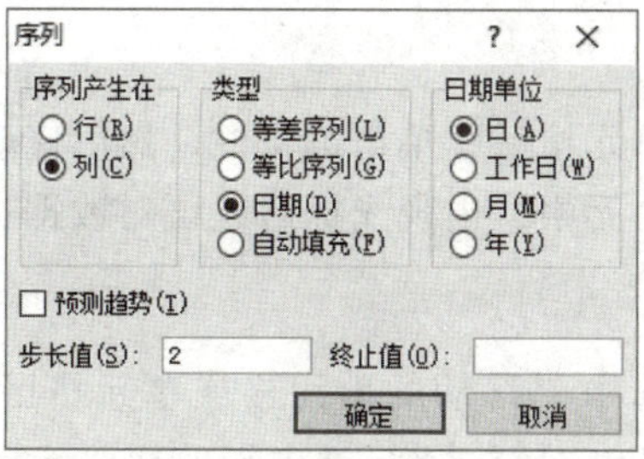

图2-19 输入步长值

3）自定义序列

Excel 2016中包含了一些常见的有规律的数据序列，如上面提到的等差序列、等比序列等，但这些有时候不能满足用户的需求。如果遇到一些特殊的、有一定规律的数据，用户可以自定义序列填充。自定义序列的具体操作步骤如下：

二维码2-13

自定义序列

（1）选定工作表中的数据。

（2）单击【文件】选项卡下的【选项】命令，打开【Excel选项】对话框，在对话框中选择【高级】，然后在右边的窗口中点击【常规】分类中的【编辑自定义列表】按钮，弹出【自定义序列】对话框，如图2-20所示。

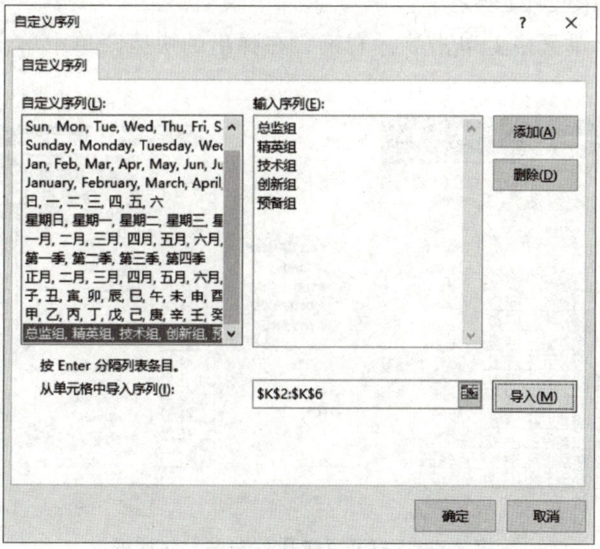

图2-20 【自定义序列】对话框

（3）单击【导入】按钮，选定的数据即成为自定义的序列。

（4）点击【确定】后，返回工作窗口，此时即可用自定义序列进行快速填充了。

2.4.4 单元格内数据的编辑

在输入数据时，难免会产生一些错误，因此用户需要对数据进行修改、复制、删除、查找与替换等操作。操作方法不唯一，这里介绍常用方法，其他方法可扫码学习。

1）修改单元格数据

编辑栏修改法——选中单元格后，单击编辑栏，然后修改数据。

单元格修改法——双击单元格，出现光标后，再对数据进行修改。

二维码2-14

拖动法移动单元格

2）移动单元格

粘贴法——选中要移动的单元格或单元格区域，单击鼠标右键选择【剪切】按钮，或按【Ctrl】+【X】键进行剪切；然后把光标移动到目标单元格位置，单击鼠标右键选择【粘贴】按钮，或按【Ctrl】+【V】键进行粘贴。

二维码2-15

复制单元格的其他常用操作

3）复制单元格

粘贴法——选中要复制的单元格或单元格区域，单击鼠标右键选择【复制】按钮，或按【Ctrl】+【C】键进行复制；然后把光标移动到目标单元格位置，单击鼠标右键选择【粘贴】按钮，或按【Ctrl】+【V】键进行粘贴。

选择性粘贴——在粘贴数据时，使用“选择性粘贴”功能，可以只粘贴所复制内容的部分元素，还可以实现粘贴所复制内容的运算和转置。

执行复制操作之后，可以用下面两种操作方式打开【选择性粘贴】对话框。

方法一：在【开始】选项卡中依次单击【粘贴】/【选择性粘贴】命令，弹出【选择性粘贴】对话框，如图2-21所示。

方法二：在目标单元格上单击鼠标右键，在弹出的快捷菜单中单击【选择性粘贴】命令，如图2-21所示。

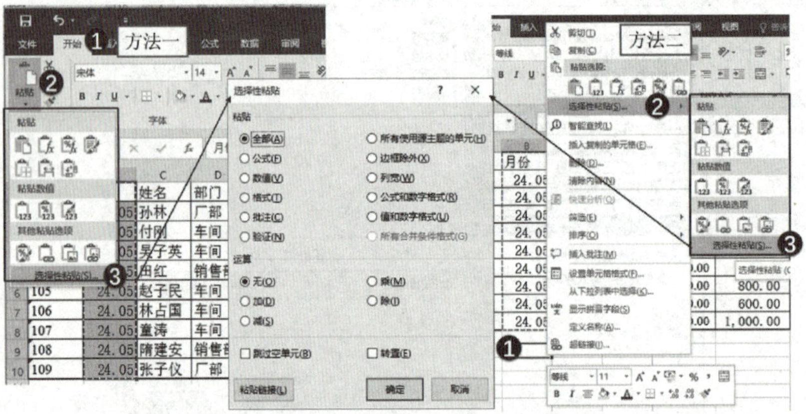

图2-21 打开【选择性粘贴】对话框

二维码2-16

选择性粘贴示例

打开【选择性粘贴】对话框后，即可在对话框内有选择性地粘贴数值、公式、格式、批注等。除了应用【选择性粘贴】对话框进行选择性粘贴外，也可以在快捷菜单中动态出现的命令中选择适当的命令，完成粘贴。

4）删除单元格区域

选中要删除的单元格区域，单击功能区的【删除】命令，然后根据需要选择不同的单选按钮即可。

5）清除单元格内容

当发现单元格中的数据有错误或不再需要时，可以清除其内容。

具体方法是：首先选中需要清除数据的单元格或单元格区域，然后按【Delete】键，或在功能区中单击【开始】选项卡下【编辑】组中的【清除】命令（“ ”）。【清除】命令的选项如图2-22所示。其中，【全部清除】表示清除单元格的数据及格式；【清除格式】表示仅清除格式而保留数据；【清除内容】表示仅清除数据而保留格式；【清除批注】表示仅清除批注。

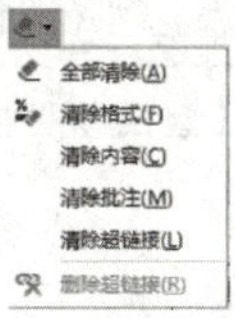

图2-22 【清除】命令的选项

6）查找和替换单元格内容

通过查找和替换功能，用户可以快速定位需要的信息，或对需要替换的单元格数据进行替换。

查找——首先选择功能区中【开始】选项卡下【编辑】组中的【查找和选择】命令，如图2-23所示，或按【Ctrl】+【F】键，打开【查找和替换】对话框；然后在【查找内容】栏中输入要查找的内容，不断单击【查找下一个】按钮，含有查找内容的单元格就成为活动单元格。

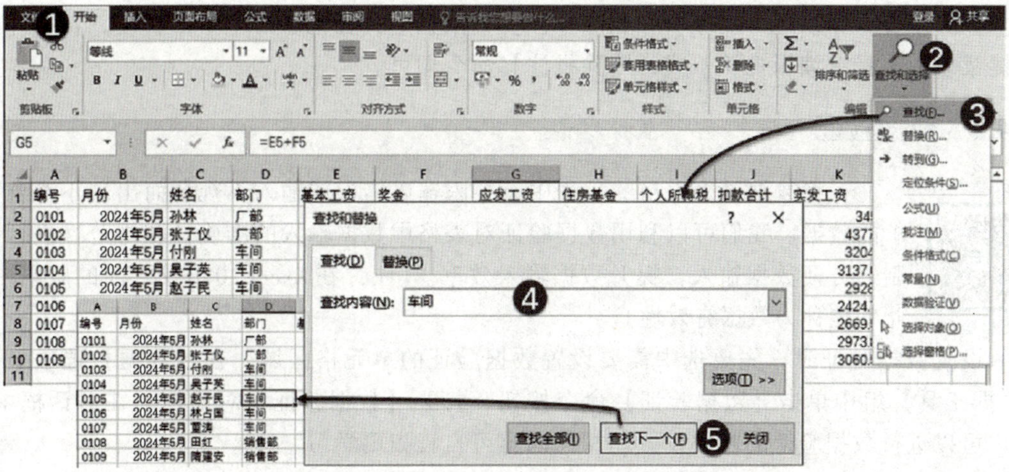

图2-23 【查找和选择】命令

替换——首先单击【查找和选择】命令中的【替换】选项卡，或按【Ctrl】+【H】键，打开【查找和替换】对话框；然后在【查找内容】栏中输入要查找的内容，在【替换为】栏中输入要替换的内容，单击【全部替换】按钮，工作表中所有要替换的单元格将全部被替换，如图2-24所示。若单击【替换】按钮，则工作表中所有要替换的单元格将一个一个被替换。

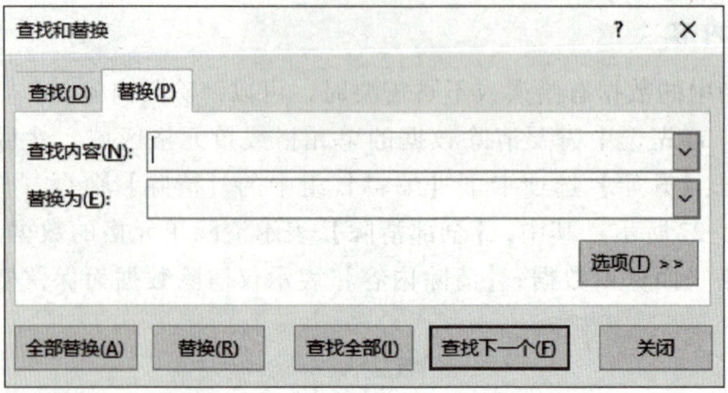

图2-24 【查找和替换】对话框

7）为单元格添加批注

二维码2-17

添加批注的其他方法

对于一些有特殊意义的单元格，为它们添加批注，可以使用户更好地记忆和理解该单元格的信息，从而为输入数据或编辑数据提供方便。

给单元格添加批注的具体步骤如下：

（1）选中要添加批注的单元格或单元格区域。

（2）单击功能区【审阅】选项卡下的【新建批注】按钮，此时会插入一个批注文本框。

（3）在批注文本框中输入批注的内容。

（4）单击批注文本框以外的单元格，完成批注的添加。将鼠标指针移到添加批注的单元格上，此时便会显示批注信息。

如果需要，用户还可以编辑和删除批注。方法如下：在批注框中单击右键，在打开的快捷菜单中选择【编辑批注】或【删除批注】命令即可。

2.4.5 数据验证

二维码2-18

数据验证

在将数据录入表格的过程中，会因输入错误或输入不规范而出现不符合要求的数据。我们可以利用数据验证对表格中数据输入的准确性和规范性进行控制，方便数据输入，提升数据输入效率。（注：在Excel 2010及之前的版本中，此功能称为数据有效性）

设置数据验证时，先要选中需要设置数据验证的单元格区域，在【数据】选项卡下【数据工具】组中单击【数据验证】命令按钮，打开【数据验证】对话框。在对话框中，用户可以进行数据验证的相关设置。相关内容可自行扫码学习。

2.5 工作表的格式化

对工作表和数据进行格式化处理，可以使工作表及其数据表达更为清楚、美观，如图2-25所示。例如，用户可以对意义不同的单元格和单元格区域设置不同的数字格式、字体、颜色和背景，对数据设置不同的对齐方式、边框，对表格设置不同的行高和列宽等。

编号	月份	姓名	部门	基本工资	奖金	应发工资	住房基金	个人所得税	扣款合计	实发工资
0101	24.05	孙　林	厂部	2860	1000	3860	193	214	407	3453
0102	24.05	张								
0103	24.05	付								
0104	24.05	吴								
0105	24.05	赵								
0106	24.05	林								
0107	24.05	童								
0108	24.05	田								
0109	24.05	隋								

2024年5月工资表

项目 / 职工编号	月份	姓名	部门	基本工资	奖金	应发工资	住房公积金	个人所得税	扣款合计	实发工资
0101	2021年5月	孙　林	厂部	2,860.00	1,000	3,860.00	193.00	214.00	407.00	¥ 3,453.00
0102		张子仪		4,016.00	1,000	5,016.00	250.80	387.40	638.20	¥ 4,377.80
0103		付　刚	车间	2,752.00	800	3,552.00	177.60	170.20	347.80	¥ 3,204.20
0104		吴子英		2,673.00	800	3,473.00	173.65	162.30	335.95	¥ 3,137.05
0105		赵子民		2,428.00	800	3,228.00	161.40	137.80	299.20	¥ 2,928.80
0106		林占国		1,835.00	800	2,635.00	131.75	78.50	210.25	¥ 2,424.75
0107		童　涛		2,123.00	800	2,923.00	146.15	107.30	253.45	¥ 2,669.55
0108		田　红	销售部	2,681.00	600	3,281.00	164.05	143.10	307.15	¥ 2,973.85
0109		隋建安		2,783.00	600	3,383.00	169.15	153.30	322.45	¥ 3,060.55

原始“工资表”与格式化后的“工资表”

图 2-25　工资表的格式化

2.5.1　修改表格结构

如图 2-26 所示，在 Excel 2016 的操作过程中，当根据工作需要为表格添加标题行时，需要在工作表中的某些区域插入某些行、列或单元格，也可能需要进行删除操作，或完成单元格的合并与拆分。相关的插入与删除操作比较简单，可扫码学习。

二维码 2-19

修改表格结构

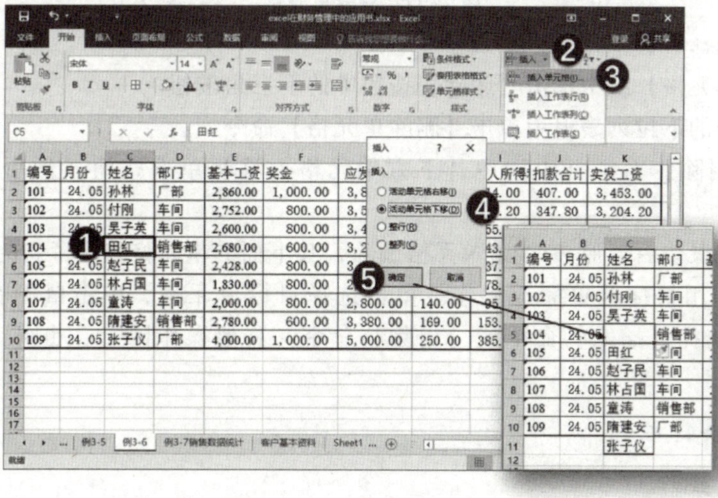

图 2-26　插入单元格

1）插入与删除单元格

方法一：利用功能区中的命令完成。插入单元格过程如下：

（1）单击选择目标单元格，如 C5。

（2）在【单元格】组中单击【插入】按钮中的下三角按钮。

（3）在弹出的下拉列表框中单击【插入单元格】命令。

（4）在【插入】对话框中选中【活动单元格下移】单选按钮，然后单击【确定】按钮。

（5）经过该操作后，原来的 C5 单元格向下移动了一个单元格，现在该位置插入了一个新的空白单元格。

删除单元格的操作过程如图 2–27 所示：

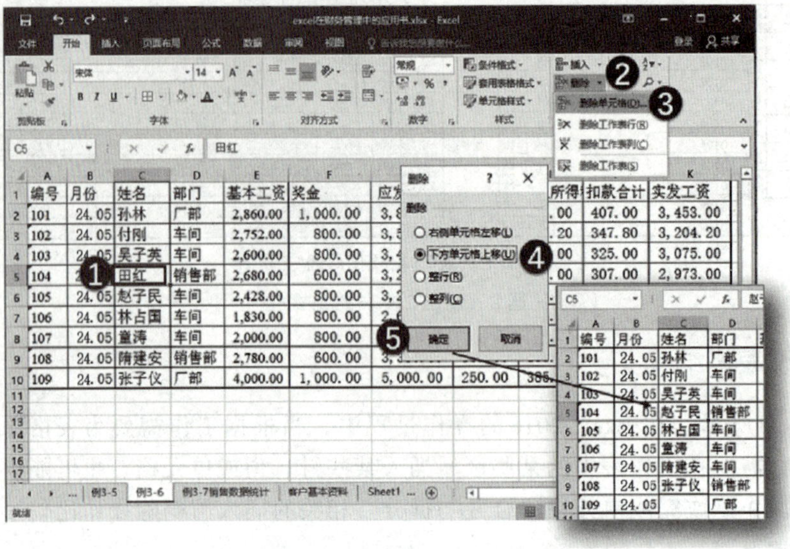

图 2–27　删除单元格

（1）单击选择目标单元格，如 C5。

（2）在【单元格】组中单击【删除】按钮中的下三角按钮。

（3）在弹出的下拉列表框中单击【删除单元格】命令。

（4）在【删除】对话框中选中【下方单元格上移】单选按钮，然后单击【确定】按钮。

（5）经过该操作后，原来的 C5 单元格删除，其下面的单元格移到了它的位置上。

方法二：利用快捷菜单完成操作。单击选择目标单元格，单击鼠标右键，在弹出的快捷菜单中选择【插入】命令或【删除】命令，其他操作同上，也可完成单元格的插入和删除。

2）插入与删除行或列

（1）插入行或列。

方法一：先选定要插入行或列的位置，按上面插入单元格的方法打开【插入】对话框，选中【整行】或【整列】单选按钮，然后单击【确定】，即可完成在所选单元格之上插入一行，或在所选单元格所在列左侧插入一列。

方法二：要在所选行之上或列左侧，插入一行或一列，先单击行号或列标，使整行或整列处于选中状态，再单击鼠标右键，在弹出的快捷菜单中单击【插入】命令，则在所选行的上方插入一行，或在所选列的左侧插入一列。

（2）删除行或列。

方法一：先选定要删除行或列的位置，按上面删除单元格的方法，打开【删除】对话框，选中【整行】或【整列】单选按钮，然后单击【确定】，即可完成对所选行或列的删除操作。

方法二：要删除一行或一列，先单击行号或列标，使整行或整列处于选中状态，再单击鼠标右键，在弹出的快捷菜单中单击【删除】命令，则所选行或列被删除。

二维码2-20

插入表标题及列的隐藏与取消隐藏

3）单元格的合并与拆分

（1）合并单元格。

合并单元格就是将两个或两个以上的单元格，合并成占有两个或多个单元格空间的更大的单元格。Excel提供了3种合并单元格的方式，包括合并后居中、跨越合并和合并单元格。

合并后居中，就是将选取的多个单元格进行合并，并将单元格内容在水平和垂直两个方向上居中。

二维码2-21

单元格合并与取消应用

跨越合并，就是在选取多行多列的单元格区域后，将所选区域的每行进行合并，形成单列多行的单元格区域。

合并单元格，就是将所选单元格区域进行合并，并沿用该区域起始单元格的格式。

不同合并单元格方式的效果如图2-28所示。

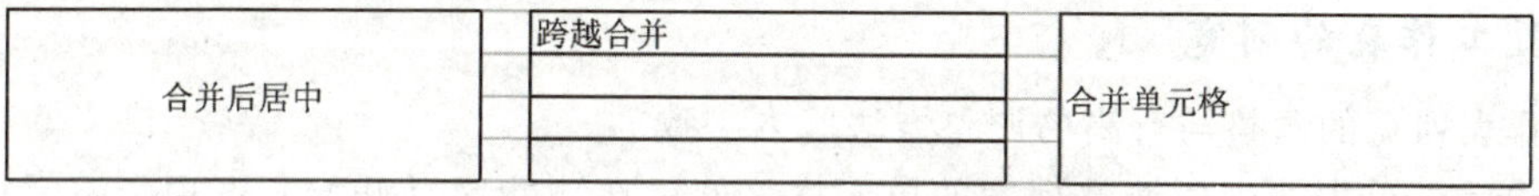

图2-28　不同合并单元格方式的效果

（2）拆分单元格。

使用合并单元格，会影响数据的排序、筛选、分类汇总等操作，因此在一般情况下，数据区内尽量不要合并单元格。但如果表中已经有合并的单元格，为了方便后面介绍的数据操作，我们需要取消合并单元格。

取消合并单元格的方法：选中合并单元格区域，在【开始】选项卡中单击【合并后居中】命令，取消合并单元格。

2.5.2　设置工作表的行高和列宽

在默认状态下，工作表的行高和列宽都是一样的。然而在很多情况下，一个工作表中需要行高不同和列宽不同的表格，这就需要设置工作表的行高和列宽。设置工作表的行高和列宽一般有两种方法：方法一，通过快捷菜单进行设置；方法二，通过功能区的命令方式进行设置。这里介绍第二种方法。

1）设置工作表的行高

（1）选中要调整行高的单元格。

（2）点击功能区【开始】选项卡下【单元格】组中的【格式】命令（“格式”），在下拉菜单中选择【行高】命令，如图2-29所示。

（3）打开【行高】对话框，输入新的行高数值。

在图2-29中，选择【自动调整行高】命令，则Excel 2016自动调整行高。

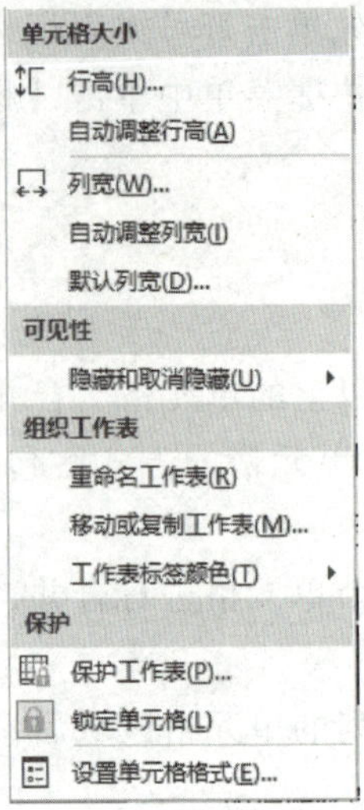

图2-29 选择【行高】命令

此外，将鼠标指针对准所选单元格行号数值的下边框，则鼠标指针变为一条水平黑短线和两个反向的垂直箭头，按住鼠标左键，同时上下移动鼠标，也可以调整行高。

2）设置工作表的列宽

工作表列宽的调整与行高的调整方法基本一致。

方法一：首先选中要调整列宽的单元格，然后在功能区【开始】选项卡下【单元格】组中【格式】命令的下拉菜单中选择【列宽】命令，打开【列宽】对话框，输入新的列宽数值。

二维码2-22

行、列、单元格的锁定

方法二：选择【自动调整列宽】命令，则Excel 2016自动调整列宽。

方法三：将鼠标指针对准所选单元格列标字母的右边框，则鼠标指针变为一条垂直黑短线和两个反向的水平箭头，按住鼠标左键，同时左右移动鼠标，就可以调整列宽。

2.5.3 单元格的格式设置

在工作表中完成数据的编辑和表格设计后，用户还可以设置这些包含数据的单元格的数字格式、文本格式、单元格对齐方式、边框和底纹样式等，使制作出的数据表格更加美观、整洁。

在Excel的【设置单元格格式】对话框中有【数字】、【对齐】、【字体】、【边框】、【填充】和【保护】6个选项卡，能够对数字格式、对齐方式、字体字号、边框效果及填充颜色等进行设置。打开【设置单元格格式】对话框的一般方法有：

方法一：右键单击要设置格式的单元格，再选择快捷菜单中的【设置单元格格式】命令，即可出现【设置单元格格式】对话框。

方法二：单击功能区【开始】选项卡下【单元格】组中的【格式】按钮，在弹出的菜单中选择【设置单元格格式】命令，打开【设置单元格格式】对话框。

方法三：单击功能区【开始】选项卡下【字体】或【对齐方式】或【数字】组右侧的【对话框启动器】按钮（“ ”），打开【设置单元格格式】对话框（注：不同的组打开对话框后进入的默认选项卡不同）。

一般情况下，在工作表中输入的数据默认字体为“宋体”，默认字号为“11”磅，输入数据的类型不同，对齐方式也不同，如文本以左对齐方式显示，数字以右对齐方式显示。但在实际工作中，常常会为了表格的美观更改数据字符的字体、格式及对齐方式。

1）字体格式及对齐方式

（1）字体格式化。

在Excel中可以设置单元格中数据的字体、字号、字形、颜色、下划线等，设置方式为：先选中要设置的单元区域，打开【设置单元格格式】对话框中的【字体】选项卡，进行相应的设置，如图2-30所示；也可以利用功能区【开始】选项卡下【字体】组的命令进行设置。

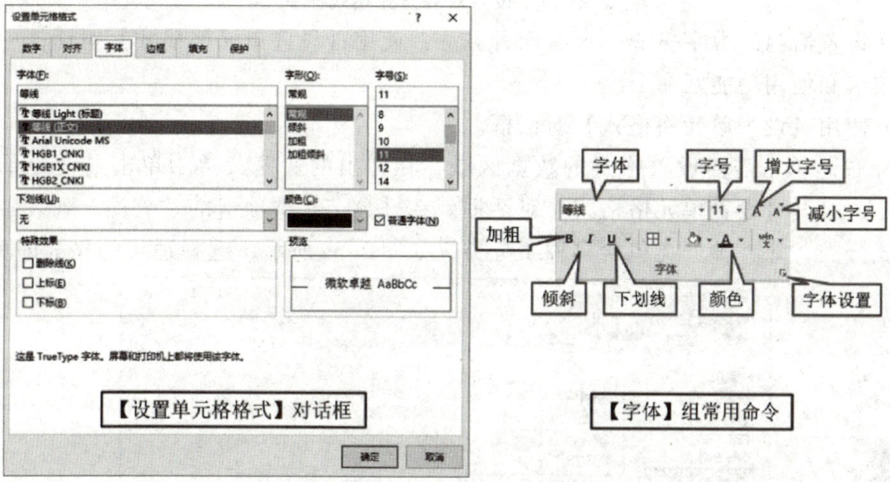

图2-30　设置字体格式命令

需要说明的是，在【设置单元格格式】对话框中，【特殊效果】选项组中包含3个复选框——【删除线】、【上标】和【下标】。如果选中【删除线】复选框，则在选定文字的中间画一条线；如果选中【上标】复选框，则将选定文字或数字设置为上标；如果选中【下标】复选框，则将选定文字或数字设置为下标。

二维码2-23
字体格式补充

（2）对齐方式。

Excel单元格中的数据可以按照水平方向或垂直方向对齐，还可以改变方向。设置方法为：打开【设置单元格格式】对话框中的【对齐】选项卡，进行相应的设置；也可以利用功能区【开始】选项卡下【对齐方式】组的命令进行设置，如图2-31所示。

二维码2-24
将不同字符数的姓名对齐

2）单元格数字格式

在财务管理中，数据的显示要准确、清晰，Excel在不改变数据的值的前提下，给用户提供了不同的数字显示格式。用户可以根据数据的表达和意义来调整外观，以完成准确的展示效果。这在之前介绍长数字、货币型数据和日期数据的输入方法时有所应用。

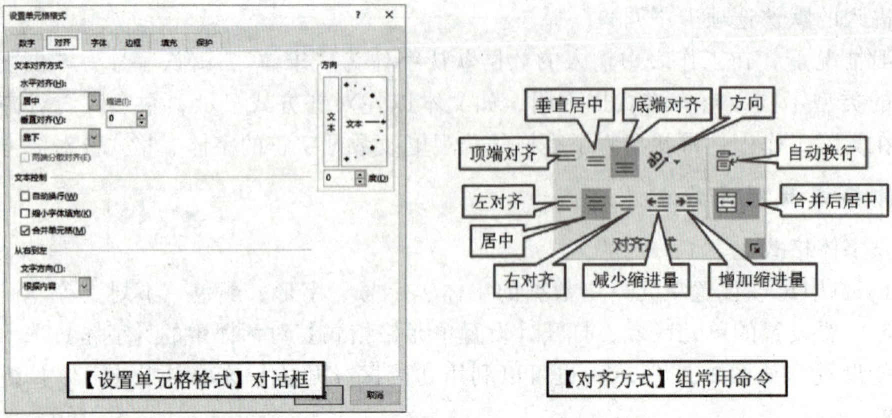

图2-31　设置对齐方式格式命令

快速设置恰当的数字格式一般有两种方法：使用【设置单元格格式】对话框中的【数字】选项卡和使用功能区命令。

(1) 使用【设置单元格格式】对话框。

鼠标右键单击需要设置格式的数据区域，在弹出的快捷菜单中单击【设置单元格格式】命令，打开【设置单元格格式】对话框。在【数字】选项卡的“分类”列表中有多种数字格式分类，每一种分类包含多种子分类，如图2-32所示，选择适当的格式即可。

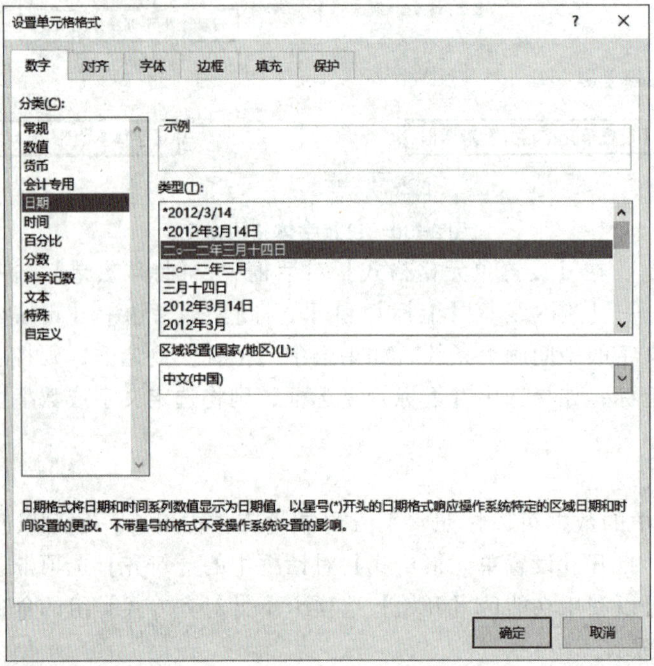

图2-32　【设置单元格格式】对话框

(2) 使用功能区命令。

以“工资表”为例，设置各工资项的小数点位数为2位。可选中各工资项的值，单击【开始】选项卡下【数字】组中的【数字格式】后的下三角，在下拉菜单中选择【数字】命令，如图2-33所示，即可完成设置。

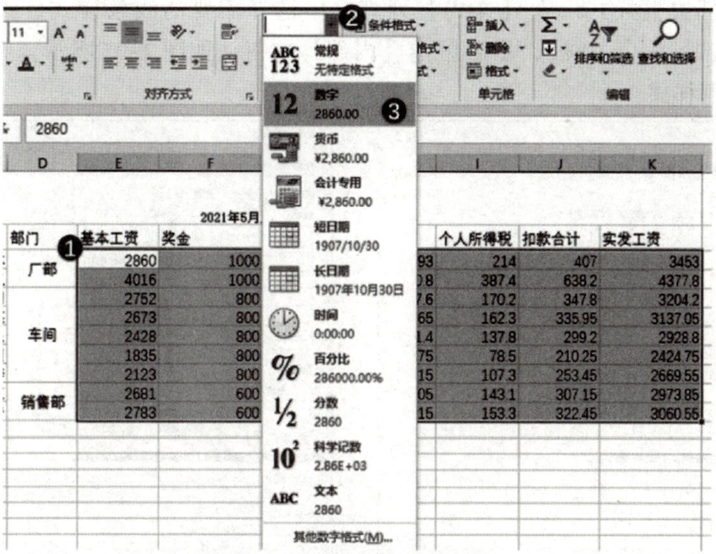

图2-33 数字格式下拉菜单

在下拉菜单中有11种不同的数字格式，用户使用时可以按需要进行设置。另外，在【数字】命令组中，Excel还预置了5个常用的数字格式按钮，包括【会计专用格式】、【百分比样式】、【千位分隔样式】、【增加小数位数】和【减少小数位数】，如图2-34所示。

二维码2-25
数字转为中文大写

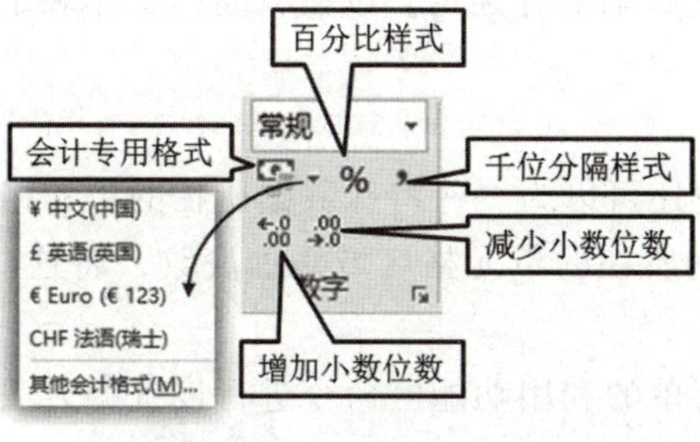

图2-34 【数字】命令组各按钮功能

3）单元格或区域的边框和底纹

（1）设置边框。

Excel是一款电子表格，它是以表格形式构成的工作界面，但在输出这些表格时，它不会自动为每个数据单元格添加边框线条，因为Excel的网格线默认是不打印的。因此，大多数用户在建立表格时，都会为其添加合适的边框样式，使表格中的数据更清晰、突出。在Excel中添加边框有两种方法：一种是通过功能区中的【边框】功能来快速添加；另一种是通过【设置单元格格式】对话框来自定义边框。这里以第二种方法为例，介绍为单元格添加边框的方法，操作的表格为之前用过的“工资表”。

选择要添加边框的单元格区域，以A2:K11单元格区域为例，在【开始】选项卡下【字体】组中单击【其他边框】（“田 ▾”），打开【设置单元格格式】对话框，进入【边框】选项卡。

①设置内部边框样式。在【样式】列表框中选择需要的线条样式，设置“颜色”为“橙色，个性色2，淡色40%”，然后单击【内部】按钮，如图2-35所示。在预览区可查看添加的内部边框样式。

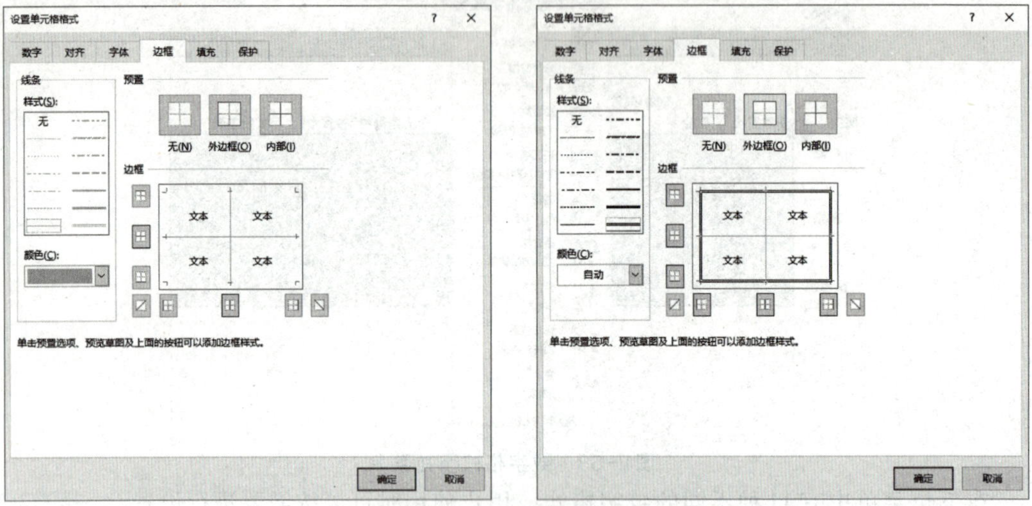

图2-35 设置内、外边框

②设置外部边框样式。在【样式】列表框中选择双线样式，然后单击【外边框】按钮，在预览区中可以查看添加外框样式的效果，如图2-35所示。

③确认添加边框。设置完成后单击【确定】按钮，返回工作表中可以看到所选单元格区域应用了自定义的边框样式。

（2）设置底纹。

二维码2-26 设置有图案的底纹

在工作表中用户还可以为一些特殊数据所在的单元格区域，如标题字段区域，或一些重要数据所在的单元格区域添加底纹，将这些重要数据突出显示，方便查看。

这里介绍一种简单的利用功能区命令进行设置的方法：选择要添加底纹的单元格区域，以A2：K2单元格区域为例，在【开始】选项卡下【字体】组中单击【 -】，即【填充颜色】右边的向下箭头，在弹出的下拉菜单中选择适当的颜色。

2.5.4 快速格式化

1）格式刷

选择设定好格式的单元格后，单击【开始】选项卡下【剪贴板】组中的【格式刷】（“格式刷”）命令，此时光标移动到工作区后变为“ ”，按住鼠标左键拖出应用区域，则格式将应用到该区域的单元格中。

单击【格式刷】按钮，格式刷只能用一次；如果想多次使用，可双击【格式刷】按钮；不使用时再次单击【格式刷】按钮，光标即可恢复正常。

2）使用样式

为了方便用户快速设置单元格格式，Excel提供了预定义的一系列“单元格样式”和

“表格样式”，简化用户设置单元格中数据的字符格式、边框和底纹的操作步骤，以缩短制作表格的时间。

Excel还提供了一组内置的单元格样式，用户可以在选定单元格的情况下，选择需要的单元格样式快速设置单元格的字符格式、边框和底纹等格式。快速格式化的补充方法，请读者扫码学习。

二维码2-27

快速格式化的补充方法

2.5.5　使用条件格式

利用条件格式，可以让符合特定条件的单元格数据以醒目的格式突出显示，便于用户对工作表的数据更好地进行分析。使用条件格式突出单元格只需要设定判断条件及显示的格式即可。

例如，要求对图2-26做如下显示：奖金列中值为“1000.00”的数据用红色斜体显示，值为“600.00”的数据用蓝色加粗显示。

具体操作步骤如下：

（1）选定要设置格式的单元格区域F2：F10。

（2）在功能区【条件格式】按钮的下拉菜单中点击【突出显示单元格规则】，然后选择【其他规则】命令，出现如图2-36所示的【新建格式规则】对话框。

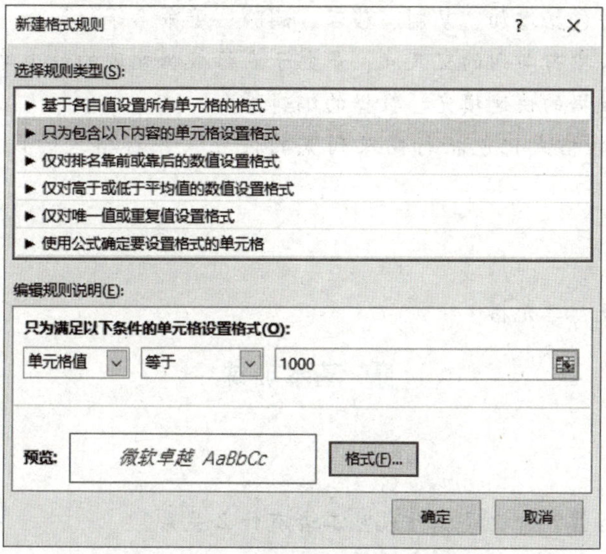

图2-36　【新建格式规则】对话框

（3）在【编辑规则说明】的列表中选择【单元格值】选项，然后选定【等于】，并输入1000。

二维码2-28

突出显示重复值和单元格规则包括的选项

（4）单击【格式】按钮，打开【设置单元格格式】对话框，在【字体】选项卡的【字形】列表框中选择倾斜，在【颜色】列表框中选择红色，单击【确定】按钮返回到【新建格式规则】对话框。

（5）单击【确定】按钮。

用类似的方法可以设置奖金列中值为“600.00”的数据的条件格式。

二维码2-29

创建模板

二维码2-30

Ctrl键的妙用

2.5.6 清除条件格式

如果单元格区域中不再需要使用特殊格式突出显示数据，可以将现有单元格中的条件格式清除。其操作方式为：选择包括条件格式的单元格，在【样式】组中单击【条件格式】按钮，在展开的下拉列表中单击【清除规则】/【清除所选单元格的规则】选项，即可清除条件格式。

2.5.7 创建模板

这部分内容请读者扫码学习。

本章小结

本章全面系统地介绍了Excel的基础知识，其中重点介绍了Excel工作簿、工作表、单元格的基本操作，工作表的格式化及工作表常用的打印设置。

工作簿文件是Excel存储数据的基本单位，用户在其中建立的各种数据最终都是以工作簿文件的形式存储的。对工作簿的操作包括新建、打开、保存和设置工作簿属性等。

每个工作簿通常由多张工作表组成，每张工作表都是一个由若干行和列组成的二维表格。对工作表的操作包括增加、复制、移动、删除、重命名等。

单元格是工作表中行与列的交叉点，是电子表格数据处理的最小单位。对单元格的操作包括数据输入、数据的快速填充、数据的编辑等。

此外，工作表的格式化包括行高及列宽的设置、字符格式的设置、表格格式的设置等。

主要概念

工作簿　工作表　单元格

基本训练

□ 知识题

1）阅读理解

（1）什么是工作簿？什么是工作表？二者有什么关系？

（2）单元格数据的清除与删除有何异同？

2）知识应用

（1）如何在两个不同的工作簿之间进行工作表的移动和复制？

（2）如何实现数据的自动填充？

□ 技能题

1）操作练习

（1）工作簿和工作表基本操作练习

①新建工作簿，文件名为："工资表"。

②在工资表工作簿中，将工作表"sheet1"重命名为"一月"。

③在工资表工作簿中，新建3张工作表，分别命名为“二月”“三月”“四月”，保存工作簿。

④同时选中4张工作表，并从单元格A1开始，在第一行的单元格中分别输入如图2-37所示内容。

编号	月份	姓名	部门	基本工资（元）	奖金（元）	应发工资（元）

图2-37 行首各项目

取消工作组后，观察4张工作表中的内容。

⑤复制“一月”工作表到最后，并重命名为“五月”。

⑥删除“四月”工作表，隐藏“一月”“二月”“三月”工作表，保存工作簿并退出Excel。

（2）内容的输入及格式设置

操作的内容和样式如图2-38所示。

2024年5月基本工资表							
基本资料					应发工资		
编号	月份	姓名	性别	部门	基本工资（元）	奖金（元）	应发工资（元）
001001	2024年5月	孙　林	男	厂部	2860.00	¥1,000.00	
001002	2024年5月	张子仪	女	厂部	4016.00	¥1,000.00	
001003	2024年5月	付　刚	男	车间	2752.00	¥800.00	
001004	2024年5月	吴子英	女	车间	2673.00	¥800.00	
001005	2024年5月	赵子民	男	车间	2428.00	¥800.00	
001006	2024年5月	林占国	男	车间	1835.00	¥800.00	
001007	2024年5月	童　涛	男	车间	2123.00	¥800.00	
001008	2024年5月	田　红	女	销售部	2681.00	¥600.00	
001009	2024年5月	隋建安	男	销售部	2783.00	¥600.00	

图2-38 样图

①打开“工资表.xlsx”工作簿，在“五月”工作表中的“部门”列前插入一列，在D1单元格中写入“性别”。

②将“第2章习题素材1.xlsx”中对应的“姓名”、“部门”、“基本工资（元）”及“奖金（元）”列的信息，复制到当前“五月”工作表的对应列中。

二维码2-31

第2章习题素材1

③参看图2-38，利用快速填充功能，完成编号列的输入。

④参看图2-38，在“月份”列输入“2024-5”，设置数据格式。

⑤设置“性别”列数据的有效性，定义下拉列表，序列值为：男，女。如果错误，停止输入，标题为“错误”，提示信息为“性别只能是男女”。设置后，参照图2-40，完成性别列的输入。

⑥设置“基本工资（元）”列、“奖金（元）”列及“应发工资（元）”列，数据字格式为保留2位小数。为“奖金（元）”列加上货币符号。

⑦在列标题上方插入一行，将A2：E2单元格区域合并居中，输入“基本资料”；将F2：G2单元格区域合并居中，输入“应发工资”。

⑧设置表格中所有数据的格式：字体为“微软雅黑”；字号大小为“14”。设置黑色粗线外边框和蓝色细线内边框。设置A1：H2单元格区域：字体颜色为“白色”；填充颜色为“蓝-灰，文字2”。将A2：E11单元格区域的填充颜色设置为“绿色，个性色6，淡色80%”。将F2：H11单元格区域的填充颜色设置为“橙色，个性色6，淡色80%”。

⑨将列标题行（第二行）设置为自动换行，将对齐方式设置为水平居中、垂直居中。将“编号”列、“基本工资（元）”列、“奖金（元）”列及“应发工资（元）”列的列宽设置为16。对于“奖金（元）”列标题，利用强制换行功能使“（元）”显示在第二行。

⑩设置工作表中数据区的对齐方式，将“编号”“月份”“性别”“部门”这几列的数据的对齐方式设置为水平居中，将“姓名”列的数据的对齐方式设置为水平分散。

⑪在“五月”工作表中插入标题行，行高设为45。将A1：H1单元格区域合并居中，并在标题行输入内容“2024年5月基本工资表”。将标题字体格式为黑体、20号字、深红色、双下划线，将对齐方式设置为水平居中、垂直居中，并将当前单元格样式定义为自定义样式，名字设为“工资表标题”。保存工作簿。

⑫设置条件格式：基本工资高于2 500，为红字，黄底。保存并退出工作簿。

二维码2-32

第2章习题素材2

2）应用练习

打开“第2章习题素材2.xlsx”文件。

①将Sheet1重命名为“职工一览表”。

②在工作表“职工一览表”中插入标题行，并在标题行输入内容“职工一览表”，将A1：G1单元格区域合并居中，标题设置为黑体、15号字、红色、下划线。

③将工作表“职工一览表”中的数据复制到工作表“调整表”中。

④在工作表“调整表”中删除“年龄”列。在工作表“调整表”中交换“职务”与“聘用时间”两列的位置。

⑤删除表中职工编号为“000004”和“000008”的两条记录。

⑥另存为工作簿，命名为“职工信息”。

□ 能力题

单元实训

根据资料完成要求的操作。打开“第2章习题素材3.xlsx”文件，某企业1—6月份的销售量与单价见表2-1。

表2-1 某企业1—6月份的销售量与单价

二维码2-33

第2章习题素材3

1—6月份的销售量与单价						
月份 项目	1月	2月	3月	4月	5月	6月
销售量（台）	520	540	550	585	590	605
单价（元）	33.00	35.00	30.00	34.00	33.00	33.50
销售收入（元）						

要求：

（1）打开“第2章习题素材3.xlsx”文件，在“原始表”工作表中利用自定义序列的方法输入1—6月。

（2）复制“原始表”到“销售量与单价表”工作表中，并使用行列转置。

（3）参考表2-1，完成格式设置。在表格最上方插入一行，合并A1：G1单元格区域。设置表标题：标题行内容为“1—6月份的销售量与单价”；字体格式为黑体、20号、加粗；对齐方式为水平居中、垂直居中。

（4）设置A2：G5单元格区域：字体为微软雅黑，字号为14，A—G列的列宽为10，1—5行的行高为自动行高。

（5）设置A2单元格格式（参考表2-1）：内容为“月份/项目”；加斜线边框；“月份”“项目”分为两行。

（6）设置A3：A5单元格区域格式为自动换行，对齐方式为水平居中、垂直居中，填充方式为图案填充，图案颜色为“金色，个性色4，深色80%”，图案样式为“对角线，条纹”。

（7）设置B2：G2单元格区域的对齐方式为水平居中、垂直居中。设置B3：G5单元格区域的对齐方式为垂直居中、右对齐。

（8）设置列标题格式为深红色底纹、白色字体并加粗。

（9）边框设置，参考表2-1。将A2：G5单元格区域的内框边框设置为蓝色、虚线，外框边框设置为黑色、粗实线。

（10）设置“单价（元）”行的数值格式为数值类型，保留两位小数。

（11）对单价低于34元的区域设置黄色底纹。

（12）对“3月”添加批注——“淡季降价销售”，保存并退出Excel。

第3章

Excel的运算与数据处理

学习目标

知识目标：熟悉常用函数的功能，掌握利用公式进行数据计算的方法。

技能目标：掌握Excel 2016的工作表、图表和数据库3大功能模块的操作方法与技巧，能够利用公式进行数据计算，学会创建直观、形象的统计图表，能够利用数据库管理功能对数据进行分析和统计管理。

素养目标：培养数字意识、强化数据思维。

3.1 Excel中的公式运用

Excel的公式是由数值和运算符组成的一个表达式序列，这些表达式能计算出我们所需要的结果。输入公式时必须以等号（=）开头，公式中可以包括函数、引用、运算符和常量。

3.1.1 公式中的运算符

运算符是公式中的基本元素。Excel 2016支持4种类型的运算符：算术运算符、比较运算符、文本运算符和引用运算符。

1）算术运算符

算术运算符主要用于完成基本的数学运算，如加（+）、减（-）、乘（*）、除（/）、幂（^）。

2）比较运算符

比较运算符用于比较两个数值的大小，并返回逻辑值True（真）或False（假）。比较运算符有等于（=）、大于（>）、小于（<）、大于等于（>=）、小于等于（<=）、不等于（<>）。

3）文本运算符

文本运算符用于连接文本（字符串），主要表示为“&”。例如，假设单元格B2中的数据为“中国的首都”，单元格B3中的数据为“是北京”，输入公式“=B2&B3”，则公式的运算结果为“中国的首都是北京”。

4）引用运算符

引用运算符用于对单元格区域进行合并计算，常见的引用运算符有冒号（:）、逗号

（,）和空格。其中，冒号（:）是区域运算符，用于对两个引用单元格之间所有的单元格进行引用，如“A1：B5”表示对包括A1和B5单元格在内的矩形区域的所有单元格的引用；逗号（,）是联合运算符，用于将多个引用合并为一个引用，如“=SUM（B5：B10，D5：D10）”；空格是交叉运算符，用于对属于两个引用的单元格区域的引用，如公式“=A1：A5␣A5：B8”的运算结果为A5单元格的数据。

各种运算符的优先级是不同的，它们的优先级见表3-1。

表3-1 运算符的优先级

运算符	优先级
引用运算符	1
算术运算符	2
文本运算符	3
比较运算符	4

小技巧3-1

比较运算符为何要用引号?

在公式内，运用比较运算符时，要把数据连同比较运算符用“双引号”括住，如“=COUNTIF（A1：A30，">=10"）”是可以接受的，但若不加双引号，便会遭到拒绝。

3.1.2 单元格的引用

在输入公式时，用户既可以输入运算所需的数据，也可以输入其所在单元格的名称，还可以直接输入这些数据所在单元格的地址，这就是引用。引用的作用在于标识工作表上的单元格或单元格区域，并指明公式中所使用的数据的位置。例如，公式“=A5+B6”就是把单元格A5中的数据与单元格B6中的数据相加求和。该公式对单元格A5和B6进行了引用。

公式中的引用有相对引用、绝对引用、半相对引用（半绝对引用）和三维引用等类型。

1）相对引用

相对引用也称相对地址，即用列标与行号直接表示单元格，如A1、B2等。使用相对引用生成其他公式时，对单元格或单元格区域的引用通常是根据它们与源公式单元格的相对位置来进行的，如果存放公式的单元格发生了改变，引用也会随之改变，但其引用的单元格地址之间的相对位置保持不变。例如，在单元格A1中输入公式“=A2+A3”，如果将A1单元格中的公式复制到B1单元格，则B1单元格中的公式为“=B2+B3”。在公式中对单元格的引用多数是相对引用。

2）绝对引用

绝对引用又称绝对地址，即在相对引用的单元格的列标和行号之前分别加上“$”符号，如“$A$1”。绝对引用是指将公式复制到新的单元格后，公式中引用的单元格地址保持不变，所以计算结果也不会发生改变。例如，在单元格A1中输入公式“=$A$2+$A$3”，如果将单元格A1中的公式复制到单元格B1中，则单元格B1中的计算公式仍为“=$A$2+$A$3”。输入这种公式的方法有两种：一种方法是通过键盘输入“$A$2”；另一种方法是输入相对地址A2后，按【F4】键，可以在绝对引用“$A$2”、仅对行绝对引用“A$2”、仅对列绝对引用“$A2”和相对引用“A2”之间切换。

3）半相对引用（半绝对引用）

半相对引用是指在引用单元格时，行不变化仅列变化（如A$1），或列不变化仅行变化（如$A2）。

4）三维引用

三维引用是指在一个工作簿中从不同的工作表中引用单元格地址，或从不同的工作簿中引用单元格地址。如果要表示不同工作簿、不同工作表中的单元格地址，标识方法是：“［工作簿名］工作表名！单元格名称”（注意：工作表与单元格名称之间用“！”间隔）。例如，当前工作表为工作簿Book1中的工作表Sheet1，若想将工作表Sheet1中的B5单元格的值与工作簿Book2中的工作表Sheet2中的C3单元格的值相加求和，则应输入公式“=B5+［book2.xlsx］Sheet2！$C$3”。

3.1.3 公式的输入、修改、移动与复制

公式的输入方法很简单，具体步骤如下：

（1）选择要输入公式的单元格。

（2）键入等号（=）。

（3）键入公式（单元格的引用最好用鼠标选取，如需输入函数可使用函数向导）。

（4）按【Enter】键或选用编辑栏左边的【✓】按钮结束。

如果输入错误需要清除，可以在执行第（4）步之前按【Esc】键或单击编辑栏左边的【✗】按钮。

修改公式与修改数据一样，既可以通过编辑栏修改，也可以在单元格内修改。

公式的移动与单元格的移动方法一样。移动公式时，公式内的单元格引用不会改变。例如，单元格B5中的公式为“=B3-B4”，如果将该公式移动到C5单元格，则仍然为“=B3-B4”。

二维码3-1

银行存款本息计算一览表——绝对地址练习

公式的复制与单元格的复制方法一样，但必须注意的是：在复制公式时，单元格引用将根据引用类型而改变。例如，B5单元格中的公式为“=B3-B4”，将其复制到C5单元格，则C5单元格中的公式为“=C3-C4”。如果希望复制后的公式保持不变，则应采用绝对引用；如果希望复制后的公式行不变而列变化，或行变化而列不变化，则应采用半相对引用（半绝对引用）。

3.1.4 数组公式的使用

数组是可以进行总体或个别操作的一组记录。当需要对两组或两组以上的数据进行计算且计算方法相同时，使用数组公式可以大大简化计算、提高操作效率，并且能够防止用

户发生误操作。

1）输入数组公式

输入数组公式的方法是：首先选取单元格或单元格区域，然后输入有关的公式，最后同时按下【Ctrl】+【Shift】+【Enter】组合键即可。

需要说明的是：在数组公式中使用的两组或多组数据称为数组参数，数组参数可以是一个数据区域，也可以是数组常量。在输入数组公式时，首先要选定单元格或单元格区域，数组公式中的每个数组参数都必须有相同数量的行和列。输入数组公式后，应同时按下【Ctrl】+【Shift】+【Enter】组合键，Excel会自动在公式的两边加上大括号“{}”。如果只按【Enter】键，则表示在选中的单元格区域的第一个单元格中输入一个简单的公式。

如果不用上述方法输入数组公式，而是手动在公式两边加上“{}”，Excel则不会把输入的公式转变为数组公式，只能把公式转换为一般文本。所以，切记输入数组公式时一定要用前面所描述的正确的方法。

二维码3-2

【例3-1】的操作演示

【例3-1】如图3-1所示，如果要计算1—6月份的主营业务利润，可以采用数组公式进行计算。

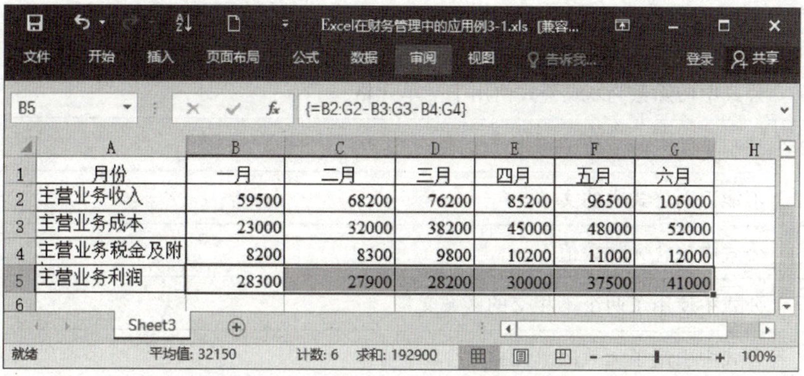

	A	B	C	D	E	F	G	H
1	月份	一月	二月	三月	四月	五月	六月	
2	主营业务收入	59500	68200	76200	85200	96500	105000	
3	主营业务成本	23000	32000	38200	45000	48000	52000	
4	主营业务税金及附	8200	8300	9800	10200	11000	12000	
5	主营业务利润	28300	27900	28200	30000	37500	41000	
6								

图3-1 “1—6月份主营业务利润”图示

操作方法如下：

（1）选中单元格区域B5：G5。

（2）输入公式“=B2：G2-B3：G3-B4：G4”。

（3）同时按下【Ctrl】+【Shift】+【Enter】组合键，即可得到各月的主营业务利润。

2）编辑数组公式

数组公式与一般的公式不同，表现之一就是不可以对数组公式涉及的单元格区域中的某一个单元格进行编辑、清除或移动等操作，否则会出现“不能更改数组的某一部分”的提示。

如果发现输入的数组公式错误，可按下列步骤进行修改：

（1）单击数组区域中的任意一个单元格。

（2）单击公式编辑栏，此时编辑栏被激活，大括号“{}”在数组公式中消失。

（3）编辑数组公式的内容。

（4）修改完毕后，按【Ctrl】+【Shift】+【Enter】组合键。

如果要删除数组公式，方法是：先选中数组公式的单元格区域，然后按【Delete】键。

3.1.5 公式中返回的错误信息

Excel 2016提供了单元格公式错误信息的提示标志。当单元格公式出现错误时，就会在该单元格的左上角出现一个小三角符号。当用鼠标单击该单元格时，在该单元格旁边会出现错误提示符号，单击此符号，就会弹出该错误的一些提示，如图3-2所示。

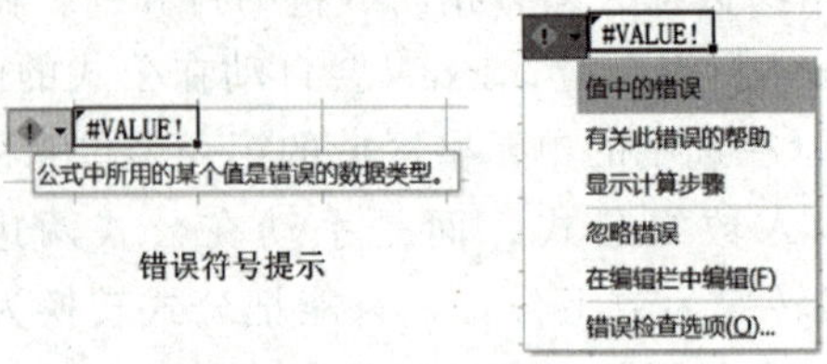

图3-2 错误符号提示及错误提示选项

公式中的出错返回值及其含义见表3-2。

表3-2 公式中的出错返回值及其含义

出错返回值	含 义
#DIV/0!	公式中的除数为0或公式使用了空单元格
#N/A!	某个单元格的数值不可用于公式
#NAME?	不能识别公式中的文本
#NUM!	公式中包含无效数值
#NULL!	公式中使用了两个不相交的区域交集
#RFF!	公式中引用了无效的单元格
#VALUE!	公式中所包含的单元格是不同的数据类型
####!	公式产生的结果太长，单元格容纳不下，或单元格的日期、时间公式产生了一个负值

小技巧3-2

在默认情况下，输入公式后，在单元格内显示的是计算结果。若要显示公式，有两种设置方法：一种方法是通过按【Ctrl】+【`】组合键在显示结果与显示公式之间切换；另一种方法是单击功能区的【公式】命令，然后点击【显示公式】按钮即可。若要隐藏公式，显示结果，点击【显示公式】即可。

3.1.6 给单元格或单元格区域定义名称

名称是一类较为特殊的公式，多数名称是由用户预先自行定义，也有部分名称可以在进行创建表格、设置打印区域等操作时自动产生。

给某些单元格或单元格区域定义名称，可以更加方便地使用计算公式，并对数据进行分析。

1）命名规则

在给单元格或单元格区域命名时，可以输入任意字母与数字的组合，但应遵循以下规则：

（1）名称中不能含有空格，并且不区分大小写。

（2）名称的长度不能超过255个字符。

（3）名称中不能使用除下划线、点号和反斜线（\）、问号（?）以外的其他符号。

（4）名称的第一个字符必须是字母、汉字或下划线，但不能以纯数字命名或以数字开头。不能使用单元格地址。

（5）因为字母R、C在R1C1引用样式中表示工作表的行、列，所以除了R、C、r、c，其他单个字母均可作为名称。

2）命名方法

这里介绍以下两种给单元格或单元格区域命名的方法：

（1）使用菜单命令。

例如，若要将单元格区域B2：G2命名为“销售量”，具体操作步骤如下：

选取单元格区域B2：G2，单击【公式】选项卡下【定义名称】组中的命令，点击【名称管理器】中的【定义名称】，则弹出【新建名称】对话框。Excel 2016将自动显示被选中的单元格的名称（如果单元格已被定义名称）和引用位置。此时，输入要定义的名称，即“销售量”，如图3-3所示，然后单击【确定】按钮，则单元格区域B2：G2就被命名为“销售量”，如图3-4所示。

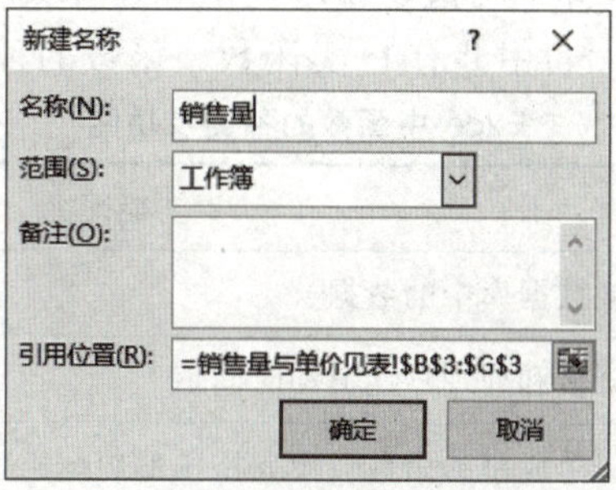

图3-3 【定义名称】/【新建名称】对话框

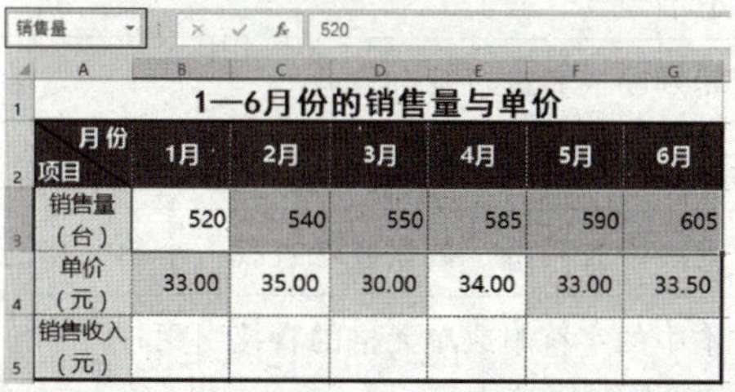

图3-4 将单元格区域B2：G2命名为“销售量”

（2）使用【定义名称】对话框。

首先选取单元格或单元格区域，然后单击鼠标右键，在列表中选择【定义名称】，接下来在【名称】栏中输入要定义的名称，最后按【Enter】键，也可以给单元格或单元格区域命名。

3）名称的使用

为单元格或单元格区域定义了名称后，可以大大提高数据处理的效率，且不容易出现错误。

例如，在图3-5中，分别对所有销售数据和单价区域定义名称“销售量”和“单价”，这时只需要在单元格B5中输入公式“=销售量*单价”，即可计算出1月份的销售额，将此单元格向右复制填充到单元格G5，就得到了其他各个月份的销售收入。

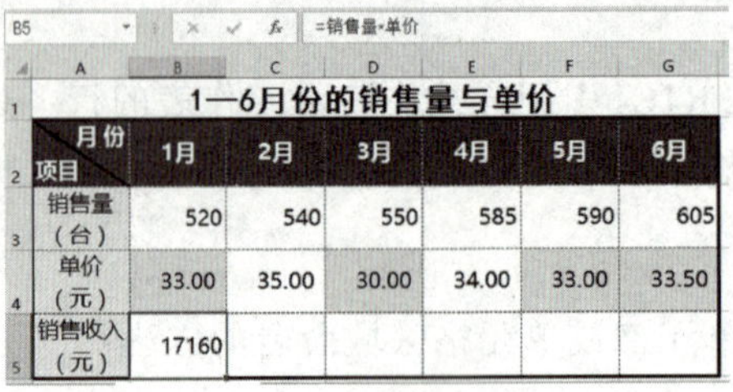

1—6月份的销售量与单价						
月份 项目	1月	2月	3月	4月	5月	6月
销售量（台）	520	540	550	585	590	605
单价（元）	33.00	35.00	30.00	34.00	33.00	33.50
销售收入（元）	17160					

图3-5　单元格名称的使用

3.2　函数的使用

Excel提供了大量的内置函数可供用户使用，这些函数其实是一些预定义的公式，它们使用一些称为参数的特定数值，按特定的顺序或结构进行计算。用户可以直接用它们对某个区域内的数值进行一系列运算，如分析和处理日期值和时间值、确定贷款的支付额、确定单元格中的数据类型、计算平均值、排序显示和运算文本数据等。使用函数可以大大简化公式，提高工作效率。Excel中共有11类函数，函数的种类及功能见表3-3。

表3-3　Excel中函数的种类及功能

种类	功能简介
数据库函数	分析列表或数据库中的数据
日期与时间函数	在公式中分析和处理日期值和时间值
信息函数	检测及返回单元格的个数、单元格内的数据类型等
财务函数	进行一般的财务计算
逻辑函数	进行逻辑判断或者进行复合检验
统计函数	对数据组及数据区域进行统计分析
查找和引用函数	在数据列表中查找特定数据或者查找一个单元格的引用
文本函数	处理文本中的字符串或单元格的直接引用
数学和三角函数	独立地完成数学运算
工程函数	解决工程方面的计算问题
用户自定义函数	在工作表函数无法满足需要时，用户可以自定义创建函数

3.2.1　函数的基本语法

在使用函数时，必须遵循一定的语法规则。函数的基本语法为：

公式：=函数名（参数1，参数2，…，参数n）

其中，函数名是函数的名称，每一个函数都有其唯一可被识别的名称。函数中的参数可以是数值、文本、逻辑值、单元格地址或名称、单元格区域地址或名称，也可以是各种表达式或函数等。参数的个数因函数的不同而不同，可以不带参数，也可以带有一个参数或多个参数等。

在使用函数时，要注意以下几点：

（1）函数名与其后的括号之间不能有空格。

（2）当有多个参数时，参数之间用逗号“,”分隔。

（3）参数部分总长度不能超过1 024个字符。

（4）函数中的逗号“,”、引号“"”等都是半角字符。

3.2.2　函数的输入

在工作表中输入函数有两种常用的方法：一是手工输入函数；二是使用【插入函数】功能输入函数。

1）手工输入函数

手工输入函数的方法很简单，与输入公式类似，或者说函数的输入是公式输入的一种特例，在输入函数时可以不区分大小写。

手工输入函数的方法虽然简单，但需要用户熟练记住函数名称及其所使用的参数，要做到这一点是很困难的，所以这种输入函数的方法并不常用。

2）使用【插入函数】功能输入函数

Excel 2016提供了高效的插入函数的方法，具体步骤如下：

（1）选定要插入函数的单元格。

（2）单击【公式】菜单中的【插入函数】命令，或直接单击“fx”按钮，系统会弹出【插入函数】对话框，如图3-6所示。

（3）在【搜索函数】栏中输入要调用的函数名称，然后单击【转到】按钮，则Excel 2016会自动将该函数以及相关的函数列示出来，也可以从【或选择类别】列表中选择要输入的函数类型。Excel 2016将最近使用过的10个函数作为常用函数，放在【最近使用的函数】列表中，对于一些使用频率较高的函数，用户可以直接到【最近使用的函数】列表中寻找。

（4）从【选择函数】栏中选择所需的函数，然后单击【确定】按钮，系统会弹出【函数参数】对话框。

（5）根据函数的具体要求，在【函数参数】对话框中输入相应的参数，单击【确定】按钮。

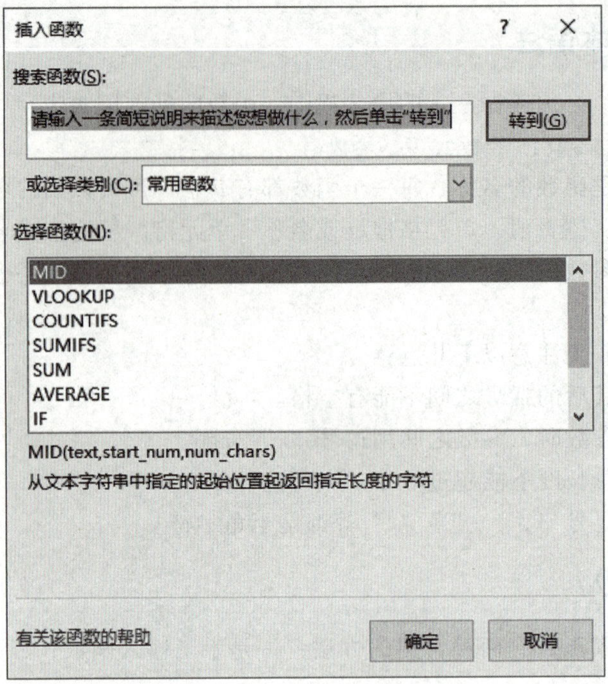

图3-6 【插入函数】对话框

3.2.3 嵌套函数的使用

当一个函数中的参数是另外一个函数时，就是嵌套函数。例如，在某公司的职工工资表中，C列为各职工职称，基本工资按职称发放。其中，高级职称的基本工资为2 000元，中级职称的基本工资为1 500元，初级职称的基本工资为1 000元。现在若想在D2单元格中计算职工的基本工资，用Excel函数表示为“=IF（C2="高级"，2000，IF（C2="中级"，1500，1000））”，具体步骤如下：

（1）单击D2单元格，插入函数IF（），出现函数IF（）的对话框，如图3-7所示。

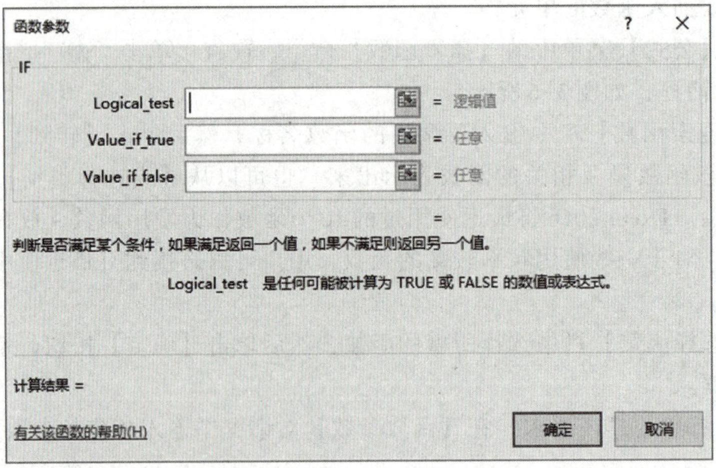

图3-7 函数IF（）对话框

（2）在对话框中的第一个参数栏【Logical_test】中输入“C2="高级"”，在第二个参数栏【Value_if_true】中输入“2000”。

（3）在第三个参数栏【Value_if_false】中输入新的函数IF（）。

（4）在新的函数IF（）参数对话框中的第一个参数栏【Logical_test】中输入“C2="中级"”，在第二个参数栏【Value_if_true】中输入“1500”，在第三个参数栏【Value_if_false】中输入“1000”，然后单击【确定】按钮。

二维码3-3

Excel帮你选函数

注意：函数的嵌套最多不能超过7层。

3.2.4　常用函数介绍

1）函数SUM（）、SUMIF（）和SUMPRODUCT（）

在财务管理中，应用最多的是求和函数。求和函数主要有三个：无条件求和函数SUM（）、条件求和函数SUMIF（）和多组数据相乘求和函数SUMPRODUCT（）。

（1）无条件求和函数SUM（）。

功能：求30个以内参数的和，属于数学函数。

公式：=SUM（number1，number2，…，numberN）

例如，在销售统计表中，在B3至B10单元格中记录着某公司8名销售人员的销售额，若想计算这8名销售人员的销售总额，则可以用此函数，用公式表示为“=SUM（B3：B10）”。

说明：当对某一行或某一列的连续数据进行求和时，还可以使用功能区【开始】选项卡中【编辑】组中的自动求和命令“Σ”，方法是选中求和的行或列，按【Σ】即可，此法更快捷。

（2）条件求和函数SUMIF（）。

功能：根据指定条件对若干单元格求和，属于数学函数，在进行分类汇总时很有用。

公式：=SUMIF（range，criteria，sum_range）

说明：

①range——用于条件判断的单元格区域。

②criteria——确定哪些单元格将被相加求和，其形式可以为数字、表达式或文本。

③sum_range——确定需要求和的实际单元格。只有当range中的相应单元格满足条件时，才能对sum_range中的单元格求和。如果省略sum_range，则直接对range中的单元格求和。

【例3-2】M公司销售人员的销售业绩如图3-8所示，若要计算每个销售人员的销售额，可以使用函数SUMIF（），公式为“=SUMIF（B3：B16，"刘正"，C3：C16）”。函数SUMIF（）的对话框如图3-9所示。

二维码3-4

【例3-2】的操作演示

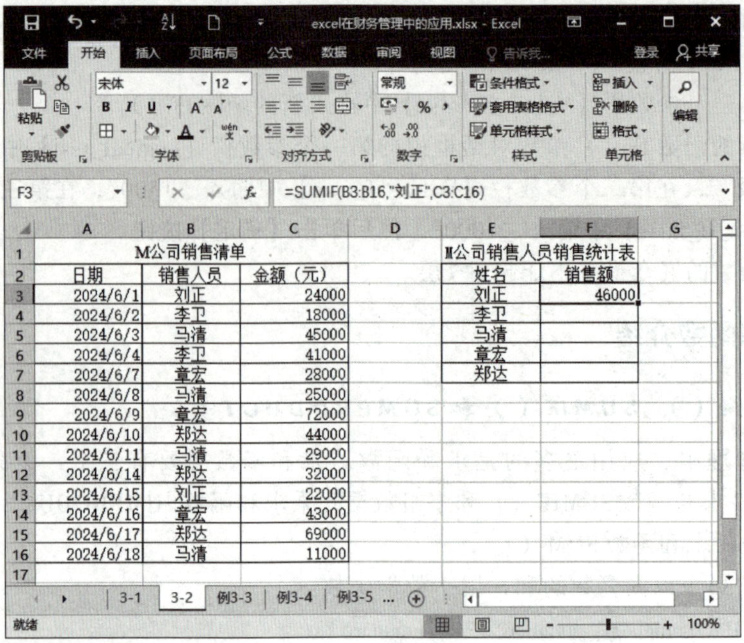

图3-8　M公司销售人员的销售业绩

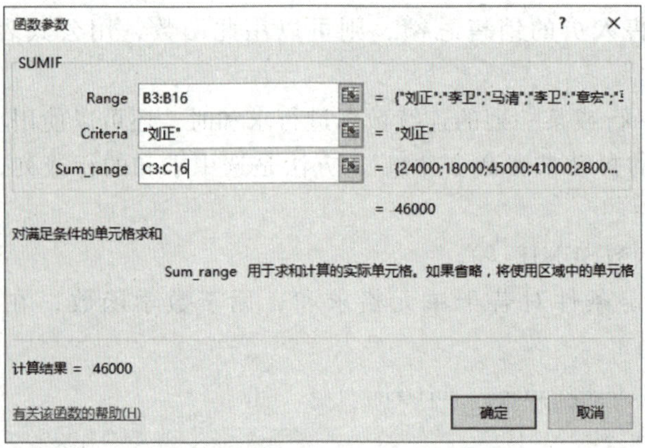

图3-9　函数SUMIF（）的对话框

（3）乘积求和函数SUMPRODUCT（）。

功能：在给定的几个数组中，将数组间对应的元素相乘，并返回乘积之和，属于数学函数。

公式：=SUMPRODUCT（array1，array2，array3，…，arrayN）

说明：

①array1，array2，array3，…，arrayN为1至N个数组，N不能大于30。

②数组参数必须具有相同的维数，否则，函数SUMPRODUCT（）将返回错误值“#VALUE!”。

③非数值型的数组元素将作为0处理。

例如，在B2至B6单元格中分别是5种商品的销售量，在C2至C6单元格中分别是这5

种商品的单价，若想得到这5种商品的销售总额，就可以使用函数SUMPRODUCT（），其公式为“=SUMPRODUCT（B2：B6，C2：C6）”。

2）平均数函数AVERAGE（）

功能：计算给定参数的算术平均值，属于统计函数。

公式：=AVERAGE（number1，number2，…，numberN）

说明：平均数函数中的参数可以是数字，也可以是涉及数字的名称、数组或引用。参数不能超过30个。如果数组或单元格引用的参数中有文字、逻辑值或空单元格，则忽略其值。但是如果单元格包含零值，则零值计算在内。

例如，把A1：A5命名为“基础数据”，其中的数值分别为7、8、18、15和2，那么输入“=AVERAGE（A1：A5）”，得出答案为“10”。

3）四舍五入函数ROUND（）

功能：返回某个数字按指定位数四舍五入后的数字，属于数学函数。

公式：=ROUND（number，num_digits）

说明：

①number——需要进行四舍五入的数字。

②num_digits——指定的位数，按此位数进行四舍五入。

如果num_digits大于0，则四舍五入到指定的小数位；如果num_digits等于0，则四舍五入到最接近的整数；如果num_digits小于0，则在小数点左侧相应位数进行四舍五入。

值得注意的是：四舍五入后的数与通过【设置单元格格式】菜单中的【小数位数】命令或通过工具栏上的【增加小数位数】或【减少小数位数】命令得到的数本质上是不同的。

例如，B2单元格中的数是12.365，将其四舍五入“=ROUND（B2，2）”得到的结果是“12.37”，如果将其乘以2，得到的结果是“24.74”。通过【设置单元格格式】菜单中的【小数位数】命令或通过工具栏上的【增加小数位数】或【减少小数位数】命令将其设置成保留两位小数，其结果虽然是“12.37”，但其真正的数值仍是12.365，如果将其乘以2，则得到的结果是“24.73”。

4）乘幂函数POWER（）和平方根函数SQRT（）

（1）乘幂函数POWER（）。

功能：对数字进行乘幂运算，属于数学函数。

公式：=POWER（number，power）

说明：

①number是底数，可以为任意实数。

②power是指数，底数按该指数次幂乘方。

例如，求5的二次方，可以在单元格内输入“=POWER（5，2）”，即可得出答案为“25”。

（2）平方根函数SQRT（）。

功能：返回数值的平方根，属于数学函数。

公式：=SQRT（number）

说明：number是要计算平方根的数。

例如，求16的平方根，就可以在单元格中输入“=SQRT（16）”，即可得出答案为“4”。

5）最小值函数MIN（）和最大值函数MAX（）

功能：函数MIN（）的功能是计算给定参数表中的最小值，函数MAX（）的功能是计算给定参数表中的最大值，它们都属于统计函数。

公式：=MIN（参数1，参数2，…，参数N）

=MAX（参数1，参数2，…，参数N）

说明：函数中的参数可以是数字、空白单元格、逻辑值或文字串。

例如，输入“=MIN（2，5，18，12）”，即可得出答案为“2”；输入“MAX（2，5，18，12）”，即可得出答案为“18”。

6）无条件计数函数COUNT（）和条件计数函数COUNTIF（）

（1）无条件计数函数COUNT（）。

功能：计算给定区域内包含数值的单元格以及参数列表中的数值的个数，属于统计函数。

公式：=COUNT（value1，value2，…，valueN）

说明：value1，value2，value 3，…，value N是N个包含或引用不同类型数据的参数，但函数COUNT（）只对数值型数据进行计数，且参数不能超过30个。

例如，假设B2至B10单元格中有3个是数值型数据，有7个是文本型数据，则公式“=COUNT（B2：B10）”的结果为“3”。

（2）条件计数函数COUNTIF（）。

功能：计算给定区域内满足特定条件的单元格的数目，属于统计函数。

公式：=COUNTIF（range，criteria）

说明：

①range——需要计算其中满足条件的单元格数目的单元格区域。

②criteria——确定单元格将被计算在内的条件，其形式可以为数值、表达式或文本。

例如，假设在学生成绩统计表中B2到B41单元格中分别是40名学生的成绩，要统计不及格（<60）学生的人数，则输入函数“=COUNTIF（B2：B41，"<60"）”即可。

函数COUNT（）和函数COUNTIF（）在数据汇总统计分析中是非常有用的。

7）条件函数IF（）

功能：执行真假值判断，它根据参数条件的真假，返回不同的结果，属于逻辑函数。在实践中，经常使用函数IF（）对数值和公式进行条件检测。

公式：=IF（logical_test，value_if_true，value_if_false）

说明：

①logical_test——条件表达式，其结果要么为True，要么为False，它可使用任何比较运算符。

②value_if_true——logical_test为True时返回的值。

③value_if_false——logical_test为False时返回的值。

④函数IF（）可以嵌套7层，用value_if_true及value_if_false参数可以构造复杂的检测条件，在财务管理中的应用非常广泛。

二维码3-5

【例3-3】的操作演示

【例3-3】在图3-10中，完成工资计算表的填制。其中，奖金按部门发放，标准为厂部500元、车间400元、销售部300元。岗位津贴根据所在部门按基本工资的一定比例发放，其发放比例为厂部6%、车间5%、销售部4%。住房公积金按基本工资的6%缴存。

A	B	C	D	E	F	G	H	I	J	K
工资计算表										
基本资料					应发工资				扣款项	计税工资
编号	月份	姓名	性别	部门	基本工资	奖金	岗位津贴	合计	住房公积金	
101	11月	刘国栋	男	厂部	6880					
102	11月	李凯	男	厂部	5230					
103	11月	陶颖	女	厂部	4800					
104	11月	洪竹梅	女	厂部	4780					
105	11月	赵子民	男	车间	2950					
106	11月	孙宏伟	男	车间	3140					
107	11月	于涛	男	车间	3180					
108	11月	姜海涛	男	车间	3240					
109	11月	张子豪	男	厂部	4890					
110	11月	付华	男	车间	2560					
111	11月	陶明清	男	销售部	2670					
112	11月	邓玲	女	销售部	2730					

图3-10　“工资计算表”图示

奖金的计算方法为：在G4单元格中输入“=IF（E4="厂部"，500，IF（E4="车间"，400，300））”，然后向下复制即可。

岗位津贴的计算方法为：在H4单元格中输入“=IF（E4="厂部"，F4*6%，IF（E4="车间"，F4*5%，F4*4%））”，然后向下复制即可。

住房公积金的计算方法为：在K4单元格中输入“=F4*6%”，然后向下复制即可。

计税工资的计算方法为：在K4单元格中输入“=I4-J4”，然后向下复制即可。

8）匹配函数MATCH（）和引用函数INDEX（）

（1）匹配函数MATCH（）。

功能：返回符合特定值、特定顺序的项在数组中的相对位置，属于查找和引用函数。

公式：=MATCH（lookup_value，lookup_array，match_type）

说明：

①lookup_value——需要在数据表中查找的数值。

②lookup_array——所要查找的数值的连续单元格区域，可以是数组或数组引用。

③match_type——数字-1、0或1，它指明了Excel如何在lookup_array中查找lookup_value。

查找方式如下：当match_type为-1时，lookup_array按降序排列，函数MATCH（）查找大于或等于lookup_value的最小数值；当match_type为0时，lookup_array可以按任何顺序排列，函数MATCH（）查找等于lookup_value的第一个数值；当match_type为1时，lookup_array按升序排列，函数MATCH（）查找小于或等于lookup_value的最大数值。

【例3-4】在图3-11中，如果在A2：E2单元格区域中查找不超过10的最大值在数组中的相对位置，则需要输入公式“=MATCH（10，A2：E2，1）”，它的返回值是“2”。

	A	B	C	D	E
1	2	20	13	42	15
2	5	9	14	20	25
3	丹东	大连	上海	重庆	北京

图3-11　MATCH（）函数应用举例

（2）引用函数INDEX（）。

功能：返回表格或区域中的数值或对数值的引用，属于查找和引用函数。

函数INDEX（）有以下两种形式：

第一种形式：返回数组中指定单元格或单元格数组的数值。

公式：=INDEX（array，row_num，column_num）

说明：

①array——单元格区域或数组常数。

②row_num——数组中某行的行序号，函数从该行返回数值。如果省略row_num，则必须有column_num。

③column_num——数组中某列的列序号，函数从该列返回数值。如果省略column_num，则必须有row_num。

注意：如果同时使用row_num和column_num，函数INDEX（）返回row_num和column_num交叉处的单元格的数值。如果数组只包含一行或一列，则相对应的参数row_num或column_num为可选。如果数组有多行和多列，但只使用row_num或只使用column_num，则函数INDEX（）返回数组中的整行或整列，且返回值也为数组。如果将row_num或column_num设置为0，则函数INDEX（）分别返回整列或整行的数组数值。如果需要使用以数组形式返回的数值，则应在一个水平单元格区域中将函数INDEX（）作为数组公式输入。此外，row_num和column_num必须指向array中的某一单元格；否则，函数INDEX（）返回错误值“#REF!”。

例如，INDEX（{1，2；3，4}，2，2）=4。如果作为数组公式输入，则INDEX（{1，2；3，4}，0，2）={2；4}。

第二种形式：返回引用中指定单元格。

公式：=INDEX（reference，row_num，column_num，area_num）

说明：

①reference——对一个或多个单元格区域的引用。如果引用一个不连续的选定区域，则必须用括号括起来。如果引用中的每个区域只包含一行或一列，则相应的参数row_num或column_num分别为可选项。

②row_num——引用中某行的行序号，函数从该行返回一个引用。

③column_num——引用中某列的列序号，函数从该列返回一个引用。

④area_num——选择引用中的一个区域，并返回该区域中row_num和column_num的

交叉区域。选中或输入的第一个区域序号为1，第二个区域序号为2，依此类推。如果省略area_num，函数INDEX（）使用区域1。

注意：row_num、column_num和area_num必须指向reference中的单元格；否则，函数INDEX（）返回错误值“#REF!”。如果省略row_num和column_num，则函数INDEX（）返回由area_num所指定的区域。

9）函数DAY（）、DATE（）和TODAY（）

（1）函数DAY（）。

功能：返回对应的一个月中第几天的数值，介于1至31之间，属于日期函数。

公式：=DAY（serial_number）

说明：serial_number——进行日期和时间计算时使用的日期时间代码，不仅可以为日期型数据，还可以为数值型数据等。

例如，=DAY（"2023-7-28"）的结果为“28”；

=DAY（"15-March"）的结果为“15”；

=DAY（62）的结果为“2”。

（2）函数DATE（）。

功能：返回在Excel日期时间代码中代表日期的数字，属于日期函数。

公式：=DATE（year，month，day）

说明：

①year是介于1 900到9 999的一个数。

②month是代表月份的数字，其值在1至12之间。如果所输入的月份大于12，将从下一年份的1月份开始往上累加。例如，输入“=DATE（2023，13，15）”，返回的结果为“2024/1/15”。

③day是代表一个月中第几天的数字，其值在1至31之间。如day的值大于该月份的最大天数，则将从下一个月份的第一天开始往上累加。例如，输入“=DATE（2023，12，34）”，返回的结果为“2024/1/3”。

（3）函数TODAY（）。

功能：返回日期格式的当前日期，属于日期函数。

公式：=TODAY（）

说明：该函数不需要任何参数，它返回的结果是系统当前的日期，是一个动态的值。

10）函数AND（）、OR（）和NOT（）

功能：函数AND（）、OR（）和NOT（）均属于逻辑函数。

函数AND（）表示逻辑“与”，当所有条件都满足时（即所有参数的逻辑值都为真时），函数AND（）返回True；否则，只要有一个条件不满足，即返回False。

函数OR（）表示逻辑“或”，只要有一个条件满足，则函数OR（）返回True；只有当所有条件都不满足时，才返回False。

函数NOT（）只有一个逻辑参数，它可以计算出True或False的逻辑值或逻辑表达式。如果逻辑值为False，则函数NOT（）返回True；如果逻辑值为True，则函数NOT（）返回False。

公式：=AND（logical1，logical2，…，logicalN）

=OR（logical1，logical2，…，logicalN）

=NOT（logical）

说明：logical1，logical2，…，logicalN为1至N个结果为True或False的检测条件，检测内容可以是逻辑值、数组或引用。N不能大于30。

这3个函数经常与函数IF（）结合使用。

二维码3-6

【例3-5】的操作演示

【例3-5】M公司根据销售人员的销售额及销售费用确定其奖金，若销售额大于300 000元且销售费用占销售额的比例小于1%，则奖金提取比例为10%，否则为5%，其计算过程如下：

（1）在单元格D3中输入公式"=IF（AND（B3>300000，C3/B3<1%），10%，5%）"，将其向下填充复制到D4：D7单元格中。

（2）选取单元格区域E3：E7，输入公式"=B3：B7*D3：D7"，按【Ctrl】+【Shift】+【Enter】组合键。

这样各销售人员的奖金额就计算出来了，如图3-12所示。

二维码3-7

利用Excel制作九九乘法口诀表

D3　=IF(AND(B3>300000,C3/B3<1%),10%,5%)

	A	B	C	D	E	F
1	M公司销售人员奖金计算表					
2	姓名	销售额(元)	销售费用(元)	奖金比例	奖金额(元)	
3	刘正	230000	4000	5.00%	11500	
4	李卫	420000	5400	5.00%	21000	
5	马清	680000	5600	10.00%	68000	
6	章宏	820000	9600	5.00%	41000	
7	郑达	650000	5800	10.00%	65000	
8						

图3-12　M公司销售人员奖金计算示例

3.3　Excel的数据管理和分析

Excel 2016提供了强大的数据管理与分析功能，利用其可以实现对数据的排序、筛选、分类汇总及数据的透视等操作。

为了更好地管理数据，最好将要处理的数据整理为数据列表。

在数据列表中一般要求：

（1）列标志应位于数据列表的第一行，用以查找和组织数据、创建报告。

（2）同一列中各行数据项的数据类型和格式应当完全相同。

（3）避免在数据列表中放置空白的行或列，但需将数据列表和其他数据隔开时，应在它们之间留出至少一个空白的行或列。

（4）尽量在一张工作表上建立一个数据列表。

3.3.1　数据的排序

数据的排序是使用Excel自带的排序功能，对工作表中的文本、数字以及日期或时间数据按照一定的条件进行排列，也可以进行自定义排序和格式排序。在使用数据表时，经常会根据某个列中的数据重新进行排序，如按工资表中的“奖金”“应发工资”由高到低排列等。

在Excel 2016中，可在功能区【开始】选项卡【编辑】组中找到【排序和筛选】命令，完成排序和筛选的相关操作；也可以在功能区【数据】选项卡下【排序和筛选】组中，找到对应的操作命令；鼠标快捷菜单中也包含【排序】和【筛选】命令，如图3-13所示。在下面的介绍中，以【开始】选项卡【编辑】组中找到【排序和筛选】命令为例进行介绍，下面简写为：功能区【排序和筛选】命令。其他方法读者可在实践中自己练习。

图3-13 Excel中的排序和筛选命令

1）单列排序

如果要对某一列数据进行排序，直接单击功能区【排序和筛选】命令下的【升序】或【降序】按钮，即可实现对数据的升序或降序排列。

二维码3-8

以当前选中的区域排序

2）多列排序

对数据进行多列排序，首先排列【主要关键字】列中的数据，如果该列有相同的数据，再按【次要关键字】进行排列。下面以“工资表”为例，说明多列排序的操作步骤，如图3-14所示：

编号	月份	姓名	部门	基本工资	奖金	应发工资	住房公积金	实发工资
101	24.05	孙　林	厂部	1,860.00	500.00	2,360.00	118.00	2,242.00
102	24.05	付　刚	车间	1,752.00	400.00	2,152.00	107.60	2,044.40
103	24.05	吴子英	车间	1,600.00	400.00	2,000.00	100.00	1,900.00
104	24.05	田　红	销售部	1,680.00	300.00	1,980.00	99.00	1,881.00
105	24.05	赵子民	车间	1,428.00	400.00	1,828.00	91.40	1,736.60
106	24.05	林占国	车间	1,830.00	400.00	2,230.00	111.50	2,118.50
107	24.05	童　涛	车间	2,000.00	400.00	2,400.00	120.00	2,280.00
108	24.05	隋建安	销售部	1,780.00	300.00	2,080.00	104.00	1,976.00
109	24.05	张子仪	厂部	3,000.00	500.00	3,500.00	175.00	3,325.00

图3-14 Excel中的排序和筛选命令

（1）在要多列排序的工作表中选中数据区或单击数据列表中的任一个非空单元格。

（2）单击功能区【排序和筛选】命令下的【自定义排序】按钮，打开【排序】对话框。

（3）在【排序】对话框中单击【主要关键字】右侧的下拉列表框，选择“部门”，然后设置【排序依据】为“数值”，【次序】为“升序”。

（4）单击【添加条件】按钮，添加【次要关键字】，单击【次要关键字】右侧的下拉列表框，选择【应发工资】选项，然后设置【排序依据】为【数值】，【次序】为【降序】。

（5）单击【添加条件】按钮，再添加一个【次要关键字】，单击【次要关键字】右侧的下拉列表框，选择【姓名】选项，然后设置【排序依据】为【数值】，【次序】为【升序】，如图3-15所示。

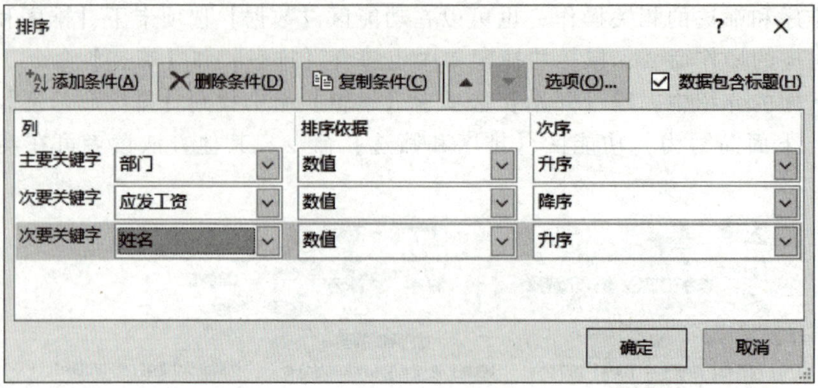

图3-15　多列排序示例

（6）单击“确定”按钮，完成多列排序的设置操作。结果如图3-16所示。

编号	月份	姓名	部门	基本工资	奖金	应发工资	住房公积金	实发工资
109	24.05	张子仪	厂部	3,000.00	500.00	3,500.00	175.00	3,325.00
101	24.05	孙　林	厂部	1,860.00	500.00	2,360.00	118.00	2,242.00
107	24.05	童　涛	车间	2,000.00	400.00	2,400.00	120.00	2,280.00
106	24.05	林占国	车间	1,830.00	400.00	2,230.00	111.50	2,118.50
102	24.05	付　刚	车间	1,752.00	400.00	2,152.00	107.60	2,044.40
103	24.05	吴子英	车间	1,600.00	400.00	2,000.00	100.00	1,900.00
105	24.05	赵子民	车间	1,428.00	400.00	1,828.00	91.40	1,736.60
108	24.05	隋建安	销售部	1,780.00	300.00	2,080.00	104.00	1,976.00
104	24.05	田　红	销售部	1,680.00	300.00	1,980.00	99.00	1,881.00

图3-16　多列排序结果

3）自定义排序

如图3-16所示，在按“部门”排序时，默认是按“字母排序”的，可在图3-17【排序】对话框中，单击【选项】按钮，打开【排序选项】对话框，设置排序的方法为“笔划排序”，在此对话框中，还可以设置排序的方向为“按行排序”。这些都是系统提供的排序方法，但有时排序想按照特定的次序，这就要设置“自定义排序”。

如在按“部门”排序时，希望按照：车间、销售部、厂部的次序，需要进行如下的设置。

（1）打开要多列排序的工作表，单击数据区某一单元格或选中数据区。

（2）单击功能区【排序和筛选】命令下的【自定义排序】按钮，打开【排序】对话框。

（3）设置主要关键字“部门”的【次序】为“自定义序列”，打开【自定义序列】对话框。

（4）在【自定义序列】列表框中，默认选中“新序列”；在【输入序列】编辑框中，输入车间、销售部、厂部（每个部门单独占一行）；单击【添加】；【确定】返回。如图3-17所示。

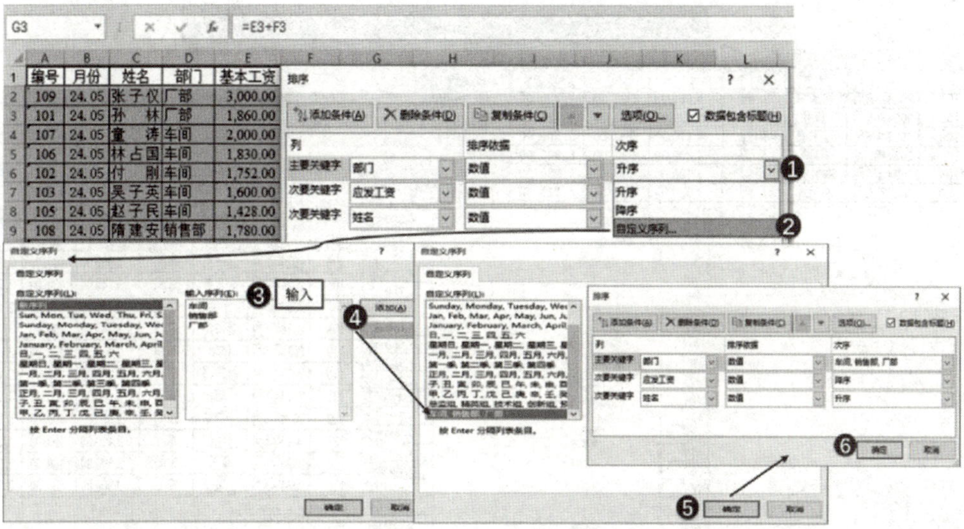

图3-17　自定义排序

3.3.2　数据的筛选

数据的筛选可以实现按指定条件显示工作表中的数据。通过数据的筛选，用户可以从大量的数据中筛选出符合条件的数据，并对不符合条件的数据进行隐藏，从而帮助用户直观地观察与分析数据。Excel提供了两种筛选功能：自动筛选和高级筛选。

与排序类似，筛选命令也有多种方法，这里我们采用在功能区【数据】选项卡下【排序和筛选】组中对应命令为例进行介绍，下面简写为功能区中对应的命令。

1）自动筛选

利用自动筛选查找数据的操作如下：

（1）在要自动筛选的工作表中选中数据区或单击数据列表中的任一个非空单元格。

（2）单击功能区【筛选】按钮，出现如图3-18所示的窗口。此时，数据列表进入筛选状态，单击每个字段的标题单元格中的下拉箭头，都将弹出下拉菜单，提供有关“排序”和“筛选”的详细选项，不同数据类型的字段所能够使用的筛选选项也不相同。

（3）单列筛选。以“部门”列为例，如果只想筛选出“车间”的记录，则单击“部门”的下拉列表，从中选择需要的条件，取消勾选【全选】左侧的复选框，勾选【车间】左侧的复选框，然后单击【确定】按钮，显示筛选结果，其他数据则被隐藏起来，如图3-18所示。

（4）多列之间设置条件。如要筛选部门是车间并且基本工资最高的前15项记录，这里设置的部门条件与基本工资条件是“并且”的关系，可以如下设置。在上表的基础上，可单击“基本工资”右边的下拉列表中的【数字筛选】命令中的【前10项】选项，系统会弹出【自动筛选前10个】对话框，如图3-19所示。

在【显示】下拉列表中选择【最大】；在中间编辑框中设置值为15；单击【确定】完成设置。

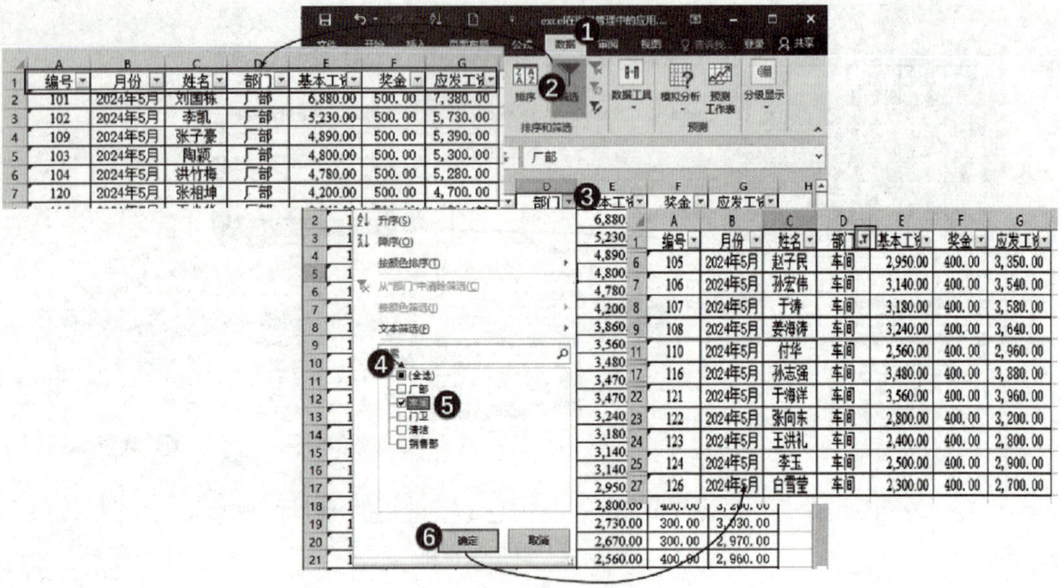

图 3-18　自动筛选结果

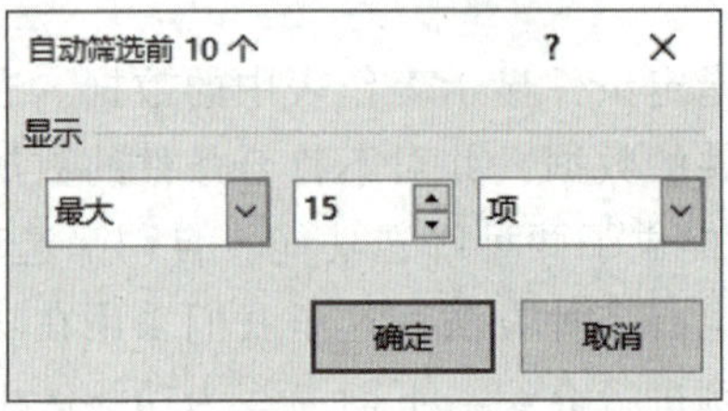

图 3-19　【自动筛选前 10 个】对话框

（5）同一列中设置复杂条件。如果用户想按照某一特殊的条件对数据记录进行筛选，则需要在相应字段右边的下拉列表中的【数字筛选】命令中选择【自定义筛选】选项，系统会弹出【自定义自动筛选方式】对话框，用户可根据具体条件对各栏进行设置。例如，在上表的基础上，如果要将“基本工资大于 1 500 元并且小于 2 000 元”的记录筛选出来，需要先清除当前数据范围的筛选状态，单击功能区中的【清除】按钮，则恢复所有记录并处于筛选状态；在“基本工资”字段右边的下拉列表中的【数字筛选】命令中选择【自定义筛选】选项，打开【自定义自动筛选方式】对话框，具体的输入条件如图 3-20 所示，点击【确定】按钮后，即可将符合条件的记录筛选出来。

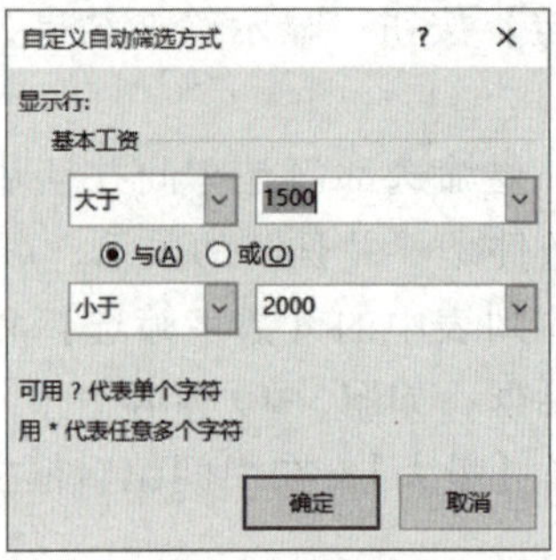

图 3-20　【自定义自动筛选方式】对话框

（6）取消筛选。如果需要取消对某一列的筛选，则在该列的筛选列表中选择【（全选）】或单击【从“列名”中清除筛选】按钮。如果需要取消数据列表中的所有筛选，可以单击功能区中【清除】按钮。若要撤销筛选状态并恢复所有记录，则单击功能区的【筛选】按钮即可。

2）高级筛选

如果用户需要筛选的条件很复杂，或者希望筛选后的结果不覆盖原来的数据区域，则需要使用Excel 2016提供的高级筛选功能。高级筛选的条件既可以是与条件，也可以是或条件、或与条件、与或条件的组合使用，还可以使用计算条件，而且筛选的结果既可以在原来的位置显示，也可以复制到其他位置。

高级筛选的操作如下：

（1）首先在要进行高级筛选的工作表，建立一个高级筛选的条件区域。

高级筛选的条件区域与数据列表的数据分开放置，至少需要包含两行。

第一行是列标题。列标题应和数据列表中的标题匹配，建议采用复制、粘贴命令将数据列表中与筛选过程相关的列的标题粘贴到条件区域的首行。

第二行是筛选条件。筛选条件通常包含具体数据或与数据相连接的比较运算符和通配符。另外，与筛选条件同一行中的条件是与条件，也就是这些条件必须同时满足；不同行中的条件是或条件，也就是这些条件只要满足其一即可。

例如，要在工资表中筛选出“销售部或厂部”的职工工资数据、“车间中应发工资大于2 000元”的职工工资记录、“厂部或应发工资大于2 000元”的职工工资记录，则筛选条件如图3-21所示。

部门
厂部
销售部

“销售部或厂部”条件区

部门	应发工资
车间	>2000

“车间中应发工资大于2 000元”条件区

部门	应发工资
厂部	
	>2000

“厂部或应发工资大于2 000元”条件区

图3-21　建立条件区域

（2）单击数据区域中的任一非空单元格，单击功能区中【高级】命令按钮，弹出【高级筛选】对话框，如图3-22所示。

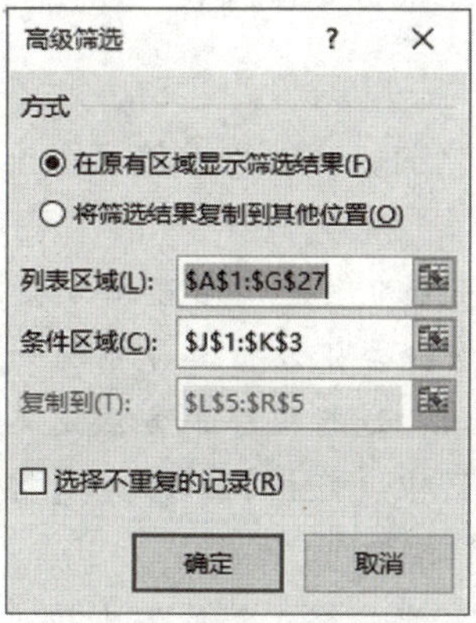

图3-22　【高级筛选】对话框

（3）高级筛选结果可以显示在数据列表的原有区域中，也可以显示在工作表的其他空白单元格区域，系统默认在数据列表的原有区域中显示结果。若需要在工作表的其他空白单元格区域显示结果，则在【方式】项中选择【将筛选结果复制到其他位置】，并单击【复制到】编辑框右侧的【单元格引用】按钮，折叠【高级筛选】对话框，单击目标起始单元格（开头的一个单元格）即可选取目标单元，再单击【返回】按钮或按【ESC】键返回。需要说明的是，复制到的区域应是空白区域，如果有其他数据，系统将给出错误提示。

（4）一般情况下，系统将自动给出数据区域。如果系统给出的区域不是用户想要的区域，则用户可以利用同上的方法选择【列表区域】。需要说明的是，所选区域必须包括各列的字段名称。

（5）在【条件区域】栏中输入条件区域，也可以用同上的方法选取筛选条件所在的单元格区域。

（6）单击【确定】按钮，即可筛选出需要的结果。

小技巧3-3

选择不重复的记录

删除重复值是用户在处理数据时经常需要的操作，可以使用“高级筛选”中的【选择不重复的记录】来实现，在进行高级筛选时，勾选【选择不重复的记录】复选框即可。

小技巧3-4

高级筛选的结果存放到其他工作表中

如果要将高级筛选的结果存放到其他工作表中，必须在存放筛选结果的目标工作表中执行高级筛选操作。

3.3.3 数据的分类汇总

在对数据进行分析时，常常需要将相同类型的数据统计出来，这就是数据的分类与汇总。最常用的汇总方式有：求和（对数值型字段）、计数（对字符型字段）。此外，对数值型字段还提供了“平均值”“最大值”“最小值”等汇总方式。Excel 2016的分类汇总功能可以在数据列表的基础上方便地生成分类汇总表，以便于对数据进行分析。

1）分类汇总的建立

在按某个字段进行分类汇总之前，必须先按该字段排序，以保证分类字段值相同的记录排在一起。

二维码3-9

【例3-6】的操作演示

【例3-6】以图3-16为例，介绍建立分类汇总的方法和步骤。要求按部门对数值型工资数据进行分类汇总，具体步骤如下：

（1）首先按“部门”进行排序，方法是单击“部门”所在列的任意一个单元格，然后单击功能区中【数据】选项卡【排序和筛选】组中的【升序】按钮（“ ”）或【降序】按钮（“ ”）。

（2）单击数据列表的任一非空单元格，然后单击功能区中【数据】选项卡下【分级显示】组中的【分类汇总】命令，进入【分类汇总】对话框，如图3-23所示。

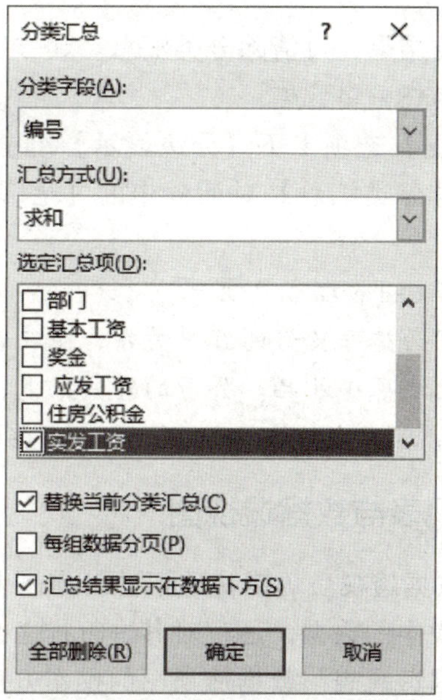

图3-23　【分类汇总】对话框

(3) 在【分类汇总】对话框中的【分类字段】选项下选择【部门】，在【汇总方式】选项下选择【求和】，在【选定汇总项】选项下选定【基本工资】、【奖金】、【应发工资】、【住房公积金】、【实发工资】，单击【确定】按钮，则分类汇总的结果如图3-24所示。

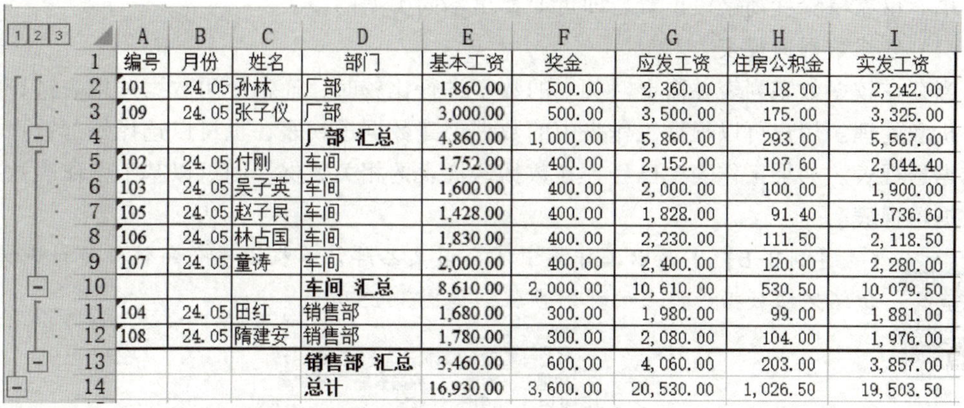

	A	B	C	D	E	F	G	H	I
1	编号	月份	姓名	部门	基本工资	奖金	应发工资	住房公积金	实发工资
2	101	24.05	孙林	厂部	1,860.00	500.00	2,360.00	118.00	2,242.00
3	109	24.05	张子仪	厂部	3,000.00	500.00	3,500.00	175.00	3,325.00
4				**厂部 汇总**	4,860.00	1,000.00	5,860.00	293.00	5,567.00
5	102	24.05	付刚	车间	1,752.00	400.00	2,152.00	107.60	2,044.40
6	103	24.05	吴子英	车间	1,600.00	400.00	2,000.00	100.00	1,900.00
7	105	24.05	赵子民	车间	1,428.00	400.00	1,828.00	91.40	1,736.60
8	106	24.05	林占国	车间	1,830.00	400.00	2,230.00	111.50	2,118.50
9	107	24.05	童涛	车间	2,000.00	400.00	2,400.00	120.00	2,280.00
10				**车间 汇总**	8,610.00	2,000.00	10,610.00	530.50	10,079.50
11	104	24.05	田红	销售部	1,680.00	300.00	1,980.00	99.00	1,881.00
12	108	24.05	隋建安	销售部	1,780.00	300.00	2,080.00	104.00	1,976.00
13				**销售部 汇总**	3,460.00	600.00	4,060.00	203.00	3,857.00
14				**总计**	16,930.00	3,600.00	20,530.00	1,026.50	19,503.50

图3-24　按部门分类汇总结果

在图3-24中，左上角有3个按钮，按钮1表示1级汇总，显示全部职工的工资数据汇总；按钮2表示2级汇总，显示各部门的职工工资数据汇总；按钮3表示3级汇总，显示全部职工的工资数据明细及部门汇总额。

在图3-24中，左边的滑动按钮【−】为隐藏明细按钮，单击此按钮，将隐藏本级的明细数据，同时【−】变为显示明细按钮【+】，再单击【+】，将显示本级的全部明细数据，同时【+】变为【−】。

2）分类汇总的清除

如果不再需要分类汇总的结果，可清除分类汇总。其方法是：

（1）单击分类汇总表中的任一单元格。

（2）单击功能区中【数据】选项卡下【分级显示】组中的【分类汇总】命令，进入【分类汇总】对话框，单击【分类汇总】对话框中的【全部删除】按钮，即可清除分类汇总。

二维码 3-10

【例 3-7】的操作演示

【例 3-7】用 Excel 管理客户生日

公司销售经理为建立良好的客户关系，想在客户生日之际，根据每位客户的级别寄送不同的温馨小礼品。公司的客户很多，人工统计很麻烦，但是使用 Excel 可以轻松地管理客户的生日信息。具体的实现步骤请扫码学习。

3.3.4 数据透视表与数据透视图

在 Excel 2016 中，使用数据透视表可以快速汇总工作表中的大量数据，数据透视图则以图形的形式表示数据透视表中的数据，通过对其进行排序或筛选，可以显示数据透视表数据的子集。了解和掌握数据透视表与数据透视图的操作方法，有利于分析与汇总工作表中的数据。

1）数据透视表

数据透视表综合了数据排序、筛选、分类汇总等数据分析工具的功能，能够方便地调整分类汇总的方式，以多种不同方式展示数据的特征。数据透视表功能强大，而且操作比较简单，仅靠鼠标移动字段位置，即可变换出不同类型的报表。

（1）创建数据透视表。

当存在较多数字列表并需要对其中的数字进行比较时，通常使用数据透视表进行深入的分析和处理。用户可以根据工作表中的数据创建数据透视表，也可以选择外部数据源创建数据透视表。如果工作表中已经存在数据透视表的相关数据，则可以基于工作表数据创建数据透视表。

二维码 3-11

【例 3-8】的操作演示

【例 3-8】下面以工作簿中某公司某品牌计算机设备全年销量统计表为例，介绍建立数据透视表的详细步骤，如图 3-25 所示。

	A	B	C	D
1	某公司某品牌计算机设备全年销量统计表			
2	店铺	季度	商品名称	销售量
15	北阳店	1季度	键盘	686
16	北阳店	2季度	键盘	531
17	北阳店	3季度	键盘	581
18	北阳店	4季度	键盘	711
19	北阳店	1季度	打印机	500
20	北阳店	2季度	打印机	428
21	北阳店	3季度	打印机	548
22	北阳店	4季度	打印机	597
23	城南店	1季度	笔记本	210
24	城南店	2季度	笔记本	170
25	城南店	3季度	笔记本	260
26	城南店	4季度	笔记本	320

图 3-25 数据透视表字段列表

（1）单击数据区域中的任意一个单元格，在【插入】选项卡中单击【数据透视表】按钮，弹出【创建数据透视表】对话框，在表/区域列表框中，Excel会自动选取当前数据区域，如图3-26所示。

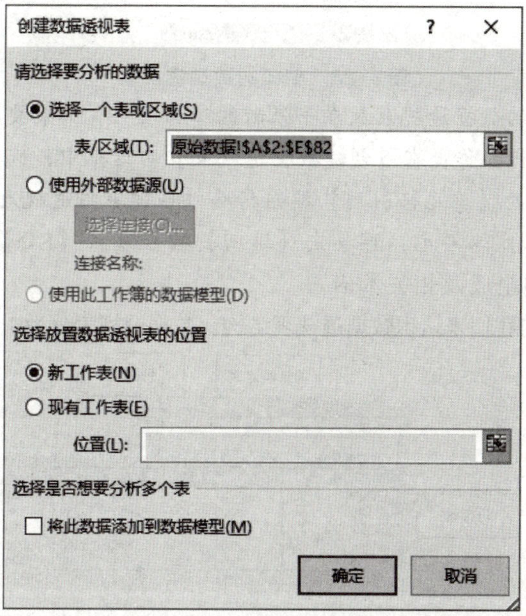

图3-26　【创建数据透视表】对话框

（2）在【创建数据透视表】对话框，单击【确定】按钮，即可创建一个默认样式的空白数据透视表并打开【数据透视表字段】列表窗口，如图3-27所示。

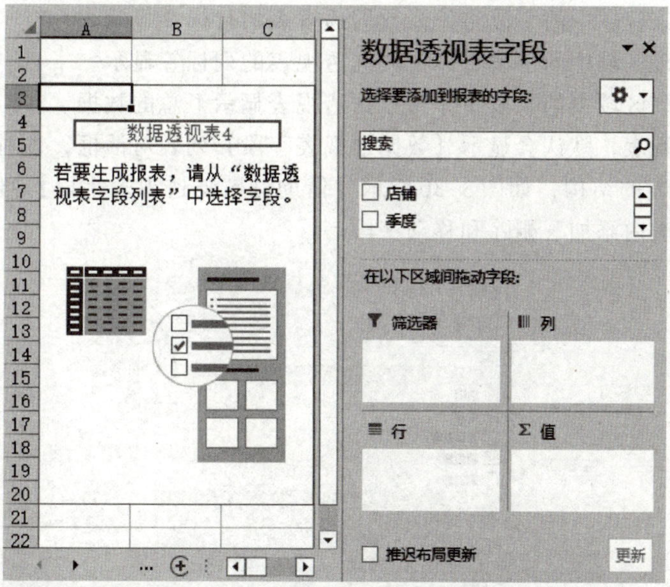

图3-27　空白数据透视表并打开【数据透视表字段】列表窗口

（3）在【数据透视表字段】列表窗口中选择要添加到报表的字段。例如，分别勾选“店铺”和“销售量”字段的复选框后，这两个字段将会自动出现在对话框的“行标签”和“数值”区域，同时添加到创建的数据透视表中，如图3-28所示。

行标签	求和项:销售量
北阳店	8730
城南店	9139
大东店	8602
中街店	9644
总计	36115

图3-28　创建的数据透视表

上述操作中将创建的数据透视表放在一张新的工作表中，如果要将其放在现有工作表中，可以按照下面的步骤进行操作：在【创建数据透视表】对话框中，选择【现有工作表】，并单击【位置】编辑框右侧的【单元格引用】按钮折叠【创建数据透视表】对话框，然后单击目标起始单元格即可选取目标单元，再单击【返回】按钮或按【Esc】键返回即可。

（2）数据透视表的组成及相关术语。

为了方便描述，首先我们来认识数据透视表结构。数据透视表分为4个部分，如图3-29所示。

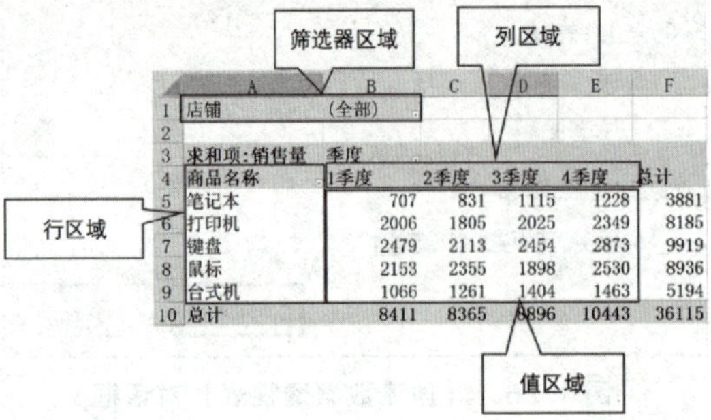

图3-29　数据透视表结构

①筛选器区域，该区域的字段将作为数据透视表的报表筛选字段。

②行区域，该区域中的字段将作为数据透视表的行标签显示。

③列区域，该区域中的字段将作为数据透视表的列标签显示。

④值区域，该区域中的字段将作为数据透视表显示汇总的数据。

单击数据透视表，默认会显示【数据透视表字段】列表对话框，该对话框可以清晰地反映出数据透视表的结构，如图3-30所示。借助【数据透视表字段】列表，用户可以方便地向数据透视表内添加、删除和移动字段。

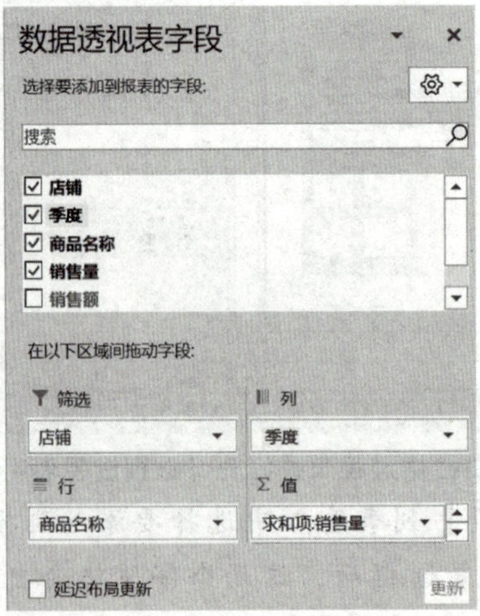

图3-30　【数据透视表字段】列表

数据透视表中，用于创建数据透视表的数据列表，称为数据源；具有列方向的字段，称为列字段；具有行方向的字段，称为行字段；数据透视表中进行分页的字段，称为页字段；字段标题用于描述字段内容；组成字段的成员，称为项；一组项目的组合，称为组；数据透视表中对一行或一列单元的分类汇总，称为分类汇总；重新计算数据透视表，反映目前数据源的状态，称为刷新。

（3）编辑数据透视表。

在创建好数据透视表后，用户还可以根据需要添加和设置数据透视表中的字段，以达到从不同角度使用数据透视表分析数据的目的。限于篇幅，请扫码学习。

二维码3-12

编辑数据透视表

用户除了可以根据工作表中的数据创建数据透视表外，也可以在当前工作表中使用相关的外部数据源创建数据透视表，操作方法请扫码学习。

2）创建数据透视图

数据透视图以图形的形式表示数据透视表中所分析的数据，用户借助数据透视图中的【筛选】按钮，能够方便地从不同角度展示数据。数据透视图的创建方法主要包括基于工作表数据创建数据透视图、基于数据透视表创建数据透视图和选择外部数据源创建数据透视图。

使用工作表中的数据创建数据透视图时，该数据会成为数据透视表的源数据。

【例3-9】下面以“某公司差旅报销管理-数据透视图”工作簿中的内容为例，介绍基于工作表数据创建数据透视图的操作步骤。

（1）单击数据区域中的任意单元格，单击【插入】选项卡下【图表】组中的【数据透视图】按钮，弹出【创建数据透视图】对话框，在表/区域列表框中，Excel会自动选取当前数据区域，如图3-31所示。

二维码3-13

外部数据源创建数据透视表

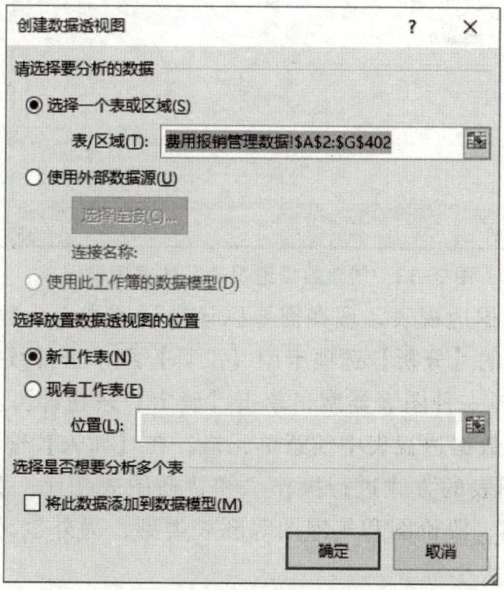

图3-31 【创建数据透视图】对话框

（2）在【选择放置数据透视图的位置】处，选中【新工作表】，然后单击【确定】按钮，即可创建一个默认样式的空白数据透视图并打开【数据透视图字段】列表窗口，如图3-32所示。

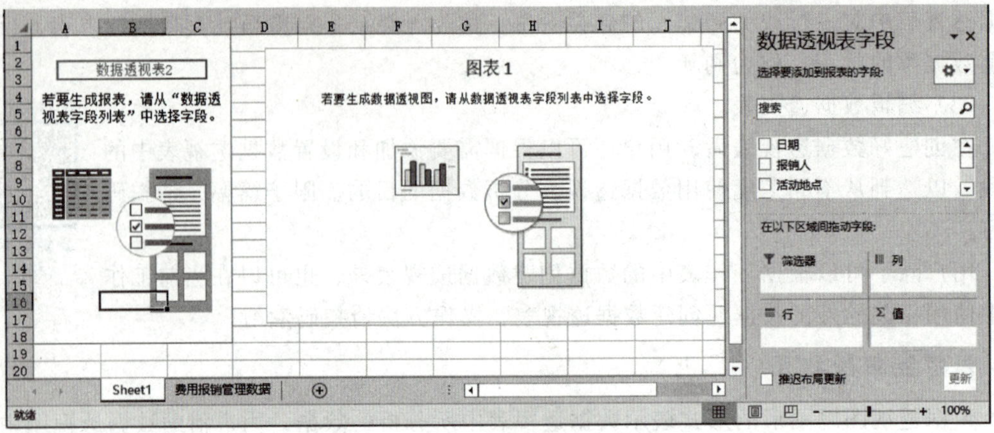

图3-32 【数据透视表字段】列表窗口

（3）在【选择要添加到报表的字段】中，将【地区】拖到【筛选器】处、【费用类别】拖到【行】处、【差旅费用金额】拖到【值】处，创建一个数据透视图，如图3-33所示。

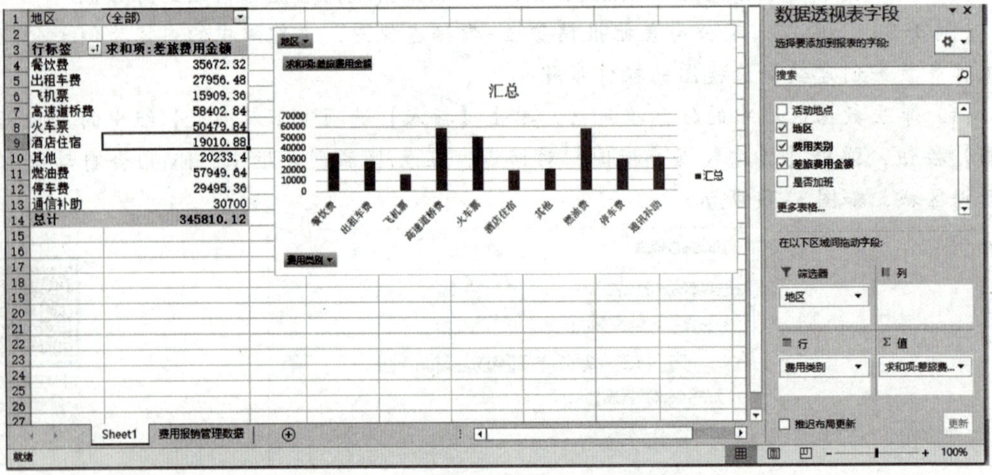

图3-33 创建数据透视表及数据透视图

如果已经创建完成数据透视表，现在需要以该数据透视表为数据源创建数据透视图，在【数据透视表工具】下的【分析】选项卡中【工具】组单击【数据透视图】按钮，弹出【插入图表】对话框。选择一种图表类型，单击【确定】按钮即可。也可以类似下节介绍的插入图表的方式，单击数据透视表中任意单元格，在【插入】选项卡中单击【图表】组中的一种图表，按插入图表的方式进行操作。和普通图表相比，数据透视图存在部分限制，包括不能使用散点图、股价图和气泡图等图表类型，另外也无法直接调整数据标签、图表标题和坐标轴标题的大小等。

同时，创建数据透视图同创建数据透视表一样，可以使用外部数据源。

3.4 Excel图表

图表是工作表数据的图形表示，它可以使繁杂的数据变得更加直观、形象，增加了数据的可读性，进而用户可以更直观地进行财务分析，使得财务管理工作更为有效。Excel 2016具有完整的图表功能，它不仅提供了标准图表类型，每种图表类型又都有几种不同的子类型，还提供了约20种自定义图表类型，用户可根据需要选用适当的图表类型，还可以生成较为复杂的三维立体图表。

3.4.1 图表的建立

建立图表的方法非常简单，用户可以利用功能区中【插入】选项卡中【图表】组里常用命令，打开【插入图表】对话框，然后一步一步地进行操作，即可完成图表的制作。下面结合实例进行说明，相应的文档说明与视频请扫码学习。

二维码3-14
图表的建立

【例3-10】某商店商品销售表见3-4，我们以此为例介绍几种常见图表的制作方法。

表3-4

某商店商品销售表

名称	一月	二月	三月	四月	五月	六月
电视机	6962	2847	3523	6109	7031	6549
洗衣机	3268	7531	4969	2937	3337	6547
空调机	10251	7981	8839	3523	4990	8847
热水器	7010	7025	4325	6109	7079	7531
电冰箱	7812	7221	7701	7695	7881	7981
微波炉	10110	9354	3254	9281	10179	7025
电脑	7381	6522	8341	10867	7450	6548

3.4.2 图表的编辑和修饰

图表创建完成之后，如果对当前的图表不满意，可以对其进行相应的编辑操作，以满足用户的不同需求。例如，通过编辑图表可以调整图表的大小，更改图表的数据区域、图表的类型等，使图表变得更加美观和实用。

二维码3-15
调整大小、移动、复制、删除图表

二维码3-16
更改图表数据区域

二维码3-17
更改图表类型、布局、格式

二维码3-18
图表的编辑和修饰

3.4.3 迷你图

迷你图是工作表单元格中的微型图表，可以直观反映一系列数据变化的趋势。

迷你图的图形比较简洁，没有坐标轴、图表标题、图例、网格线等图表元素，主要体现数据的变化趋势或对比。迷你图包括折线图、柱形图和盈亏图三种图表类型。

【例3-11】根据表3-4所示的数据为工作表中的一行数据创建迷你图。

需要注意的是，单个迷你图只能使用一行或一列数据作为数据源，具体操作步骤请扫码学习。

二维码3-19

迷你图

二维码3-20

【例3-11】的操作演示

本章小结

Excel 2016的公式是由数值和运算符组成的一个表达式序列，必须以等号“=”开始，也可包括函数、引用、运算符和常量。单元格的引用有相对引用、绝对引用、半相对引用（半绝对引用）、混合引用和三维引用等。Excel 2016公式的编辑包括公式的输入与修改、公式的移动与复制、数组公式等。如果公式错误会返回不同的提示信息。

Excel 2016提供了大量的内置函数可供用户使用，函数的基本语法为：=函数名（参数1，参数2，…，参数n）。函数的调用可以采用手工输入的方法，也可以采用插入函数的方法。函数可以嵌套使用，但最多不能超过七级。

Excel 2016提供了大量的数据分析处理与管理功能，利用它们可以实现对数据的排序、分类汇总、筛选及数据透视等功能。利用数据记录单可以输入数据、修改数据、删除数据、查找数据等；数据筛选的方法有自动筛选和高级筛选等；数据分类汇总是将相同类型的数据统计出来，在汇总前应先对要汇总的数据按关键字排序；Excel 2016提供了有效的数据透视表功能，不仅可以生成数据透视表，还可以生成数据透视图。

Excel 2016提供了强大的图表功能，用户可以方便地制作各种图表，更加准确地对数据进行分析。

主要概念和观念

□ 主要概念

绝对引用　相对引用　数据透视表

□ 主要观念

Excel公式的运用　Excel的数据管理　Excel图表

基本训练

□ 知识题

1）阅读理解

（1）绝对引用和相对引用的主要区别是什么？

（2）Excel中有哪几种运算符，各种运算符如何正确使用？

（3）移动和复制Excel公式有何不同？

2）知识应用

（1）什么情况下可以使用数组公式，如何编辑数组公式？

（2）什么情况下使用Excel的高级筛选功能，如何进行筛选？

□ 技能题

1）规则练习

（1）如何利用Excel进行数据的分类汇总？

（2）Excel 2016如何建立数据透视表？

2）操作练习

（1）某公司上半年的利润表见表3-5。

表3-5　　某公司上半年的利润表　　单位：元

月份	1月	2月	3月	4月	5月	6月
销售额	59500	68200	76200	85200	96500	105000
销售成本						
销售奖本						
销售利润						

二维码3-21

表3-5（电子版）

说明：

①销售成本=销售额×30%。

②销售奖金=销售利润×3%。

③销售利润=销售额–销售成本–销售奖金。

要求：计算“某公司上半年的利润表”中所缺数据，对计算结果四舍五入，保留2位小数。

（2）某地所属各公司税款缴纳情况表见表3-6。

表3-6　　某地所属各公司税款缴纳情况表　金额单位：元

							税率：25%
企业编号	企业名称	应纳税所得额	应纳税款	纳税日期	滞纳天数	滞纳金	收款总额
101	红星公司	6150000		5月18日			
102	四海公司	500000		5月13日			
103	八达公司	620000		5月10日			
104	果品公司	86000		5月17日			
105	天泽公司	3500000		5月6日			
106	丝绸公司	780000		5月11日			
107	印　染　厂	530000		5月16日			
108	纺　织　厂	980000		5月3日			
109	服　装　厂	850000		5月18日			
110	地产公司	7856000		5月5日			
平均滞纳金							
滞纳金最高额							

二维码3-22

表3-6（电子版）

说明：

①应纳税款=应纳税所得额×税率，所得税税率为25%。

②纳税日期截止到5月10日，10日后缴税的应按规定交滞纳金。

③滞纳金=应纳税款×滞纳天数×0.05%。

④收款总额=应纳税款+滞纳金。

要求：

①用公式（函数）补充“某地所属各公司税款缴纳情况表”中所缺数据（不得直接

填数）。

②对滞纳金四舍五入，保留2位小数。

（3）银行存款的期限、利率和存款额资料见表3-7。

表3-7　银行存款利息计算一览表　金额单位：元

二维码3-23

表3-7（电子版）

存款年限（年）	年利率（%）	本金				
		10000	20000	30000	40000	50000
0.5	2.29					
1	2.68					
2	3.25					
3	3.69					
5	5.25					

要求：根据表3-7资料计算银行存款的利息。

□ 能力题

1）案例分析

六合公司职工工资数据资料见表3-8。

表3-8　六合公司职工工资表　单位：元

二维码3-24

表3-8（电子版）

姓名	性别	部门	职称	基本工资	奖金	津贴	保健费	应发工资
孙志勇	男	办公室	高级	6500				
李志军	男	办公室	副高	5800				
吴英	女	财务科	中级	4300				
田宏	男	财务科	初级	3350				
岳洪敏	男	保卫科	中级	2860				
王志强	男	人事处	副高	3880				
邓毅	男	办公室	中级	4670				
谢冬梅	女	财务科	中级	4880				
韩丽丽	女	销售科	中级	3600				
李忠玉	男	技术科	初级	2800				
张强	男	车间	初级	2600				
杜莹莹	女	车间	中级	3200				
李雪成	男	保卫科	初级	2540				
王朝	男	销售科	初级	2460				
李鹏	女	办公室	中级	3780				
刘琴	女	人事处	中级	4100				
张晓	男	保卫科	中级	2580				
宫丽	女	办公室	中级	4120				
付琴	女	技术科	中级	3980				
杨柳	男	车间	副高	4500				
洪涛	男	车间	中级	3880				
刘志军	男	车间	初级	2850				
郝永强	男	车间	中级	3890				
刘佳	女	车间	初级	2650				

说明：

①奖金按部门发放，车间人员每人150元，保卫科人员每人200元，其他部门人员每人300元。

②津贴按职称发放，高级800元、副高500元、中级300元、初级100元。

③女职工每人保健费50元，男职工每人30元。

要求：

①根据所给资料完成工资表，凡是能用公式（函数）计算的一律用公式（函数）计

算，保留2位小数。

②对当前表建立数据透视表，要求建立的数据透视表中对应发工资项目按部门进行分类汇总，并将当前数据透视表命名为“工资透视表”。

③在“工资透视表”中，根据各部门的应发工资合计数做出三维柱形图进行对比分析，要求图表标题齐全，比例适当，力求美观。

④在“六合公司职工工资表”中，将工资表中的办公室女职工工资数据筛选出来并复制到空白区域。

2）单元实训

（1）海达公司职工工资资料见表3-9。

表3-9　海达公司职工工资表　单位：元

编号	月份	姓名	性别	部门	基本工资	奖金	补贴	应发工资	公积金	实发工资
101	2024年2月	孙林	男	厂部	3500					
102	2024年2月	付刚	男	一车间	3400					
103	2024年2月	吴子英	女	一车间	3300					
104	2024年2月	田红	男	一车间	3250					
105	2024年2月	赵子民	男	二车间	2860					
106	2024年2月	林战国	男	二车间	3280					
107	2024年2月	童涛	男	二车间	2670					
108	2024年2月	谢冬梅	女	二车间	2880					
109	2024年2月	韩丽丽	女	厂部	3400					
110	2024年2月	李忠玉	男	三车间	2800					
111	2024年2月	张强	男	三车间	2600					
112	2024年2月	杜莹莹	女	三车间	3200					
113	2024年2月	李雪成	男	三车间	2840					

二维码3-25

表3-9
（电子版）

说明：

①奖金按基本工资发放，2月份奖金为基本工资的30%。

②补贴按性别发放，2月份男职工补贴50元，女职工补贴60元。

③公积金按应发工资的5%由公司代缴。

④实发工资=应发工资-公积金。

要求：

①用公式（函数）计算表中所缺数据，对奖金、公积金项目四舍五入，保留2位小数。

②复制此工资表至sheet2，重命名为“工资汇总表”。

③对“工资汇总表”中的数值型数据按部门进行分类汇总。

④根据各部门职工工资总额制作柱形图，要求图表美观大方，主要项目齐全。

（2）大通公司销售资料见表3-10。

要求：

①根据表3-10的资料，将销售到北京地区并且日销售额大于60 000元的记录筛选出来，复制到空白区域。

②根据表3-10的资料，计算每个销售人员的当月总销售额，制作本月销售人员销售业绩表。

③根据表3-10的资料，利用函数计算每个销售人员的奖金，奖金根据每个销售人员

月销售额的一定比例发放，月销售额为100 000元以下的按销售额的1%发放，月销售额为100 000～200 000元的按2%发放，月销售额为200 000～300 000元的按3%发放，月销售额超过300 000元的按4%发放。

④根据每个销售人员的月销售额，制作“销售人员业绩对比”三维柱形图，力求美观大方，结构合理，插入本工作表中。

表3-10　**大通公司销售情况统计表**　单位：元

二维码3-26
表3-10
（电子版）

序号	销售人员	日期	销售地	商品	金额
1	刘明亮	2024/6/1	北京	彩电	64000
2	李 卫	2024/6/2	北京	彩电	118000
3	刘明亮	2024/6/3	北京	冰箱	32000
4	马 清	2024/6/4	天津	电脑	35000
5	李 卫	2024/6/5	上海	冰箱	41000
6	章 宏	2024/6/6	上海	空调	28000
7	李 卫	2024/6/7	北京	彩电	63000
8	马 清	2024/6/8	天津	空调	125000
9	郑 达	2024/6/9	南京	彩电	88000
10	章 宏	2024/6/10	南京	电脑	72000
11	郑 达	2024/6/11	上海	空调	44000
12	马 清	2024/6/12	北京	彩电	12000
13	刘明亮	2024/6/13	天津	冰箱	44000
14	郑 达	2024/6/14	上海	空调	32000
15	刘明亮	2024/6/15	上海	冰箱	22000
16	郑 达	2024/6/16	北京	彩电	78000
17	章 宏	2024/6/17	天津	冰箱	43000
18	郑 达	2024/6/18	北京	电脑	169000
19	马 清	2024/6/19	南京	彩电	11000
20	郑 达	2024/6/20	南京	电脑	85000

3）综合应用

康辉公司销售统计表见表3-11。

表3-11　**康辉公司销售统计表**

二维码3-27
表3-11
（电子版）

月份	彩电(台)	冰箱(台)	手机(部)
1	1120	877	655
2	1478	692	854
3	1476	850	635
4	568	360	1206
5	362	456	985
6	296	782	1109

要求：根据所给资料自行设计该公司最佳收益情况计算方案，存放在一个工作簿中。具体要求如下：

①自行设计出“销售明细表”“生产费用明细表”“收益情况明细表”，要求工作表内容完整，格式合理，工作表名称与内容相符。

②“销售明细表”应根据所给基础数据来设计，格式设计应尽量方便计算“生产费用明细表”和“收益情况明细表”；其中，在“销售明细表”中对各产品销售量设置有效数据。

数值范围：整数，0～1 500；

提示信息：标题为“请输入产品销售量”；

提示内容：输入范围在0~1 500；

错误警告：标题为“输入数值超出范围”。

③在“生产费用明细表”中，各产品的生产费用由直接材料、直接人工和制造费用构成，并全部根据“销售明细表”计算得出。(计算各数据时要求采用多表链接操作)

具体公式如下：

直接材料费用（元）=每月各产品销售量×450（元/台或部）

直接人工费用（小时）=每月各产品销售量×12（小时/台或部）

制造费用（元）=每月各产品销售量×1.5（元/台或部）

④“收益情况明细表”要反映出各个产品的销售额、生产成本、佣金、利润额、所得税、计提公积金、公益金和净利润等各项的数额。

其中，彩电单价1 500元/台，电冰箱单价2 000元/台，手机单价1 800元/部。利用“销售明细表”和“生产费用明细表”中的数据计算出“收益情况明细表”中的销售额数据。(计算各数据时要求采用多表链接操作)

小时工资率资料见表3-12。

表3-12　小时工资率资料

直接人工	小时工资率
5 000小时以下（含5 000小时）	20元/小时
5 000~10 000小时（含10 000小时）	15元/小时
10 000~15 000小时（含15 000小时）	12元/小时
15 000小时以上	8元/小时

具体公式如下：

销售额=销售量×单价

生产成本=直接材料+直接人工×小时工资率+制造费用

佣金=利润额×2%（保留2位小数）

利润额=销售额-生产成本-佣金

所得税=利润额×25%（保留2位小数）

净利润=利润额-所得税

法定盈余公积=净利润×10%（保留2位小数）

任意盈余公积=净利润×5%（保留2位小数）

⑤在“收益情况明细表”中，按照产品对销售额、利润额和净利润进行分类汇总。

⑥在“收益情况明细表”中根据各产品的净利润合计数做出三维柱形图进行对比分析。

具体要求：图表标题为“产品盈利情况比较分析图”；横轴标题为“产品名称”；纵轴标题为“净利润额”；要求文字竖排；在各系列上显示数据值；要求尽量美化图表（包括图表大小、标题格式、系列背景墙的填充等）。

⑦在“收益情况明细表”中，把手机的收益情况筛选出来，放到工作表的空白区域。

总体要求：

①尽量美化工作表，包括字符格式、对齐方式、小数位数、边框和底纹等。

②各工作表的格式应力求准确（利用公式和函数进行计算）。

③建议采用多表操作，建立工作表之间的数据链接。

第4章

常用财务函数

学习目标

知识目标：了解常用财务函数的种类，熟悉常用财务函数的使用方法。

技能目标：学会在Excel中使用财务函数计算货币资金的时间价值、固定资产折旧等财务指标，为以后学习投资分析等内容打下基础。

素养目标：增强时间观念，合理规划消费、储蓄和投资；增强成本意识和责任意识。

Excel 2016中包括非常重要的财务函数，利用财务函数可以进行一般的财务计算，如确定贷款的支付额、投资的未来值或净现值，以及债券或息票的价值等。这些财务函数大体上可分为四类：投资计算函数、折旧计算函数、偿还率计算函数、债券及其他金融函数。使用这些函数不必掌握高级财务知识，只要选择合适的函数，正确填写各参数值就可以得到想要的结果，它们为财务分析提供了极大的便利。下面介绍常用财务函数及其使用方法。

说明：在下文中，凡是投资（或支出）的金额都以负数形式表示，收益（或收入）的金额以正数形式表示。

4.1 终值函数

功能：现在的一笔资金按给定的利率计算的未来某一时刻的本利和。终值也称未来值。Excel 2016提供了终值函数，可以用它计算不同情况下的资金的终值。

公式：=FV（rate，nper，pmt，pv，type）

说明：

rate——各期利率，是一固定值；

nper——总投资（或贷款）期，即该项投资（或贷款）的付款期总数；

pmt——各期应付给（或得到）的金额，其数值在整个年金期间（或投资期内）保持不变；

pv——现值，或一系列未来付款当前值的累积和，也称为本金，如果省略pv，则假设其值为零；

type——数字0或1，用以指定各期的付款时间是期初或是期末，0表示期末，1表示期初，如果省略type，则假设其值为0。

【例4-1】某人要为孩子积攒一笔学费，现将20 000元存入银行，以后每年年末定期存入5 000元，若按年利率5%复利计息，那么6年后此人可得到的存款本利和为多少？

FV（5%，6，-5 000，-20 000）=60 811（元）

如果上例中，此人每年年初存入5 000元，其他条件不变，那么他6年后可得到的本利和为：

FV（5%，6，-5 000，-20 000，1）=62 512（元）

4.1.1 整收整付款项的复利终值

整收整付款项的复利终值是指现在收入或支付的一笔整数资金按复利方法计息，一定时期以后的本利和，可用函数FV（）计算。

【例4-2】某公司向银行借入100万元，该项贷款期限为3年，年利率为6%，复利计息，到期一次还本付息，则该公司3年后应向银行偿还的本利和为多少？

分析：从已知条件中可以看出，这是已知现值计算终值，可以使用函数FV（）计算，其中参数rate为6%，nper为3，pv为-100，其余参数可省略。

如图4-1所示，在B5单元格中输入公式（建议使用“插入函数”方式输入）“=FV（B4，B3，，-B2）”，即可得到3年后应向银行偿还的本利和为119万元。

B5 =FV(B4，B3，，-B2)

	A	B	C
1	整收整付款项复利终值计算		
2	现值（万元）	100	
3	期限（年）	3	
4	年利率	6%	
5	复利终值（万元）	119	
6			

图4-1 整收整付款项复利终值的计算

4.1.2 年金终值

年金终值是某一时期内各期连续发生的一系列相等数额的收付款项的复利终值。由于年金分为普通年金、先付年金、递延年金和永续年金等，所以各种年金终值的计算方法也各不相同，下面分别加以介绍。

1）普通年金终值

普通年金终值是指某一时期内各期期末连续发生的一系列相等数额的收付款项的复利终值之和。可以使用函数FV（）计算，此时参数pv=0或省略，参数type应为0。

【例4-3】某公司计划从今年开始，每年年末存入银行20万元作为科技奖励基金，如果银行存款年利率为8%，按年复利计息，那么5年后该项奖励基金的本利和为多少？

分析：该公司每年等额存入银行20万元，应该说是年金，因为发生在每年的年末，所以是普通年金，这是要求计算普通年金的终值，所以可以采用函数FV（）计算，此时参数rate为8%，nper为5，pmt为-20，其余参数可省略，取系统默认值。

如图4-2所示：在B5单元格中输入公式“=FV（B4，B3，-B2）”，即可得到5年后该项奖励基金的本利和为117万元。

B5　f_x　=FV(B4,B3,-B2)

	A	B	C
1	普通年金终值的计算		
2	年金（万元）	20	
3	期限（年）	5	
4	年利率	8%	
5	年金终值（万元）	117	

图4-2　普通年金终值的计算

2）先付年金终值

先付年金终值是指某一时期内各期期初连续发生的一系列相等数额的收付款项的复利终值之和。可以使用函数FV（）计算，此时参数pv=0或省略，参数type应为1。

【例4-4】如果【例4-3】中该公司每年年初存入银行20万元，那么5年后的本利和为多少？

分析：该公司每年年初存入银行20万元，连续5年，这属于先付年金。要计算它的终值，可以使用函数FV（），其中参数rate为8%，nper为5，pmt为-20，type为1，pv省略。

如图4-3所示：在B5单元格中输入公式“=FV（B4，B3，-B2,，1）”，即可得到5年后该项奖励基金的本利和为127万元。

B5　f_x　=FV(B4,B3,-B2,,1)

	A	B	C	D
1	先付年金终值的计算			
2	年金（万元）	20		
3	期限（年）	5		
4	年利率	8%		
5	年金终值（万元）	127		
6				
7				

图4-3　先付年金终值的计算

3）递延年金终值

递延年金是指一定时期以后才开始有的年金，假设前M期（称为递延期）没有年金，从（M+1）期起到（M+N）期止，共有N期普通年金，则其（M+N）年年末的终值完全可以按照N期的普通年金终值公式计算，可以使用函数FV（）计算。

【例4-5】张三准备3年后每月月末将500元存入银行，如果银行存款月利率为0.5%，按月复利计息，那么张三存款5年后的本利和为多少元？

分析：从题中可知，这是递延年金计算终值，可以使用函数FV（）计算，其中参数rate为0.5%，nper为60（5×12），pmt为-500，其余参数可省略，取系统默认值。

输入公式“=FV（0.5%，5×12，-500）”，即可得到张三存款5年后可得到的本利和为34 885元。

永续年金由于没有到期日，所以没有终值。

小思考4-1

李先生准备5年后为女儿购买一辆价值10万元的汽车，为此他现在将5万元存入银行，计划此后的5年中，每月月末存入银行500元，假如银行存款月利率为0.5%，按月复利计息，那么李先生届时能否积蓄足够的购车款？

分析：此问题应该包括两个部分：一是5万元现款的终值；二是每月500元年金的终值。可采用函数FV（）计算。

其计算方法是：银行存款余额=FV（0.5%，5×12，-500，-50 000）

=102 327.52（元）

小技巧4-1

制作复利终值系数表

假如我们要制作一张期限为1～10年，利率为1%～10%的整收整付款项的复利终值系数表，其具体步骤如下：

（1）设计复利终值系数表结构。

（2）在单元格区域B2：K2中输入年利率系列（可采用向下填充的方法，即在B2单元格中输入"1"，在C2单元格中输入"2"，然后选中B2：C2，拖动C2下的填充柄向右填充至K2单元格即可），采用同样的方法在A3：A12中输入年限系列。

（3）选中单元格区域B3：K12，输入公式"=FV（B2：K2/100，A3：A12，，-1）"然后按Ctrl+Shift+Enter组合键，其结果保留4位小数，即得复利终值系数表，如图4-4所示。

H5　=FV(B2:K2/100,A3:A12,,-1)

	A	B	C	D	E	F	G	H	I	J	K
1	复利终值系数表										
2	年利率 年	1	2	3	4	5	6	7	8	9	10
3	1	1.0100	1.0200	1.0300	1.0400	1.0500	1.0600	1.0700	1.0800	1.0900	1.1000
4	2	1.0201	1.0404	1.0609	1.0816	1.1025	1.1236	1.1449	1.1664	1.1881	1.2100
5	3	1.0303	1.0612	1.0927	1.1249	1.1576	1.1910	1.2250	1.2597	1.2950	1.3310
6	4	1.0406	1.0824	1.1255	1.1699	1.2155	1.2625	1.3108	1.3605	1.4116	1.4641
7	5	1.0510	1.1041	1.1593	1.2167	1.2763	1.3382	1.4026	1.4693	1.5386	1.6105
8	6	1.0615	1.1262	1.1941	1.2653	1.3401	1.4185	1.5007	1.5869	1.6771	1.7716
9	7	1.0721	1.1487	1.2299	1.3159	1.4071	1.5036	1.6058	1.7138	1.8280	1.9487
10	8	1.0829	1.1717	1.2668	1.3686	1.4775	1.5938	1.7182	1.8509	1.9926	2.1436
11	9	1.0937	1.1951	1.3048	1.4233	1.5513	1.6895	1.8385	1.9990	2.1719	2.3579
12	10	1.1046	1.2190	1.3439	1.4802	1.6289	1.7908	1.9672	2.1589	2.3674	2.5937

图4-4　复利终值系数表

提示：同样道理，我们可以按照上述方法制作年金终值系数表，只要将公式换成"=FV（B2：K2/100，A3：A12，-1）"即可，其他与复利终值系数表制作方法相同。

你能自行制作复利现值系数表吗？

4.2　现值函数

现值是指未来的一笔资金按给定的利率计算所得到的现在的价值。计算现值可以使用现值函数。

4.2.1　函数PV（）

功能：计算某项投资的一系列将来偿还额的当前总值或一次性偿还额的现值。如果投资回收的当前价值大于投资的价值，则这项投资是有收益的。

公式：=PV（rate，nper，pmt，fv，type）

说明：

rate——各期利率，是一个固定值；

nper——总投资（或贷款）期，即该项投资（或贷款）的付款期总数；

pmt——各期所应付给（或得到）的金额，其数值在整个年金期间（或投资期内）保持不变；

fv——终值，或在最后一次支付后希望得到的现金余额，如果省略fv，则假设其值为0；

type——数字0或1，用以指定各期的付款时间是期初还是在期末，0表示期末，1表示期初，如果省略type，则假设其值为0。

1）整收整付款项的复利现值

整收整付款项的复利现值，是指已知现在收入或支出一笔款项在n年年末的复利终值fv和折现率rate，计算出该笔款项现在时刻的价值，可以使用函数PV（）进行计算。

【例4-6】李太太计划8年后为孩子购买一套价值30万元的住房，假定银行存款年利率为5%，按年复利计息，那么李太太现在应至少一次性存入银行多少钱？

分析：从题意可知，这是已知终值计算现值，可以使用函数PV（）进行计算，其中参数fv=-300 000，rate=5%，nper=8，其余参数可省略，取系统默认值。

如图4-5所示，在B5单元格中输入公式“=PV（B4，B3，，-B2）”，就可以得到李太太现在至少应一次性存入银行203 052元。

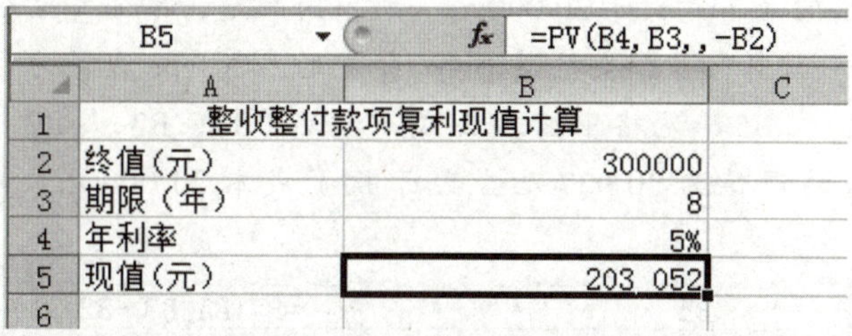
B5　=PV(B4,B3,,-B2)

	A	B	C
1	整收整付款项复利现值计算		
2	终值（元）	300000	
3	期限（年）	8	
4	年利率	5%	
5	现值（元）	203 052	
6			

图4-5　整收整付款项复利现值的计算

2）年金现值

年金现值是指某一时期内发生的一系列相等数额的年金的复利现值之和。根据年金发生的情况不同，年金现值分为普通年金现值、先付年金现值、递延年金现值和永续年金现值。

（1）普通年金现值。

可以使用函数PV（）计算普通年金现值，因为普通年金发生在每期的期末，所以在使用函数PV（）计算普通年金时，只需要输入参数rate、nper和pmt，其他参数省略，取系统默认值，即“=PV（rate，nper，pmt）”，便可以得到普通年金现值。

【例4-7】假定有一项保险，购买成本为20 000元，投保后可以每年年末从保险公司领取1 600元，连续领取20年，投资回报率为5%，判断是否应该购买此项保险呢？

分析：从题意可知，要决定是否应该购买该项保险，关键是要计算出该项保险投资回报的现值，然后与投资成本进行比较，如果投资回报大于20 000元，就可以购买，否则不合算，不应购买。要计算该保险投资回报的现值可使用函数PV（），其中rate=5%，nper=20，pmt=-1 600，其余参数省略。

如图4-6所示，在B5单元格中输入公式"=PV（B4，B3，-B2）"，即可得到该项保险投资回报的现值为19 940元，小于该项保险买价20 000元，所以不应购买该项保险。

B5　　f_x　=PV(B4,B3,-B2)

	A	B	C
1	普通年金现值的计算		
2	年金（元）	1600	
3	期限（年）	20	
4	年利率	5%	
5	现值（元）	19 940	
6			

图4-6　普通年金现值的计算

（2）先付年金现值。

先付年金发生在每期的期初，若用公式计算其现值比较复杂，采用函数PV（）计算，则非常简单。与普通年金现值计算不同的是将参数type设为1即可。

【例4-8】如果【例4-7】中投保后每年年初可以从保险公司取得1 600元，其他条件不变，是否可以购买该项保险呢？

分析：与【例4-7】一样，要决定是否可以购买该项保险，关键是要计算出该项保险投资回报的现值，看它是不是大于20 000元。所不同的是，年金发生在年初，属于先付年金，采用函数PV（）计算时，只要把【例4-7】中的参数type设置为1即可。

如图4-7所示，在B5单元格中输入公式"=PV（B4，B3，-B2，，1）"，即可得到该项保险投资回报的现值为20 937元，大于投资成本20 000元，所以可以购买该项保险。

B5　　f_x　=PV(B4,B3,-B2,,1)

	A	B	C
1	先付年金现值的计算		
2	年金（元）	1600	
3	期限（年）	20	
4	年利率	5%	
5	现值（元）	20 937	
6			

图4-7　先付年金现值的计算

（3）递延年金现值。

递延年金是一定时期以后才开始有的年金，其现值的计算有下面两种不同的方法：

①先假设递延期（M）也有普通年金，计算出（M+N）期普通年金的现值，然后再减去递延期（M）的普通年金现值，即可得到所要计算的递延年金现值。

②假设前M期没有年金，（M+1）期至（M+N）期有N期普通年金，先将N期的普通

年金折算为第M年年末的价值，然后以此为终值再向前折算M期，即可得到所要计算的递延年金现值。

在采用这两种方法进行计算时，均可使用函数PV（）。

【例4-9】某公司计划设立一项科技奖励基金，以便在5年后的连续10年中，每年年末可以取出20万元，用于奖励有贡献的科技人员，假定银行存款利率为5%，按年复利计息，那么该公司现在应一次性存入银行多少钱？

分析：从题意可知，这是要计算递延年金的现值，其中递延期M为5年，年金为20万元，利率为5%，有10年（N=10）普通年金，我们可以按上面的两种方法分别进行计算。

方法一：如图4-8所示，在B6单元格中输入公式“=PV（B5，B3+B4，-B2）”，计算出15年的普通年金现值是208万元。在B7单元格中输入公式“=PV（B5，B4，-B2）”，计算出递延期5年的年金现值是87万元，最后，在B8单元格中输入公式“=B6-B7”，即可计算出该公司现在应一次性存入银行121万元。（也可以将三个步骤合并，直接输入公式“=PV（B5，B3+B4，-B2）-PV（B5，B4，-B2）”，即可得到相同的结果。）

B8   fx =B6-B7

	A	B	C
1	递延年金现值的计算		
2	年金（万元）	20	
3	年金期数N（年）	10	
4	递延期数M（年）	5	
5	年利率	5%	
6	（M+N）期的年金现值（万元）	208	
7	M期的年金现值（万元）	87	
8	递延年金现值（万元）	121	

图4-8 递延年金现值的计算（一）

方法二：先输入公式“=PV（B5，B3，-B2）”，计算出到第5年年末时的普通年金现值，然后以此结果作为终值，计算出它的现值。计算时，可将两步骤合并，使用函数嵌套，如图4-9所示，其公式为“=PV（B5，B4，，PV（B5，B3，-B2））”，即可计算出该公司现在应一次性存入银行121万元。

B6   fx =PV(B5,B4,,PV(B5,B3,-B2))

	A	B	C	D
1	递延年金现值的计算			
2	年金（万元）	20		
3	年金期数N（年）	10		
4	递延期数M（年）	5		
5	年利率	5%		
6	递延年金现值（万元）	121		

图4-9 递延年金现值的计算（二）

（4）永续年金现值。

永续年金是指从第一期期末开始无限期发生的年金。永续年金现值的计算很简单，其公式为：

永续年金现值=年金÷利率

在计算永续年金时，只需要在某一单元格中直接输入计算公式即可。

【例4-10】某公司欲设立一项职工教育基金，用于职工培训，预计每年的培训费用需要20 000元，如果复利年利率为4%，则企业现在应一次性存入银行多少钱？

分析：这是计算永续年金现值。在某个单元格中输入公式"=20 000/4%"，即可得到永续年金的现值为500 000元，即该企业现在应一次性存入银行500 000元。

4.2.2 函数NPV（）

功能：基于一系列现金流和固定的各期折现率，计算一组定期现金流的净现值，又称净现值函数。

公式：=NPV（rate，value1，value2，…，value N）

说明：

rate——各期折现率，是一个固定值；

value1，value2，…，value N——1～N笔支出及收入的参数值，函数NPV（）按次序使用value1，value2，…，value N来注释现金流的次序，支出为负值，收入为正值。

需要强调的是value1，value2，…，value N，所属各期间的长度必须相等，而且支付及收入的时间都发生在期末。

【例4-11】某公司有一个投资方案，假定第1年年末年投资100 000元，在投资后的4年中每年可获得的收益分别为20 000元、28 000元、42 000元、38 000元，假定年折现率为5%，那么该投资方案的净现值为：

NPV（5%，-100 000，20 000，28 000，42 000，38 000）=11 417.45（元）

【例4-12】假如某公司有一投资方案，此方案为第1年年初投资100 000元，投资当年可获得收益10 000元，以后4年中每年可获得收益30 000元，假定年折现率为5%，则该方案的净现值是多少？

分析：从题意可知，要计算投资方案的净现值应使用函数NPV（），此例与【例4-11】不同的是投资时间为第1期的期初，而函数NPV（）要求各现金流的发生时间是每期期末，所以不能将第1期期初的投资额作为函数NPV（）的第一个现金流，而应将其直接计入函数NPV（）的结果中。

那么该方案的净现值为：

NPV（5%，10 000，30 000，30 000，30 000，30 000）-100 000=10 837（元）

小思考4-2

函数PV（）与NPV（）都可以用来计算一组现金流的现值，它们有什么区别呢？

两个函数都要求各现金流的间隔期必须是相等的，但它们是有区别的。它们的主要区别在于以下两个方面：

一是函数NPV（）要求现金流发生在各期的期末，如果各现金流发生在每期的期初，则将第2期期初的现金流作为第1期期末的现金流，后面以此类推，使用函数NPV（）计算出其现值，最后将第1期期初的现金流直接计入函数NPV（）的结果中；而函数PV（）

无此要求，如果现金流发生在期初，只需将参数type设置为1即可。

二是函数PV（）要求各期的现金流相等，属于年金现值函数；而函数NPV（）则无此要求，所以要计算一组不等额现金流的现值时，应使用函数NPV（）。

4.3 年金、本金和利息函数

4.3.1 年金函数PMT（）

功能：基于固定利率及等额分期付款方式，计算投资或贷款的每期付款额。

公式：=PMT（rate，nper，pv，fv，type）

说明：

rate——各期利率，是一个固定值；

nper——总投资（或贷款）期，即该项投资（或贷款）的付款期总数；

pv——现值，或一系列未来付款当前值的累积和，也称为本金；

fv——未来值，或在最后一次付款后希望得到的现金余额，如果省略fv，则假设其值为0；

type——值为0或1，用以指定各期的付款时间是期末还是期初，如果省略type，则假设其值为0。

【例4-13】张先生欲采用按月分期付款的方式购买一套住房，该住房总售价为36万元，首付款为12万元，偿还期为10年，如果银行贷款月利率为0.50%，那么张先生每月月末应偿还的贷款额为多少元？

分析：要计算张先生的每月还款额可以使用函数PMT（），其中的参数rate=0.50%，nper=10×12，pv=360 000-120 000，其余参数可以省略，取系统默认值。

如图4-10所示，在各单元格中输入相应的已知数据，在B5单元格中输入公式“=PMT（B3，B4*12，B1-B2）”，即可得到张先生每月应偿还的住房贷款额为2 664元。

B5　fx　=PMT(B3,B4*12,B1-B2)

	A	B	C
1	总价（元）	360000	
2	首付（元）	120000	
3	贷款月利率	0.50%	
4	期限（年）	10	
5	每月还款额（元）	-2,664	
6			

图4-10 年金计算（一）

如果张先生将每月的还款时间改为月初，那么只需要将type参数设置为1即可。也就是将公式写成“=PMT（B3，B4*12，B1-B2，，1）”，其结果为张先生每月月初偿还的贷款额为2 651元。

【例4-14】李小姐准备5年后购买一辆价值20万元的小汽车，现在银行存款年利率为3.50%，那么李小姐每月应至少存入银行多少钱？

分析：如图4-11所示，这个问题可以用函数PMT（）计算，如果李小姐每月月末存款的话，则其每个月应至少存入银行的金额为：

PMT（3.50%/12，5*12，，200 000）=3 055（元）

如果李小姐每个月月初存款的话，则其每个月应至少存入银行的金额为：

PMT（3.5%/12，5*12，，200 000，1）=3 046（元）

F11

	A	B	C
1	利率	3.50%	
2	终值(元)	200000	
3	期数(年)	5	
4	每月月末应存款额(元)	-3,055	
5	每月月初应存款额(元)	-3,046	
6			

图4-11　年金计算（二）

4.3.2　年金中的本金函数PPMT（）

功能：返回在定期偿还、固定利率条件下给定期次内某项投资回报（或贷款偿还）的本金部分。

公式：=PPMT（rate，per，nper，pv，fv，type）

说明：其中参数per是用于计算其本金数额的期次，它必须介于1和付款总次数nper之间，其他参数的含义与函数PMT（）的参数含义相同。

【例4-15】在【例4-13】中，张先生第1个月偿还的贷款的本金部分是多少？

分析：如果张先生每月月末偿还住房贷款，则其第1个月还款中的本金部分为：

PPMT（0.50%，1，10*12，360 000-120 000）=1 464（元）

如果张先生每月月初偿还住房贷款，则其第1个月还款中的本金部分为：

PPMT（0.50%，1，10*12，360 000-120 000，，1）=2 651（元）

4.3.3　年金中的利息函数IPMT（）

功能：返回在定期偿还、固定利率条件下给定期次内某项投资回报（或贷款偿还）的利息部分。

公式：=IPMT（rate，per，nper，pv，fv，type）

其参数的含义与函数PPMT（）的参数含义相同。

【例4-16】在【例4-13】中张先生第1个月偿还的贷款的利息部分是多少呢？

分析：要计算等额偿还贷款中的利息应使用函数IPMT（）。如果张先生每月月末偿还住房贷款，则他第1个月偿还的贷款的利息部分为：

IPMT（0.5%0，1，10*12，360 000-120 000）=1 200（元）

如果张先生每月月初偿还住房贷款，则他第1个月应偿还的贷款利息部分为：

IPMT（0.50%，2，10*12，360 000-120 000，，1）=1 187（元）

观念应用4-1　　**用Excel计算银行还贷**

现如今，从银行贷款购车买房，已经是很多人实现自己梦想的一种流行做法，特别是有相对稳定收入的工薪一族，只要交了首付款，每月定期等额付银行一定的款项，就可以拥有自己的私家车和住房。

购买者每月等额付款，并且知道这个款项里包含了部分本金和利息，从付款的第1个月起到最后1个月，这个数字都相同，我们利用函数PMT（）、函数IPMT（）和函数PPMT（），可以很容易计算出还贷额，即每月还给银行的利息以及本金等项目。

假如，你购买了一套200 000元的房子，首付30%后，贷款本金是140 000元，10年按揭付清（至0），按目前银行商业贷款利率，10年期月利率是4.2‰。那么每月偿还额是多少？其中本金和利息又各是多少呢？

利用函数PMT（）计算每期的还款额，包括本金和利息，但不包括税款、保留支付或某些与贷款有关的费用；利用函数PPMT（）计算各月偿还的本金额；利用函数IPMT（）计算各月偿还的利息额。具体操作方法是：

如图4-12所示，在B4单元格中输入公式“=PMT（$D$2，$F$2*12，$B$2）”，可得到第1个月应偿还的金额，包括本金和利息。在C4单元格中输入公式“=PPMT（$D$2，A4，$F$2*12，$B$2）”，可得到第1个月应偿还的本金额；在D4单元格中输入公式“=IPMT（$D$2，A4，$F$2*12，$B$2）”，可得到第1个月应偿还的利息额，然后选中B4：D4单元格区域，拖动D4右下角的填充柄向下复制到最后一期，即可得到全部偿还期各月的还款额、各月偿还的本金和利息。

	A	B	C	D	E	F
1	银行贷款本金利息计算表					
2	贷款额（元）	140000	月利率	0.42%	期限(年)	10
3	第N个月	每月的催款额	各月偿还的本金	各月偿还的利息（元）		
4	1	-1,487.66	-899.66	-588.00		
5	2	-1,487.66	-903.43	-584.22		
6	3	-1,487.66	-907.23	-580.43		
7	4	-1,487.66	-911.04	-576.62		
8	5	-1,487.66	-914.87	-572.79		
9	6	-1,487.66	-918.71	-568.95		
10	7	-1,487.66	-922.57	-565.09		
117	114	-1,487.66	-1,444.64	-43.01		
118	115	-1,487.66	-1,450.71	-36.94		
119	116	-1,487.66	-1,456.80	-30.85		
120	117	-1,487.66	-1,462.92	-24.73		
121	118	-1,487.66	-1,469.07	-18.59		
122	119	-1,487.66	-1,475.24	-12.42		
123	120	-1,487.66	-1,481.43	-6.22		
124						

图4-12 银行还贷计算表

如果贷款额、利率、期限发生变化，只是更改相应的数据，各月的还款额、各月偿还的本金和利息会自动计算出来。

另外，从图4-12中很容易看出，从第1个月至第120个月每月要偿还的利息和本金之和都等于每月等额还贷的1 487.66元，但各个月的利息支出和本金支出是不一样的，如第1个月的利息支出为588元，本金偿还只有899.66元，而最后1个月的利息支出只有6.22元，而本金偿还为1 481.43元，即在偿还银行贷款时，虽然每个月的偿还额都是一样的，但其实偿还的本金是不同的，在准备提前还清银行贷款的时候这是一定要注意的。

4.4 期数函数

功能：基于固定利率和等额分期付款方式返回某项投资（或贷款）的总期数。

公式：=NPER（rate，pmt，pv，fv，type）

说明：其中各参数的含义与函数PMT（）的参数含义相同。

【例4-17】某公司向银行贷款360万元，贷款年利率为6%，如果该公司采取每年年末等额还款方式，每年年末还款60万元，那么该公司需要多少年才能全部偿还该笔贷款？

分析：如图4-13所示，在B4单元格中输入公式“=NPER（B1，-B2，B3）”，或者直接输入公式“=NPER（6%，-60，360）”，均可得到全部贷款的偿还期为7.66年。

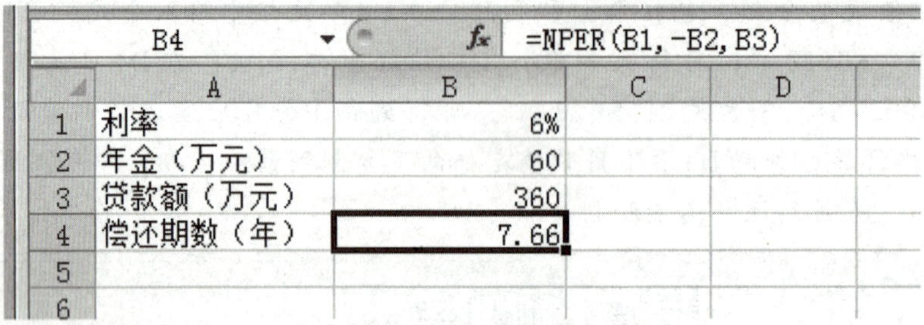
B4　=NPER(B1,-B2,B3)

	A	B	C	D
1	利率	6%		
2	年金（万元）	60		
3	贷款额（万元）	360		
4	偿还期数（年）	7.66		
5				
6				

图4-13　期数确定

如果该公司每年年初偿还贷款60万元，则偿还全部贷款需要的年数为：

NPER（6%，-60，360，，1）=7.12（年）

说明：贷款如果输入正数，则还款额必须输入负数，反之亦然，否则会得出错误的结果。

4.5 折现率函数

4.5.1 利率函数RATE（）

功能：返回投资（或贷款）每期的实际利率。利率函数RATE（）通过迭代法计算得出，并且可能无解或有多个解。

公式：=RATE（nper，pmt，pv，fv，type，guess）

说明：其中参数guess为给定利率的猜测值，如果省略，猜测值为0.1（或10%），其余参数的含义与函数NPER（）的参数含义相同。如果函数RATE（）是不收敛的，则需要改变guess值再试，通常guess值位于0～1时函数RATE（）是收敛的。

【例4-18】某公司向一金融机构申请一项贷款，该金融机构同意给该公司贷款100万元，要求该公司按年等额偿还，每年年末偿还30万元，期限4年，那么该项贷款的年利率是多少呢？

分析：如图4-14所示，在B4单元格中输入公式“=RATE（B1，-B3，B2）”，或者输入公式“=RATE（4，-30，100）”，均可得到该项贷款的年利率为7.71%。

	A	B	C
1	偿还期数（年）	4	
2	贷款额（万元）	100	
3	每期还款额（万元）	30	
4	贷款利率	7.71%	
5			

图4-14 利率的计算

如果该公司每年年初偿还贷款，其他条件不变，则其贷款的年利率为：

RATE（4，-30，100，，1）=13.70%

4.5.2 内含报酬率函数IRR（）

功能：计算由数值代表的一组现金流的内含报酬率。

公式：=IRR（values，guess）

说明：

values——数组或单元格引用，包含用来计算内含报酬率的现金流数值。这些现金流不一定是均衡的，但作为年金，它们必须按固定的间隔发生。values必须包含至少一个正值和一个负值，以计算内含报酬率，函数IRR（）根据数值的顺序来解释现金流的顺序。故应确定按需要的顺序输入支付和收入的数值。

guess——对函数IRR（）结果的估计值。Excel使用迭代法计算函数IRR（），直至结果的精度达到0.00001%，如果函数IRR（）20次迭代，仍未找到结果，则返回错误值“#NUM!”，在大多数情况下，并不需要为函数IRR（）提供guess，如果省略guess，假设它为0.1（10%）。如果函数IRR（）得出错误值“#NUM!”，或结果没有靠近期望值，可以给guess换一个值再试一下。

【例4-19】如果要开办一家酒店，预计投资为100 000元，并预期今后五年的净收益为：20 000元、30 000元、45 000元、55 000元和60 000元，那么各年的预计内含报酬率为多少？

分析：如图4-15所示，计算第一年的内含报酬率时，输入公式：“=IRR（B1：B2，-60%）=-80%”。

D2 =IRR(B1:B2,-60%)

	A	B	C	D
1	投资额（元）	-100000	预计各年的内含报酬率	
2	预计第一年净收益（元）	20000	第一年	-80.00%
3	预计第二年净收益（元）	30000	第二年	-34.32%
4	预计第三年净收益（元）	45000	第三年	-2.23%
5	预计第四年净收益（元）	55000	第四年	15.46%
6	预计第五年净收益（元）	60000	第五年	25.17%

图4-15 内含报酬率的计算

说明：由于内含报酬率的值远远小于系统默认的guess值10%，所以必须输入一个

guess值，此处的guess值为-60%。

第二年内含报酬率=IRR（B1：B3）=-34.32%

第三年内含报酬率=IRR（B1：B4）=-2.23%

第四年内含报酬率=IRR（B1：B5）=15.46%

第五年内含报酬率=IRR（B1：B6）=25.17%

4.5.3 修正内含报酬率函数MIRR

功能：计算某一连续期间内的现金流的修正内含报酬率，即在考虑投资成本以及现金再投资利率下返回一系列分期现金流的内含报酬率。

公式：=MIRR（values，finance rate，reinvest rate）

说明：

values——一个数组或对数字单元格区域的引用，代表固定期间内一系列支出（负值）及收入（正值）；

finance rate——现金流中投入资金的融资利率；

reinvest rate——将各期收入净额再投资的报酬率。

【例4-20】某公司5年前以8%的年利率向银行贷款200 000元投资一项目，这5年中分别获得净收益35 000元、48 000元、60 000元、55 000元、52 000元，其间又将所获得的收益用于再投资，年投资报酬率为10%，那么该公司5年的投资报酬率和修正报酬率各为多少？

分析：如图4-16所示，在E3单元格中输入公式“=IRR（B1：B6）”，即可得到该公司五年的内含报酬率为7.46%。在E4单元格中输入公式“=MIRR（B1：B6，E1，E2）”，即可得到该公司5年的修正报酬率为8.46%。

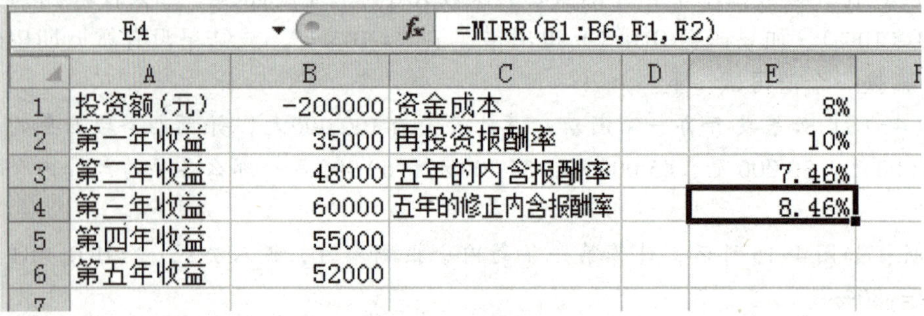

E4 fx =MIRR(B1:B6,E1,E2)

	A	B	C	D	E
1	投资额(元)	-200000	资金成本		8%
2	第一年收益	35000	再投资报酬率		10%
3	第二年收益	48000	五年的内含报酬率		7.46%
4	第三年收益	60000	五年的修正内含报酬率		8.46%
5	第四年收益	55000			
6	第五年收益	52000			

图4-16 修正内含报酬率的计算

小思考4-3

M公司准备从甲公司购买一台设备，甲公司有两种销货方式供M公司选择：一是现在一次性全额支付货款90万元；二是分若干年每年年初付款16万元。假设资金成本为10%，如果M公司选择第二种付款方式，甲公司的收款次数至少为多少，其收入才不低于一次性全额收款？

根据题意，NPER（10%，160 000，-900 000，0，1）=7.51（次）。因为要求计算的是收款次数，其结果应为正整数，则还要使用取整函数INT（），所以最符合题意的收款次数至少为8次（=INT（NPER（10%，160 000，-900 000，0，1）+0.5））。

4.6　折旧计算函数

固定资产折旧是指固定资产在使用过程中逐渐损耗而减少的那部分价值。可以采用不同的方法计算出固定资产折旧额，以便在固定资产的有效年限内进行分摊，计入各期的成本费用。常用的固定资产折旧计算方法有平均年限法、年数总和法和双倍余额递减法等，对此，Excel 2016提供了相应的折旧计算函数，使用这些函数可以方便、快速地计算出固定资产折旧，下面分别介绍这些函数的使用方法。

4.6.1　函数SLN（）

功能：返回某项固定资产在一个期间的线性折旧值。

公式：=SLN（cost，salvage，life）

说明：

cost——固定资产原值；

salvage——固定资产预计净残值；

life——折旧期限。

【例4-21】某公司有一办公楼，其原值为500万元，预计使用50年，预计净残值为10万元，该公司采用平均年限法计提折旧，则该办公楼每年的折旧额为多少万元？

分析：使用函数SLN（）计算，其各参数的输入如图4-17所示。

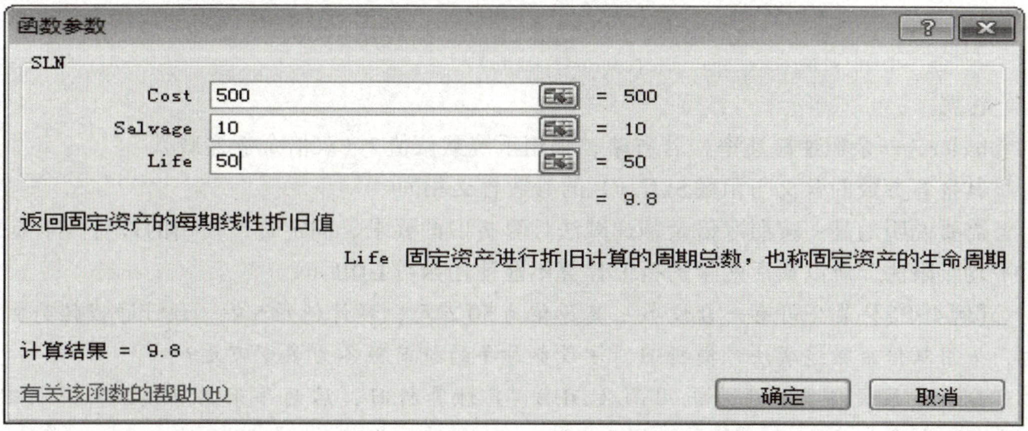

图4-17　利用SLN（）函数计算折旧

其公式为：=SLN（500，10，50）=9.8（万元）

4.6.2　函数DB（）

功能：使用固定余额递减法，计算一项固定资产在给定期间内的折旧值。

公式：=DB（cost，salvage，life，period，month）

说明：

period——进行折旧计算的期次，它必须与折旧期限life使用相同的单位；

month——第一年的月份数，如果省略，则假设为12。

其余各参数的含义与函数SLN（）的参数含义相同。

【例4-22】某公司有一台设备，原值为100万元，预计净残值为4万元，预计使用8年，按余额递减法计提折旧，那么它每年的折旧额是多少？

分析：如图4-18所示，在B7单元格中输入公式“=DB（$B$1，$B$3，$B$2，B6）”，然后向右复制到C7：I7单元格区域，即可得到该项固定资产各年的折旧额。由于各年的折旧额计算方法相同，也可以采用数组公式方法一次性计算出各年折旧额。

B7 fx =DB($B$1,$B$3,$B$2,B6)

	A	B	C	D	E	F	G	H	I
1	设备原值（万元）	100							
2	预计使用年限（年）	8							
3	预计净残值（万元）	4							
4									
5	余额递减法计算折旧								
6	年份	1	2	3	4	5	6	7	8
7	折旧额（万元）	33.10	22.14	14.81	9.91	6.63	4.44	2.97	1.99

图4-18　利用函数DB（）计算折旧

4.6.3　函数DDB（）

功能：用双倍余额递减法或其他指定方法，返回指定期间内某项固定资产的折旧值。

公式：=DDB（cost，salvage，life，period，factor）

说明：

factor——余额递减速率，若省略，采用系统默认值2（双倍余额递减）。

其余各参数的含义与函数SLN（）的参数含义相同。

需要说明的是：按照双倍余额递减法计算折旧的要求，固定资产使用的最后两年应采用平均年限法，所以最后两年的折旧计算不能使用函数DDB（）。

【例4-23】某公司有一台设备，其原值为50万元，预计使用5年，预计净残值为2万元，采用双倍余额递减法计提折旧，该设备每年的折旧额各为多少万元？

分析：该设备前三年应采用函数DDB（）计算折旧，后两年采用直线法计算折旧，其中第一年参数的输入如图4-19所示。

各年的折旧额计算公式如下：

第1年折旧额=DDB（50，2，5，1）=20（万元）

第2年折旧额=DDB（50，2，5，2）=12（万元）

第3年折旧额=DDB（50，2，5，3）=7.2（万元）

第4年折旧额=（50-20-12-7.2-2）÷2=4.4（万元）

第5年折旧额=（50-20-12-7.2-2）÷2=4.4（万元）

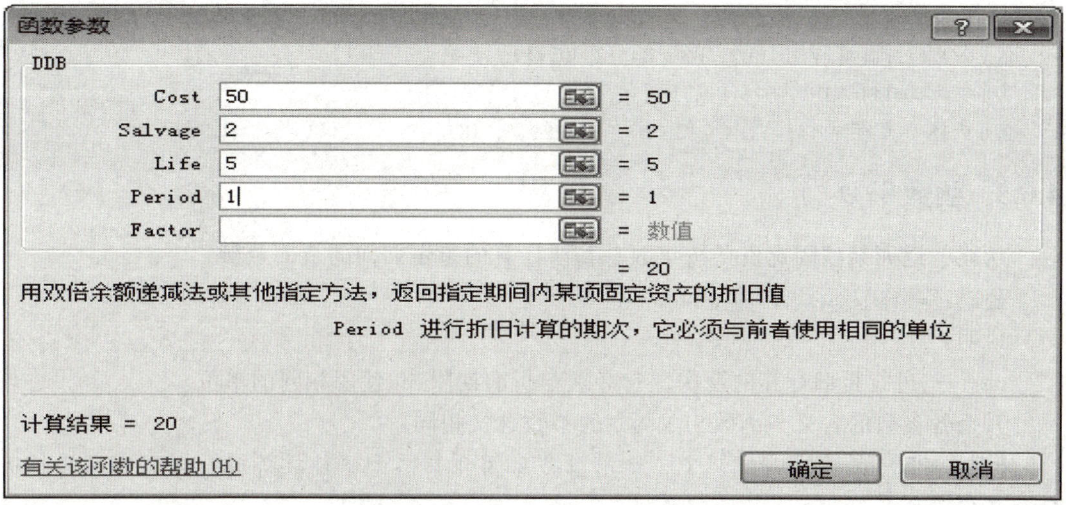

图 4-19　利用函数 DDB（）计算折旧

4.6.4　函数 VDB（）

功能：返回某项固定资产用余额递减法或其他指定方法计算的，返回特定时期的折旧值，即采用不同倍率的余额递减法计算一个时期内固定资产折旧值。

公式：=VDB（cost，salvage，life，start period，end period，factor，no switch）

说明：

start period——进行折旧计算的起始时间；

end period——进行折旧计算的终止时间；

no switch——逻辑值，指定当折旧值大于递减计算值时，是否转用直线法折旧，如果 no switch 为 True，表示即使折旧值大于余额递减计算值，也不转用直线折旧法，如果 no switch 为 False 或被忽略，且折旧值大于余额递减计算值，将转用直线折旧法。

其他参数的含义与前面介绍的函数参数相同。

【例 4-24】某公司有一台设备，其原值为 20 万元，预计使用 8 年，预计净残值为 1 500 元，用双倍余额递减法计算折旧，则第 1 个月的折旧额是多少？第 1 年的折旧额是多少？第 6 个月至第 18 个月的折旧额又是多少？

分析：要计算不同时期的折旧额，应采用函数 VDB（），其计算公式与结果如图 4-20 所示。

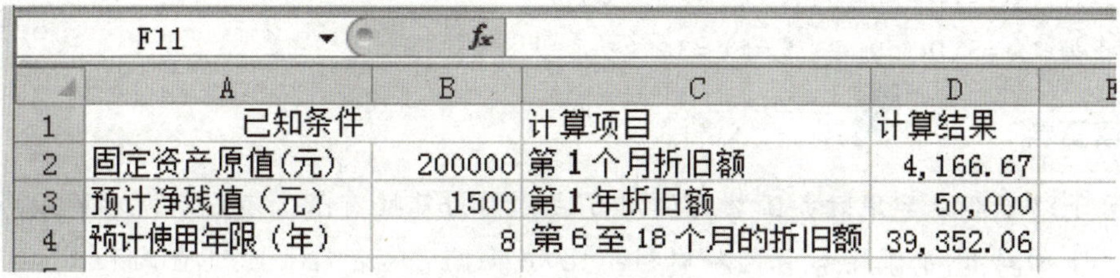
F11

	A	B	C	D
1	已知条件		计算项目	计算结果
2	固定资产原值(元)	200000	第 1 个月折旧额	4,166.67
3	预计净残值（元）	1500	第 1 年折旧额	50,000
4	预计使用年限（年）	8	第 6 至 18 个月的折旧额	39,352.06

图 4-20　利用函数 VDB（）计算折旧

计算公式：

第1个月的折旧额=VDB（B2，B3，B4*12，0，1）

第1年的折旧额=VDB（B2，B3，B4，0，1）

第6至18个月的折旧额=VDB（B2，B3，B4*12，6，18）

4.6.5 函数SYD（）

功能：返回某项固定资产按年数总和法计算的指定期间的折旧金额。

公式：=SYD（cost，salvage，life，per）

说明：

per——进行折旧计算的期次，它必须与折旧期限life使用相同的单位。

其余各参数的含义与函数SLN（）的参数含义相同。

【例4-25】在【例4-23】中，如果设备采用年数总和法计提折旧，那么每年的折旧额为多少万元？

分析：采用函数SYD（）计算，第一年折旧额计算的参数输入如图4-21所示。

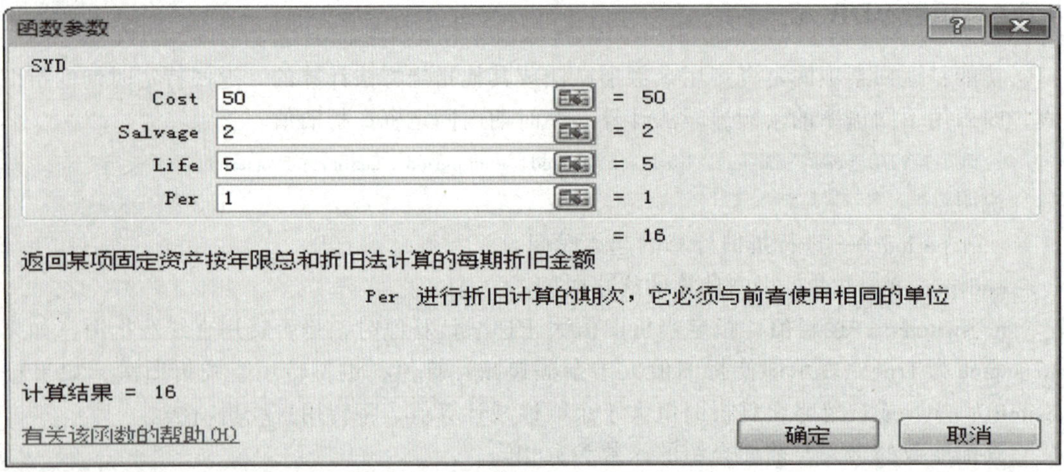

图4-21 利用函数SYD（）计算折旧

按照年数总和法，各年的折旧额计算如下：

第一年折旧额=SYD（50，2，5，1）=16（万元）

第二年折旧额=SYD（50，2，5，2）=12.8（万元）

第三年折旧额=SYD（50，2，5，3）=9.6（万元）

第四年折旧额=SYD（50，2，5，4）=6.4（万元）

第五年折旧额=SYD（50，2，5，5）=3.2（万元）

补充阅读资料

上面介绍了部分常用财务函数的使用方法，因为篇幅有限，不能对所有的财务函数一一介绍，下面给出所有财务函数名称和功能对照表，读者需要时可查阅表4-1、表4-2、表4-3和表4-4。

表 4-1 投资计算函数

函数名称	函数功能
EFFECT ()	计算实际年利息率
FV ()	计算投资的未来值
FVSCHEDULE ()	计算原始本金经一系列复利计算之后的未来值
IPMT ()	基于固定利率和等额分期付款方式下，计算某投资在给定期间内的支付利息
NOMINAL ()	计算名义年利率
NPER ()	基于固定利率和等额分期付款方式下，计算投资的周期数
NPV ()	在已知定期现金流量和贴现率的条件下，计算某项投资的净现值
PMT ()	基于固定利率和等额分期付款方式下，计算某项年金每期支付金额
PPMT ()	基于固定利率和等额分期付款方式下，计算某项投资在给定期间里应支付的本金金额
PV ()	计算某项投资的净现值
XIRR ()	计算某一组不定期现金流量的内含报酬率
XNPV ()	计算某一组不定期现金流量的净现值

表 4-2 折旧计算函数

函数名称	函数功能
AMORDEGRC ()	计算每个会计期间的折旧值
DB ()	计算用固定余额递减法得出的指定期间内固定资产折旧值
DDB ()	计算用双倍余额递减法或其他方法得出的指定期间内资产折旧值
SLN ()	计算一个期间内某项资产的直线折旧值
SYD ()	计算一个指定期间内某项资产按年数总和法计算的折旧值
VDB ()	计算用余额递减法得出的指定或部分期间内的固定资产折旧值

表 4-3 偿还率计算函数

函数名称	函数功能
IRR ()	计算某一连续现金流量的内含报酬率
MIRR ()	计算修正内含报酬率，此外正、负现金流量以不同利率供给资金计算
RATE ()	计算某项年金每个期间的利率

表 4-4　　债券及其他金融函数

函数名称	函数功能
ACCRINTM（）	计算到期一次性付息证券的应计利息
COUPDAYB（）	计算从付息期间开始到结算日期的天数
COUPDAYS（）	计算包括结算日期的付息期间的天数
COUPDAYSNC（）	计算从结算日期到下一个付息日期的天数
COUPNCD（）	计算结算日期后的下一个付息日期
COUPNUM（）	计算从结算日期至到期日期之间的可支付息票数
COUPPCD（）	计算结算日期前的上一个付息日期
CUMIPMT（）	计算两期之间所支付的累计利息
CUMPRINC（）	计算两期之间偿还的累计本金
DISC（）	计算证券的贴现率
DOLLARDE（）	转换分数形式表示的货币为十进制形式表示的数值
DOLLARFR（）	转换十进制形式表示的货币为分数形式表示的数值
DURATION（）	计算定期付息证券的收现平均期间
INTRATE（）	计算定期付息证券的利率
ODDFPRICE（）	计算第一个不完整期间面值$100的证券价格
ODDFYIELD（）	计算第一个不完整期间证券的收益率
ODDLPRICE（）	计算最后一个不完整期间面值$100的证券价格
ODDLYIELD（）	计算最后一个不完整期间证券的收益率
PRICE（）	计算面值$100定期付息证券的单价
PRICEDISC（）	计算面值$100的贴现证券的单价
PRICEMAT（）	计算面值$100的到期付息证券的单价
PECEIVED（）	计算投资证券到期时可收回的金额
TBILLPRICE（）	计算面值$100的国库债券的单价
TBILLYIELD（）	计算国库债券的收益率
YIELD（）	计算定期付息证券的收益率
YIELDDISC（）	计算贴现证券的年收益额
YIELDMAT（）	计算到期付息证券的年收益率

本章小结

在Excel 2016中有一些非常重要的财务函数，大体上可分为4类：投资计算函数、折旧计算函数、偿还率计算函数、债券及其他金融函数。利用财务函数可以进行一般的财务计算。本章主要介绍一些常用的财务函数的功能和使用方法。

终值函数FV（）可以用于计算整收整付款项的终值，也可用于计算年金终值。其语法公式为：=FV（rate，nper，pmt，pv，type）。

现值函数PV（）可以用于计算整收整付款项的现值，也可用于计算年金现值。其语法公式为：=PV（rate，nper，pmt，fv，type）。

净现值函数NPV（）主要是基于一系列现金流和固定的各期折现率，计算一组定期现金流的净现值。其语法公式为：=NPV（rate，value1，value2，…，value N）。

净现值函数NPV（）与年金现值函数FV（）虽然都可以用于计算现值，但其使用方法是有区别的。

年金函数PMT（）主要是基于固定利率及等额分期付款方式下，计算投资或贷款的每期付款额。其语法公式为：=PMT（rate，nper，pv，fv，type）。

内含报酬率函数IRR（）是计算由数值代表的一组现金流的内含报酬率。其语法公式为：=IRR（values，guess）。

常用的固定资产折旧函数有函数SLN（）、函数SYD（）和函数DDB（），分别表示采用平均年限法、年数总和法和双倍余额递减法计算固定资产的折旧额。

此外，还有利率函数和期数确定函数等，学会这些财务函数，可以为以后学习财务决策的其他知识打下基础。

主要概念和观念

□ 主要概念

现值函数　终值函数　内含报酬率函数

□ 主要观念

年金终值的计算　年金现值的计算　固定资产折旧的计算

基本训练

□ 知识题

（1）常用财务函数中常见的参数有哪些？它们的含义是什么？

（2）函数PV（）与函数NPV（）的主要区别是什么？

（3）常用的固定资产折旧函数有哪些？

□ 技能题

（1）某居民为购买一套住房向银行贷款10万元，期限为5年，贷款的年利率为6%，按年复利计息，到期一次还本付息。计算该居民在第5年年末应一次性偿还的本利和。

（2）某企业每年年末从税后利润中提留20万元作为职工的培训基金，若银行的存款年利率为6%，以复利计息。第5年年末该企业的职工培训基金将达到多少万元？

（3）某公司计划今后10年中每年年末从银行提取10万元用于人才培训，如果银行存款年利率为4%，现在应一次性存入银行多少钱？

（4）某人计划在5年后出售自己现在住的房屋，预计出售额为8万元，现行市场利率为6%。此人现在的住房价值最低是多少？

（5）某家庭欲为其子女建立教育基金，现决定每月月初存入银行300元，按月息0.8%（保持不变）计算，问18年后该教育基金的本利和是多少？

（6）某公司欲租用一厂房，租期为30年，年租金为15万元，要求每年年初支付租金。现假设年折现率为7%，问该公司为租用厂房实际支付的租金现值是多少？

（7）有一投资方案，第1年年初投资4万元，当年年末的净现金流量为0.6万元，以后5年的净现金流量均为1万元，假定折现率为5%。计算该投资方案的净现值。

（8）张先生欲投资一项目，如果第1年年初投入1万元，第1年可得净收益0.2万元，以后3年每年可获净收益0.5万元，假如折现率为5%。分别计算该投资项目的净现值和4年后的内含报酬率。

（9）某公司新购进一设备，原值为25万元，预计净残值为1万元，预计使用5年，按双倍余额递减法计提折旧，利用函数计算每年应提折旧额。计算结果四舍五入，保留两位小数。

□ 能力题

1）案例分析

刘先生准备5年后为女儿购买一套价值20万元的住房，为此他现在将5万元存入银行，计划此后的3年中，每月月末存入银行0.2万元，第4年与第5年每月月末存入银行0.3万元，假如银行存款月利率为0.5%，按月复利计息，那么刘先生届时能否积蓄到足够的购房款？

2）单元实训

（1）某公司欲投资一项目，一次性投入资金30万元，如果要求在10年投资回收期中使资本增值为100万元，则年投资回收率应该不低于多少？如果假定投资回收率为20%，在投资资金不发生变化的条件下，该公司投资回收期为多少年？

（2）某公司正在考虑购买一台新设备以扩大生产能力。某设备供应商出售的设备能够满足该公司的需要。设备供应商出售的设备标价为20万元，对于任何购买设备的客户提供以下两种付款方式：

①特别筹资方式。设备供应商以5%的优惠年利率提供20万元贷款，要求在今后5年内按月等额还款；

②现金折扣方式。客户立即付款可以享受2万元的现金折扣，即支付18万元现款，就可以购买该设备。

目前，该公司可以按8%的年利率从银行取得借款18万元。

请选择该公司购买该设备的付款方式。

（3）某公司准备为其将在10年后退休的一批员工制订养老金计划。该计划为：在10年后退休的每位员工可以每年年末从银行领取2万元，连续领取20年。若银行存款的复利年利率为5%，那么该公司从今年开始应为这批员工的每位每年存入银行多少钱？

（4）制作一套年利率为1%～10%，期限为1—10年的货币时间价值系数表，包括复利终值系数、复利现值系数、年金终值系数和年金现值系数。

（5）某企业制订员工培训资金筹集计划。计划6年后为部分员工进行培训，完成培训需要4年，每年的培训费用需要在年初支付。已知现在培训1年的费用为1万元，预计年通货膨胀率为5%，在考虑通货膨胀的条件下复利年利率为8%。若该企业计划在今后的6年中每年年初存入银行等额资金，那么每年应存入银行多少钱？若该企业计划在今后的6年中每年年末存入银行等额资金，则每年应存入银行多少钱？

第5章

投资分析与决策

学习目标

知识目标：掌握货币时间价值和投资风险价值。

技能目标：能够熟练运用Excel 2016各种财务函数对投资项目做出效益评估和风险评判，进而为科学有效的投资决策提供财务数据支撑。

素养目标：遵守社会秩序和国家法律法规，培养经济理性，提升风险意识。

5.1 投资决策概述

正确的投资决策是有效地投入和运用资金的关键，直接影响企业未来的经营状况，对提高企业利润、降低企业风险具有重要意义。企业要做出投资决策，就需要合理地预计投资方案的收益与风险，做好可行性分析，通过对投资方案的比较选优，确定最佳投资方案。

由于长期投资往往具有投资数额大、投资回收期长的特点，因此，企业在进行投资分析与决策时应特别重视和运用货币时间价值和投资风险价值的概念，并在此基础上，比较投资方案的现金流量，对投资方案的效益进行评估，从中选出最佳方案。投资决策一般可以包括以下步骤：

1）估计投资方案的预期现金流量

投资项目的现金流量一般包括初始现金流量、营业现金流量和终结现金流量三部分。其中：

初始现金流量=旧固定资产变价净收入-（固定资产投资+流动资产投资+其他投资费用）

营业现金流量=营业收入-付现经营成本-所得税=净利润+折旧终结净现金流量

终结现金流量=终结年份固定资产残值回收+该年流动资产回收+该年其他收入

2）估计投资方案风险大小

由于各种长期投资方案通常都会受到一些不能确定的因素的影响，导致企业的投资不可避免地存在着风险，所以进行投资决策必须考虑各种风险因素，预测风险对投资收益的影响程度，以判断投资项目的可行性。

3）确定企业资金成本的一般水平

资金成本在企业评价投资项目的可行性、选择投资方案时具有重要作用。在计算投资项目评价指标时，常以资金成本作为折现率计算净现值和现值指数；同时，在利用内含报酬率指标进行决策时，一般以资金成本作为基准收益率或投资项目要求的最低报酬率，是比较、选择投资方案的主要标准。

4）确定投资方案的收入现值

一个投资项目投入生产经营后所产生的收入是在投资以后的不同年份逐渐发生的，为了判断投资项目是否可行，需要把项目的收入额与投资额加以比较，而资金在不同的时点具有不同的价值，这就需要把收入额与投资额归结到同一时点进行比较才具有可比性，因此确定投资方案的收入现值是至关重要的。

5）比较收入现值与所需资本支出

比较收入现值与所需资本支出，从而决定放弃或采用投资方案。一个投资方案是否可行，最终取决于该方案是否有利可图。如果投资方案的收入现值大于所投入资本，则该方案可行，否则不可行。

投资决策一般是通过比较投资决策指标进行的。按所使用指标是否考虑货币的时间价值，投资决策可以分为非贴现现金流量指标方法和贴现现金流量指标方法。前者主要包括回收期法、平均收益率法等。后者主要包括净现值法、现值指数法和内含报酬率法等。在投资决策实践中，大多是多种方法共同使用来进行方案可行性判断的，最常用的指标为净现值、内含报酬率、投资回收期、投资收益率等。有时候为了克服净现值等指标在评估与分析中产生的缺陷（如放弃初始投资不大，但回报却很丰厚的投资项目），更好地反映出投资的效率，对投资项目进行决策可采用现值指数法和动态投资回收期法。同时，由于投资过程受到外部环境和内部条件变动的影响，以及主观预测能力的局限，任何投资项目都具有一定程度的不确定性，因此需要进行投资风险分析。

5.2　投资决策分析的一般方法

进行投资决策分析时使用的指标，按照其是否考虑资金的时间价值可分为两大类：一类是非贴现指标，即没有考虑时间价值因素的指标（主要包括投资回收期、会计收益率等），采用这类指标对投资项目进行分析评价的方法称为非贴现方法；另一类是贴现指标，即考虑了时间价值因素的指标（主要包括净现值、现值指数、内含报酬率等），采用这类指标对投资项目进行分析评价的方法称为贴现方法。下面我们分别介绍两类投资分析方法。

5.2.1　非贴现方法

1）投资回收期法

所谓投资回收期是指用投资项目经营期的净现金流量回收初始投资所用的时间。投资回收期法是指根据回收全部初始投资资金的时间长短来判断方案是否可行的方法。一般说来，回收年限越短，方案越可行。

根据每年的现金净流量是否相等，投资回收期通常有两种不同的计算方法：

（1）当每年的现金净流量相等时：

投资回收期=初始投资额÷年净现金流量

（2）当每年的现金净流量不等时：

采用逐年测试，直到每年的现金净流量合计数达到初始投资金额。其公式为：

$$投资回收期=（累计净现金流量首次出现正值的年份-1）+\frac{该年尚未回收的投资的绝对值}{该年净现金流量}$$

用投资回收期法对投资项目进行评价时，需要将项目的投资回收期与事先选定的标准投资回收期进行比较，投资回收期小于或等于标准投资回收期的项目为可行项目。

投资回收期法的优点是计算简单、容易理解。缺点是只考虑了投资回收期以内的净现金流量，没有考虑投资回收期以后各年的现金流量，也没有考虑资金的时间价值因素，且评价项目的比较标准有较强的主观性，所以，如果单独使用这种方法对项目进行评估有时会得出不正确的结论。

小思考5-1

假如有一个投资项目，一次性投资36万元，年资金成本为8%，每年的净现金流量为9万元，那么需要多少年可以收回全部投资？

要计算投资回收期，而且每年的净现金流量均为9万元，则可以采用公式直接计算出来。

投资回收期=36÷9=4（年）

此外，我们还可以采用另一种方法计算，那就是使用函数NPER（）计算，其公式为：

=NPER（8%，9，-36）=5.01（年）

两种计算方法的结果是不相同的，原因是什么呢？其原因就是前者没有考虑资金的时间价值，而后者考虑了资金的时间价值，所以计算结果是不同的。而事实上，资金是有时间价值的。

2）会计收益率法

会计收益率是指投资项目经营期各年平均利润与初始投资额的百分比。会计收益率法是根据投资方案预期平均盈利率大小选择最佳方案的方法。

会计收益率=年平均利润÷初始投资额

使用会计收益率法对投资项目进行评估时，需要将项目的会计收益率与投资者要求的投资报酬率进行对比，如果会计收益率大于或等于投资者要求的投资报酬率，则项目为可行的项目。

会计收益率法的优点是简便、易懂，能促使企业尽快回收资金；其缺点是没有考虑资金的时间价值。所以这种方法适用于资金少、决策人员追求较快回收投资、管理水平较低的企业。

上面介绍的投资回收期法与会计收益率法均属于非贴现方法，由于这类方法没有考虑资金的时间价值，有其固有的缺陷，单独采用这类方法有时不能做出正确的决策，所以一般将其作为辅助方法使用。

3）非贴现方法决策模型设计

上面我们介绍了两种投资决策方法，下面我们介绍如何利用Excel制作这两种方法的投资决策模型。

【例5-1】某企业现有3个投资方案，资金成本为8%，有关数据如图5-1所示。

投资方案资料						单位：元
期间（年）	方案A		方案B		方案C	
	净收益	现金净流量	净收益	现金净流量	净收益	现金净流量
0		-30000		-12000		-15000
1	1000	16000	-1800	2200	600	5600
2	3000	18000	2000	6000	600	5600
3			4000	8000	600	5600

图5-1 投资方案资料

用投资回收期法和会计收益率法建立投资决策模型，就是要建立投资回收期表和计算投资回收期公式及会计收益率公式，将具体示例的数据填入表中，利用Excel的计算功能和函数功能计算出各方案的投资回收期和会计收益率，依据投资回收期的长短和会计收益率的高低，选定最佳方案。具体步骤如下：

（1）创建一个新的工作簿，将其命名为“投资决策分析”，在工作簿中创建新的工作表“投资回收期与会计收益率计算表”。

（2）在新建的工作表中设计表格，设计好的表格如图5-2所示。

投资回收期与会计收益率计算表						金额单位：元
期间（年）	方案A		方案B		方案C	
	净收益	现金净流量	净收益	现金净流量	净收益	现金净流量
0		-30000		-12000		-15000
1	1000	16000	-1800	2200	600	5600
2	3000	18000	2000	6000	600	5600
3			4000	8000	600	5600
计算投资回收期	累计金额	未收金额	累计金额	未收金额	累计金额	未收金额
0		30000		12000		15000
1	16000	14000	2200	9800	5600	9400
2	34000	-4000	8200	3800	11200	3800
3	34000	-4000	16200	-4200	16800	-1800
投资年（整数）		1		2		2
投资回收期修正值		0.78		0.48		0.68
投资回收期		1.78		2.48		2.68
会计收益率		6.67%		11.67%		4.00%

图5-2 投资决策分析模型——非贴现方法

（3）明确钩稽关系：

第t年的累计金额 $=\sum$净流量$_t$（t=1，2，…，t）

第t年的未收金额=投资额－第t年的累计金额=投资额－$\sum$净流量$_t$（t=1，2，…，t）

投资年（整数）是指从第1年开始计算，未收金额大于零的年数。

投资回收期修正值是指收回剩余投资（即全部投资扣除投资整数年收回的投资）所需要的时间。

投资回收期=投资年（整数）+投资回收期修正值

会计收益率=年平均利润÷初始投资额

（4）输入公式，完成分析模型，其具体操作方法如下：

①计算各方案的各年累计金额。

具体方法是先用公式计算出方案A的各年累计金额，然后将这三个公式复制到方案B和方案C的相应单元格区域。

选择工作表“投资回收期与会计收益率计算表”；

选择B10单元格，输入公式“=C5”；

选择B11单元格，输入公式“=C5+C6”；

选择B12单元格，输入公式“=C5+C6+C7”；

选择B10、B11、B12单元格区域；

单击工具栏中的【复制】按钮，该矩形区域呈闪烁状；

选择目标单元格区域D10：D13，单击工具栏中的【粘贴】按钮，然后选中单元格区域F10：F13，再单击工具栏中的【粘贴】按钮，即完成图表中3个方案的累计金额的计算。

②计算出各方案各年的未收金额。

具体做法是先用公式计算出方案A的各年未收金额，然后将这3个公式复制到方案B和方案C的相应单元格区域。

选择C10单元格，输入公式“=C9-B10”；

选择C11单元格，输入公式“=C9-B11”；

选择C12单元格，输入公式“=C9-B12”；

将上述三个公式分别复制到E10：E12与G10：G12单元格中，即完成了3个方案未收金额的计算。

③建立投资年（整数）公式，计算出投资年（整数）。

选择C13单元格，输入公式“=COUNTIF（C10：C12，" >=0 "）”，将此公式复制到方案B和方案C的相应单元格区域（方法同上）。

④计算投资回收期修正值。

选择C14单元格，输入公式“=C10/（B11-B10）”，将此公式复制到方案B和方案C的相应单元格区域（方法同上）。

⑤计算整个方案的投资回收期。

选择C15单元格，输入公式“=SUM（C13：C14）”或者“=C13+C14”，将此公式复制到方案B和方案C的相应单元格区域（方法同上）。

⑥计算各方案的会计收益率。

选择C16单元格，输入公式“=AVERAGE（B5：B7）/C4”，将此公式复制到方案B和方案C的相应单元格区域（方法同上）。

说明：在具体操作时，也可先完成方案A的相应操作，然后复制到方案B和方案C。

结论：从计算结果可以看出，方案A投资回收期最短，但该企业的资金成本是8%，方案A的会计收益率只有6.67%，小于资金成本，方案C也是如此，因此在3个方案中，只有方案B是可以接受的。

5.2.2 贴现方法

1）净现值法

按照净现值法，所有未来现金流入和流出都按预定折现率折算为它们的现值，然后再计算它们的差额。净现值可采用函数NPV（）计算。有关函数NPV（）的使用方法请参阅第4章的有关内容。

用净现值指标评价投资项目的基本准则是：净现值大于或等于零的项目为可行项目，反之则为不可行项目。

净现值法不仅考虑了资金的时间价值因素，计算科学准确，而且还考虑了投资项目的最低盈利水平，可以单方案决定取舍，所以净现值成为评价投资项目的重要指标之一，净现值法在投资决策分析中被广泛应用。

下面我们以实例介绍用Excel建立净现值法投资分析模型的方法。

【例5-2】某企业现有A、B两个投资项目，有关数据如图5-3所示。假定资金成本为14%，用净现值法计算并选择最佳方案。

	A	B	C	D	E
1	期间（年）	项目A		项目B	
2		现金流入（元）	现金流出（元）	现金流入（元）	现金流出（元）
3	0		10000		8000
4	1		8000		5000
5	2	10000	2000	6000	1000
6	3	10000	2000	8000	1000
7	4	10000	2000	10000	2000
8	5	10000	2000	8000	1500
9	6	10000	2000	6000	1000

图5-3 投资分析数据

利用Excel建立净现值法投资分析模型，就是将具体示例的数据填入工作表中，利用Excel的计算功能和函数功能直接计算出各方案的净现值，依据净现值的大小，选定最佳方案。图5-4给出了具体模型。

	A	B	C	D	E	F	G	H	I
1					净现值法				单位：元
2								资金成本	14%
3	期间（年）	项目A				项目B			
4		流入	流出	净流量	现值	流入	流出	净流量	现值
5	0		10000	-10000	-10,000.00		8000	-8000	-8,000.00
6	1		8000	-8000	-7,017.54		5000	-5000	-4,385.96
7	合计		18000	-18000	-17,017.54		13000	-13000	-12,385.96
8	2	10000	2000	8000		6000	1000	5000	
9	3	10000	2000	8000		8000	1000	7000	
10	4	10000	2000	8000		10000	2000	8000	
11	5	10000	2000	8000		8000	1500	6500	
12	6	10000	2000	8000		6000	1000	5000	
13	合计	50000	10000	40000	24,091.80	38000	6500	31500	18,962.61
14	净现值				7,074.25				6,576.64

图5-4 净现值法分析模型

下面介绍建立净现值法投资分析模型的具体方法。

打开工作簿“投资决策分析”，再插入一个工作表，命名为“净现值法”；

(1) 建立净流量公式，计算出各年的现金净流量。

选择工作表“净现值法”，选择D5单元格，输入公式“=B5-C5”；单击工具栏的【复制】按钮，该单元格呈闪烁状；分别选择目标单元格区域D6：D13和H5：H13；单击工具栏的【粘贴】按钮，即完成图表中各相应指标的计算。

(2) 建立净现值公式，计算出净现值。

选择E5单元格，输入公式“=NPV（0，D5）”；

选择E6单元格，输入公式“=NPV（$I$2，D6）”；

选择E7单元格，输入公式“=SUM（E5：E6）”；

选择E13单元格，输入公式“=NPV（$I$2，0，D8：D12）”；

选择E14单元格，输入公式“=E7+E13”；

将这5个公式一次性复制到B项目的相应单元格区域（方法同上）。

计算可知，项目A净现值为7 074.25元，项目B净现值为6 576.64元。单就投资项目净现值分析，两项目的净现值都大于0，都可行，且项目A优于项目B。

在该例中，项目A的净现值大，但其投资总额也大。当投资金额不等时，净现值的大小比较就失去了基础。因此，净现值大小的简单比较不能准确说明问题，这就需要用现值指数法。

小知识5-1

折现率的确定

计算净现值时需要折现率，折现率可以按照以下几种方法确定：

(1) 完全人为主观地确定折现率，此法适用于逐次测试法；

(2) 以投资项目的资金成本作为折现率，此法适用于资金来源单一的项目；

(3) 以投资的机会成本作为折现率，此法适用于资金来源复杂的项目；

(4) 以社会平均资金收益率作为折现率，此法适用于可行性研究和项目评估。

2）现值指数法

现值指数又称获利指数，是指投资项目经营期各年的净现金流量的总现值与初始投资现值总和之比，它反映了项目的投入与产出之间的关系。其计算公式为：

现值指数=经营期净现金流量现值之和÷初始投资的现值之和

采用现值指数评价投资项目的基本准则是：现值指数大于或等于1的项目为可行项目，否则为不可行项目。如果将初始投资看作投资的成本，则该指标反映了每1元投资所创造的净现值。因此，现值指数是一个反映投资项目获利能力的相对指标。在多项目的比较中，现值指数使得初始投资额不同、投资项目有效使用期不同的投资项目具有可比性。因此，现值指数法在公司的投资决策分析中具有广泛的适用性。

现值指数的计算只需要在图5-4的基础上，选择E15单元格，输入公式“=ABS（E13/E7）”，并复制到I15单元格中即可，如图5-5所示。

从计算结果可以看到，项目A的现值指数为1.4157，项目B的现值指数为1.5310，都大于1，说明两个项目都是可取的，且项目B优于项目A。

	A	B	C	D	E	F	G	H	I
1					净现值法				单位：元
2								资金成本	14%
3	期间（年）	项目A				项目B			
4		流入	流出	净流量	现值	流入	流出	净流量	现值
5	0		10000	-10000	-10,000.00		8000	-8000	-8,000.00
6	1		8000	-8000	-7,017.54		5000	-5000	-4,385.96
7	合计		18000	-18000	-17,017.54		13000	-13000	-12,385.96
8	2	10000	2000	8000		6000	1000	5000	
9	3	10000	2000	8000		8000	1000	7000	
10	4	10000	2000	8000		10000	2000	8000	
11	5	10000	2000	8000		8000	1500	6500	
12	6	10000	2000	8000		6000	1000	5000	
13	合计	50000	10000	40000	24,091.80	38000	6500	31500	18,962.61
14	净现值				7,074.25				6,576.64
15	现值指数				1.4157				1.5310

图5-5　现值指数法分析模型

现值指数法的主要优点在于考虑了货币的时间价值，计算科学准确。同时以相对值表示各投资方案的经济效益，便于在不同方案中选优。其主要缺点是根据期望投资回收报酬率计算项目的经济效益，而未能计算投资项目本身的投资回收报酬率。

3）内含报酬率法

内含报酬率又称内部收益率，是指投资项目的净现值等于零时的折现率，即用该折现率对投资项目未来的现金流入量、流出量进行贴现，使流入量现值恰好等于流出量现值。

内含报酬率的计算方法是根据估计的报酬率分别计算出现金流入和现金流出两项现值，并用现金流入现值减去现金流出现值，如果净现值额是正数，说明估计的报酬率过低，应调高再行测试；相反，如果净现值额为负数，说明估计的报酬率过高，应调低重新测算，直到算出的净现值额是零为止，或者使用“内插法”来求出实际的内含报酬率。在手工情况下，内含报酬率的计算方法比较繁琐，计算量大，准确性不高。但采用Excel中的内含报酬率函数IRR（）可以比较便捷地解决这个问题，函数IRR（）的使用方法可参看第4章的有关内容。

内含报酬率法是以内含报酬率作为评价投资项目的指标，因为内含报酬率反映了投资项目实际的年投资报酬率，所以采用内含报酬率评价投资项目的标准是：内含报酬率大于或等于投资者要求的收益率的项目为可行项目。投资者要求的收益率即为企业的资金成本或企业设定的基准收益率。

内含报酬率法的主要优点在于考虑了货币的时间价值，计算科学准确，而且根据投资方案自身的投资报酬率来评价方案的优劣，能反映投资方案本身的收益能力和内在的获利水平。其主要缺点是，在内含报酬率的计算过程中，把各年现金净流量按各自的内含报酬率进行再投资而形成增值，而不是将各投资方案的净现金流量按统一的资本市场上可能达到的报酬率进行再投资而形成增值。用该方法处理，如果资金市场上的报酬率有较大变动，且与计算所得内含报酬率有较大差异时，该方法的计算结果会有很大的不客观性。

下面以实例介绍建立内含报酬率投资分析模型的方法。

【例5-3】某企业现有A、B两个投资项目，用内含报酬率法比较两个投资项目。

用内含报酬率法建立投资分析模型，就是要建立内含报酬率法的计算公式，将具体事例的数据填入表中，利用Excel的计算功能和函数功能直接计算出各方案的内含报酬率。图5-6给出了其具体模型。

	A	B	C
1	内含报酬率法		
2	年份	项目A现金净流量（元）	项目B现金净流量（元）
3	0	-200000	-300000
4	1	5000	60000
5	2	75000	70000
6	3	80000	90000
7	4	65000	85000
8	5	70000	88000
9	6	40000	80000
10	7	50000	70000
11	分析评价（IRR）		
12	年份	IRR（A）	IRR（B）
13	2	-37.50%	-40.67%
14	3	-8.60%	-13.24%
15	4	4.15%	0.63%
16	5	12.38%	9.10%
17	6	15.48%	13.97%
18	7	18.23%	16.85%

图5-6　内含报酬率法分析模型

下面介绍具体的操作方法：

（1）打开工作簿“投资决策分析”，插入一个工作表，命名为“内含报酬率法”；

（2）选择B13单元格，输入公式“=IRR（B3：B5，-10%）”，即得到2年内回收时的项目A的内含报酬率；

（3）选择B14单元格，输入公式“=IRR（B3：B6，-10%）”，即得到3年内回收时的项目A的内含报酬率；

（4）拖动单元格B14右下方的填充柄，将公式复制到单元格区域B15：B18，即分别得到4～7年内回收时项目A的内含报酬率；

（5）选择单元格区B13：B18，拖动右下方的填充柄，将公式复制到单元格区域C13：C18，即得到项目B各年回收的内含报酬率。

从内含报酬率指标看，项目A优于项目B。

4）净年值法

净年值又称等值年金，是指通过等值计算将投资项目各年的净现金流量分摊到每年年末的等额年金，它等于项目的净现值除以年金现值系数，即：

净年值=净现值÷年金现值系数

如果互斥投资方案的寿命期不同，则不能直接使用以上介绍的净现值法、现值指数法和内含报酬率法进行决策，因为不同寿命期的互斥方案的这些评价指标不具有可比性，此时就可以采用净年值法进行决策。使用净年值法评价投资项目的基本准则是：净年值大于或等于0的项目为可行项目。这种方法的优点与净现值法相同。

【例5-4】某公司有3个互斥的投资方案，3个方案的寿命期不同，有关资料如图5-7所示，如何选择最佳方案呢？

	A	B	C	D	E
1	方案	方案A	方案B	方案C	贴现率
2	初始投资额（万元）	300	400	600	12%
3	年净现金流量（万元）	125	180	200	
4	寿命期（年）	5	8	10	
5	净年值（万元）	41.78	99.48	93.81	

图5-7　净年值法决策模型

在图5-7的单元格B5中输入公式"=（PV（$E$2，B4，-B3）-B2）/（PV（$E$2，B4，-1））"，可计算出A方案的净年值，然后将其向右复制到C5：D5单元格，即可得到方案B和方案C的净年值，通过比较可以看出，方案B的净年值最大，所以方案B为最佳方案。

小思考5-2

某公司有两个投资方案：方案甲需在第1年年初和年末分别投资10 000元，第2年年末、第3年年末现金流入量分别为11 800元、13 240元；方案乙需在第1年年初投资9 000元，第1年年末至第3年年末的现金流入量分别为1 200元、6 000元、6 000元。假设折现率为10%，试评价两个方案的优劣。

可以通过计算两个方案的净现值进行评价。

方案甲的净现值为：

NPV（10%，-10 000，11 800，13 240）-10 000=608.56（元）

方案乙的净现值为：

NPV（10%，1 200，6 000，6 000）-9 000=1 557.48（元）

由于两个方案的净现值都大于零，均为可行方案，但方案乙的净现值较大，所以方案乙是最佳方案。

5）不同投资决策方法的比较

上面我们分别介绍了投资决策的几种方法，每一种投资决策方法各有其优缺点。贴现方法比非贴现方法更为科学合理，因此在实际工作中应用得比较广泛。在贴现方法中，净现值法、现值指数法和内含报酬率法在评价独立的投资方案的可行性时的决策结论总是一致的，但在利用3种方法对互斥方案进行评价时，有时会得出一致的结论，有时则由于互斥方案的投资规模、现金流量分布等方面的差异而得出不一致的结论。

（1）净现值法与现值指数法的比较。

从前面介绍的净现值法和现值指数法中我们可以看出，计算净现值与计算现值指数使用的信息是相同的，因此得出的结论往往是一致的。但是当互斥方案的初始投资额不相等时，两种方法可能会得出不同的结论。两种决策方法结论不一致的主要原因是：净现值是绝对数指标，一般来说，方案的投资额大，其净现值也会大，所以使用净现值法可能会选中单位投资报酬低但总投资报酬大的方案；而现值指数是相对指标，采用现值指数法可能会选中单位投资报酬高但总投资报酬少的方案。在这种情况下，应如何选择最优方案呢？

一般来说，此时选择最优方案的方法有下面两种：一种方法是按净现值法的决策结论选择最优方案，因为净现值最大符合企业利益最大化的原则。另一种方法是用投资额大的方案与投资额小的方案进行对比，构建一个差量方案，然后计算差量方案的净现值与现值指数，对差量方案进行评价。如果差量方案的净现值大于0，现值指数大于1，则表明差量方案可行，应该选择投资额大的方案；否则，则差量方案不可行，说明投资额大的方案与投资额小的方案相比，追加的投资是不值得的，应选择投资额小的方案。下面我们通过实例来说明这个问题。

【例5-5】假如某公司有A、B两个互斥的投资方案，其有关资料如图5-8所示，要求计算两个方案的净现值和现值指数，并做出决策。

	A	B	C	D
1	年份	净现金流量		金额单位：万元
2		方案A	方案B	差量方案(A-B)
3	0	-1000	-500	-500
4	1	480	250	230
5	2	680	300	380
6	3	560	360	200
7	4	500	400	100
8	贴现率	8%		
9	净现值	839.50	568.47	271.02
10	现值指数	1.84	2.14	1.54

图5-8　净现值法与现值指数法的比较模型

计算与分析的具体步骤如下：

①单击D3单元格，输入公式“=B3-C3”，然后拖动D3单元格右下角的填充柄向下复制到D4：D7单元格区域中，得到差量方案的现金流量。

②单击B9单元格，输入公式“=NPV（$B$8，B4：B7）+B3”，然后拖动B9单元格右下角的填充柄向右复制到C9和D9单元格中，得到两个方案及差量方案的净现值。

③单击B10单元格，输入公式“=NPV（$B$8，B4：B7）/ABS（B3）”，然后拖动B10单元格右下角的填充柄向右复制到C10和D10单元格中，即可得到两个方案及差量方案的现值指数。

由计算结果可以看出，两个方案中方案A的净现值较大，但方案B的现值指数较高，按净现值法决策应选择方案A，按现值指数法决策应选择方案B，决策结论出现矛盾。在没有其他条件限制的情况下，净现值最大的方案A能给企业增加最多的财富，因此应作为最佳方案。

再从差量方案的分析来看，方案A与方案B相比较的差量方案的净现值大于0，获利指数大于1，表明差量方案可行，因此，投资额大的方案A比投资额小的方案B更有价值，应选择投资额大的方案A作为最佳方案。

（2）净现值法与内含报酬率法的比较。

净现值法与内含报酬率法都是考虑资金时间价值因素的动态评价方法，净现值法反映的是投资项目实际获得的财富的多少，内含报酬率法反映投资报酬率的高低。在运用这两种方法评价某个独立的投资项目的可行性时会得出相同的结论。但是，如果要从几个互斥的备选方案中选择最佳方案时，运用上述两种方法得出的结论则不一定相同，有时会出现相反的结论。

两种决策方法可能得出矛盾的结论的原因是二者的再投资假设不同，净现值法假定投资项目前期收回的现金流量在以后各期再投资的利率等于折现率；而内含报酬率法假定投资项目前期收回的现金流量在以后各期再投资的利率等于内含报酬率。

当两种决策方法得出不一致的结论时，有两种处理方法：一是由于净现值最大符合企业利益最大化的原则，所以以净现值法的结论为准；二是可以构造差量方案，然后对差量方案进行评价，如果差量方案可行，说明投资额大的方案与投资额小的方案相比，追加的投资更有价值，应选择投资额大的方案，否则，就应该选择投资额小的方案作为最佳方案。

下面我们以实例来进行说明。

【例5-6】假如某公司有X和Y两个互斥的投资方案，其有关资料如图5-9所示。

	A	B	C	D	E	F	G	H	I
1	年份	0	1	2	3	4	5	净现值	内含报酬率
2	方案X的现金流量(元)	-50000	15000	20000	22000	18000	16000	18,923.20	23.73%
3	方案Y的现金流量(元)	-25000	8000	10000	12000	10000	8000	11,350.47	26.26%

图5-9　净现值法与内含报酬率法比较（一）

假如折现率为10%，分别计算两个方案的净现值和内含报酬率，并进行分析。

计算步骤如下：

①在H2单元格中输入公式"=NPV（10%，C2：G2）+B2"，然后将其复制到H3单元格中，即可得到两个方案的净现值。

②在I2单元格中输入公式"=IRR（B2：G2）"，然后将其复制到I3单元格中，即可得到两个方案的内含报酬率。

从图5-9的计算结果可以看出，方案X的净现值为18 923.20元，大于方案Y的净现值；而方案Y的内含报酬率为26.26%，大于方案X的内含报酬率，两种决策方法得出了相反的结论。

此时，我们可以采用上面介绍的两种方法来处理：一是按净现值法的结论为准，选择净现值大的方案X，因为净现值最大符合企业利益最大化的原则；二是构造差量方案，然后对差量方案进行分析评价，来决定最佳方案。

如图5-10所示，具体操作方法如下：

	A	B	C	D	E	F	G	H	I
1	年份	0	1	2	3	4	5	净现值	内含报酬率
2	方案X的现金流量(元)	-50000	15000	20000	22000	18000	16000	18,923.20	23.73%
3	方案Y的现金流量(元)	-25000	8000	10000	12000	10000	8000	11,350.47	26.26%
4	差量方案								
5	年份	0	1	2	3	4	5		
6	方案X-方案Y(元)	-25000	7000	10000	10000	8000	8000		
7	差量方案的净现值(10%的贴现率)	7,572.73	差量方案的内含报酬率				21.14%		

图5-10　净现值法与内含报酬率法比较（二）

①在B6单元格中输入公式"=B2-B3"，然后向右复制到C6：G6单元格，即可得到差

量方案各年的现金流量。

②在C7单元格中输入公式“=NPV（10%，C6：G6）+B6”，即可得到差量方案的净现值为7 572.73元。

③在G7单元格中输入公式“=IRR（B6：G6）”，即可得到差量方案的内含报酬率为21.14%。

从差量方案的分析中我们可以看到，差量方案的净现值为7 572.73元，大于0，内含报酬率为21.14%，大于折现率10%，所以说差量方案是可行的，也就是说应选择投资额大的X方案。

【例5-7】假设某公司有X、Y两个互斥方案，折现率为10%，各年的现金流量如图5-11所示。

	A	B	C	D	E	F	G
1	年份	0	1	2	3	4	5
2	方案X的现金流量(元)	-25000	8000	9000	7000	10000	12000
3	方案Y的现金流量(元)	-20000	11000	8000	6000	7000	6000
4	差量方案						
5	年份	0	1	2	3	4	5
6	方案X-方案Y(元)	-5000	-3000	1000	1000	3000	6000
7	差量方案的净现值(10%的贴现率)		-374.94	差量方案的内含报酬率			8.58%

图5-11　净现值法与内含报酬率法比较（三）

根据两方案的数据，构造差量方案，并计算出差量方案的净现值和内含报酬率，如图5-11所示，差量方案的净现值为-374.94元，内含报酬率为8.58%，小于折现率10%，所以差量方案不可行，也就是说方案X比方案Y多投资是不值得的，所以应选择投资额小的方案Y。

小知识5-2

差额投资内含报酬率法

所谓差额投资内含报酬率法是指在两个初始投资额不同的方案的差量现金流量的基础上，计算出差额投资内含报酬率，并与行业基准折现率进行比较，来判断两个方案优劣的方法。这个方法适用于初始投资额不同，但项目计算期相同的多个方案的比较决策。

从以上利用Excel建立各种投资分析模型进行计算分析和决策的过程中可以看出，由于净现值、内含报酬率等与投资额、每期的现金流量之间建立了链接关系，当投资方案改变时，财务人员只需改变方案中的基本数据，直接应用Excel提供的NPV（）、IRR（）等函数，便可自动计算出新方案的净现值和内含报酬率等，与手工计算相比，减少了工作量，简化了工作过程，为及时、正确、有效地计算和评价投资项目的经济效益及做出正确的决策提供了有力的支持。

5.3　固定资产更新决策

固定资产更新决策主要研究两个问题：一个是决定是否更新，即继续使用旧资产还是更新资产；另一个是决定选择什么样的资产进行更新。实际上，这两个问题是结合在一起考虑的，如果市场上没有比现有设备更为适用的设备，那么继续使用旧设备。由于旧设备总可以修理使用，所以更新决策是对继续使用旧设备和购置新设备的选择。

5.3.1　固定资产折旧分析

固定资产在生产和经营的过程中，会发生有形和无形的损耗，并以折旧的形式表现出来。尽管折旧费用不是现金流量，但所得税是企业的一种现金流出，它的大小取决于利润的大小和所得税税率的高低，而折旧费用的高低会影响利润的大小，也就是说固定资产折旧会间接产生抵税的效果，因此在固定资产投资分析中必须考虑折旧因素的影响。

计算固定资产折旧可以采用不同的方法，如平均年限法、双倍余额递减法、年数总和法等。不同的折旧方法的折旧速度是不同的，即按照不同的折旧方法所计算出来的各期的折旧额不同。Excel提供了多种折旧计算函数，各种折旧计算函数的使用方法详见第4章的有关内容。

下面我们以实例比较一项固定资产采用不同的方法计提折旧的差异。

【例5-8】某公司有一台设备，其原值为50万元，预计使用5年，预计净残值为2万元。分别采用平均年限法、双倍余额递减法和年数总和法计提折旧，其计算结果如图5-12所示。

	A	B	C	D
1	固定资产原始数据			
2	固定资产原值(万元)	50		
3	预计净残值(万元)	2		
4	预计使用年限(年)	5		
5				
6	固定资产折旧方法比较			单位：万元
7	折旧年限	折旧方法		
8		平均年限法	双倍余额递减法	年数总和法
9	1	9.60	20.00	16.00
10	2	9.60	12.00	12.80
11	3	9.60	7.20	9.60
12	4	9.60	4.40	6.40
13	5	9.60	4.40	3.20
14	合计	48.00	48.00	48.00

图5-12　固定资产折旧方法比较分析

具体的操作方法如下：

①在B9单元格中输入公式"=SLN（$B$2，$B$3，$B$4）"，然后向下复制到B13单元格，即可得到采用平均年限法各年应计提的折旧额。

②在C9单元格中输入公式"=DDB（$B$2，$B$3，$B$4，A9）"，然后向下复制到C11单元格；在C12单元格中输入公式"=（B2-B3-C9-C10-C11）/2"，在C13单元格中输入公式"=C12"，即可得到按双倍余额递减法计算的各年的折旧额。需要注意的是"折旧年限"使用相对地址，其余各项使用绝对地址。

③在D9单元格中输入公式"=SYD（$B$2，$B$3，$B$4，A9）"，然后向下复制到D13单元格，即可得到按年数总和法计算的各年的折旧额。需要注意的是"折旧年限"使

用相对地址，其余各项使用绝对地址。

从图5-12中可以看出，采用平均年限法计算出的每年的折旧额都是完全相同的，而采用双倍余额递减法和年数总和法计算出的各期折旧额则呈现出先多后少的规律，即各年折旧额逐渐递减。但是不管采用何种折旧方法，固定资产折旧总额都是一样的，都等于固定资产原值减去预计净残值。

为了更清楚地看出各种折旧方法得出的年折旧额的差异，我们还可以使用Excel的图表功能，通过绘制折线图来进行比较。其具体做法是：

①选择图5-12中的数据区域【B9：D13】；

②点击工具栏上的【插入】菜单，点击【折线图】中的二维折线图；

③在菜单栏中点击【图表布局】中你所需要的表格样式，标题输入“固定资产折旧方法比较”，在【分类（X）轴】中输入“年份”，在【数值（Y）轴】中输入“折旧额（万元）”；

④单击【完成】按钮，即可得到一张折线图，如图5-13所示；

⑤对折线图的有关项目进行调整，如调整图表大小，将图例字号变小些，将图表标题字号变大些，将数值轴标题竖排等，以便使图表更加美观。

完成的结果如图5-13所示，从图中我们可以更清楚地看出3种不同折旧方法的差异，各企业可以根据自身的实际情况采用合适的折旧方法。

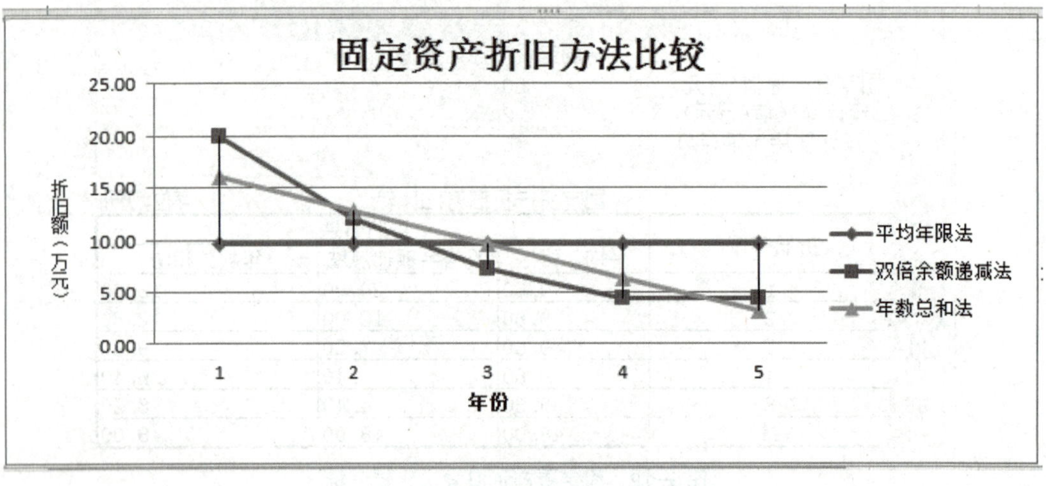

图5-13　固定资产折旧方法比较分析图

5.3.2　固定资产更新决策

固定资产更新决策主要有两方面内容：一是确定是否更新；二是确定选择什么样的资产进行更新。同时，在更新设备时还需要考虑，新设备的经济寿命与旧设备的剩余寿命相等或不等的两种情况。前者可采用差额分析法，通过计算现金流量差额，以计算差额的净现值或内含报酬率，并根据计算结果来判断是否更新；后者可采用平均年成本，选出较低者作为最佳方案。其中，固定资产平均年成本是使用年限内现金流出总现值与年金现值系数的比值，即以平均年现金流出作为量度的变量。

1）现金流量分析

由于折旧具有抵税的作用，在加入所得税因素后，税后的现金流量可以有三种计算方法：一是根据现金流量定义，所得税作为一种现金支付，应当作为每年营业现金流量的一个减项。二是根据年末营业结果来计算，企业年现金增减主要来自两个方面，即当年增减的净收入和计提的折旧（从销售收入中扣回，留在企业中）。三是根据所得税对收入和折旧的影响，计算税后成本、税后收入和折旧抵税的结果。

常用的税后现金流量计算公式为：

税前净利润=销售收入-付现成本-折旧额

所得税=税前净利润×所得税税率

税后净利润=税前净利润-所得税

营业现金流量=税后净利润+折旧额=销售收入-付现成本-所得税

现金流量=营业现金流量+终结现金流量

根据现金流量的计算公式，首先，建立现金流量表结构与框架，表示与现金流量计算有关变量之间的钩稽关系。其次，采用不同的方法进行分析计算。

2）固定资产更新决策模型

【例5-9】某公司有一个设备更新方案，新旧设备的原始资料如图5-14所示。如果购买新设备的话，现在处置旧设备可得净收益30 000元，要求建立固定资产更新决策模型（假设所得税税率按25%计算）。

	A	B	C
1	新旧设备原始资料		
2	项目	旧设备	新设备
3	原始价值（元）	64000	85000
4	预计使用年限	8	5
5	已使用年限	3	0
6	年销售收入（元）	70000	110000
7	每年付现成本（元）	44000	48000
8	预计净残值（元）	10000	10000
9	折旧方法	平均年限法	年数总和法
10	资金成本率	10%	
11	所得税税率	25%	

图5-14 新旧设备的原始资料

（1）计算新旧设备的现金净流量。

根据上面的公式和原始资料，可以计算出新旧设备的现金净流量（不考虑其他现金流量因素），如图5-15所示。具体计算步骤如下：

①年折旧额的计算：

旧设备：在B18单元格中输入公式“=SLN（64000，10000，8）”，然后复制到C18：F18单元格区域，可计算出旧设备各年的折旧额；

新设备：在B28单元格中输入公式“=SYD（85000，10000，5，B25）”，然后复制到C28：F28单元格区域，可计算出新设备各年的折旧额。

②设备利润总额的计算：

	A	B	C	D	E	F
12	固定资产更新决策模型					
13		资金成本	10%	所得税税率	25%	
14	一、旧设备					
15	剩余使用年限（年）	1	2	3	4	5
16	销售收入（元）	70000	70000	70000	70000	70000
17	付现成本（元）	44000	44000	44000	44000	44000
18	折旧额（元）	6750	6750	6750	6750	6750
19	利润总额（元）	19250	19250	19250	19250	19250
20	所得税（元）	4812.5	4812.5	4812.5	4812.5	4812.5
21	税后净利润（元）	14437.5	14437.5	14437.5	14437.5	14437.5
22	现金净流量（元）	21187.5	21187.5	21187.5	21187.5	21187.5
23	净现值（元）	¥80,317.29				
24	二、新设备					
25	剩余使用年限（年）	1	2	3	4	5
26	销售收入（元）	110000	110000	110000	110000	110000
27	付现成本（元）	48000	48000	48000	48000	48000
28	折旧额（元）	25000	20000	15000	10000	5000
29	利润总额（元）	37000	42000	47000	52000	57000
30	所得税（元）	9250	10500	11750	13000	14250
31	税后净利润（元）	27750	31500	35250	39000	42750
32	现金净流量（元）	52750	51500	50250	49000	47750
33	净现值（元）	¥106,386.75				
34						

图 5-15　固定资产更新决策模型

旧设备：在单元格B19中输入公式“=B16-B17-B18”，再将该公式复制到单元格区域C19：F19，可得到旧设备各年的利润总额；

新设备：在单元格B29中输入公式“=B26-B27-B28”，再将该公式复制到单元格区域C29：F29，可得到新设备各年的利润总额。

③设备所得税的计算：

旧设备：在单元格B20中输入公式“=B19*$E$13”，再将该公式复制到单元格区域C20：F20，可得到旧设备各年的所得税；

新设备：在单元格B30中输入公式“=B29*$E$13”，再将该公式复制到单元格区域C30：F30，可得到新设备各年的所得税。

④税后净利润的计算：

旧设备：在单元格B21中输入公式“=B19-B20”，再将该公式复制到单元格区域C21：F21，可得到旧设备各年的税后净利润；

新设备：在单元格B31中输入公式“=B29-B30”，再将该公式复制到单元格区域C31：F31，可得到新设备各年的税后净利润。

⑤现金净流量的计算：

旧设备：在单元格B22处输入公式“=B18+B21”，再将该公式复制到单元格区域C22：F22，可得到旧设备各年的现金净流量；

新设备：在单元格B32处输入公式“=B28+B31”，再将该公式复制到单元格区域C32：F32，可得到新设备各年的现金净流量。

（2）计算各方案的净现值及其差额。

净现值的计算公式如下：

采用旧设备的净现值=NPV（资金成本，旧设备的现金流量）

采用新设备的净现值=NPV（资金成本，新设备的现金流量）-初始投资额

新旧设备净现值差额=新设备NPV-旧设备NPV+变现收入

当新旧设备净现值差额≥0时，可更新；新旧设备净现值差额<0，不可更新。

在本例中，如果我们直接在工作表“固定资产更新决策模型”中计算净现值，那么，新旧设备的现金流量可以用单元格来表示，即净现值的公式可以表示为：

旧设备净现值=NPV（C13，B22：F22）

新设备净现值=NPV（C13，B32：F32）-85 000

计算结果为：旧设备的净现值为80 317.29元，新设备的净现值为106 386.75元。

新旧设备的净现值差额=106 386.75-80 317.29+30 000=56 069.46（元）

根据上述结果，新旧设备净现值差额明显大于零，即应当使用新设备。

5.4　投资的风险分析

资金的时间价值是在无风险条件下进行投资所要求的最低报酬率，没有考虑投资的风险问题。但事实上企业的任何投资，都不可避免地存在着不确定性，包括投资费用的不确定性、投资收益的不确定性，以及投资期间的购买力风险、利率风险、政治风险和自然灾害等，因而必然存在着投资风险。当企业未来现金流量面临的不确定性较大，足以影响投资方案的选择时，就必须考虑投资风险。

5.4.1　投资风险的衡量

投资风险的衡量通常采用两个指标：一个是期望平均值E，它反映随机变量预期达到的标准结果；另一个是标准差，它反映随机变量实际达到的标准与期望平均值的差距。对于预期收益额不同的投资项目的风险程度的衡量要使用标准离差率指标，即用方案的标准离差除以期望平均值。

其中：期望平均值$E=\sum(E_i \times P_i)$（i=1，2，…，n）

标准差$\sigma=SQRT（\sum(E_i \times E)^2 \times P_i）$（i=1，2，…，n）

方差$=\sum(E_i \times E)^2 \times P_i$

标准离差率$Q=\sigma/E$

【例5-10】某公司明年有A、B两个投资方案，假设未来市场情况有繁荣、正常、衰退3种情况，相应的概率分布及其报酬率如图5-16所示，要求进行两个投资方案的投资风险分析。

计算分析的具体步骤如下：

（1）计算预期报酬率。

在单元格B9中输入公式“=SUMPRODUCT（B4：D4，B3：D3）”，即得到方案A的预期报酬率。

在单元格B10中输入公式“=SUMPRODUCT（B5：D5，B3：D3）”，即得到方案B的预期报酬率。

函数SUMPROCUCT（）的使用方法可参见第3章的有关内容。

	A	B	C	D
1	投资方案资料			
2	经济情况	繁荣	正常	衰退
3	发生概率	0.3	0.4	0.3
4	A方案报酬率	45%	25%	-20%
5	B方案报酬率	15%	25%	10%
6				
7	投资风险分析			
8	方案	预期报酬率	方差	标准差
9	方案A	17.50%	6.71%	25.91%
10	方案B	17.50%	0.41%	6.42%

图5-16 投资风险分析（一）

（2）计算方差。

在单元格C9中输入公式“=SUM（B3*（B4-B9）^2，C3*（C4-B9）^2，D3*（D4-B9）^2）”，即得到方案A的方差；

在单元格C10中输入公式“=SUM（B3*（B5-B10）^2，C3*（C5-B10）^2，D3*（D5-B10）^2）”，即得到方案B的方差。

（3）计算标准差。

在单元格D9中输入公式“=SQRT（C9）”，即得到方案A的标准差；

在单元格D10中输入公式“=SQRT（C10）”，即得到方案B的标准差。

如图5-16所示，方案A与方案B的预期报酬率相同，均为17.50%，由于方案B的标准差小于方案A的标准差，所以说方案B的投资风险小于方案A。

如果两个投资方案的预期报酬率不相同，那么需要分别计算每个投资方案的标准离差率，然后确定投资风险的大小。

【例5-11】某公司的投资方案资料如图5-17所示，要求比较两个投资方案的风险。

	A	B	C	D	E
1	投资方案资料				
2	经济情况	繁荣	正常	衰退	
3	发生概率	0.3	0.4	0.3	
4	A方案报酬率	45%	35%	-10%	
5	B方案报酬率	15%	10%	-5%	
6	投资风险分析				
7	方案	预期报酬率	方差	标准差	标准离差率
8	方案A	24.50%	5.27%	22.96%	93.72%
9	方案B	7.00%	0.66%	8.12%	116.06%

图5-17 投资风险分析（二）

分别计算两个方案的预期报酬率、方差和标准差，具体计算方法同上。由于两个方案的预期报酬率不同，所以不能直接根据标准差判断两个方案风险的大小，而需要分别计算两个投资方案的标准离差率。

标准离差率的计算方法是：在E8单元格中输入公式“=D8/B8”，然后复制到E9单元格即可。从计算结果可以看出，虽然方案A的标准差大于方案B，但由于方案A的预期报酬率远远高于方案B，并且方案A的标准离差率小于方案B，由此可以说方案A的投资风险小于方案B。

5.4.2 投资风险决策分析

投资活动往往面临着各种各样的不确定因素，导致其不可避免地面临着风险。如果不确定因素较多，则在进行投资决策时就应当考虑风险。投资风险分析的常用方法有风险调整折现率法和风险调整现金流量法，下面分别介绍这两种方法。

1）风险调整折现率法

风险调整折现率法的基本思路是：对于高风险的项目，采用较高的折现率计算净现值，对于低风险的项目，采用较低的折现率计算净现值。即在原贴现指标的基础上，加上一个反映风险因素的折现率，形成风险调整折现率，再以此计算出方案的净现值作为选择方案的依据。具体决策程序如下：

①确定无风险折现率的大小。可以考虑以政府的长期债券利率为参照依据确定无风险折现率，因为政府债券在一般情况下的偿付信用是无风险的。

②根据公司设定的风险斜率和变化，确定风险报酬率，并以此调整预先确定的收益率。其计算公式为：

$k=i+bQ$

式中：k——风险调整折现率；

i——无风险折现率；

b——风险报酬率；

Q——风险程度。

从上式可知，在i已知时，为了确定k，需要先确定Q和b。

③计算投资方案的净现值的期望值。

④按净现值法评价方案的优劣，调整后的期望净现值为正值，投资项目具有可行性，否则项目不具有可行性。

【例5-12】某公司现有两个投资方案可供选择，有关资料如图5-18所示，试建立相应的投资风险分析模型。

投资风险分析模型的建立步骤如下：

(1) 计算各方案在各期间的现金流量期望值。

在B17单元格中输入公式“=SUMPRODUCT（B4：B6*C4：C6）”；

在B18单元格中输入公式“=SUMPRODUCT（B7：B9*C7：C9）”；

在B19单元格中输入公式“=SUMPRODUCT（B10：B12*C10：C12）”；

将上述公式（即单元格区域B17：B19）复制到单元格区域D17：D19，即可得到两个方案的现金流量期望值。

(2) 计算各方案在各期间的标准差。

在C17单元格中输入公式“=SQRT（SUMPRODUCT（（B4：B6-B17）^2*C4：C6））”；

在C18单元格中输入公式“=SQRT（SUMPRODUCT（（B7：B9-B18）^2*C7：C9））”；

在C19单元格中输入公式“=SQRT（SUMPRODUCT（（B10：B12-B19）^2*C10：C12））”；

	A	B	C	D	E
1		方案A		方案B	
2	T	现金流量(元)	概率P1	现金流量(元)	概率P1
3	0	-60000		-35000	
4	1	30000	0.3		
5		25000	0.5		
6		20000	0.2		
7	2	45000	0.2	30000	0.2
8		30000	0.6	40000	0.3
9		25000	0.2	50000	0.5
10	3	30000	0.3	20000	0.3
11		25000	0.4	40000	0.5
12		15000	0.3	60000	0.2
13	无风险报酬率	8%		风险报酬率	12%
14	投资风险分析				
15		方案A		方案B	
16	T	现金流量期望值E	标准差D	现金流量期望值E	标准差D
17	1	25500	3500	0	0
18	2	32000	6,782.33	43000	7,810.25
19	3	23500	5,937.17	38000	14,000.00
20			方案A		方案B
21		期望现值	69,701.01		67,031.19
22		综合标准差	8,156.42		12,974.98
23		风险程度	0.12		0.19
24		调整风险贴现率	9.40%		10.32%
25		净现值	7,989.05		28,629.63

图5-18 按风险调整折现率法建立投资风险分析模型

将上述公式（即单元格区域C17：C19）复制到单元格区域E17：E19，即可得到两个方案在各期间的标准差。

（3）计算各方案的期望现值、综合标准差、风险程度、风险调整折现率和净现值。

在C21单元格中输入公式“=NPV（$B$13，B17：B19）”，得到方案A的期望现值；

在C22单元格中输入公式：

“=SQRT（（C17^2/（1+$B$13）^（2*$A$17）+C18^2/（1+$B$13）^（2*$A$18）+C19^2/（1+$B$13）^（2*$A$19）））”，即可得到方案A的综合标准差；

在C23单元格中输入公式“=C22/C21”，即可得到方案A的风险程度；

在C24单元格中输入公式“=$B$13+（$E$13*C23）”，即可得到方案A的风险调整折现率；

在C25单元格中输入公式“=NPV（C24，B17：B19）+B3”，即可得到方案A的净现值；

将上述公式（即C21：C25单元格区域）复制到E21：E25单元格区域，即可得到方案B的各个相应指标数值。

根据上述结果，公司财务人员就可以选择净现值大的方案（方案B）。同时，财务人员可以通过改变原始数据，例如，无风险报酬率和风险报酬率，以及各方案的现金流量和相应的概率，由于我们已经在模型与原始数据之间建立好了钩稽关系，系统会自动得出不同的投资风险分析模型，以满足财务人员的需要。

2）风险调整现金流量法

风险调整现金流量法又称肯定当量法，它是首先按照一定的肯定当量系数将不确定的现金流量折算为确定的现金流量，再利用无风险利率对投资项目进行评价的方法。

肯定当量系数是指肯定的现金流量和与之相当的不确定的现金流量的比值。肯定当量系数可以根据变差系数来确定。

【例5-13】某公司有两个投资方案，有关资料如图5-19所示，试建立投资风险分析模型。

	A	B	C	D	E	F	G
1			已知条件				
2	最低要求收益率	8%			金额单位：万元		
3	变差系数判断值	0.07	0.23	0.42	0.73		
4	肯定当量系数	1	0.85	0.6	0.4		
5	年份	方案A		方案B			
6		概率	年净现金流量	概率	年净现金流量		
7	0	1	-900	1	-500		
8	1	0.25	800	0.3	450		
9		0.5	600	0.4	380		
10		0.25	400	0.3	260		
11	2	0.2	700	0.1	310		
12		0.6	500	0.8	240		
13		0.2	300	0.1	190		
14	3	0.3	600	0.2	220		
15		0.4	200	0.6	150		
16		0.3	100	0.2	100		
17			方案A净现值的计算				
18	年份	现金流的期望值	标准差	变差系数	肯定当量系数	肯定当量现金流量	净现值
19	1	600	141.42	0.24	0.6	360	-217.38
20	2	500	126.49	0.25	0.6	300	
21	3	290	207.12	0.71	0.4	116	
22			方案B净现值的计算				
23	年份	现金流的期望值	标准差	变差系数	肯定当量系数	肯定当量现金流量	净现值
24	1	365	74.60	0.20	0.85	310.25	36.97
25	2	242	27.13	0.11	0.85	205.70	
26	3	154	38.26	0.25	0.6	92.40	

图5-19 按风险调整现金流量法建立的模型

具体计算步骤如下：

(1) 分别计算两个方案的现金流量期望值。

在B19单元格中输入公式“=SUMPRODUCT（C8：C10，B8：B10）”；在B20单元格中输入公式“=SUMPRODUCT（C11：C13，B11：B13）”；在B21单元格中输入公式“=SUMPRODUCT（C14：C16，B14：B16）”；可得到方案A的各年现金流量的期望值。

在B24单元格中输入公式“=SUMPRODUCT（E8：E10，D8：D10）”；在B25单元格中输入公式“=SUMPRODUCT（E11：E13，D11：D13）”；在B26单元格中输入公式“=SUMPRODUCT（E14：E16，D14：D16）”；可得到方案B各年的现金流量的期望值。

(2) 分别计算两个方案的标准差。

在C19单元格中输入公式“=SQRT（SUMPRODUCT（（C8：C10-B19）^2*B8：B10））”；在C20单元格中输入公式“=SQRT（SUMPRODUCT（（C11：C13-B20）^2*B11：B13））”；在C21单元格中输入公式“=SQRT（SUMPRODUCT（（C14：C16

-B21）^2*B14：B16））”；可得到方案A各年的现金流量的标准差。

在C24单元格中输入公式“=SQRT（SUMPRODUCT（（E8：E10-B24）^2*D8：D10））”；在C25单元格中输入公式“=SQRT（SUMPRODUCT（（E11：E13-B25）^2*D11：D13））”；在C26单元格中输入公式“=SQRT（SUMPRODUCT（（E14：E16-B26）^2*D14：D16））”；可得到方案B各年的现金流量的标准差。

（3）计算两个方案的变差系数。

在D19单元格中输入公式“=C19/B19”，然后向下复制到D20：D21单元格区域，再复制到D24：D26单元格区域，可得到方案A和方案B的变差系数。

（4）计算两个方案的肯定当量系数。

在E19单元格中输入公式“=IF（D19>$D$3，$E$4，IF（D19>$C$3，$D$4，IF（D19>$B$3，$C$4，$B$4）））”，然后分别复制到E20：E21单元格区域和E24：E26单元格区域，即可得到两个方案的肯定当量系数。

（5）计算两个方案的肯定当量现金流量。

在F19单元格中输入公式“=B19*E19”，然后分别复制到F20：F21单元格区域和F24：F26单元格区域，可得到方案A和方案B的肯定当量现金流量。

（6）分别按肯定当量现金流量计算两个方案的净现值。

在G19单元格中输入公式“=NPV（B2，F19：F21）+C7”，可得到方案A的净现值为-217.38万元；在G24单元格中输入公式“=NPV（B2，F24：F26）+E7”，可得到方案B的净现值为36.97万元。

由计算结果可以看出，由于方案A各年的现金流量的变差系数比较高，其肯定当量现金流量就比较低，最终导致其净现值为负数，因此方案A是不可行的。

风险调整折现率法和风险调整现金流量法各有利弊，风险调整折现率法比较符合逻辑，但把时间价值与风险价值混在一起，并据此对现金流量贴现，就会有夸大远期风险的缺点。风险调整现金流量法通过对现金流量的调整来反映各年投资风险，并将风险因素与时间因素分开讨论，克服了前者夸大远期风险的缺点。它还可以与内含报酬率法结合使用，这在理论上是可行的。但是，肯定当量系数很难确定，每个人都会有不同的估算，数值差别很大。

本章小结

投资决策是企业财务管理的一项重要内容。企业要进行投资决策，就需要合理地预计投资方案的收益与风险，做好可行性分析，通过对投资方案的比较选择，确定最佳投资方案。投资决策一般是通过比较投资决策指标而进行的。

投资决策的分析方法按是否考虑货币时间价值可分为非贴现方法和贴现方法。非贴现方法没有考虑货币时间价值因素，主要包括投资回收期法和会计收益率法；贴现方法考虑了货币的时间价值因素，主要包括净现值法、净现值指数法、内含报酬率法等。

固定资产是企业从事生产经营活动的基础。固定资产投资分析中必须考虑折旧因素。固定资产投资决策通常要解决两个问题：一是是否更新；二是选择什么样的资产更新。一般可以采用现金流量分析，建立固定资产更新决策模型。

投资活动中充满了不确定性，在进行投资决策时应充分考虑到风险因素。投资风险的衡量指标通常有两个：一个是期望平均值；另一个是标准差。投资风险决策分析常用的方法是风险调整折现率法等。

主要概念和观念

□ 主要概念

投资回收期法 净现值法 内含报酬率法

□ 主要观念

非贴现方法模型 净现值法模型 固定资产更新决策模型

基本训练

□ 知识题

1）阅读理解

(1) 投资分析的方法一般分为哪两大类？各包括哪些主要方法？

(2) 内含报酬率法有哪些优点和缺点？

(3) 为什么净现值法在投资决策分析中被广泛应用？

2）知识应用

(1) 投资决策一般分为哪几步？

(2) 如何运用净现值法进行投资决策分析？

(3) 投资风险分析的常用方法有哪几种？

□ 技能题

1）规则练习

(1) 如何建立按风险调整折现率法投资风险分析模型？

(2) 如何建立固定资产更新决策模型？

(3) 如何计算投资回收期？

2）操作练习

(1) 某公司现有A、B两个投资额不同的投资项目，项目A需要投资200 000元，项目B需要投资50 000元，该公司的资金成本为10%，两个项目经营期各年的现金净流量资料见表5-1。

表5-1 A、B项目的现金流量 单位：元

投资项目	第一年	第二年	第三年	第四年
项目A	65 000	65 000	65 000	65 000
项目B	10 000	20 000	30 000	15 000

要求：分别计算两个投资项目的净现值、内含报酬率、投资回收期，并比较选择投资项目。

(2) 某公司新购入一台设备，原值为500 000元，预计使用10年，预计净残值为20 000元。

要求：

①分别采用平均年限法、双倍余额递减法和年数总和法，计算各年应提的折旧额。

②绘制折旧曲线图。

（3）某公司有A、B两个投资项目，两个项目在4种经济情况下的投资收益率及分布概率的有关资料见表5-2。

表5-2　A、B项目的投资收益率及分布概率

经济情况	概率	投资收益率	
		项目A	项目B
严重萧条	0.1	15%	15%
衰退	0.2	18%	5%
正常	0.4	32%	25%
繁荣	0.3	35%	55%

要求：计算两个项目年投资收益率分布的期望值、标准差和标准离差率。

□ 能力题

1）案例分析

某企业计划投资某项目，固定资产投资为350万元，寿命期为10年，期末残值为10万元，预计第1~10年中每年的销售收入为220万元，年付现经营成本为90万元，按平均年限法计提折旧。所得税税率为25%，基准收益率为10%。问该项目是否可行？

2）单元实训

（1）某公司欲进行一项投资，有A、B两个互斥投资方案，其有关资料见表5-3。

表5-3　A、B投资方案相关资料　单位：元

年　份	0	1	2	3	4	5
方案A的现金流量	-100 000	30 000	35 000	28 000	40 000	45 000
方案B的现金流量	-40 000	22 000	16 000	12 000	14 000	12 000

要求：

①分别计算两个方案的净现值和内含报酬率。

②假定折现率为10%，请选择最佳方案。

（2）某公司有一项付款业务，有甲、乙、丙三种付款方案可供选择。

方案甲：现在一次支付20万元。

方案乙：2年后一次性支付21.5万元。

方案丙：分5年付款，1~5年各年年初的付款分别为4万元、4万元、5万元、5万元、6万元。

假定年利率为5%，要求按净现值选择最佳方案。

（3）某企业于3年前购入一台机床，原价为10万元，预计使用10年，第10年年末预计残值为0.5万元，使用该机床每年销售收入可达到15万元。目前市场上具有一种性能更

好的同类机床，价值为15万元，预计使用7年，第7年年末预计残值为1万元。经测算，新型机床投入使用后每年可增加销售收入3万元，降低付现经营成本1万元，购入新型机床时，旧机床可以作价6万元出售，企业的资金成本为10%，所得税税率为25%，该企业是否该对机床进行更新?

（4）某投资项目需要一次性固定资产投资200万元，建设期为1年，发生资本化利息支出20万元。该固定资产可使用8年，按平均年限法计提折旧，期满有残值20万元，该项目需要在第1年年末垫支流动资金30万元，并于项目终结时将其收回。项目投产后，可使经营期第1~4年每年产品销售收入增加110万元，每年付现经营成本增加55万元，第5~8年每年产品销售收入增加100万元，同时每年付现经营成本增加60万元，该企业的所得税税率为25%。

要求：

①计算各年的净现金流量。

②分别计算NPV、IRR、投资回收期。

第6章

筹资分析与决策

学习目标

知识目标：掌握企业筹资目的与各种筹资渠道和方式，掌握资金需要量预测的基本方法。

技能目标：能够熟练运用Excel提供的函数和工具，进行筹资成本与方式分析，为利用资本成本和各种杠杆进行最佳资本结构决策提供财务分析。

素养目标：树立诚信理念，遵守国家法律法规，具有责任担当和风险意识。

6.1 筹资决策概述

资金是企业持续从事生产经营活动的基本条件。资金筹集既是企业生产经营活动的前提，又是企业再生产顺利进行的保证。从一定意义上讲，筹资的数量与结构直接影响企业的效益，进而影响企业收益的分配，以及企业自身的生存与发展。

6.1.1 筹资的目的与要求

1）筹资的目的

创建企业、开展日常经营活动、扩大生产经营规模，都需要筹集资金。总体来讲，企业筹集资金是为了获取资金，但具体到每个企业，其目的就可能有所不同了，主要有以下四个方面：

①满足设立企业的需要——资本金。

②满足生产经营的需要。

③满足资本结构调整的需要。资本结构调整的目的是降低筹资风险和资本成本。通过调整自有资金与负债资金的比率，实现最佳资本结构。

④满足企业发展壮大的需要。

2）筹资的要求

①科学地确定筹资数量，控制资金投放时间。

②认真选择筹资渠道和筹资方式，确定最佳资本结构，降低风险，降低资本成本。

③全面分析筹资来源、筹资方式、资本成本、投资效益，力求使所筹集的资金发挥最大的效益。

6.1.2 筹资渠道与方式

1）筹资渠道

筹资渠道是指筹措资金来源的方向与通道，体现资金的来源与供应量。认识和了解各渠道及其特点，有助于企业充分拓宽和正确利用筹资渠道。我国目前的筹资渠道主要有以下七种：

①国家财政资金。

②银行信贷资金。

③非银行金融机构资金。

④其他企业资金。

⑤居民个人资金。

⑥企业自留资金。

⑦外商资金。

各筹资渠道在体现资金供应量的大小时，存在着较大的差别。有些渠道的资金供应量大，如银行信贷资金和非银行金融机构资金等；有些相对较小，如企业自留资金等。资金供应量的大小，在一定程度上取决于财务管理环境的变化，特别是宏观经济体制、银行体制和金融市场发展速度等。

2）筹资方式

筹资方式是指企业筹集资金所采用的具体形式。如果说筹资渠道属于客观存在，那么筹资方式就是企业的主观能动行为。企业筹资管理的重要内容是如何针对现有的融资渠道，选择合理的筹资方式进行筹资。掌握筹资方式的分类及各种筹资方式的特点，有利于企业选择适宜的筹资方式及更优化的筹资组合，从而降低成本，提高筹资效益。

目前我国企业的筹资方式主要有以下六种：

①吸收直接投资。

②发行普通股票。

③银行借款。

④发行优先股票。

⑤发行债券。

⑥商业信贷。

小思考6-1

某公司有个投资项目，预计收益可达到40%。现在该公司进行筹资规划，筹资方式为银行贷款和投资入股。企业如何筹资才能降低风险、降低筹措资金的成本，从而使资本结构最佳呢？

筹资方式的选择并不是以资金的归属为标准的，而是应该综合考虑筹集资金的成本及由此形成的资本结构。在某种情况下，尤其是当借入资金的利息率低于投资项目的预期收益率时，采用举债经营会给企业带来更大的税后收益。

6.2 资金需要量的预测分析

资金需要量预测是指根据企业未来的发展目标和现实条件，参考其他有关资料，利用专门方法对企业未来某一时期内的资金需要量进行的推测和估算。合理预测一定时期的资金需要量，对于保证资金供应、有效组织资金运用、提高资金利用效率具有重要的意义。

资金需要量的预测方法主要有销售百分比法、资金习性预测法等。

6.2.1 销售百分比法

销售百分比法是根据资金各个项目与销售收入之间的依存关系，并结合销售收入的增长情况来预测计划期企业需要从外部追加筹措资金的数额的方法。运用销售百分比法预测资金需要量的具体步骤如下：

（1）对资产负债表上的项目进行分类。

根据资产负债表上的项目与销售收入之间的依存关系，将其分为敏感性项目和非敏感性项目两大类。敏感性项目是指资产负债表中与销售收入增减有直接关系的项目，如货币资金、应收账款、存货、需扩充的固定资产、应付账款、应交税费等。非敏感性项目是指资产负债表中与销售收入增减没有直接关系的项目，如不需扩充的固定资产、无形资产、长短期借款、资本金等。

（2）计算敏感性资产和负债项目占基期销售额百分比。

（3）计算预测期企业需要从外部追加的筹资额。公式为：

预测期追加筹资额=预测期外部筹资预计资产总额-预计负债总额-预计所有者权益总额

（4）计算预测期外部筹资额。公式为：

预测期外部筹资额=预测期追加筹资额-预测期内部筹资额

【例6-1】海河公司根据简易资产负债表，采用销售百分比法预测2024年资金需要量的计算操作，如图6-1所示：

海河公司预测2024年资金需要量					金额单位：万元
资产项目	金额	占销售百分比	负债及所有者权益	金额	占销售百分比
货币资金	60000	12%	短期借款	100000	非敏感项目
应收账款	200000	40%	应付账款	150000	30%
存货	180000	36%	应交税费	20000	4%
固定资产	400000	非敏感项目	长期负债	150000	非敏感项目
其他	30000	非敏感项目	负债合计		
			所有者权益	450000	非敏感项目
资产总计	870000	88%	负债及所有者权益总计	870000	34%
随收入增加需增加筹资的百分比		54%			
2023年销售收入		500000			
2024年销售增长率		20%	2024年预计销售收入	600000	
股利分配率		60%	2024年预计销售净利润	60000	
销售净利率		10%			
预计资金需要增加总额		54000			
其中：留存收益		24000			
外界筹资		30000			

图6-1 销售百分比法

预测资金需要量的具体操作步骤如下：

①创建“财务预测”工作簿及新工作表“销售百分比法”。

②在工作表“销售百分比法”中设计表格，按照设计好的表格样式编制公式。部分有关公式如下所示：

B9=SUM（B3：B7）

C9=SUM（C3：C8）

E9=SUM（E3：E8）

F9=SUM（F3：F8）

C3=B3/C11

F4=E4/C11

C4=B4/C11

C5=B5/C11

E12=C11*（1+C12）

E13=E12*C14

C15=（E12-C11）*（C9-F9）

C16=E13*（1-C13）

C17=C15-C16

小知识6-1

销售百分比法

用销售百分比法确定销售预算时，通常的做法是使用上年的费用与销售百分比，并结合预算年度的预测销售量来确定销售预算。另外一种做法是将最近几年的费用的销售百分比进行加权平均，其结果作为预算年度的销售预算。销售百分比法往往忽视了公司的长期目标，不利于开拓新的市场，适合销售市场比较成熟的公司。同时，这种方法不利于公司吸纳新的销售人才。从长远来看，吸引有发展潜力的销售人员对公司的长期发展是必不可少的，但这种方法会促使销售经理只注重短期目标，而忽视对公司具有长期意义的人才的培养。

6.2.2　资金习性预测法

资金习性预测法是根据资金习性来预测未来资金需要量的一种方法。资金习性是指资金的变动同产销量（或销售额）变动之间的依存关系。按照资金同产销量之间的依存关系，可以将资金区分为不变资金、变动资金和半变动资金。

不变资金是指在一定的产销量范围内，不受产销量变动的影响而保持固定不变的那部分资金。这部分资金主要包括为维持营业而占用的最低数额的现金，原材料的保险储备，必要的成品储备和厂房、机器设备等固定资产占用的资金。

变动资金是指随产销量的变动而成比例变动的那部分资金。这部分资金主要包括直接构成产品实体的原材料、外购件等占用的资金和在最低储备以外的现金、应收账款、存货等占用的资金。

半变动资金是指虽然受产销量变动的影响，但不成比例变动的那部分资金。半变动资金可以采用一定的方法分解为不变资金和变动资金。

资金习性法就是根据上述原理，预测资金需要量的方法。其数学模型为：

$$y=a+bx$$

式中：y——预测期资金需要量；

x——产销量；

a——不变资金；

b——单位产量所需要的变动资金。

如果a、b已知，即可求得一定产销量下所需要的资金量。估算a、b的方法主要有高低点法、散点图法、回归分析法等。

1）高低点法

高低点法又称两点法，是指通过观察一定相关范围内各期产销量（或销售额）与资金占用量所构成的所有坐标点，从中选出产销量最高和最低的两点坐标，并据此推算不变资金总额和单位变动资金，从而推测资金需要量的一种方法。

运用高低点法预测资金需要量的具体步骤是：

（1）从各期产销量与相应的资金占用量的历史数据中找出产销量最高和最低的两点。

（2）根据高低两点的数据计算单位变动资金。公式为：

单位变动资金=（最高点资金占用量-最低点资金占用量）÷（最高点产销量-最低点产销量）

（3）计算不变资金总额。公式为：

不变资金总额=高点资金占用量-单位变动资金×高点产销量

或：

不变资金总额=低点资金占用量-单位变动资金×低点产销量

④根据数学模型预测某一时期的资金需要量。公式为：

$$y=a+bx$$

高低点法预测资金需要量的优点是简单易行、便于理解；缺点是仅选择了历史资料中的两组数据建立预测模型，很可能不具有代表性，导致较大的预测误差。这种方法一般只适用于资金变化趋势比较稳定的企业。

【例6-2】某企业产量和资金占用量的历史资料如图6-2所示。假定2025年该企业预计产量为78 000件。要求用高低点法预测2025年的资金占用量。

	A	B	C	D
1	年度	产量X（件）	资金占用量Y（元）	
2	2020	75000	7000000	
3	2021	70000	6600000	
4	2022	80000	7300000	
5	2023	85000	7900000	
6	2024	90000	8200000	
7				

销售百分比法　高低点法　散点图法

图6-2　某企业产量和资金占用量的历史资料

首先，创建新工作表“高低点法”，如图6-2所示。

其次，按表6-1在工作表“高低点法”中输入公式。

表6-1　　单元格公式

单元格	公　式	备　注
B8	=（MAX（C2：C6）-MIN（C2：C6））÷（MAX（B2：B6）-MIN（B2：B6））	
B9	=MAX（C2：C6）-B8*MAX（B2：B6）	计算不变资金
B11	=B9+B8*B10	计算预计资金占有量

最后，保存新工作表“高低点法”，如图6-3所示。

	A	B	C	D
1	年度	产量X（件）	资金占用量Y（元）	
2	2020	75000	7000000	
3	2021	70000	6600000	
4	2022	80000	7300000	
5	2023	85000	7900000	
6	2024	90000	8200000	
7				
8	b	80		
9	a	1000000		
10	2025年预计产销量	78000		
11	预计资金占用量	7240000		

图6-3　高低点法

2）散点图法

散点图法是用图形来反映公司的资金占用量与销售量两者之间的关系，从而预测资金占用数量的一种方法。做散点图时，首先应将各历史数据在图上一一标明，然后根据目测，在图上各点之间画一条直线，尽量使图上各点一半位于直线之下、一半位于直线之上，再根据这条直线求出a、b的值。这种方法可以纠正某些异常的偏差，更有助于反映资金与销售额之间关系的长期趋势。

【例6-3】根据【例6-2】中的数据，绘制散点图，并据此求出a、b的值。

第一，创建新工作表“散点图法”，如图6-4所示。

	A	B	C
1	年度	产量X（件）	资金占用量Y（元）
2	2020	75000	7000000
3	2021	70000	6600000
4	2022	80000	7300000
5	2023	85000	7900000
6	2024	90000	8200000
7			

图6-4　散点图法

第二，以\$B\$2：\$C\$6为绘图数据区域，绘制散点图，如图6-5所示。

由图6-5可知，所作直线与Y轴的交点为90万元左右，这就是所求的a值；利用2024

年的数据，又可求得：

b=（820-90）÷9=81.11（万元）

由于2025年预计产量为7.8万件，这样2025年的资金占用预测量为：

y=90+81.11×7.8=722.66（万元）

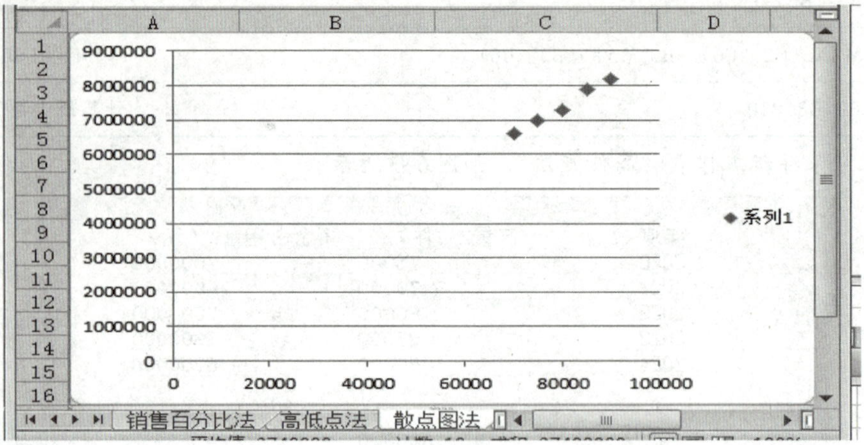

图6-5 散点图

小思考6-2

如果采用上述方法形成的散点图不能形成一条直线，应该如何处理？

答：形成直线的条件是3点成线。但如果点的数量多于3点，形成图形的点过于分散，不能成线，则应该再增加基础数据。因为这个方法本身是基于大量的数据分析而形成的。

3）回归分析法

回归分析法是根据y=a+bx这个直线方程式，按照最小平方法的原理来确定一条能正确反映自变量x和因变量y之间误差的平方和最小的直线的一种方法。这条直线就是回归直线，它的常数项a和系数b既可用公式计算，又可用统计回归函数计算。这里主要介绍回归函数法。

功能：根据给定的数据计算或预测未来值。此预测值为基于一系列已知的x值推导出的y值。以数组或数据区域的形式给定x和y值后，返回基于x的线性回归预测值。使用此函数可以对未来销售额、资金需求、库存需求或消费趋势进行预测。

公式：FORECAST（x，known y's，known x's）

说明：

x——需要进行预测的数据点；

known y's——因变量数组或数据区域；

known x's——自变量数组或数据区域。

函数FORECAST（）的计算公式为：

y=a+bx

说明：$a=\bar{Y}-b*\bar{X}$；

$$b = n\sum xy - \sum x\sum y/(n\sum x^2 - (\sum x)^2)$$

注意：如果x为非数值型，函数FORECAST（）返回错误值#VALUE!；如果known y's和known x's为空或含有不同数目的数据点，函数FORECAST（）返回错误值#N/A!；如果known x's的方差为零，函数FORECAST（）返回错误值#DIV/0!。

【例6-4】假定秋林百货公司今年下半年资金占用量资料如图6-6所示，要求预测明年1月份的资金占用量。

第一，在工作簿“筹资预测”中创建新工作表“回归分析法”；

第二，在工作表“回归分析法”中设计表格，设计好的表格如图6-6所示；

第三，在单元格B5中输入公式函数“=FORECAST（7，B3：G3，B2：G2）”；

第四，显示结果。

	A	B	C	D	E	F	G
1		7月	8月	9月	10月	11月	12月
2	间隔期	-5	-3	-1	1	3	5
3	资金占用量	138	136	142	134	146	144
4							
5	预测值=	145.2					

图6-6　回归分析法

6.3　筹资方式的比较分析

6.3.1　长期借款筹资分析

长期借款是企业向银行或其他非银行金融机构借入的使用期超过一年的借款，主要用于购建固定资产和满足长期占用流动资金的需要。长期借款是企业筹资方式中的一种重要且常见的形式。

建立长期借款分析模型就是利用Excel提供的筹资函数和工具，对贷款金额、贷款利率、贷款期限和归还期等因素进行多种测算，在多种方案中选择一种比较合理的贷款方案。

1）长期借款基本模型

【例6-5】ABC公司向银行申请1 000 000元的工业贷款，贷款年利率为10%，借款期限为5年。

要求：利用长期借款基本模型确定在不同的还款期、不同的还款时点下每期偿还的金额。

（1）创建新工作簿，命名为“筹资模型”，在此工作簿中选择一个工作表，命名为“长期借款模型”。在“长期借款模型”工作表上建立其基本结构，如图6-7所示。

（2）建立还款时点的组合框控件，具体步骤如下：

①单击功能区中【开发工具】选项卡下【控件】组中【插入】按钮下方的小箭头，然后单击弹出菜单中【表单控件】组中的【组合框】控件，如图6-8所示。

②在Excel工作表单元格B6按下鼠标左键并拖动至合适大小，松开鼠标左键，在工作表中即可绘制出【组合框】控件。

	A	B		C	D	E
1	分期偿还借款基本模型					
2	借款类型	工业贷款			还款时点	还款方式
3	借款金额（元）		1000000		期末	按年
4	借款年利率		10%		期初	按半年
5	借款年限（年）		5			按季度
6	还款时点	期末	1			按月
7	还款方式	按半年	2			
8	总还款次数（次）		10			
9	每期偿还额（元）		129,504.57			
10	总还款额（元）		1,295,045.75			
11						
12						

图6-7　分期偿还借款基本模型

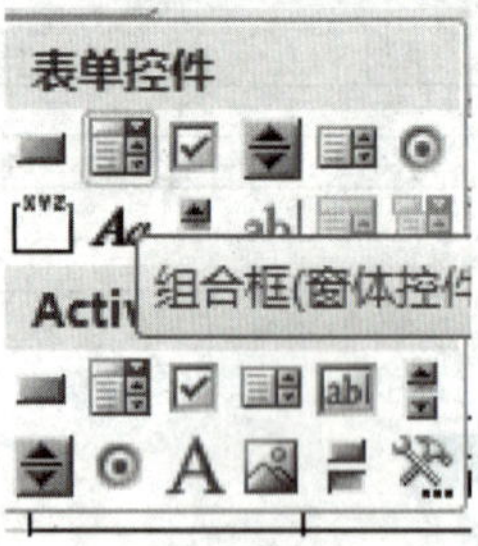

图6-8　【表单控件】工具栏

③右击工作表中的【组合框】控件，然后单击快捷菜单中的【设置控件格式】命令，打开【设置控件格式】对话框，如图6-9所示。

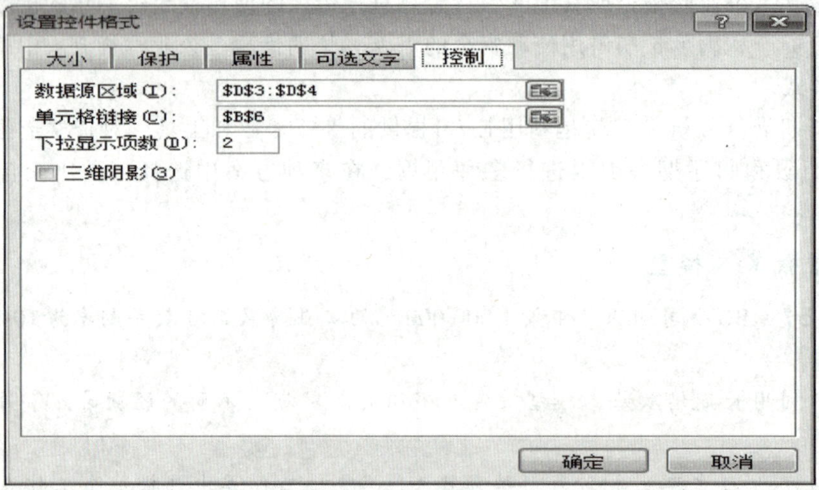

图6-9　【设置控件格式】对话框

④在【数据源区域】栏中填入“$D$3: $D$4”，在【单元格链接】栏中填入“$B$6”，在【下拉显示项数】栏中填入“2”；这里【单元格链接】表示链接单元格，即将【组合框】控件当前被选中项目的返回值（项目内部编号）存入该链接单元格。

(3) 建立还款方式的【组合框】控件，方法同上，但在【数据源区域】栏中填入“$E$3: $E$6”，在【单元格链接】栏中填入“$B$7”，在【下拉显示项数】栏中填入“4”，表示每年有4种可能的还款方式，即按年（每年1次）、按半年（每年2次）、按季度

（每年4次）、按月（每年12次）。

（4）在单元格B8中输入公式“=IF（还款方式=1，借款年限*1，IF（还款方式=2，借款年限*2，IF（还款方式=3，借款年限*4，借款年限*12）））”，计算借款期内总还款次数。

（5）在单元格B9中输入公式“=IF（INDEX（$D$3：$D$4，B6）="期末"，PMT（借款年利率/（总还款次数/借款年限），总还款次数，-借款金额，0），PMT（借款年利率/（总还款次数/借款年限），总还款次数，-借款金额，1））”，计算每期偿还额。

（6）在单元格B10中输入公式“=总还款次数*每期应还款金额”，计算总偿还额。

小技巧6-1

窗体与控件的操作——运行宏

单击【开发工具】/【插入】/【窗体】工具栏中的【滚动条】按钮。

如果【开发工具】选项卡不可用，请执行下列操作以显示此选项卡：单击【文件】选项卡，再单击【选项】，然后单击【自定义功能区】类别。在【主选项卡】列表中，选中【开发工具】复选框，然后单击【确定】，如图6-10所示。

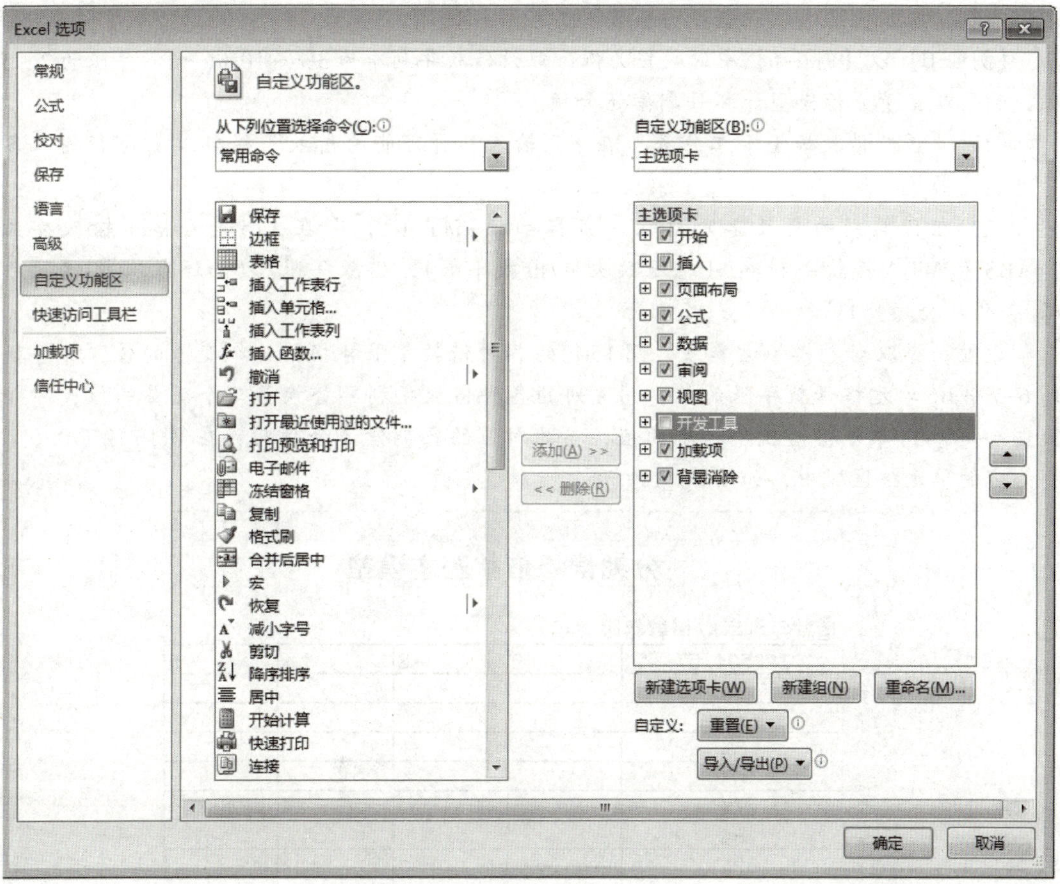

图6-10 【开发工具】复选框

上述的分期偿还借款基本模型建立以后，工作表中各单元格之间已经建立了有效的动态链接，用户可以直接输入或改变借款金额、借款年利率、借款年限、每年还款次数中的任意一个或多个因素的值，来观察每期偿还金额的变化，选择一种对当前企业合适的固定偿还金额进行贷款。这就是下面所讲的双变量分析。

2）长期借款双变量分析模型

在实际工作中，长期借款分析中的各种因素是相互影响的。借款期限的长短可能影响借款利率，而借款利率的变动又对长期借款分析产生较大的影响。因此，用户可能常常要观察两个因素同时变动的情况，即分析两个因素不同组合下的结果。

对于两个因素同时变动的情况，Excel提供了模拟运算表工具，利用此工具，可以用表格的方式显示出在两个因素不同组合下的分析结果。

模拟运算表工具是Excel提供的一种只需一步操作就能计算出所有变化的模拟分析工具。在工作表中输入公式，就可以利用模拟运算表工具进行模拟分析，查看公式中某些数值的改变对公式结果的影响。

下面的例题以“借款年利率”和“借款年限”两个因素的变化对“每期偿还金额”的影响为例，说明长期借款双变量分析模型的设计和使用。

【例6-6】以【例6-5】中的数据为例，假设借款年利率为3%～10%，借款年限为2～5年，利用双变量分析模型计算每期偿还金额。

（1）设置“借款模型”工作表。在A列输入各种可能的借款年利率，在15行输入各种可能的借款年限。

（2）在行与列的交叉单元格输入目标函数PMT（），即在A15单元格中输入公式“=ABS（PMT（借款年利率/（总还款次数/借款年限），借款年限*（总还款次数/借款年限），借款金额））”。

设置一个双变量模拟运算表，用15行的各种借款年限替换第一个变量的值，即替换图6-7中B5单元格借款年限的值，用A列的各种借款年利率替换第二个变量的值，即替换图6-7中B4单元格借款年利率的值，与此对应的每期偿还金额将放在第15行下面、A列右方的单元格区域中，如图6-11所示。

	A	B	C	D	E
12	分期偿还借款基本模型				
13					
14	借款年利率%/借款年限（年）				
15	129504.57	2	3	4	5
16	3%				
17	4%				
18	5%				
19	6%				
20	7%				
21	8%				
22	9%				
23	10%				

图6-11　双变量模拟运算表

（3）给模拟运算表分别输入引用行、列的单元格。

选择A15：E23单元格区域。

单击功能区【数据】选项卡下【数据工具】组中的【模拟分析】按钮下方的小箭头，然后单击弹出菜单中的【模拟运算表】命令，出现如图6-12所示的【模拟运算表】对话框。

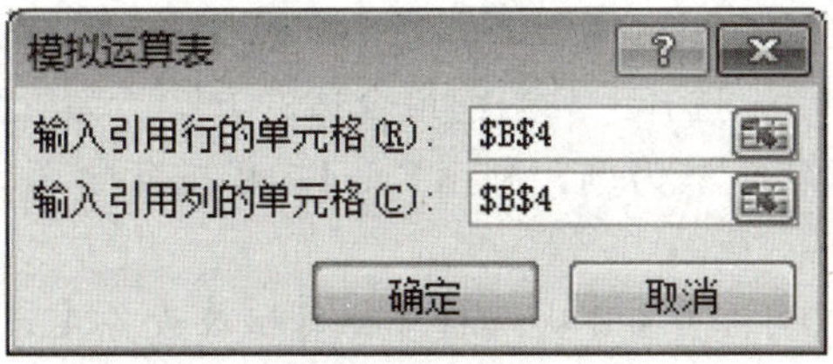

图6-12 【模拟运算表】对话框

在【模拟运算表】对话框中，在【输入引用行的单元格】框中输入行变量“借款年限”所在单元格B5，在【输入引用列的单元格】框中输入列变量“借款年利率”所在单元格B4。

单击【确定】按钮。此时运算结果便自动显示在双变量分析表中，也就完成了长期借款双变量分析模型的建立，其结果如图6-13所示。

	A	B	C	D	E
1	等额分期偿还长期借款基本模型				
2	借款类型	工业贷款		还款时点	还款方式
3	借款金额（元）	1000000		期末	按年
4	借款年利率	10%		期初	按半年
5	借款年限（年）	5			按季度
6	还款时点	期末 1			按月
7	还款方式	按半年 2			
8	总还款次数（次）	10			
9	每期偿还额（元）	129,504.57			
10	总还款额（元）	1,295,045.75			
11					
12	等额分期偿还借款双变量分析模型				
13					
14	借款年利率%/借款年限（年）				
15	129,504.57	2	3	4	5
16	3%	103329.6095	105016.5	106718.1	108434.2
17	4%	104452.5843	106718.1	109009.4	111326.5
18	5%	105582.0766	108434.2	111326.5	114258.8
19	6%	106718.0646	110164.8	113669.1	117230.5
20	7%	107860.5263	111909.8	116037.1	120241.4
21	8%	109009.4394	113669.1	118430.2	123290.9
22	9%	110164.781	115442.7	120848.2	126378.8
23	10%	111326.5279	117230.5	123290.9	129504.6

图6-13 长期借款双变量分析模型

通过上述长期借款双变量分析模型，用户可以观察在两个因素不同组合下的长期借款分析结果。当长期借款方案发生变化时，用户只需改变第一变量或第二变量所在的行和列的值或者其他因素的值，模型便立即重新计算并显示出双变量分析表中的值。

小思考6-3

如何在Excel表保护状态下，表中控件仍可用？

保护工作表时有很多选项，把最下面的两个项目勾上再保护。

6.3.2 租赁筹资分析

租赁是出租人以收取租金为条件，在一定期间内将其所拥有的资产转让给承租人使用的一种交易。

在租赁筹资分析中，承租企业要按合同规定向租赁公司支付租金，因此，财务管理人员就需要对不同的租赁途径、租赁期限、利息率、租金数额、支付方式等因素进行分析，对多个备选方案进行比较后，选择一种当前最合适的方案，为管理者进行租赁筹资决策提供重要依据。下面以等额年金法为例，利用Excel提供的年金函数PMT（）讨论租赁筹资模型的建立。

【例6-7】某企业2020年1月1日从一租赁公司租入设备A，设备的购置成本为100万元，双方商定：租期5年，年利率按10%计算。租金支付的方式可以分别选择每年支付、每半年支付、每季支付、每月支付，租金支付的时点可以分别选择每期的期初支付或期末支付。试建立该设备每期应支付租金的计算分析模型。

在租赁筹资时，由于每期应付租金的支付时点和租金支付方式不同，因此，在建立租赁筹资模型时，要特别考虑“每期应付租金”公式的建立，即在模型中应该能判断租金支付时点和租金支付方式，针对不同的租金支付时点和租金支付方式，建立不同的公式。

具体步骤如下：

（1）设计工作表格，内容及结构如图6-14所示。

	A	B	C	D	E
1	租赁筹资分析模型			租金支付时点	租金支付方式
2	租赁项目名称	设备A		期末	按年支付
3	设备购置成本（万元）	100		期初	按半年支付
4	租金支付时点	期末			按季支付
5	租金支付方式	按季支付			按月支付
6	租期（年）	5			
7	每年付款次数（次）	4			
8	总付款次数（次）	20			
9	租赁年利率	10%			
10	每期应付租金（万元）	6.41			
11	应付租金总计（万元）	128.29			

图6-14 租赁筹资分析模型

（2）建立租金支付时点【组合框】控件。

Excel的【窗体】工具栏提供了多种图形控件工具，单击这些工具，指定控件的位置，便可以建立图形控件，具体操作如下：

①选择【开发工具】/【插入】/【窗体】。

②在【窗体】工具栏中，单击【组合框】控件按钮，将鼠标移到B4单元格，按住鼠标的左键，拖曳鼠标至合适的尺寸，释放鼠标，此时形成一个矩形的【组合框】控件。

③将鼠标指针移到新建立的【组合框】控件上，单击右键，出现快捷菜单，选择【设

置控件格式】命令，出现【设置控件格式】对话框，选择【控制】项，在【数据源区域】栏中输入“$D$2: $D$3”，在【单元格链接】栏中填入“$B$4”，在【下拉显示项数】栏中填入“2”。在单元格D2和D3中分别填入“期末”和“期初”，表示租金支付的时点分别为“期末”和“期初”。

（3）建立租金支付方式的【组合框】控件，步骤同上，但在【数据源区域】栏中填入“$E$2: $E$5”，在【单元格链接】栏中填入“$B$5”，在【下拉显示项数】栏中填入“4”，表示每年有4种可能的租金支付方式，其中在单元格E2: E5中分别填入“按年支付”、“按半年支付”、“按季支付”和“按月支付”。

（4）在单元格B7中输入每年付款次数计算公式“=IF（B5=1，1，IF（B5=2，2，IF（B5=3，4，12）））”。

（5）在单元格B8中输入总付款次数计算公式“=B6*B7”。

（6）在单元格B10中输入公式“=IF（INDEX（D2：D3，B4）=期末，PMT（B9/B7，B8，-B3），PMT（B9/B7，B8，-B3，1））”。

这里，利用函数IF（）来判断不同租金支付时点条件下的每期应付租金计算公式，利用函数INDEX（）将租金支付时点自动检索出来，并在计算公式中运用。

（7）在单元格B11中输入全部租金的计算公式“=B8*B10”。

这样就建立起了每期应付租金的计算模型。选择不同的租金支付时点及支付方式，就可以计算出相应的每期应付租金以及全部租金。

以图6-14中的数据为例，若承租企业选择每季度末支付租金，每期应支付的租金为6.41万元，全部租金为128.29万元；若选择每季度初支付租金，每期应支付的租金为6.26万元，全部租金为125.17万元。

6.3.3 租赁筹资与举债筹资的比较分析模型

在实际的经济活动中，有时需要选择筹资方式，也就是说，需要评价租赁筹资与举债筹资哪一种方式更可取。在对这两种筹资方式进行比较的时候，一般可采用的方法是：分别计算举债筹资方案和租赁筹资方案的税后成本，并比较两个方案的成本现值，选择成本现值最小的方案作为最优方案。

【例6-8】甲企业在未来的5年中需要增加一台价值20万元的设备以提高生产能力，现有两个方案可供选择：

方案1：向出租公司租赁该设备。出租公司希望获得的年收益是10%，预计第5年后将无残值，设备归出租公司所有。出租人要求承租人在5年的租赁期内每年年初等额支付租金，承租人负责设备的维修、保养及保险和纳税。假定甲企业对租入的设备不计提折旧，且按税法的规定，这种类型的租赁每期的租金可以全额抵税。

方案2：借款购置设备。甲企业可以按11%的利率向银行取得20万元的5年期借款，每年年末等额还款。甲企业的固定资产按直线法计提折旧，拟购置设备的折旧年限为5年，第5年年末设备的账面余额为0。

如果甲企业所得税税率为25%，试选择最优筹资方案。

如图6-15所示，具体计算步骤如下：

	A	B	C	D	E	F	G	H
1	方案1		方案2					
2	租赁筹资分析模型		分期偿还借款基本模型					
3	租金（元）	200000	借款类型	工业贷款				
4	租金支付方式	预付	借款金额（元）	200000				
5	每年支付次数（次）	1	借款年利率	11%				
6	总支付次数（次）	5	借款年限（年）	5				
7	租期（年）	5	每年还款期数（次）	1				
8	租赁年利率	10%	总还款期数（次）	5				
9	每年应付租金（元）	47963.18	每期偿还金额（元）	54114.06				
10								
11	租赁方案现金流量表							
12	所得税税率	0.25	贴现率	0.05	单位：元			
13	年末	租金支付额	避税额	税后现金流	现值（按5%贴现）			
14	0	47963.18	11990.79	35972.38	35972.38			
15	1	47963.18	11990.79	35972.38	34259.41			
16	2	47963.18	11990.79	35972.38	32628.01			
17	3	47963.18	11990.79	35972.38	31074.30			
18	4	47963.18	11990.79	35972.38	29594.57			
19	5			总现值	163528.68			
20	举债方案现金流量表							
21	年末	本息支付额	偿还本金	支付利息	折旧额	避税额	税后现金流出量	现值
22	1	54114.06	32114.06	22000.00	40000.00	15500.00	38614.06	36775.30
23	2	54114.06	35646.61	18467.45	40000.00	14616.86	39497.20	35825.12
24	3	54114.06	39567.74	14546.33	40000.00	13636.58	40477.48	34965.97
25	4	54114.06	43920.19	10193.88	40000.00	12548.47	41565.59	34196.12
26	5	54114.06	48751.41	5362.65	40000.00	11340.66	42773.40	33514.08
27						总现值		175276.58

图6-15 租赁与举债筹资比较分析模型

（1）计算支付的租金。

租赁方案每年年初应支付的租金额，即B9单元格公式为"=PMT（$B$8/$B$5，$B$6，-$B$3，1）"。

注意：在上面的计算公式中，租赁年利率、每年支付次数、总付款次数、租金要采用绝对引用方式。

从第1年年初（即0年年末）到第5年年初都将支付该等额租金，故将该公式用【复制】/【粘贴】命令复制到B14：B18单元格区域。

（2）计算分期偿还的金额。

分期偿还金额即本息支付额，用函数PMT（）计算，D9单元格的公式为"=PMT（$D$5/$D$7，$D$8，-$D$4）"。

从第1年年末到第5年年末都将支付该等额借款，故将该公式用【复制】/【粘贴】命令复制到B22：B26单元格区域。

（3）计算避税额。

避税额=租金×所得税税率

C14单元格的公式为"=B14*$B$12"，并将单元格C14向下复制到C15：C18单元格区域，得到租赁方案各年的避税额。

（4）计算税后现金流出量。

税后现金流出量=租金支付额-避税额

D14单元格的公式为"=B14-C14"，并将单元格D14向下复制到D15：D18单元格区域，得到租赁方案各年的税后现金流出量。

（5）计算现值。

现金流出量现值按5%贴现的计算公式为：

现值=税后现金流出量/（1+贴现率）^年份

E14单元格的公式为“=D14/（1+$D$12）^A14”，并将单元格E14向下复制到E15：E18单元格区域，得到租赁方案各年的现值。

（6）计算租赁成本总现值。

租赁成本总现值=∑现值

E19单元格的公式为“=SUM（E14：E18）”。

（7）计算偿还支付的本金和利息。

本金和利息之间存在着以下钩稽关系：

本期期初余额=前期期末余额

本期利息=本期期初余额×利率

本期本金=本期本息支付额-本期利息

本期期末余额=本期期初余额-本期本金

利用Excel提供的年金本金函数PPMT（）来建立偿还本金和利息支付的计算公式。

①每期偿还本金额为：

每期偿还本金额=ABS（PPMT（借款年利率/每年还款期数，期数，总还款期数，借款金额））

C22单元格的公式为“=ABS（PPMT（$D$5/$D$7，A22，$D$8，$D$4））”，并将单元格C22向下复制到C23：C26单元格区域，得到举债方案每期偿还本金额。

②每期支付的利息为：

每期支付的利息=ABS（IPMT（借款年利率/每年还款期数，期数，总还款期数，借款金额））

D22单元格的公式为“=ABS（IPMT（$D$5/$D$7，A22，$D$8，$D$4））”，并将单元格D22向下复制到D23：D26单元格区域，得到举债方案每期支付利息额。

（8）计算折旧费。

在本例中，固定资产原值是借款额，净残值为0，使用年限是5年，采用直线法折旧，其公式为：

折旧费=SLN（借款金额，0，总还款期数）

E22单元格区域的公式为“=SLN（$D$4，0，$D$8）”，并将单元格E22向下复制到E23：E26单元格区域，得到举债方案每期折旧费用。

（9）计算避税额。

由于支付利息和设备折旧都属于费用，可以从应税收益中扣除，因此，避税额的计算公式为：

避税额=（每期支付利息+折旧费）×所得税税率

F22单元格的公式为“=（D22+E22）*$B$12”，并将单元格F22向下复制到F23：F26单元格区域，得到举债方案每期避税额。

（10）计算税后现金流出量。

税后现金流出量=本息支付额-避税额

G22单元格的公式为“=B22-F22”，并将单元格G22向下复制到G23：G26单元格区域，得到举债方案税后现金流出量。

（11）计算现值。

现金流出量现值按5%贴现的计算公式为：

现值=税后现金流出量/（1+贴现率）^借款期数

H22单元格的公式为“=G22/（1+$D$12）^A22”，并将单元格H22向下复制到H23：H26单元格区域，得到举债方案现金流出量现值。

（12）计算租赁成本总现值。

租赁成本总现值=$\sum$现值

H27单元格的公式为“=SUM（H22：H26）”。

如上所述，建立了租赁筹资与举债筹资的比较分析模型以后，便可以对两种筹资方式的各方案进行比较。只要在模型中输入基本数据，模型则立即计算出租赁筹资方案下的每期应付租金、各期现金流量和租赁成本总现值，以及举债筹资方案下每期偿还金额、各期现金流量和借款成本总现值等数据。

根据成本总现值的比较，就可以方便地选择成本总现值较小的方案。在本例中，租赁方案的成本总现值为163 528.68元，举债方案的成本总现值为175 276.58元，因此应该选择租赁方案。要注意的是，企业在决定筹资方案时，还需要比较这两种筹资方案下的现金流量发生的时间和数额，还要看使用什么样的贴现率，这样才能做出适合企业现状的、比较客观科学的选择。

当租赁或借款条件方式变化时，只要在模型中修改基本数据，便可以立即进行成本总现值的比较，为方案选择提供重要的依据。因此，无论对于承租人、出租人还是借款人、贷款人来说，该模型都非常方便、实用和迅捷。

6.3.4 债券筹资分析

债券是社会各类经济主体为筹集负债性资金而向投资人出具的，承诺按一定利率定期支付利息，并到期偿还本金的债权债务凭证。发行债券是企业筹集资金的一种重要方式。

1）债券的发行价格

公司债券的发行价格通常有3种：等价发行、溢价发行和折价发行。等价发行是指按与债券面值相等的价格发行；溢价发行是指按高于债券面值的价格发行；折价发行是指按低于债券面值的价格发行。确定债券的发行价格要同时考虑债券面值、票面利率、期限、还本付息方式，以及发行债券时的市场利率等诸多因素。债券的发行价格应根据债券的内在价值确定，债券的内在价值等于未来各期现金流量的总现值。还本付息方式不同的债券，其内在价值的具体计算公式也不完全相同。

（1）每年付息一次、到期一次还本的债券。

投资者购买这种类型的债券以后，每年可获得按债券的面值乘以票面利率所计算的利息，到期可获得按债券面值所返还的本金。

【例6-9】某公司拟发行两种期限不同的债券，甲债券的期限为5年，乙债券的期限为10年。两种债券面值均为1 000元，票面利率均为8%，每年年末付息一次，到期一次还本。在市场利率为6%、8%、10%、12%和14%的情况下，两种债券的价值分别是多少？试根据计算结果对债券发行价格进行分析。

如图6-16所示，债券价值的计算与分析的具体步骤如下：

	A	B	C	D	E	F
1	债券资料					
2		甲债券	乙债券			
3	债券面值（元）	1000	1000			
4	票面利率	8%	8%			
5	期限（年）	5	10			
6						
7	债券价值计算					
8	市场利率（%）	6%	8%	10%	12%	14%
9	甲债券的价值（元）	1,084.25	1,000.00	924.18	855.81	794.02
10	乙债券的价值（元）	1,147.20	1,000.00	877.11	773.99	687.03

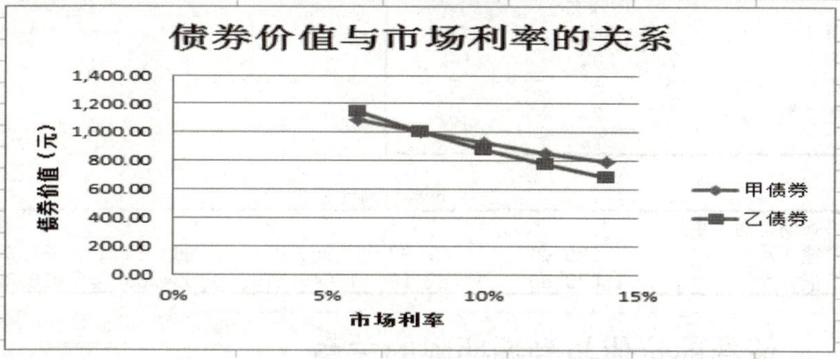

图6-16 每年付息一次债券价值的计算

①债券价值的计算。

在单元格B9中输入公式“=PV（B8，$B$5，-$B$3*$B$4，-$B$3）”，然后向右一直复制到单元格F9，计算甲债券在不同的市场利率下的价值。在单元格B10中输入公式“=PV（B8，$C$5，-$C$3*$C$4，-$C$3）”，然后向右一直复制到单元格F10，计算乙债券在不同的市场利率下的价值。

②债券价值的分析。

选取单元格区域B8：F10，单击功能区【插入】选项卡中【散点图】下的小箭头，然后按照【图表向导】对话框提示的步骤依次操作，并对图表进行格式化，即可得到甲和乙两种债券的价值与市场利率之间的关系。

从图6-16中可以看出，随着市场利率的提高，甲和乙两种债券的价值都会逐渐降低，即债券的价值与市场利率之间呈反方向变化。但是期限长的乙债券价值的变动比期限短的甲债券价值的变动受市场利率的影响更大，即当市场利率提高时，乙债券价值下降的幅度大于甲债券；反之，当市场利率降低时，乙债券价值增加的幅度大于甲债券。当市场利率等于债券的票面利率时，两种债券的价值都等于其面值，此时债券应等价发行；当市场利率低于债券的票面利率时，两种债券的价值都高于其面值，此时债券应溢价发行；当市场利率高于债券的票面利率时，两种债券的价值都低于其面值，此时债券应折价发行。

（2）每半年付息一次、到期一次还本的债券。

投资者购买这种类型的债券以后，每半年可以得到一次利息，每次得到的利息为年利息的一半，即债券的面值乘以票面年利率的一半，到期可得到返还的面值。在这种情况下，投资者对债券投资的本息均期望每半年可收回一次进行再投资。因此，计算债券现值时应采用投资者所要求的年投资报酬率的一半，即市场利率的一半作贴现率。

【例6-10】某公司准备发行丙债券和丁债券，两种债券的面值均为1 000元，期限均为5年，均为每半年付息一次、到期一次还本；丙债券的票面利率为10%，丁债券的票面利率为14%；市场利率为12%。两种债券目前的发行价格应该是多少？债券发行后，随着时间的推移，这两种债券的价值将会怎样变化？

如图6-17所示，债券价值的计算与分析的具体步骤如下：

	A	B	C	D	E	F	G
1	债券资料						
2		丙债券	丁债券				
3	债券面值（元）	1000	1000				
4	票面利率	10%	14%				
5	期限（年）	5	5				
6	每年付息次数（次）	2	2				
7	市场利率	12%	12%				
8							
9				债券价值计算			
10	距离债券到期时间（年）	5	4	3	2	1	0
11	丙债券价值（元）	926.40	937.90	950.83	965.35	981.67	1,000.00
12	丁债券价值（元）	1,073.60	1,062.10	1,049.17	1,034.65	1,018.33	1,000.00

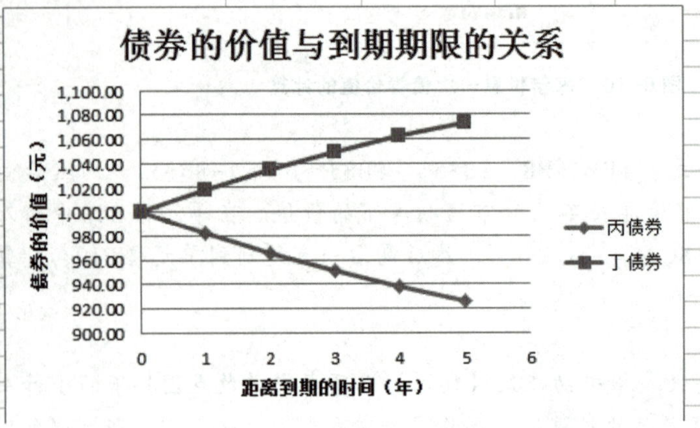

图6-17　每半年付息一次的债券价值的计算

①债券价值的计算。

在单元格B11中输入计算公式“=PV（$B$7/$B$6，B10*$B$6，-$B$3*$B$4/$B$6，-$B$3）”，然后向右一直复制到单元格G11，计算丙债券在不同时期的价值。在单元格B12中输入计算公式“=PV（$C$7/$C$6，B10*$C$6，-$C$3*$C$4/$C$6，-$C$3）”，然后向右一直复制到单元格G12，计算丁债券在不同时期的价值。

②债券价值的分析。

选取单元格区域B10：G12，单击功能区【插入】选项卡【图表】组中【散点图】下的小箭头，然后按照【图表向导】对话框提示的步骤依次操作，并对图表进行格式化，即可得到丙和丁两种债券的价值与市场利率之间的关系。

从计算结果可以看出，若该公司选择发行丙债券，则应按926.40元的价格折价发行。随着时间的推移，该折价债券的价值会逐步升高，在第5年债券到期时，其价值与面值相等。若该公司选择发行丁债券，则应按1 073.60元的价格溢价发行。随着时间的推移，该溢价债券的价值会逐步降低，在第5年债券到期时，其价值与面值相等。可见，随着时间的推移，无论是溢价债券还是折价债券的价值，都有向其面值回归的趋势。

2）债券的溢价和折价摊销

一般来讲，当债券的票面利率高于市场利率时，债券的发行价格高于面值，即溢价发行；当债券的票面利率等于市场利率时，平价发行；当债券的票面利率低于市场利率时，折价发行。公司溢价或折价发行债券后，每期应按票面利率支付利息，但这仅是债券的名义利息，而非公司承担的实际利息费用。债券溢价是发行公司对未来多付利息的一种事前补偿，是对按债券面值和票面利率计算应付利息的调整。因而，债券溢价在债券存续期间内应冲减各期的利息支出，在债券到期时，溢价金额应摊销完毕。债券折价是发行公司对债权人未来少收利息的一种补偿，与债券溢价一样，债券折价也是对债券票面利率的一种调整，应在债券偿还期内逐期摊销。

可见，溢价或折价是发行公司在债券存续期内对利息费用的一种调整。在溢价或折价发行债券的情况下，公司每年实际利息费用的计算公式如下：

溢价发行债券时：当期实际利息费用=按票面利率支付的利息-溢价摊销

折价发行债券时：当期实际利息费用=按票面利率支付的利息+折价摊销

债券溢价和折价的摊销方法有两种：直线法和实际利率法。直线法是将溢价或折价总额平均分摊于各期；实际利率法是将债券发行时的实际利率（市场利率），分别乘以每期期初债券的账面价值，求得该期的利息费用。

（1）债券溢价摊销表。

【例6-11】某公司于2020年12月31日发行票面利率为8%、总面值为6 000万元的长期债券，债券于2025年12月31日到期，每年12月31日付息一次，到期一次还本。债券发行时市场利率为6%，求债券的发行价格并编制溢价摊销表。

如图6-18所示，具体步骤如下：

首先在单元格B6中输入公式“=PV（$B$5，$B$4，-$B$2*$B$3，-$B$2）”，计算债券的发行价格。

采用直线法溢价摊销的具体步骤如下：

①在单元格E11中输入公式“=B6”。

②在单元格B12中输入公式“=$B$2*$B$3”，然后向下一直复制到单元格B16，计算债券每期支付利息。

③在单元格C12中输入公式“=（$B$6-$B$2）/$B$4”，然后向下一直复制到单元格C16，计算债券每期溢价摊销额。

④在单元格D12中输入公式“=B12+C12”，然后向下一直复制到单元格D16，计算债券每期实际利息费用。

⑤在单元格E12中输入公式“=E11-C12”，然后向下一直复制到单元格E16，计算溢价摊销后债券每期账面价值。

	A	B	C	D	E	F
1	债券资料					
2	总面值（万元）	6000				
3	票面利率	8%				
4	期限	5				
5	市场利率	6%				
6	债券的发行价格（万元）	6,505.48				
7						
8			债券溢价摊销表		单位：万元	
9			直线法			
10	付息日期	每期支付利息	溢价摊销	实际利息费用	债券的账面价值	
11	2020/12/31				6,505.48	
12	2021/12/31	480.00	101.10	581.10	6,404.39	
13	2022/12/31	480.00	101.10	581.10	6,303.29	
14	2023/12/31	480.00	101.10	581.10	6,202.19	
15	2024/12/31	480.00	101.10	581.10	6,101.10	
16	2025/12/31	480.00	101.10	581.10	6,000.00	
17			实际利率法			
18	付息日期	每期支付利息	溢价摊销	实际利息费用	债券的账面价值	
19	2020/12/31				6,505.48	
20	2021/12/31	480.00	89.67	390.33	6,415.81	
21	2022/12/31	480.00	95.05	384.95	6,320.76	
22	2023/12/31	480.00	100.75	379.25	6,220.01	
23	2024/12/31	480.00	106.80	373.20	6,113.21	
24	2025/12/31	480.00	113.21	366.79	6,000.00	
25						

图6-18　债券溢价摊销表

采用实际利率法溢价摊销的具体步骤如下：

①在单元格E19中输入公式“=B6”。

②在单元格B20中输入公式“=$B$2*$B$3”，然后向下一直复制到单元格B24，计算债券每期支付利息。

③在单元格C20中输入公式“=B20-D20”，计算债券每期溢价摊销额（溢价摊销额=当期支付利息-当期实际利息费用），并依次计算。

④在单元格D20中输入公式“=E19*$B$5”，计算债券每期实际利息费用（当期实际利息费用=债券的期初账面价值×市场利率），并依次计算。

⑤在单元格E20中输入公式“=E19-C20”，计算溢价摊销后债券每期账面价值，并依次计算。

（2）债券折价摊销表。

【例6-12】某公司于2020年12月31日发行票面利率为8%、总面值为6 000万元的长期债券，债券于2025年12月31日到期，每年12月31日付息一次，到期一次还本。债券发行时市场利率为10%，求债券的发行价格并编制折价摊销表。

如图6-19所示，具体步骤如下：

在单元格B6中输入公式“=PV（$B$5，$B$4，-$B$2*$B$3，-$B$2）”，计算债券的发行价格。

采用直线法计算折价摊销的具体步骤如下：

①在单元格E11中输入公式“=B6”。

	A	B	C	D	E
1	债券资料				
2	总面值（万元）	6000			
3	票面利率	8%			
4	期限	5			
5	市场利率	10%			
6	债券的发行价格（万元）	5,545.11			
7					
8	债券折价摊销表			单位：万元	
9	直线法				
10	付息日期	每期支付利息	折价摊销	实际利息费用	债券的账面价值
11	2020/12/31				5,545.11
12	2021/12/31	480.00	90.98	570.98	5,636.08
13	2022/12/31	480.00	90.98	570.98	5,727.06
14	2023/12/31	480.00	90.98	570.98	5,818.04
15	2024/12/31	480.00	90.98	570.98	5,909.02
16	2025/12/31	480.00	90.98	570.98	6,000.00
17	实际利率法				
18	付息日期	每期支付利息	折价摊销	实际利息费用	债券的账面价值
19	2020/12/31				5,545.11
20	2021/12/31	480.00	74.51	554.51	5,619.62
21	2022/12/31	480.00	81.96	561.96	5,701.58
22	2023/12/31	480.00	90.16	570.16	5,791.74
23	2024/12/31	480.00	99.17	579.17	5,890.91
24	2025/12/31	480.00	109.09	589.09	6,000.00

图6-19　债券折价摊销表

②在单元格B12中输入公式“=$B$2*$B$3”，然后向下一直复制到单元格B16，计算债券每期支付利息。

③在单元格C12中输入公式“=（$B$2-$B$6）/$B$4”，然后向下一直复制到单元格C16，计算债券每期折价摊销额。

④在单元格D12中输入公式“=B12+C12”，然后向下一直复制到单元格D16，计算债券每期实际利息费用。

⑤在单元格E12中输入公式“=E11+C12”，然后向下一直复制到单元格E16，计算折价摊销后债券每期账面价值。

采用实际利率法摊销折价的具体步骤如下：

①在单元格E19中输入公式“=B6”。

②在单元格B20中输入公式“=$B$2*$B$3”，然后向下一直复制到单元格B24，计算债券每期支付利息。

③在单元格C20中输入公式“=D20-B20”，计算债券每期折价摊销额（折价摊销额=当期实际利息费用-当期支付利息），并依次计算。

④在单元格D20中输入公式“=E19*$B$5”，计算债券每期实际利息费用（当期实际利息费用=债券的期初账面价值×市场利率），并依次计算。

⑤在单元格E20中输入公式“=E19+C20”，计算折价摊销后债券每期账面价值，并依次计算。

6.3.5 短期筹资分析

短期资金是指企业在生产经营过程中由于临时性原因或某种特殊需要，使用期短，并能在一年或一个经营周期内偿还的资金。企业主要可以通过商业信用、短期信用借款、短期抵押借款、发行商业票据、票据贴现、应付费用等方式筹集短期资金。本节主要介绍商业信用筹资和短期抵押借款筹资。

1）商业信用筹资

商业信用是指企业在商品购销活动过程中因延期付款或预收货款而形成的借贷关系。它是由商品交易中货物与金钱在时间与空间上的分离而形成的企业间的直接信用行为。由于商业信用是企业间相互提供的，因此在多数情况下它属于“免费资金”。

（1）商业信用的资本成本。

商业信用通常随着正常的商品交易自然地产生，一般不需要支付任何代价。在下列两种条件下，商业信用没有资本成本：

①卖方没有给予现金折扣，即买方企业无论何时付款都必须按发票金额全额付款。

②卖方给予现金折扣，买方在折扣期内付款，享受了现金折扣。

但在卖方给予现金折扣，而买方没有在折扣期内付款，放弃了现金折扣的条件下，商业信用筹资是有资本成本的。在这种情况下，商业信用的资本成本可用年资本成本率表示，其计算公式为：

$$年资本成本率=\frac{现金折扣率\times 365\times 100\%}{(1-现金折扣率)\times(信用期-折扣期)}$$

【例 6-13】某企业拟购进一批材料，发票金额为 6 万元。供应商给出的信用条件是“2/15，N/30”。试计算该企业分别在第 15 天、第 25 天、第 30 天和第 40 天付款时的实际付款额和年资本成本率。

如图 6-20 所示，具体步骤如下：

	A	B	C	D
1	已知条件			
2	材料发票金额（元）	60000	折扣期限（天）	15
3	信用期限（天）	30	现金折扣率	2%
4	放弃现金折扣的资金成本			
5	付款日期（天）	付款金额（元）	年资本成本率	
6	15	58800	0.00%	
7	25	60000	74.49%	
8	30	60000	49.66%	
9	40	60000	29.80%	

图 6-20 商业信用资本成本的计算

①在单元格 B6 中输入公式“=IF（A6<=$D$2，$B$2*（1-$D$3），$B$2）”，并将单元格 B6 向下复制到单元格 B7：B9 区域，计算各个期间的付款金额。

②在单元格 C6 中输入公式“=IF（A6<=$D$2，0，$D$3/（1-$D$3）*365/（A6-$D$2））”，并将单元格 C6 向下复制到单元格 C7：C9 区域，计算各个期间的年资本成本率。

从计算结果可以看出，企业超过折扣期限付款，要承担很高的资本成本，而一旦放弃现金折扣，付款期越晚，资本成本越低。但若超过30天的信用期付款，尽管可以降低资本成本，却也会有损企业的信誉。因此，企业放弃现金折扣后，最明智的做法是在信用期的最后一天即第30天付款，这样既可以降低资本成本，又不会影响企业的信誉。

（2）商业信用筹资决策分析。

企业在放弃现金折扣的条件下，采用商业信用方式筹资是有资本成本的。企业是放弃现金折扣还是利用现金折扣，取决于资金的机会成本。基本的决策原则是：

①如果企业从银行取得借款的年利率低于放弃现金折扣后商业信用的年资本成本率，则应从银行借款筹资，并利用现金折扣。

②如果企业进行其他短期投资项目的年收益率高于放弃现金折扣后商业信用的年资本成本率，则应放弃现金折扣，并将资金投资于年收益率更高的其他投资项目。

③在不同的现金折扣方案中，企业应选择信用成本最低或机会收益最高的筹资方案。

【例6-14】某企业拟采购一批价值为200 000元的商品，供应商报价如下：

①立即付款，价格为193 000元。

②30天内付款，价格为195 000元。

③31天至60天付款，价格为198 500元。

④61天至90天付款，价格为200 000元。

假设该企业无论放弃哪个区间的现金折扣都会在信用期的最后一天付款，并且企业可以按10%的利率从银行取得短期借款。试计算该企业放弃现金折扣的成本，并确定对该企业最有利的付款日期和价格。

如图6-21所示，具体操作步骤如下：

	A	B	C	D	E	F
1			已知条件			
2	付款时间	立即付款	1至30天	31至60天	61至90天	
3	付款价格（元）	193000	195000	198500	200000	
4	银行借款利率		10%			
5			放弃现金折扣的成本计算			
6	折扣起始天数	折扣终止天数	付款价格（元）	现金折扣率	资本成本率	评价
7	0	0	193000	3.50%	14.71%	不放弃
8	1	30	195000	2.50%	15.60%	不放弃
9	31	60	198500	0.75%	9.19%	放弃
10	61	90	200000	0.00%		
11	最有利的付款日期（天）		30	最有利的付款价格（元）		195000

图6-21　商业信用筹资决策

①在单元格D7中输入公式“=（$C$10-C7）/$C$10”，并将单元格D7向下复制到单元格D8：D10区域，计算各个折扣区间的现金折扣率。

②在单元格E7中输入公式“=（D7/（1-D7）*365/（$B$10-B7））”，并将单元格E7向下复制到单元格E8：E10，计算各个折扣区间的资本成本率。

③在单元格F7中输入公式“=IF（E7>$C$4，“不放弃”，“放弃”）”，并将单元格F7向下复制到单元格F8：F10区域，对是否应放弃该区间的现金折扣做出评价。

④在单元格C11中输入公式“=INDEX（B7：B10，MATCH（MAX（E7：E10），E7：

E10））”，选择最有利的付款日期。

⑤在单元格F11中输入公式“=VLOOKUP（C11，B7：C10，2）”，选择最有利的付款价格。

可见该企业首先应放弃60天的现金折扣。在立即付款和享受30天的现金折扣两个可行方案中，由于放弃30天现金折扣的资本成本率最高，所以享受30天的现金折扣所能获得的机会收益就最多。因此该企业应选择在第30天付款，付款的价格为195 000元。

2）短期抵押借款筹资

短期抵押借款是指以应收账款或存货等流动资产作为抵押品所取得的短期借款。以应收账款作为抵押品时，贷款人会根据所抵押的应收账款的质量或坏账风险的大小确定一个贷款比率，一般按应收账款账面价值的50%～80%提供贷款。以存货作为抵押品时，贷款人也会根据所抵押的存货的流动性、易腐烂性、市价稳定性以及相关的费用等因素确定其愿意给予贷款的比例。存货抵押贷款分为浮动留置权贷款、信托收据贷款、外围仓库收据贷款和存货抵押收据贷款。

短期抵押借款筹资可能会因为抵押品的保管等而发生相应的费用，因此，在短期筹资决策中必须考虑这方面因素的影响。

【例6-15】某公司由于季节性因素需要增加存货投资50万元，为此需要筹集50万元的资金，资金的使用期限为6个月，现有以下3种筹资方案：

方案1：从银行取得外围仓库收据贷款。银行按存货价值的85%提供贷款，年利率为10%。6个月的仓储成本为4 000元。其余的资金需求将通过放弃一些应付账款的现金折扣来融资。目前该公司享受现金折扣的信用条件是“2/10，N/40”。

方案2：从一家金融公司取得存货抵押收据贷款，年利率为8%，贷款金额为存货价值的75%，6个月内的中转仓储成本为7 000元。剩余的资金需求将按方案1的方法通过放弃应付账款的现金折扣来融资。

方案3：从另一家金融公司以浮动留置权的方式取得存货抵押贷款50万元，年利率为15%。

试问，该公司采用哪个方案存货融资的成本最小？

如图6-22所示，具体操作步骤如下：

①方案1有关单元格中输入的公式为：

单元格B14“=B2*B5”；

单元格C14“=B14*C5*B3/12”；

单元格B15“=B2*（1-B5）”；

单元格C15“=B15*（C10/（1-C10））*（365/（C8-C9））*B3/12”；

单元格E14“=C14+D14+C15”；

得到方案1半年的融资成本为34 561.22元。

②方案2有关单元格中输入的公式为：

单元格B18“=B2*B6”；

单元格C18“=B18*C6*B3/12”；

	A	B	C	D	E
1	已知条件				
2	存货资金需求（元）	500000			
3	资金使用期限（月）	6			
4	贷款方式	贷款比率	年利率	6个月的仓储成本（元）	
5	方案1：外围仓库收据贷款	85%	10%	4000	
6	方案2：存货抵押收据贷款	75%	8%	7000	
7	方案3：存货浮动留置权贷款	100%	15%	0	
8	商业信用的条件	信用期限（天）	40		
9		折扣期限（天）	10		
10		现金折扣率	2%		
11					
12	方案1半年的融资成本（元）				
13		贷款金额	6个月的利息	6个月的仓储成本	合计
14	外围仓库收据贷款	425000	21250	4000	34561.22
15	应付账款筹资	75000	9311.22		
16	方案2半年的融资成本（元）				
17		贷款金额	6个月的利息	6个月的仓储成本	合计
18	外围仓库收据贷款	375000	15000	7000	37518.71
19	应付账款筹资	125000	15518.71		
20	方案3半年的融资成本（元）				37500
21					
22	**最优筹资方案**	**方案1**			

图6-22 存货抵押融资决策

单元格D18“=D6”；

单元格B19“=B2*（1-B6）”；

单元格C19“=B19*（C10/（1-C10））*（365/（C8-C9））*B3/12”；

单元格E18“=C18+D18+C19”；

得到方案2半年的融资成本为37 518.71元。

③方案3有关单元格中输入的公式为：

单元格E20“=B2*B7*C7*B3/12”，得到方案3半年的融资成本为37 500元。

④在单元格B22中输入下述公式，以选择最优筹资方案：

“=IF（MIN（E14，E18，E20）=E14，″方案1″，IF（MIN（E14，E18，E20）=E18，″方案2″，″方案3″））”，可见该公司应选择方案1，即可采用外围仓库收据贷款的方式筹资。

6.4 筹资决策方法

企业根据生产经营的需要预测一定时期的资金需要量，在此基础上进行筹资决策，其核心问题是选择最佳的资本结构。资本结构是指企业各种资金的构成及其比例关系，是企业筹资决策的核心问题。根据资本结构理论的基本原理，企业可以选择的筹资决策方法主要包括比较资本成本法、比较公司价值法和每股利润分析法。

6.4.1 比较资本成本法

比较资本成本法是指通过计算不同资金组合的综合资本成本，并以其中资本成本最低的组合为最佳组合的一种方法。它以资本成本的高低作为确定最佳资本结构的唯一标准。根据筹集资金的时间不同，企业的筹资决策可分为初始筹资决策和追加筹资决策。

1）初始筹资决策

初始筹资决策是指企业设立时第一次筹集资金所进行的筹资决策。在这种情况下，企业不存在原有资本，因此，只需要计算各备选筹资方案的综合资本成本并进行比较就可做出筹资决策。

【例6-16】某企业初创时，投资总额1 000万元，有3个方案可供选择。其资本结构分别是：甲方案——长期借款200万元、长期债券300万元、普通股500万元；乙方案——长期借款300万元、长期债券200万元、普通股500万元；丙方案——长期借款400万元、长期债券200万元、普通股400万元。3种筹资方案所对应的资本成本分别为6%、10%、15%。试分析何种方案的资本结构最佳。

如图6-23所示，在单元格D7中输入公式“=SUMPRODUCT（C4：C6，D4：D6）”，然后将其复制到单元格G7和J7，得到3个方案的综合资本成本；在单元格C9中输入公式“=INDEX（B2：J2，MATCH（MIN（D7，G7，J7），D7：J7，0））”，寻找综合资本成本最低的筹资方案。

	A	B	C	D	E	F	G	H	I	J
1	初始筹资决策(金额单位:万元)									
2	筹资方式	甲方案			乙方案			丙方案		
3		筹资额	比重	资本成本	筹资额	比重	资本成本	筹资额	比重	资本成本
4	长期借款	200	20%	6%	300	30%	6%	400	40%	6%
5	长期债券	300	30%	10%	200	20%	10%	200	20%	10%
6	普通股	500	50%	15%	500	50%	15%	400	40%	15%
7	合计	1000	100%	11.70%	1000	100%	11.30%	1000	100%	10.40%
8										
9	最优筹资方案		丙方案							

图6-23 初始筹资决策

可见，丙方案的综合资本成本最低，故企业应采用丙方案筹资。

2）追加筹资决策

企业在生产经营活动中，为了扩大生产经营规模或出于对外投资的需要，往往需要筹集更多的资金，即追加筹资。当企业追加筹资后，原有的资本结构就会发生变化，故需要重新寻找最佳的资本结构。

追加筹资决策有两种方法：一种是直接测算、比较各备选追加筹资方案的综合资本成本，选择最优方案，具体做法与初始筹资决策类似；另一种是将备选追加筹资方案与原有资本汇总，测算各追加筹资条件下汇总资本结构的综合资本成本，比较、确定最优追加筹资方案。下面举例说明后一种方法。

【例6-17】某企业现有资本1 000万元，资本结构如图6-24所示。现需要追加筹资200万元，有2个备选的追加筹资方案，试选择最优的筹资方案。

具体操作步骤如下：

①在单元格B13中输入公式“=B5+E5”，并将单元格B13向下复制到单元格B15。

②在单元格C13中输入公式“=B13/B16”，并将单元格C13向下复制到单元格C15。

③在单元格D13中输入公式“=B5/（B5+E5）*D5+E5/（B5+E5）*G5”，并将单元格D13向下复制到单元格D15。

	A	B	C	D	E	F	G	H	I	J
1	已知条件（金额单位：万元）									
2		目前资本结构			追加筹资方案					
3					方案A			方案B		
4	资本种类	筹资额	比重	资本成本	筹资额	比重	资本成本	筹资额	比重	资本成本
5	长期借款	400	40%	6%	100	50%	6%	50	25%	15%
6	长期债券	200	20%	10%	0	0%	0%	100	50%	7%
7	普通股	400	40%	15%	100	50%	12%	50	25%	12%
8	合计	1000	100%	10.40%	200	100%		200	100%	
9										
10	追加筹资决策（金额单位：万元）									
11	资本种类	方案A			方案B					
12		筹资额	比重	资本成本	筹资额	比重	资本成本			
13	长期借款	500	41.67%	6.00%	450	37.50%	7.00%			
14	长期债券	200	16.67%	10.00%	300	25.00%	9.00%			
15	普通股	500	41.67%	14.40%	450	37.50%	14.67%			
16	合计	1200	100.00%	10.17%	1200	100.00%	10.38%			
17										
18	最优筹资方案		方案A							

图6-24　追加筹资决策

④在单元格D16中输入公式“=SUMPRODUCT（C13：C15，D13：D15）”，从而得到方案A的综合资本成本。

⑤在单元格E13中输入公式“=B5+H5”，并将单元格E13向下复制到单元格E15。

⑥在单元格F13中输入公式“=E13/E16”，并将单元格F13向下复制到单元格F15。

⑦在单元格G13中输入公式“=B5/（B5+H5）*D5+H5/（B5+H5）*J5”，并将单元格G13向下复制到单元格G15。

⑧在单元格G16中输入公式“=SUMPRODUCT（F13：F15，G13：G15）”，从而得到方案B的综合资本成本。

⑨在单元格C18中输入公式“=INDEX（B11：G11，MATCH（MIN（D16，G16），D16：G16，0））”，寻找综合资本成本最低的筹资方案。

可见，方案A的综合资本成本最低，故企业应采用方案A追加筹资。

6.4.2　比较公司价值法

比较公司价值法是指通过计算各个备选方案所对应的公司价值并进行比较，选择使公司价值达到最大的方案作为最优方案的筹资决策方法。这里的公司价值是指公司的股票市场价值和债券价值之和。因此，采用这种方法进行筹资决策，一般需要使用未来现金流贴现法来估计股票和债券的价值。

【例6-18】某公司现有资本账面价值为1 000万元，全部为普通股。预计该公司每年的息税前利润为300万元，且保持稳定不变，公司的所得税税率为25%，公司的税后净利润将全部作为股利发放，股利增长率为0。公司的财务管理人员计划改变现有的资本结构，拟增加负债并回购相应数额的股票以利用财务杠杆效应。经过测算，债务D的现值等于其面值，在不同的负债水平下，债务的利率K_d和普通股的β值如图6-25所示。同时已知证券市场的数据为无风险利率K_f=6%，市场投资组合期望报酬率K_m=12%，试选择最优筹资方案。具体操作步骤如下：

	A	B	C	D	E	F	G
1				已知条件			
2	方案	债务D（万元）	债务利率K_d	普通股β值	息税前利润EBIT（万元）	300	
3	1	0	0%	1.12	所得税税率T	25%	
4	2	100	5%	1.16	无风险利率K_f	6%	
5	3	200	8%	1.22	市场投资组合期望报酬率K_m	12%	
6	4	300	10%	1.48			
7	5	400	12%	1.85			
8	6	500	15%	2.2			
9							
10				不同债务规模下的公司价值和综合资本成本计算			
11	方案	D（万元）	K_d%	K_s%	S（万元）	V（万元）	K_w(%)
12	1	0	0%	12.72%	1768.87	1768.87	12.72%
13	2	100	5%	12.96%	1707.18	1807.18	12.45%
14	3	200	8%	13.32%	1599.10	1799.10	12.51%
15	4	300	10%	14.88%	1360.89	1660.89	13.55%
16	5	400	12%	17.10%	1105.26	1505.26	14.95%
17	6	500	15%	19.20%	878.91	1378.91	16.32%
18	最大公司价值（万元）		1807.18				
19	最小综合资本成本		12.45%				

图6-25 比较公司价值法筹资决策

①在单元格B12中输入公式“=B3”，并将单元格B12向下复制到单元格B17。

②在单元格C12中输入公式“=C3”，并将单元格C12向下复制到单元格C17。

③普通股的资本成本K_s的计算公式为：$K_s=K_f+\beta_i(K_m-K_f)$，即在单元格D12中输入公式“=$F$4+D3*（$F$5-$F$4）”，并将单元格D12向下复制到单元格D17。

④普通股的市场价值S的计算公式为：$S=(EBIT-K_d\times D)\times(1-T)/K_s$，即在单元格E12中输入公式“=（$F$2-C12*B12）*（1-$F$3）/D12”，并将单元格E12向下复制到单元格E17。

⑤公司的总市场价值V的计算公式为：V=S+D，即在单元格F12中输入公式“=E12+B12”，并将单元格F12向下复制到单元格F17。

⑥公司的综合资本成本K_w的计算公式为：$K_w=D/V\times K_d\times(1-T)+S/V\times K_s$，即在单元格G12中输入公式“=B12/F12*C12*（1-$F$3）+E12/F12*D12”，并将单元格G12向下复制到单元格G17。

⑦在单元格C18中输入公式“=MAX（F12：F17）”，在单元格C19中输入公式“=MIN（G12：G17）”，在单元格E18中输入公式“=MATCH（C18，F12：F17）”，在单元格E19中输入公式“=MATCH（C19，G12：G17）”。

从计算结果可以看出，没有负债时，该公司的价值等于其普通股的价值。随着债务的增加，公司的价值开始逐渐增加，当债务增加到100万元时，公司的价值达到最大，此后，随着债务的增加，公司的价值开始下降。从公司综合资本成本的变化可以看出，债务规模为100万元时，综合资本成本达到最低。因此，公司债务为100万元时的资本结构为最优资本结构，最优筹资方案是发行100万元的债券并回购100万元的股票。

通过绘制公司价值和综合资本成本与债务规模之间的关系图，可以更加清楚地看出这一点。如图6-26所示，选取单元格区域B12：B17、F12：F17、G12：G17，单击功能区【插入】选项卡中【散点图】/【带平滑线和数据标志的散点图】，右键点击【散点图】，点击【设置数据系列格式】，分别点选【主坐标轴】、【次坐标轴】，然后分别双击两侧坐标轴数据，在【坐标轴】下设置“最大（最小）值”“单位”等，具体步骤略。

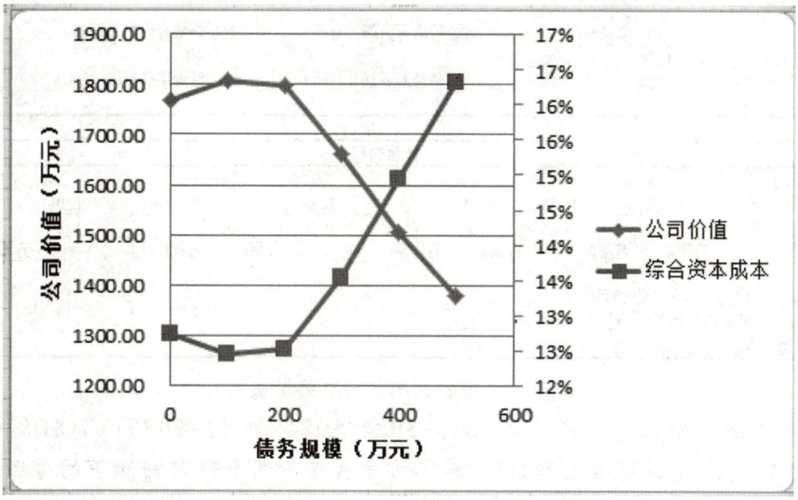

图6-26　公司价值和综合资本成本与债务规模之间的关系

6.4.3 每股利润分析法

企业要想拥有合理的资本结构，应当注意其对企业的盈利能力和股东财富的影响，因此将息税前利润（EBIT）和每股利润（EPS）作为确定企业资本结构的两大要素。每股利润分析法就是将息税前利润和每股利润这两大要素结合起来，分析资本结构与每股利润之间的关系，进而确定最佳资本结构的方法。由于这种方法需要确定每股利润的无差异点，因此又称每股利润无差异点法。其决策程序为：第一步，计算每股利润无差异点；第二步，作每股利润无差异点图；第三步，选择最佳筹资方式。

采用该方法测算每股利润无差异点的计算公式为：

$$\frac{(EBIT - I_1)(1 - T) - D_1}{N_1} = \frac{(EBIT - I_2)(1 - T) - D_2}{N_2}$$

式中：EBIT——每股利润无差异点处的息税前利润；

I_1，I_2——两种筹资方式下的年利息；

D_1，D_2——两种筹资方式下的优先股股利；

N_1，N_2——两种筹资方式下的流通在外的普通股股数。

每股利润无差异点的息税前利润计算出来以后，可与预期的息税前利润进行比较，据以选择筹资方式。当预期的息税前利润大于无差异点的息税前利润时，应采用负债筹资方式；当预期的息税前利润小于无差异点的息税前利润时，应采用普通股筹资方式。

【例6-19】某公司欲筹集新资金200万元以扩大生产规模。筹集新资金的方式可选择增发普通股或长期借款，现有A、B两个筹资方案（有关资料如图6-27所示）。企业现有资本1 000万元，其中债务400万元，股东权益600万元；所得税税率为25%。试采用每股利润分析法计算分析应选择何种筹资方式。

具体操作步骤如下：

	A	B	C	D	E	F	G	H	I
1	基本资料								
2	现有资本结构				追加筹资方案				
3	股东权益（万元）	600	普通股股数（万股）	60	方案A				
4	债务（万元）	400	债务利率	8%	股票筹资额（万元）	200	新增股份数（万股）	20	
5	现有资本（万元）	1000			方案B				
6	所得税税率	25%			债务筹资额（万元）	200	新增债务利率	10%	
7									
8									
9	计算过程								
10	预计息税前利润（万元）	40	60	80	100	120	140	160	180
11	方案A每股利润（元）	0.08	0.26	0.45	0.64	0.83	1.01	1.20	1.39
12	方案B每股利润（元）	-0.15	0.10	0.35	0.60	0.85	1.10	1.35	1.60
13	最优筹资方案	方案A	方案A	方案A	方案A	方案B	方案B	方案B	方案B
14									
15	目标函数:方案A每股利率-方案B每股利率			0					
16	无差别点的息税前利润(万元)			112					
17	无差别点的每股利润(元)			0.75					

图6-27　每股利润分析法筹资决策

①在单元格B11中输入公式"=（B10-$B$4*$D$4）*（1-$B$6）/（$D$3+$H$4）"，并将单元格B11向右复制到单元格I11，计算方案A在不同息税前利润下的每股利润。

②在单元格B12中输入公式"=（B10-$B$4*$D$4-$F$6*$H$6）*（1-$B$6）/$D$3"，并将单元格B12向右复制到单元格I12，计算方案B在不同息税前利润下的每股利润。

③在单元格B13中输入公式"=IF（B11>B12，"方案A"，"方案B"）"，并将单元格B13向右复制到单元格I13，选取不同息税前利润所对应的最优筹资方案。

④在单元格D15中输入公式"=（D16-B4*D4）*（1-B6）/（D3+H4）-（D16-B4*D4-F6*H6）*（1-B6）/D3"，计算两个方案的每股利润之差，并将其作为目标函数。

⑤在【数据】选项卡中点击【模拟分析】下的小箭头，系统会自动弹出【单变量求解】对话框，在【目标单元格】中输入D15，在【目标值】中输入0，在【可变单元格】中输入D16，最后单击【确定】按钮，即可求出两个方案无差别点的息税前利润。

⑥在单元格D17中输入公式"=（D16-B4*D4）*（1-B6）/（D3+H4）"，计算两个方案无差别点的每股利润。

单击【插入】选取【散点图】，然后按照向导的有关说明逐步操作，即可绘制出每股利润与息税前利润的关系图，最后对图表进行格式化，结果如图6-28所示。

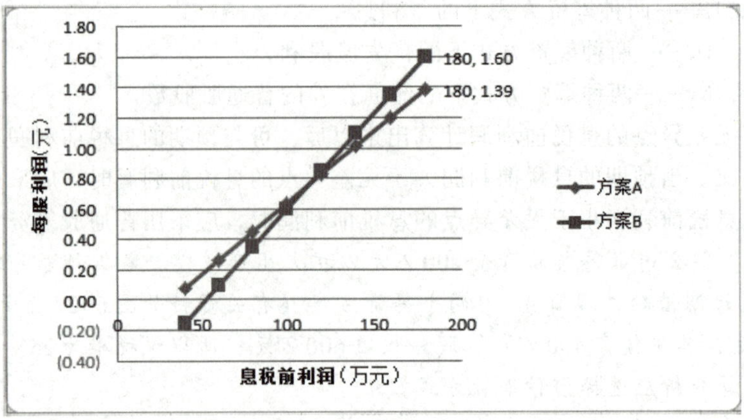

图6-28　每股利润与息税前利润的关系图

从计算结果和图6-28中可以看出，当预计的息税前利润为112万元时，两个方案每股利润相等，均为0.75元/股。当预计的息税前利润小于112万元时，方案A的每股利润更高，应采用方案A筹资；而当息税前利润大于112万元时，方案B的每股利润更高，应采用方案B筹资。

本章小结

筹集资金是企业的基本财务活动。总体来说，企业筹集资金的目的是获取资金，它既是企业生产经营活动的前提，又是企业再生产顺利进行的保证。

企业筹资活动需要通过一定的渠道并采用一定的方式来完成。企业在进行资金筹集之前，要采用一定的方法预测资金需要量，常用的预测方法有销售百分比法和资金习性分析法等。

企业筹集资金可以采用债券筹资、股票筹资、借款筹资、租赁筹资、商业信用等多种方式。只有进行筹资方式的分析，才能选出适应企业的最佳筹资方式。

企业进行筹资决策的核心问题是选择最佳的资本结构。企业可以选择的筹资决策方法主要包括比较资本成本法、比较公司价值法和每股利润分析法。

主要概念

销售百分比法　高低点法　散点图法　回归分析法

基本训练

□ 知识题

1）阅读理解

企业筹集资金的基本要求是什么？

2）知识应用

目前中国企业有哪些筹资渠道和筹资方式？

□ 技能题

1）规则练习

如何建立资金需要量预测模型？

2）操作练习

（1）目的：练习资金需要量的预测——销售百分比法。

资料：雨宁公司2024年12月31日简要资产负债表如图6-29所示。

已知：雨宁公司2024年的销售收入为100 000元，现在还有剩余生产能力，即增加收入不需要进行固定资产方面的投资。假定销售净利率为10%，如果2025年的销售收入提高到120 000元，利润分配率为70%。

要求：用销售百分比法预测需要筹集的资金。

	A	B	C	D	E	F
1	资产负债表					
2	编制单位：雨宁公司			2024年12月31日		金额单位：元
3	资产	期末余额	上年年末余额	负债和所有者权益	期末余额	上年年末余额
4	流动资产：			流动负债：		
5	货币资金	612 540	805 800	短期借款	300 000	200 000
6	交易性金融资产	800 000	600 000	交易性金融负债	0	0
7	衍生金融资产	0	0	衍生金融负债	0	0
8	应收票据	260 000	220 000	应付票据	360 000	402 000
9	应收账款	746 630	847 100	应付账款	865 900	892 600
10	预付款项	183 260	0	预收款项	126 580	134 650
11	其他应收款	86 000	58 000	应付职工薪酬	891 000	900 000
12	存货	2 016 830	2 103 200	应交税费	156 320	178 650
13	其他流动资产	0	0	其他应付款	373 460	824 260
14	流动资产合计	4 705 260	4 634 100	其他流动负债	1 000	2 100
15	非流动资产：			流动负债合计	3 074 260	3 534 260
16	债权投资	0	0	非流动负债：		
17	长期应收款	0	0	长期借款	2 600 000	2 000 000
18	长期股权投资	0	0	应付债券	0	0
19	固定资产	5 850 000	6 075 000	递延所得税负债	18 650	20 360
20	在建工程	125 000		其他非流动负债	0	0
21	生产性生物资产	0	0	非流动负债合计	2 600 000	2 000 000
22	使用权资产	0	0	负债合计	5 674 260	5 534 260
23	无形资产	180 000	150 000	所有者权益：		
24	商誉	0	0	实收资本	5 000 000	5 000 000
25	长期待摊费用	0	0	资本公积	17 800	17 800
26	递延所得税资产	23 800	24 960	盈余公积	180 000	298 000
27	其他非流动资产	0	0	未分配利润	12 000	12 000
28	非流动资产合计	6 178 800	6 249 960	所有者权益合计	5 209 800	5 349 800
29	资产总计	10 884 060	10 884 060	负债和所有者权益总计	10 884 060	10 884 060

图6-29 雨宁公司简要资产负债表

（2）目的：练习资金需要量的预测——高低点法。

资料：八达公司2019—2023年资金占用量与销售收入之间的关系见表6-2：

表6-2 八达公司资金占用量与销售收入的关系 单位：元

年度	销售收入（X）	资金占用量（Y）
2019	2 000 000	110 000
2020	2 400 000	130 000
2021	2 600 000	140 000
2022	2 800 000	150 000
2023	3 000 000	160 000

要求：采用高低点法预测资金需要量，并做出散点图。

（3）目的：练习资金需要量的预测——回归分析法。

资料：某企业2017—2023年的产销量与资金占用量变化情况见表6-3：

表6-3 2017—2023年产销量与资金占用量变化情况

年度	产销量（万件）	资金占用量（万元）
2017	120	100
2018	110	95
2019	120	99
2020	130	105
2021	140	110
2022	150	112
2023	160	115

要求：采用回归分析法预测2024年的产销量和资金需要量。

□ 能力题

1）案例分析

目的：掌握借款本息的计算。

资料：海华公司向银行申请1 000 000元的工业贷款，贷款年利率为5%，借款期限为5年。

要求：

（1）利用长期借款基本模型确定不同还款期、不同还款时点下的每期偿还金额。

（2）如果贷款利率为2.5%～7%，借款期限为3~8年，利用双变量分析模型计算每期偿还金额。

2）单元实训

目的：筹资方式的选择。

资料：某企业需要增加1台价值100 000元的设备，该设备使用期5年，预计5年后无残值。该企业可以用银行贷款购买该设备，银行贷款年利率10%，要求每年年末等额偿还贷款；也可以采用租赁方式取得该设备，租赁公司要求每年年初预付租金，该设备原价在5年内摊销，并要求得到8%的租费（收益）率。如果该企业所得税税率为25%，采用直线法计提折旧，贴现率为5%。

要求：请选择最优筹资方式。

3）综合训练

某企业向银行借款500万元，年利率8%，期限6年，借款筹资的手续费为2万元。该企业的企业所得税税率为25%。现有两种还本付息方式：①方案A，每年年末等额还本付息；②方案B，前2年每年年末偿还本金50万元，并在每年年末支付按年初借款余额计算的相应利息，其余的款项在后4年每年年末等额还本付息。

要求：完成图6-30，计算并判断该企业应选择哪种还本付息方式。

	A	B	C	D	E	F	G	H	I
1	借款金额（万元）	借款年利率	期限（年）	筹资费用（万元）					
2	500	8%	6	2					
3									
4			各年还本付息（万元）						成本现值（万元）
5		年份	1	2	3	4	5	6	
6		还本							
7	方案A	付息							
8		利息抵税							
9		成本合计							
10		还本							
11	方案B	付息							
12		利息抵税							
13		成本合计							
14									
15	结论：								

图6-30　长期借款还本付息方式的选择

第7章

流动资产管理

学习目标

知识目标：掌握流动资产管理内容和方法。

技能目标：能够熟练运用Excel工具建立和使用具体的流动资产管理模型，包括最佳现金持有量决策模型、应收账款管理模型和经济订货批量决策模型等。

素养目标：提高计算思维，追求精益求精，根据业务的特点构造合适的模型和算法来解决问题，并且在解决问题的过程中，能够不断优化和调整解决方案。

流动资产是指可以在1年以内或超过1年的一个营业周期内变现或运用的资产。企业的流动资产主要包括库存现金、短期投资、应收及预付款项和存货等。由于流动资产具有占有时间短、周转快、易变现等特点，企业拥有一定的流动资产可以抵付流动负债，从而在一定程度上降低财务风险，所以流动资产管理是企业财务管理的重要组成部分。

流动资产投资是一个不断投入、不断收回并不断再投入的循环过程，没有终止的期限，这就使财务管理人员难以直接评价其投资的报酬率。因此，流动资产投资评价的基本方法是以最低的成本满足生产经营周转的需要。流动资产管理的主要内容包括现金管理、应收账款管理和存货管理，其中最重要的流动资产管理模型有最佳现金持有量决策模型、应收账款管理模型和经济订货批量决策模型。

7.1 现金管理——最佳现金持有量决策模型

我们知道，作为流动性和支付能力最强的资产，现金是满足日常经营支付、偿还债务本息、履行纳税义务的重要保证。因此，企业能否保持足够的现金余额，对于降低或避免经营风险和财务风险具有十分重要的意义。现金储备量过低可能会造成现金短缺，从而影响企业的生产经营活动，或者丧失投资的机会。同时，现金又是一种非营利性资产，持有量过多，势必给企业带来较大的盈利机会损失，降低资产的获利能力。因此，现金管理的目标就是实现现金资产流动性和收益性的平衡，也就是采用一定的方法找出一个最佳现金持有额，以获取最大的整体收益。更进一步地说，是要在保证企业正常生产经营活动的前提下，尽可能地降低现金的持有量。

在实际工作中，常用的确定最佳现金持有量的方法有两种：一种是成本分析模式；另一种是存货管理模式。相应地，我们可以利用Excel设计和建立这两种模型，即成本分析模式模型和存货管理模式模型。

7.1.1 成本分析模式模型

1）成本分析模式中持有现金的成本

成本分析模式通过分析持有现金的成本，将持有现金总成本最低时的现金持有量作为最佳现金持有量。在成本分析模式中，企业持有现金的相关成本主要包括机会成本、管理成本和短缺成本。

（1）机会成本。

企业为保持一定数额的现金，势必会放弃将这些资产用于其他投资机会所获得的收益，即机会成本。这种机会成本会随着现金持有额的增加而增加。

（2）管理成本。

企业在持有现金期间，必然会发生一定的管理费用，如安全设施的建造、管理人员的工资支出及其他费用等，即管理成本。管理成本在一定范围内是一种固定费用，一般不会随现金持有量的变化而变化。

（3）短缺成本。

短缺成本是指企业由于缺少必要的现金应付业务开支所需，而使企业蒙受的损失或为此付出的代价。现金持有量越大，现金的短缺成本就越低。

2）成本分析模式模型及应用

采用成本分析模式进行最佳现金持有量的计算，就是通过计算和比较各种现金持有量方案的总成本（机会成本、管理成本和短缺成本之和），选择总成本最低的方案为最优方案，最优方案相对应的现金持有量就是最佳现金持有量。

【例7-1】某企业有4种现金持有方案，具体情况见表7-1。采用成本分析模式，分析结果如图7-1所示。

表7-1 某企业现金持有方案 单位：元

现金持有方案	方案A	方案B	方案C	方案D
现金持有量	30 000	60 000	90 000	120 000
机会成本	3 000	6 000	9 000	12 000
管理成本	5 000	5 000	5 000	5 000
短缺成本	15 000	8 000	2 000	0

注：机会成本按10%的收益率计算。

建立工作表“现金最佳持有量决策分析”，并输入各个方案的各项持有成本，则持有总成本=$\sum$各持有成本。选取单元格B5：E8区域，单击功能区上的【求和】按钮，即可立即求出各个方案的现金持有总成本。

从图7-1中可以看出，方案C的总成本最低，为16 000元，所以方案C为最佳现金持有方案，所对应的现金持有量90 000元为最佳现金持有量。

	A	B	C	D	E
1	最佳现金持有量决策分析				
2					
3	现金持有方案	方案A（元）	方案B（元）	方案C（元）	方案D（元）
4	现金持有量	30000	60000	90000	120000
5	机会成本	3000	6000	9000	12000
6	管理成本	5000	5000	5000	5000
7	短缺成本	15000	8000	2000	0
8	现金持有总成本	23000	19000	16000	17000

图7-1　最佳现金持有量决策分析——成本分析模式

另外，还可以在此基础上进一步绘制出相应的最佳现金持有量决策分析图，如图7-2所示。

	A	B	C	D	E	F
1	最佳现金持有量决策分析					
2						
3	现金持有方案	方案A（元）	方案B（元）	方案C（元）	方案D（元）	
4	现金持有量	30000	60000	90000	120000	
5	机会成本	3000	6000	9000	12000	
6	管理成本	5000	5000	5000	5000	
7	短缺成本	15000	8000	2000	0	
8	现金持有总成本	23000	19000	16000	17000	

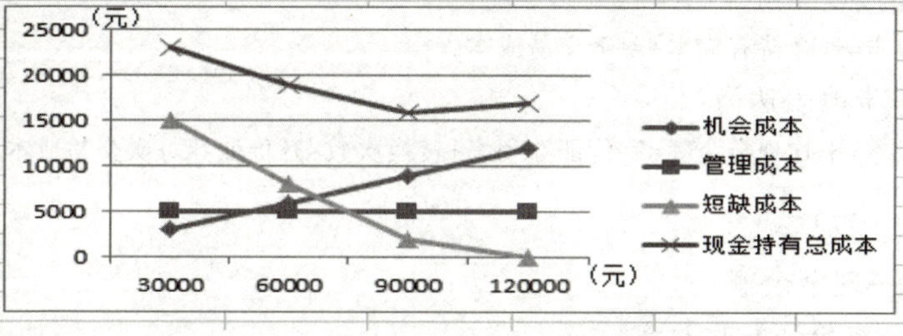

图7-2　最佳现金持有量决策分析

从图7-2中可以看出，当现金持有量等于方案C的持有量时，总成本最低，即90 000元为最佳现金持有量。

在最佳现金持有量成本分析模式中，由于建立了现金持有总成本与各要素之间的有效链接，并且分析图与数据之间也建立了动态链接，所以对于不同企业、不同时期的不同方案，只要通过改变相关要素的基本数据，就可以立即自动得到分析表和相应的分析图，进而得出相对应的最佳现金持有量。

小思考7-1

在利用成本分析模式确定最佳现金持有量时，如果不考虑管理成本，对选择方案的结果是否有影响？

因为管理成本是固定成本，与现金持有量无关，所以在利用成本分析模式确定最佳现金持有量时，即使不考虑管理成本，对选择方案的结果也不会产生影响，但计算出的现金持有总成本会发生变化。如【例7-1】中，假如不考虑管理成本5 000元，选择的结果仍然是方案C，这时方案C的相关总成本最低，为11 000元。

7.1.2 存货管理模式模型

1）存货管理模式模型的概述

存货管理模式模型也称巴摩尔模型（The Baumol Model），是将企业现金持有量同持有的有价证券联系起来观察，通过比较不同现金持有量下现金相关总成本，确定其现金最佳持有量。以存货管理模式确定最佳现金持有量的相关成本包括现金的持有成本（也称机会成本）和有价证券的交易成本。现金的持有成本如前所述，有价证券的交易成本也称转换成本，是指有价证券每次交易所需要的费用。两者的变化方向恰好相反，机会成本随现金余额量的增大而增大，交易成本随现金余额量的增大而减少。

如果利用该模型来确定最佳现金持有量，需要以下假设条件：

①企业在一定时期内对现金的需求为已知常数。

②单位时间的现金使用量是一个稳定值，其现金余额也是定期地从最高点C到最低点0均衡地变化，所以平均现金余额为C/2。

③当现金耗尽时，企业就需要出售C元的有价证券来补充现金余额。

在满足上述假设条件下，

现金持有总成本=现金持有成本+现金交易成本

可以更进一步地表达为：

现金持有总成本=平均现金余额×有价证券利率+转换次数×有价证券每次交易成本

$$=\frac{C}{2}i+\frac{T}{C}b$$

式中：C——现金余额；

i——有价证券收益率；

T——在特定时期内现金的总需求量；

b——有价证券的每次交易成本。

最佳现金持有量就是现金总成本为最低点的现金余额C^*。应用数学公式求最小值的方法是，令总成本公式的一阶导数等于0，推导出最佳现金持有量的计算公式：

$$C^*=\sqrt{\frac{2Tb}{i}}$$

2）存货管理模式模型的应用

我们已经知道了在存货管理模式下最佳现金持有量的计算公式。据此，我们可以运用Excel表建立最佳现金持有量的存货分析模型，并加以应用。

【例7-2】某企业预计1年内经营所需现金总额为10 000 000元，准备通过有价证券变现取得，每次买卖证券的交易成本为80元，证券市场的年利率为4%，则企业的最佳现金持有量决策分析如图7-3所示。

建立“最佳现金持有量决策分析——存货管理模式模型”工作表，并输入基本数据。在单元格B5中输入公式“=SQRT（2*B2*B3/B4）”，在单元格B6中输入公式“=B2/B5”，则最佳现金持有量为200 000元，1年内企业将有价证券转换为现金的次数约为50次。

	A	B
1	最佳现金持有量决策分析	金额单位：元
2	全年现金需要量T	10,000,000
3	证券每次交易成本b	80
4	有价证券利率i	4%
5	最佳现金持有量C*	200000
6	一年内变现次数B	50

图7-3　最佳现金持有量决策分析——存货管理模式模型

在上述模型的基础上，还可以进一步计算出最佳现金持有量的相关成本和总成本，并绘制出分析图，如图7-4所示。

	A	B	C	D	E
1	最佳现金持有量决策分析	金额单位：元			
2	全年现金需要量T	10,000,000			
3	证券每次交易成本b	80			
4	有价证券利率i	4%			
5	最佳现金持有量C*	200000			
6	一年内变现次数B	50			
7	持有成本	4,000			
8	交易成本	4,000			
9	总成本	8,000			

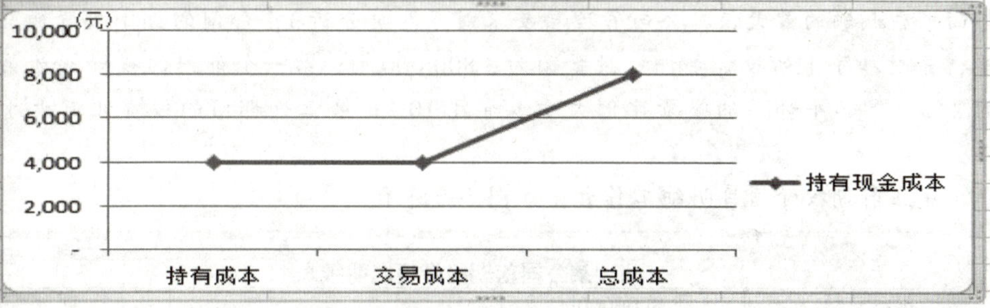

图7-4　最佳现金持有量决策分析

通过该模型，可以根据满足已知条件的任何数值，计算出企业的最佳现金持有量。

小知识7-1

巴摩尔与巴摩尔模型

威廉·巴摩尔（William Baumol）是纽约大学的教授和普林斯顿大学的名誉教授，曾任美国经济协会会长，是美国科学学会成员，主要的研究领域是市场结构和定价。在20世纪50年代中期，威廉·巴摩尔和詹姆斯·托宾创造了存货法的货币需求理论。其基本思想是：一个人维持货币存量面临着一个两难选择，那就是如果个人要维持更多的货币存量，那么他就要面对把这部分货币转化为生息资产而带来的利息收入的损失；如果他保持较少的货币，那么他就要忍受为了满足日常货币需求而频繁地把生息资产转化为货币所带来的交易成本。因此，维持多少货币存量的问题就转化为如何使利息收入损失和交易费用两种成本之和最小。

巴摩尔模型（也称鲍莫尔模型）的理论依据就是把持有的有价证券同货币资金的库存联系起来观察，比较现金储存的成本和买卖有价证券的固定成本，以求得两者成本之和最小时的现金余额。

7.1.3 最优决策分析工具——“规划求解”

规划求解是Excel中一个非常有用的工具，它不仅可以解决运筹学、线性规划等问题，还可以用来求解线性方程组及非线性方程组。

Excel 2016包含规划求解加载项，使用2016版规划求解加载项可以在模拟分析中找到最佳解决方案。2016版规划求解具有完善的用户界面、基于遗传算法的先进规划求解(可处理具有任意Excel函数的模型)、全局优化选项、线性编程和非线性优化方法以及线性和可行性报表。

在生产和生活中经常涉及求最大效益和最小费用问题，在财务管理中也常涉及很多优化问题，如最大利润、最低成本、最优投资组合、目标规划、线性回归及非线性回归等。使用Excel的规划求解工具可以很方便地解决此类问题，为人们的决策活动制订最优方案。在这里，如果利用Excel提供的规划求解工具，则可以更快速、精确地求出最大利润。

【例7-3】某公司计划新增3个部门，对这3个部门的前期投资额分别为195万元、80万元、105万元，预计每个部门所获得的利润率分别为56%、30%和48%。为了获得投资额与回报利润额的最大值，公司管理层要求财务人员分析3个部门的最小投资额与最大利润率，并附加了下列投资条件：投资额为3 800 000元；第一个部门的投资额为第二个部门的2倍，第二个部门的投资比例大于或等于10%；第三个部门的投资比例大于或等于20%。

①建立前期投资项目明细工作表，如图7-5所示。

	A	B	C	D	E
1	某公司前期投资项目明细表				
2	投资总额	3800000			
3					
4	投资项目	所获利润率	前期投资	所获利润额	前期投资比例
5	部门一	56.00%	1950000	1092000	51%
6	部门二	30.00%	800000	240000	21%
7	部门三	48.00%	1050000	504000	28%
8	总数		3800000	1836000	100%
9					
10	总回报率	48.32%			

图7-5 某公司前期投资项目明细工作表

②单击功能区【数据】选项卡下【分析】组中的【规划求解】按钮，打开【规划求解参数】对话框。

提示：如果在功能区【数据】选项卡下没有【分析】组，则需要加载。加载步骤如下：单击功能区【文件】选项卡下的【选项】/【加载项】，并选择添加【规划求解加载项】，然后在功能区中即刻就能显示出【分析】/【规划求解】，如图7-6所示。

③在【规划求解参数】对话框中将【设置目标】设置为$B$10，选中【最大值】按钮，将【通过更改可变单元格】设置为$C$5：$C$7。

④单击【添加】按钮，打开【遵守约束】对话框。添加第一个约束条件，即“$C$8=3 800 000”。

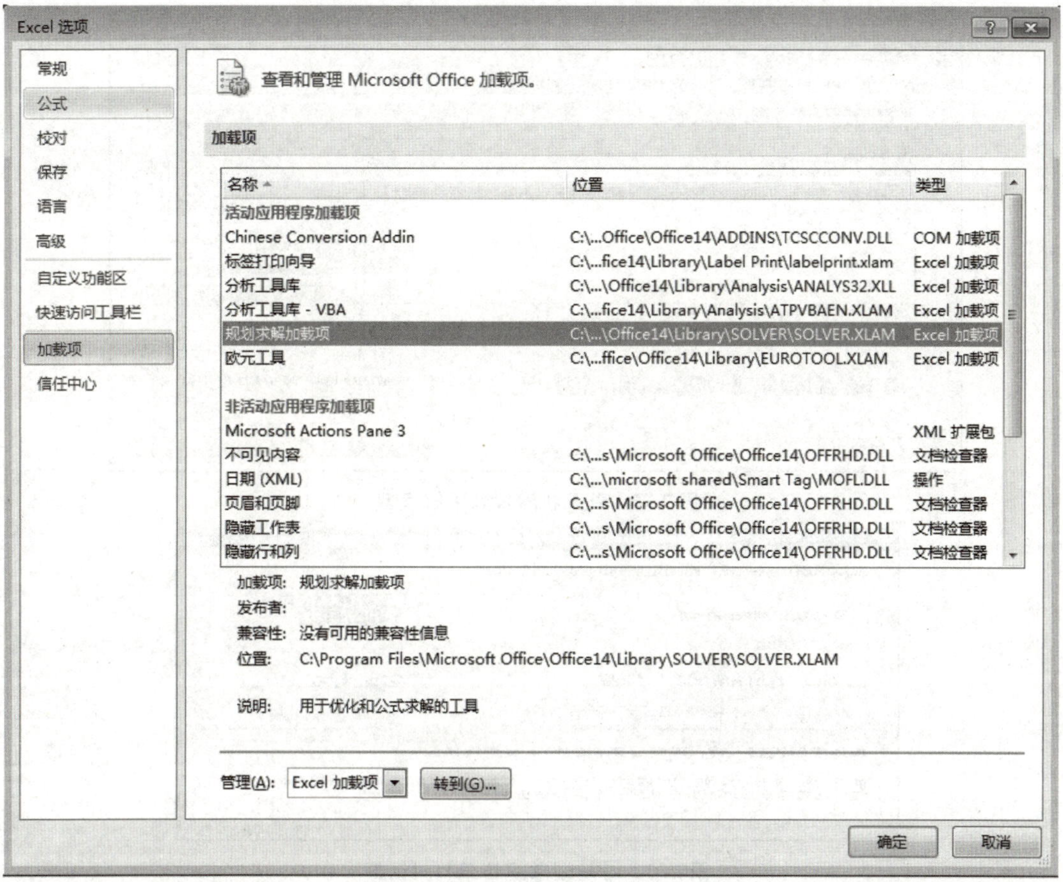

图 7-6 添加【规划求解】按钮

⑤在【添加约束】对话框中单击【添加】按钮，添加第二个约束条件，即“$C$5>=$C$6*2”。

⑥单击【添加】按钮，添加第三个约束条件，即“$E$6>=0.1”。

⑦单击【添加】按钮，添加第四个约束条件，即“$E$7>=0.2”。

⑧单击【添加】按钮，添加第五个约束条件，即“$C$5>=0”。

⑨单击【添加】按钮，添加第六个约束条件，即“$C$6>=0”。

⑩单击【添加】按钮，添加第七个约束条件，即“$C$7>=0”。

单击【添加约束】对话框右上角的【】按钮，返回【规划求解参数】对话框，如图 7-7 所示。

单击【求解】按钮，打开【规划求解结果】对话框，提示用户“规划求解找到一解，可满足所有的约束及最优状况”信息，如图 7-8 所示。

在【报告】下方的列表中单击【运算结果报告】选项，然后单击【确定】按钮，完成规划求解的操作，同时生成“运算结果报告”，如图 7-9 所示。

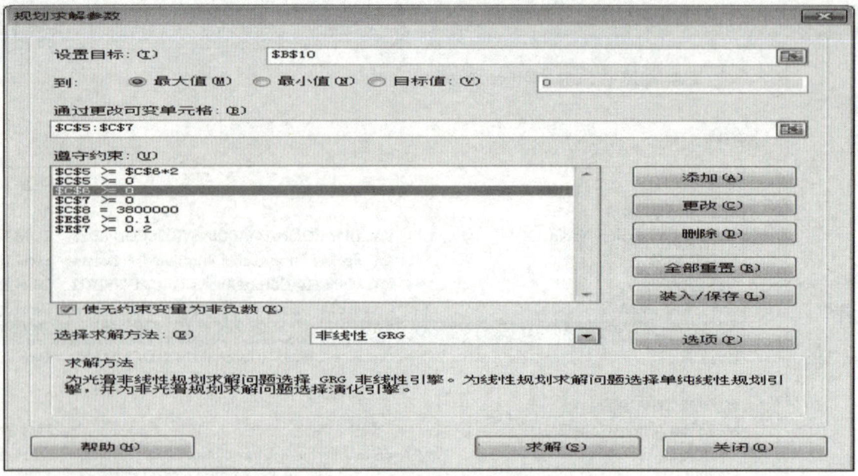

图 7-7　最大利润规划求解模型

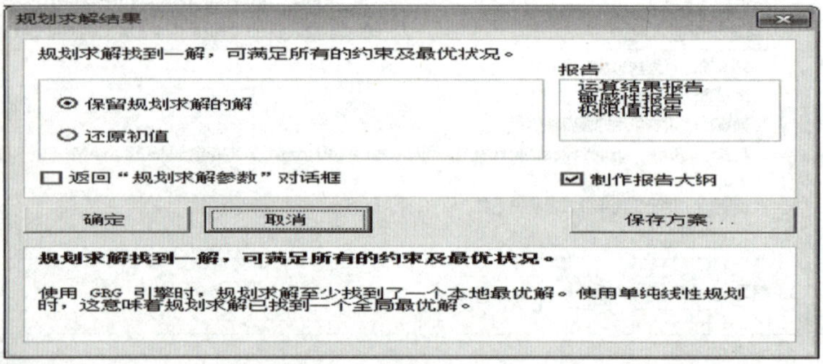

图 7-8　【规划求解结果】对话框

Microsoft Excel 14.0 运算结果报告
工作表：[第七章.xlsx]7-6
报告的建立：2020/12/7 22:11:56
结果：规划求解找到一解，可满足所有的约束及最优状况。
规划求解引擎
规划求解选项

目标单元格（最大值）

单元格	名称	初值	终值
$B$10	总回报率 所获利润率	48.32%	51.80%

可变单元格

单元格	名称	初值	终值	整数
$C$5:$C$7				

约束

单元格	名称	单元格值	公式	状态	型数值
$C$5	部门一 前期投资	2659999.989	$C$5>=$C$6*2	未到限制值	1900000.003
$C$8	总数 前期投资	3799999.979	$C$8=3800000	到达限制值	0
$E$6	部门二 前期投资比例	10%	$E$6>=0.1	到达限制值	0%
$E$7	部门三 前期投资比例	20%	$E$7>=0.2	到达限制值	0%
$C$5	部门一 前期投资	2659999.989	$C$5>=0	未到限制值	2659999.989
$C$6	部门二 前期投资	379999.9934	$C$6>=0	未到限制值	379999.9934
$C$7	部门三 前期投资	759999.9957	$C$7>=0	未到限制值	759999.9957

图 7-9　运算结果报告

由此可见，并不是所有的规划求解都可以一次性求解出最优值，当用户使用规划求解工具分析数据时，需要多次设置不同的参数，以求解出最优值。

小知识7-2

规划求解

通常，当涉及依赖于单个或者多个未知变量的目标变量的最大化或者最小化的优化问题时，应当使用规划求解工具。规划求解工具允许用户指定一个或多个约束条件。

在财务管理中会涉及很多优化问题，如最大利润、最低成本、最优投资组合、目标规划、线性回归及非线性回归，这些都可以利用规划求解工具来解决。利用规划求解工具还可以求解线性或非线性方程组等。有关规划求解工具的更多实际应用问题，大家可以进行深入学习和挖掘。

7.2　应收账款管理模型

应收账款是指企业对外销售商品、材料和提供劳务而获得的可以向购货单位或其他单位收取款项的权利。随着商品经济的发展，商业信用越来越重要，应收账款已成为企业流动资产管理中的一个重要项目。

7.2.1　应收账款管理概述

1）应收账款管理目标

企业发生应收账款的主要原因在于扩大销售，减少存货，不断增强企业竞争力。由此产生了大量的产品赊销，带来了可观的利润，同时也势必增加了企业的资本成本。如何平衡由于提供应收账款政策而增加的盈利与增加的成本之间的关系，就成为应收账款管理的核心。因此，应收账款管理的目标是：在发挥应收账款扩大销售、增强竞争力作用的同时，制定合理的应收账款信用政策，加强应收账款管理。

2）应收账款的成本

因提供应收账款信用政策而产生的成本支出，即为应收账款成本，其内容主要包括机会成本、管理成本和坏账成本。

（1）机会成本。

机会成本即因投放于应收账款而放弃的其他投资机会所能获取的收益。其影响因素有3个：应收账款数额、资本成本率和应收账款收账期，并且这3个因素同应收账款的机会成本是正相关的。

（2）管理成本。

管理成本是指企业因管理应收账款而发生的各项支出，主要包括对客户信用状况调查费、收集整理各种信息费用以及收账费用等。管理成本与应收账款的收账政策密切相关，通常说来，严格的收账政策会增加管理成本，而宽松的收账政策则会减少管理成本。

（3）坏账成本。

坏账是指那些经确认，确实无法收回的应收账款。企业因发生坏账而造成的损失即为坏账成本。

3）应收账款信用政策的确定

应收账款信用政策包括信用标准、信用期限和现金折扣3个部分。

信用标准是指客户获得建立交易所应具备的信用条件，通常用预计坏账损失率来表示。信用期限是指企业允许客户从购货到付款之间的时间，即企业给予客户的付款期限。此期限过短，不足以吸引客户，造成销售额下降；此期限过长，会增加费用成本和风险。现金折扣是指客户付款时企业给予的优惠政策，主要包括折扣期限和现金折扣率。

4）应收账款管理模型

应收账款管理的重点内容在于企业信用政策的制定以及应收账款的日常分析等。所以，应收账款的管理模型主要包括应收账款账龄分析模型和信用政策动态分析模型。

7.2.2 应收账款账龄分析模型

应收账款账龄分析就是通过考察、研究应收账款的账龄结构，掌握企业应收账款的发生及收回情况。它有助于促进企业进一步研究与制定新的信用政策。账龄分析模型是将企业现有应收账款的账龄（期限）情况按账户数量、金额以及金额所占比重制作成分析表，并在此基础上绘制出分析图。

【例7-4】某企业现有应收账款账户数为110户，应收账款总额共计800万元，其账龄情况、账龄分析如图7-10所示。

	A	B	C	D	E
1	应收账款账龄分析模型				
2					
3	应收账款	账户数量（户）	金额（万元）	比重	
4	信用期内	40	360	45.00%	
5	逾期1个月内	20	160	20.00%	
6	逾期2个月内	11	100	12.50%	
7	逾期3个月内	9	80	10.00%	
8	逾期4个月内	12	36	4.50%	
9	逾期5个月内	9	18	2.25%	
10	逾期6个月内	5	18	2.25%	
11	逾期6个月以上	4	28	3.50%	
12	应收账款合计	110	800	100.00%	

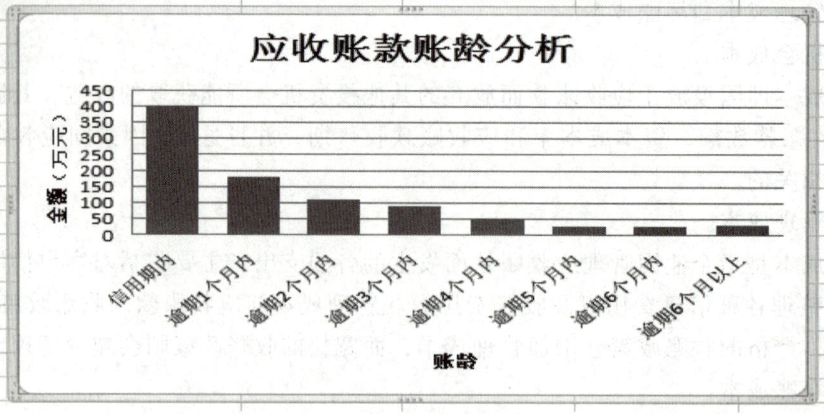

图7-10 应收账款账龄分析模型

建立“应收账款账龄分析模型”工作表，并输入基本数据。

选取单元格B4∶D11区域，单击工具栏上的【求和】按钮，即可立即求出应收账款合计数。

在此基础上进一步绘制出相应的应收账款账龄分析模型及账龄结构分析图，如图7-10和图7-11所示。

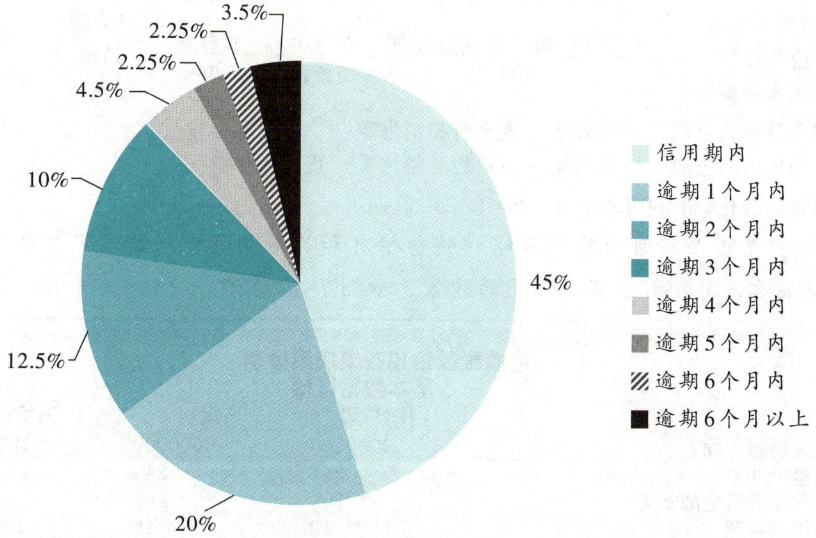

图7-11　应收账款账龄结构分析图

7.2.3　应收账款信用政策动态分析模型

应收账款信用政策是企业财务政策的一个重要组成部分。应收账款信用政策中每一项因素的变化都会影响企业的利益，因此合理的企业信用政策是财务管理的一项重要内容。在制定信用政策时，应预测出各种因素的变化与企业利润变化的关系，即将各种相关因素予以一定程度的放宽或收紧，从动态角度考察企业信用政策变化给企业收益带来的影响，从而正确进行决策，确定合理的信用政策。

应收账款的信用政策主要包括信用标准、信用条件和收账政策，而信用标准和信用条件是企业赊销策略的内容，它们共同影响企业的销售和利润，所以在设计应收账款信用政策动态分析模型时，主要应包括赊销策略决策模型和收账政策分析模型。

1）赊销策略决策模型

企业的赊销策略包括信用标准和信用条件的确定。信用标准是指企业因同意向客户提供商业信用而提出的基本要求，通常以预期的坏账损失率作为判别标准。信用标准的严格与否，会直接影响企业的销售情况，进而影响企业利润。信用条件是指企业要求客户支付赊销款项的条件，包括信用期限、折扣期限和现金折扣，通常以缩写形式表达，如“3/10，N/40”。赊销策略决策，就是从动态角度分析企业在现行方案基础上，由于改变赊销策略而可能对企业利润产生的影响，并通过测算赊销策略变化对利润的影响数额，确定对企业有利的赊销策略，以达到增加企业收益的目的。在实际工作中，通常采用增量分析法来进行相关数据分析，其基本公式如下（下列数据中，正数为增加值，负数为减少值）：

①赊销策略变化对利润的影响=新方案销售增（+）减（-）额×销售利润率

② $\text{赊销策略变化对坏账损失的影响}=\text{新方案销售增(+)减(-)额}\times\text{新方案销售增减额的坏账损失率}$

③ $\text{信用期限变化对应收账款机会成本的影响}=\left(\dfrac{\text{新方案平均收账期}-\text{原方案平均收账期}}{360}\times\text{原方案销售额}+\dfrac{\text{新方案平均收账期}}{360}\times\text{新方案销售增减额}\right)\times\text{应收账款机会成本率}$

④ $\text{信用条件变化对现金折扣成本的影响}=\text{新方案销售额}\times\text{现金折扣销售额占销售总额比重}\times\text{新方案现金折扣率}$

⑤赊销策略变化影响利润的净增加额=①-②-③-④

【例7-5】某企业将目前赊销策略的销售情况和其他相关资料输入了工作表。该企业拟改变赊销策略，并拟订了两个不同的方案，如图7-12所示。

	A	B	C	D
1	应收账款信用政策决策模型			
2	一、基本数据区域			
3	项目	目前方案	方案A	方案B
4	年销售额（元）	9000000	8000000	12000000
5	销售利润率	24%	24%	24%
6	应收账款机会成本率	10%	10%	10%
7	平均收账期（天）	40	45	30
8	平均坏账损失率	10%	8%	12%
9	信用条件	n/30	n/40	2/10,n/50
10	现金折扣销售额占总销售额的百分比	0	0	50%
11	现金折扣	0	0	2%
12				

图7-12　应收账款信用政策分析基本数据

在上述资料的基础上，创建赊销策略决策分析区域，对有关项目进行定义并输入单元格，如图7-13所示。

	A	B	C	D
10	现金折扣销售额占总销售额的百分比	0	0	50%
11	现金折扣	0	0	2%
12				
13	二、赊销策略决策分析区域			
14	项目	目前方案(元)	方案A(元)	方案B(元)
15	赊销策略变化增减的销售额			
16	赊销策略变化增减的利润额			
17	赊销策略变化增减的坏账成本			
18	信用期限变化增减的机会成本			
19	信用条件变化增减的现金折扣成本			
20	赊销策略变化影响利润的净增加额			

图7-13　信用标准决策分析模型

然后根据前述基本公式建立决策分析模型。各单元格内对应的关系如下：

①C15=C4-B4、D15=D4-B4。

②C16=C15*C5、D16=D15*D5。

③C17=C4*C8-B4*B8、D17=D4*D8-B4*B8。

④ C18=（（C7-B7）/360*B4+C7/360*C15）*C6、D18=（（D7-B7）/360*B4+D7/360*D15）*D6。

⑤C19=C4*C10*C11、D19=D4*D10*D11。

⑥C20=C16-C17-C18-C19、D20=D16-D17-D18-D19。

单元格D16至D20也可运用自动填充方式求得结果。完成上述步骤后，即可得到图7-14中的结果。

	A	B	C	D
10	现金折扣销售额占总销售的百分比	0	0	50%
11	现金折扣	0	0	2%
12				
13	二、赊销策略决策分析区域			
14	项　目	目前方案(元)	方案A(元)	方案B(元)
15	赊销策略变化增减的销售额	0	-1000000	3000000
16	赊销策略变化增减的利润额	0	-240000	720000
17	赊销策略变化增减的坏账成本	0	-260000	540000
18	信用期限变化增减的机会成本	0	0	20000
19	信用条件变化增减的现金折扣成本	0	0	120000
20	赊销策略变化影响利润的净增加额	0	20000	60000

图7-14 信用标准决策分析

结果表明，企业若采取方案A的赊销策略，将使企业利润比目前增加20 000元；若采取方案B的赊销策略，则可以使企业利润比目前增加60 000元。决策的结果是，选择方案B的赊销策略对企业有利。

需要说明的是，上述分析是差量分析法的模型，实际上，在创建赊销策略决策分析区域时，项目的确定不一定按上述格式固定不变，也可以根据有关赊销策略的具体内容设定其他格式和项目，同样可以达到选出最优方案的目的（后文的收账政策分析模型也一样）。比如，在上例中，还可以创建图7-15中的赊销策略决策分析区域，得到同样的决策结果。具体操作步骤略。

	A	B	C	D
10	现金折扣销售额占总销售额的百分比	0	0	50%
11	现金折扣	0	0	2%
12				
13	二、赊销策略决策分析区域			
14	项目	目前方案（元）	方案A（元）	方案B（元）
15	各方案的销售额	9000000	8000000	12000000
16	各方案的利润额	2160000	1920000	2880000
17	应收账款的平均占用额	1000000	1000000	1000000
18	各方案的坏账成本	900000	640000	1440000
19	各方案的机会成本	100000	100000	100000
20	各方案的现金折扣成本	0	0	120000
21	各方案的利润额	1160000	1180000	1220000

图7-15 信用标准决策分析模型

从图7-15中我们可以看出，目前方案可实现的利润额为1 160 000元。方案A的赊销策略可实现的利润额为1 180 000元，使企业利润比目前方案增加20 000元；若采取方案B的赊销策略，则可实现的利润额为1 220 000元，使企业利润比目前方案增加60 000元。决策的结果同样是选择方案B的赊销策略对企业有利。

2）收账政策分析模型

收账政策是指当信用条件被违反时，企业对客户所采取的收取账款的策略。不同的收账政策对企业成本和收益的影响是不同的，如果企业采用较积极、严格的收账政策，将会加大收账费用开支，增加管理成本，但可能会减少应收账款占用额，降低机会成本，减少坏账损失；如果企业实行较消极、宽松的收账政策，会节约管理成本，但势必会延长收账期，增加机会成本，增加坏账损失发生的可能性。所以企业应根据具体情况，本着对企业有利的原则，制定合理的收账政策。

对于应收账款收账政策的分析，主要是通过比较不同收账政策下企业相关成本的高低来确定对企业有利的收账政策。有关项目的计算如下：

①应收账款的平均占用额=年销售收入÷360×应收账款平均收账期

②应收账款机会成本=应收账款的平均占用额×应收账款的机会成本率

③坏账损失=年销售收入×坏账损失率

④收账政策相关总成本=机会成本+坏账成本+收账成本

【例7-6】某企业目前的销售情况、收账政策情况以及拟定的新收账政策已输入新建的工作表，如图7-16所示。

	A	B	C
1	收账政策分析模型		
2	基本数据资料		
3	项目	目前方案	拟订新方案
4	年销售额（元）	9000000	9000000
5	应收账款机会成本率	12%	12%
6	年收账费用（元）	36000	72000
7	平均收账期（天）	40	30
8	坏账损失率	10%	6%

图7-16　收账政策分析模型——基本数据资料

在工作表上创建收账政策分析区，为便于分析，将有关单元格定义为相关项目，如图7-17所示。

	A	B	C
1	**收账政策分析模型**		
2	**基本数据资料**		
3	项目	目前方案	拟订新方案
4	年销售额（元）	9000000	9000000
5	应收账款机会成本率	12%	12%
6	年收账费用	36000	72000
7	平均收账期（天）	40	30
8	坏账损失率	10%	6%
9			
10	收账政策分析区		
11	应收账款平均占用额(元)		
12	发生的机会成本(元)		
13	发生的坏账成本(元)		
14	发生的收账成本(元)		
15	方案的相关总成本(元)		

图7-17　收账政策分析区

然后，依据上面基本公式建立收账政策决策分析模型。具体步骤如下：

①B11=B4/360*B7、C11=C4/360*C7。

②B12=B11*B5、C12=C11*C5。

③B13=B4*B8、C13=C4*C8。

④B14=B6、C14=C6。

⑤B15=B12+B13+B14、C15=C12+C13+C14。

经过上述运算即可得到图7-18。

	A	B	C
1	收账政策分析模型		
2	基本数据资料		
3	项目	目前方案	拟订新方案
4	年销售额（元）	9000000	9000000
5	应收账款机会成本率	12%	12%
6	年收账费用（元）	36000	72000
7	平均收账期（天）	40	30
8	坏账损失率	10%	6%
9			
10	收账政策分析区		
11	应收账款平均占用额(元)	1000000	750000
12	发生的机会成本(元)	120000	90000
13	发生的坏账成本(元)	900000	540000
14	发生的收账成本(元)	36000	72000
15	方案的相关总成本(元)	1056000	702000
16	新方案节约的总成本(元)		354000

图7-18　收账政策分析模型

从上述模型的运行结果中我们可以看出，企业若强化收账管理，采取积极的收账政策，尽管收账费用比目前的收账政策增加了100%，但总成本节约了354 000元，所以应该采用拟订的新方案。

在实际工作中，通常可以把赊销策略和收账政策结合在一起进行综合考虑。

小思考7-2

应收账款信用政策的分析模型是唯一的吗？你还可以创建出哪些分析模型？你能写出图7-15中信用标准决策分析模型结果的操作步骤吗？

应收账款信用政策的分析模型不是唯一的。实际工作中，财务人员在分析时可以创建出一些适合本企业或自己习惯的分析格式，只要方法正确，都能够得出正确的结论。不同的分析模型实际上都是可以的。比如，在【例7-6】中，还可以参照图7-14中的差量分析法创建模型。至于图7-15中的信用标准决策分析模型结果的操作步骤，还是请同学们自己动动脑筋吧！

7.3　存货管理——经济订货批量决策模型

存货是指在生产经营中为销售或耗用而储备的各种物资。存货在企业的流动资产中通常占据较大的比重，也是企业生产经营不可或缺的重要资产。如果存货储备过少，可能会影响企业的生产经营，造成经济损失。同时，由于存货是一项收益性较差的资产，过多地储备存货，使大量资金占用在存货资产上，会降低企业的获利能力。因此，企业在对存货进行管理时，要尽可能在各种存货成本和存货收益之间做出权衡，达到两者的最佳结合。由此形成的最佳存货采购批量，即存货经济订货批量。

7.3.1 基本的经济订货批量决策模型

经济订货批量是指在企业的生产和供应条件一定时，有关存货的相关总成本最低时的采购批量。存货的相关成本主要是指存货的订货成本和储存成本。在一定时期内存货需要量一定的情况下，存货的年订货成本总额与订购次数成正比，与每次订购批量无关；而年储存总成本则与一定时期的平均存货水平（每次订购批量的1/2）成正比，与订购次数无关。因此，为减少存货成本，应科学地确定存货订货批量，求出存货订货成本和储存成本之和最小的订货批量。

基本的经济订货批量决策模型建立在下列假设的基础之上：①企业一定时期的存货需求总量确定；②存货能集中入库，而不是陆续入库；③不允许出现缺货现象；④企业能够瞬时补充存货，即需要订货时便可立即得到存货；⑤存货的单价保持不变，且不考虑现金折扣。

在上述假设下，设某种存货的相关总成本为TC，其计算公式为：

$$TC=\text{年订货总成本}+\text{年储存总成本}=\left(\frac{D}{Q}\right)\times K+\left(\frac{Q}{2}\right)\times C$$

式中：D——存货的年需求总量；

Q——订货批量（平均储存量为订货批量的1/2）；

D/Q——年订购次数；

K——每次订购的订货成本；

C——每单位存货的年储存成本。

$$Q^*=\sqrt{\frac{2KD}{C}}$$

式中：Q^*——经济采购批量。

上式称为基本的经济订货批量决策模型，根据这个模型，可以求出经济订货批量下其他相关数据。

经济订货批量存货总成本公式为：

$$TC^*=\sqrt{2KDC}$$

或

$$TC^*=\left(\frac{Q}{2}\right)\times K+\left(\frac{D}{Q}\right)\times C$$

最佳订货次数公式为：

$$N^*=\frac{D}{Q}$$

最佳订货间隔期公式为：

$$T^*=\frac{360}{N^*}$$

经济订货批量占用资金的公式为：

$$W^*=\frac{Q^*}{2}\times P$$

式中：P——存货单价。

【例7-7】某企业全年需要某种材料36 000千克，每次订货费用为800元，材料单价为40元，单位材料的年储存成本为10元，则该材料的经济订货批量决策模型设计如下：

创建“基本的经济订货批量决策模型”工作表，输入基本数据资料，如图7-19所示。

	A	B
1	基本的经济订货批量决策模型	
2	基本数据资料	
3	全年需要量(千克)	36000
4	每次订货成本(元)	800
5	单位材料年储存成本(元)	10
6	材料单价(元)	40

图7-19　基本的经济订货批量决策模型基本数据

在工作表上创建存货经济订货批量决策分析区，将有关单元格定义为相关项目，如图7-20所示。

	A	B
5	单位材料年储存成本(元)	10
6	材料单价(元)	40
7		
8	存货经济订货批量决策分析区	金额单位：元
9	经济订货批量(千克)	
10	经济订货批量总成本	
11	最佳订货次数(次)	
12	最佳订货间隔期(天)	
13	经济订货批量占用资金	

图7-20　存货经济订货批量决策分析区

将上述基本模型公式分别输入单元格B9、B10、B11、B12、B13中，即可得到下面的计算结果，如图7-21所示。

	A	B
5	单位材料年储存成本(元)	10
6	材料单价(元)	40
7		
8	存货经济订货批量决策分析区	金额单位：元
9	经济订货批量(千克)	2400
10	经济订货批量总成本	24000
11	最佳订货次数(次)	15
12	最佳订货间隔期(天)	24
13	经济订货批量占用资金	48000

图7-21　基本的经济订货批量决策模型

以上基本的经济订货批量决策模型是在满足相关假设条件下才成立的。但在实际工作中，能够同时满足这些假设条件的情况并不常见，为了使模型更接近实际情况，需要对基本模型进行适当扩展。

7.3.2 扩展的经济订货批量模型

扩展的经济订货批量模型是在不能逐一满足基本模型的假设条件下，对基本的经济订货批量决策模型的相关项目所做的必要的修改。通常需要考虑的情况包括以下几个方面：

1）订货提前期

在很多情况下，企业的订货因存在运输、结算等问题，不能做到随订随到，也就是说，企业从订货至货物到达企业需要有一段时间，所以不能等到存货全部用完后再去组织订货，而是需要提前订货，这段时间称作订货提前期，也就是交货所需时间，通常用L表示。此时，企业存货尚有一定的库存量，我们称之为再订货点，可以用R表示。若企业平均每日存货耗用量为d，则有：

再订货点R=L×d

2）保险储备量

在基本的经济订货批量决策模型下，我们假定的是存货需求量一定，交货时间不变。但在实际工作中，每日需求量可能会发生变化，交货时间也可能会发生变化，这样，按照确定的订货批量和再订货点发出订单后，如果存货的需求量增大或到货时间延迟，就会发生缺货或存货供应中断的情况，从而影响企的业生产经营。为了防止由于这些意外因素所引起的存货供应中断，并避免由此造成的损失，企业有必要多储备一些存货以备不时之需，这部分超过正常储备量而储备的存货称为保险储备量或安全储备量，可以用字母B表示。保险储备量通常按保险储备天数计算，若保险储备天数为t，则有：

保险储备量B=d×t

而此时，

再订货点R（B）=L×d+B

或

R=L×d + d×t

需要说明的是，订货提前期和保险储备量并不影响经济订货批量的确定，只是在企业所需存货不能做到瞬时到达的情况下，确定企业存货尚存多少时进行下一次订货（确定再订货点）。

【例7-8】假如【例7-7】中的存货不能做到瞬时到货，需要提前订货，若交货所需时间即订货提前期L为5天，并设3天的保险储备量（存货平均每日需要量d=D/360），则可以在此基础上进行基本模型的扩展。

首先，创建“扩展的经济订货批量模型”工作表，输入基本数据。然后，定义各单元格的相关项目，输入上述再订货点和保险储备的相关公式，即可得到相关模型，如图7-22所示。

	A	B
1	扩展的经济订货批量模型	金额单位：元
2	基本数据资料	
3	全年订货量（千克）	36000
4	每次订货成本	800
5	单位材料年储存成本	10
6	材料单价	40
7	交货所需时间（天）	5
8	保险储备天数（天）	3
9	交货期内每日送货量（千克）	480
10		
11	再订货点分析	
12	平均每日需要量（千克）	100
13	再订货点库存量（千克）	500
14	保险储备量（千克）	300
15	含保险储备的再订货点（千克）	800

图7-22 扩展的经济订货批量模型——再订货点分析

3）存货的陆续供应与使用

在实际工作中，存货的供应可能不是一次集中入库的，而是陆续入库的，尤其是对于从多个供应商处采购存货以及生产成品入库、在库产品的转移等情况。在这种存货陆续供应与使用的情况下，应该对基本模型作必要的修改。

如果存货是边供应边使用，在每批存货到达后，即有：

$$最高库存量=Q-\frac{Q}{G}\times d$$

$$平均库存量=\frac{Q-Q/G\times d}{2}$$

式中：G——交货期内平均每日的送货量；

d——每日需用量；

Q——每期订货量。

此时，存货总成本的表达式为：

$$TC=\left(\frac{Q}{D}\right)\times K+\frac{Q}{2}\times\left(1-\frac{d}{G}\right)\times C$$

同样，求总成本TC的极小值，可以得到存货陆续供应与使用的经济订货批量公式：

$$Q^{*}=\sqrt{\frac{2KD}{C}\times\frac{G}{G-d}}$$

并得到总成本的计算公式：

$$TC^{*}=\sqrt{2KDC\times\left(1-\frac{d}{G}\right)}$$

【例7-9】假如【例7-7】中的存货不是一次集中入库的，而是陆续均匀入库的，我们可以在“扩展的经济订货批量模型”工作表中进行陆续供货和使用的经济订货批量分析。

设置陆续供货和使用的经济订货批量分析区，按需要定义各单元格项目，并分别输入上述陆续供应与使用存货的有关公式，即可得到分析结果，如图7-23所示。

	A	B	C	D	E
1	扩展的经济订货批量模型				
2	基本数据资料			陆续供货和使用的经济订货批量分析	
3	全年订货量(千克)	36000		平均每日送货量(千克)	480
4	每次订货成本(元)	800		最高库存量(千克)	2135.41565
5	单位材料年储存成本(元)	10		平均库存量(千克)	1067.707825
6	材料单价(元)	40		经济订货批量(千克)	2697.367137
7	交货所需时间(天)	5		经济批量总成本(元)	21354.1565
8	保险储备天数(天)	3			
9	交货期内每日送货量(千克)	480			
10					
11	再订货点分析				
12	平均每日需要量(千克)	100			
13	再订货点库存量(千克)	500			
14	保险储备量(千克)	300			
15	含保险储备的再订货点(千克)	800			

图7-23 陆续供货和使用的经济订货批量分析

4）考虑数量折扣的经济订货批量模型

数量折扣是指供应商对于一次购买某货品数量达到或超过规定限度的客户，在价格上给予优惠的情况。此时，存货总成本不仅包含订货成本和储存成本，采购成本也成为其决策中的重要相关因素。订货成本、储存成本、采购成本的基本公式为：

$$订货成本=\left(\frac{D}{Q}\right)\times K$$

$$储存成本=\frac{Q}{2}\times\left(1-\frac{d}{G}\right)\times C$$

$$采购成本=DP\times(1-f)$$

式中：f——数量折扣，其他符号同前所述。

这时，订货批量总成本公式为：

$$TC=\left(\frac{D}{Q}\right)\times K+\frac{Q}{2}\times\left(1-\frac{d}{P}\right)\times C+DP\times(1-f)$$

或：

TC=订货成本+储存成本+采购成本

这时，比较简单的做法是，可以通过比较不同采购数量下的总成本，选取总成本TC最低时的订货批量即为最优订货批量Q^*。

【例7-10】某企业每年需要某零部件8 100件，每次订货费用为200元，每个零部件的年存储成本为4元。供货商提供的订货价格见表7-2。

表7-2 订货价格

订货数量（S件）	订货价格（元）
S<1 000	10.00
1 000≤S<2 000	9.80
2 000≤S<3 000	9.60
S≥3 000	9.40

创建“有数量折扣的经济订货批量模型”工作表，输入基本数据，如图7-24所示。

	A	B	C	D	E
1	有数量折扣的经济订货批量模型				
2	基本数据资料				
3	全年需要量（件）	8100		订货量（S件）	单价（元）
4	每次订货成本（元）	200		S<1000	10
5	单位零件年储存成本(元)	4		1000≤S<2000	9.8
6	零部件单价(元)	见右表		2000≤S<3000	9.6
7	基本模型的经济批量(件)	900		S≥3000	9.4

图7-24 有数量折扣的经济订货批量模型（一）

在工作表上设置成本分析区，将有关成本项目输入单元格，并将上面成本计算公式对应输入各单元格，即可得到下面的分析结果，如图7-25所示。

	A	B	C	D	E
1	有数量折扣的经济订货批量模型				
2	基本数据资料				
3	全年需要量（件）	8100		订货量（S件）	单价（元）
4	每次订货成本（元）	200		S<1000	10
5	单位零件年储存成本（元）	4		1000≤S<2000	9.8
6	零部件单价（元）	见右表		2000≤S<3000	9.6
7	基本模型的经济批量（件）	900		S≥3000	9.4
8					
9	有数量折扣的经济订货批量模型				
10	订货数量(件)	订货成本（元）	储存成本（元）	购买成本（元）	总成本（元）
11	900	1800	1800	81000	84600
12	1000	1620	2000	79380	83000
13	2000	810	4000	77760	82570
14	3000	540	6000	76140	82680
15					
16	最佳订货批量下其他相关资料				
17	经济批量(件)	订货次数（次）	订货间隔期（天）	相关总成本（元）	占用资金（元）
18	2000	4	89	82570	9600

图7-25 有数量折扣的经济订货批量模型（二）

从上述分析结果可知，当企业每次订货批量为2 000件时，总成本最低，为82 570元，则2 000件应是企业确定的经济订货批量。同时在这一批量下，全年订货次数为4次，订货间隔期为89天，该零部件平均库存占用资金为9 600元。

本章小结

流动资产管理是企业财务管理的重要组成部分，主要包括现金管理、应收账款管理和存货管理。

现金管理目标是采用一定的方法找出最佳现金持有量。常用的确定最佳现金持有量的方法有成本分析模式和存货管理模式。另外，利用Excel提供的规划求解工具，可以更快速、精确地求出最佳现金持有量。

应收账款管理除了要进行账龄分析外，更重要的是要制定合理的应收账款信用政策。可采用应收账款信用政策分析模型进行分析，包括企业赊销策略模型和收账政策模型的应用。

存货管理最主要的内容就是在各种存货成本和存货收益之间做出权衡，确定经济订货批量，即在企业的生产和供应条件一定时，有关存货成本最低的采购批量，包括基本的经济订货批量模型和扩展的经济订货批量模型。其中，基本的经济订货批量决策模型是建立在一系列假设的基础之上；而扩展的经济订货批量模型则是在不能逐一满足基本模型的假设条件下，对基本的经济订货批量决策模型的相关项目所做的必要的修改。需要修改的通常有订货提前期、保险储备、存货的陆续供应与使用、有数量折扣的订购等几种情况，所以我们还要根据不同情况，建立对应的扩展的经济订货批量模型。

主要概念

流动资产管理　应收账款信用政策分析模型

基本训练

□ 知识题

（1）现金资产管理的模型有哪些？目标是什么？

（2）规划求解工具可用来解决哪些问题？

（3）应收账款管理模型主要有哪些？

（4）存货管理模型主要包括哪些？扩展的经济订货批量模型一般有哪几种情况？

□ 技能题

（1）某企业现有A、B、C、D四种现金持有方案，有关成本资料见表7-3。

表7-3　　现金持有量备选方案表　　金额单位：元

项　目	方案A	方案B	方案C	方案D
现金持有量	10 000	20 000	30 000	40 000
机会成本率	12%	12%	12%	12%
短缺成本	5 600	2 500	1 000	0

要求：应用成本分析模式模型，建立最佳现金持有量分析表和分析图。

（2）某企业现金收支状况比较稳定，预计全年（按360天计算）需要现金20 000 000元，现金与有价证券的转换成本为每次100元，有价证券的年利率为10%。企业要求的最低现金余额为180 000元。

要求：

①应用存货管理模式建立最佳现金余额分析模型，计算出相应指标。

②通过规划求解工具建立最佳现金资产余额分析模型，计算出相应指标。

（3）某企业全年需要某种材料3 600吨，单价为500元，每次采购成本为3 600元，每吨材料年保管费用为200元。

要求：应用基本的经济订货批量模型，确定该材料经济订货批量、采购间隔期、订货总成本及占用资金额。

□ 能力题

（1）某企业原预测的年度销售收入净额（假定全部为赊销）为2 400万元。其信用条件是“N/30”，资本成本率（或有价证券利息率）为10%。假设企业收账政策不变，销售利润率为25%。该企业拟订了3个信用条件方案：方案A，维持“N/30”的信用条件；方案B，将信用条件放宽到“N/60”；方案C，将信用条件放宽到“N/90”。

不同信用条件下备选方案估计的赊销水平、坏账损失率和收账费用等有关数据见表7-4。

表7-4　信用条件备选方案表　金额单位：万元

项　目	方案A（N/30）	方案B（N/60）	方案C（N/90）
年赊销额	2 400	2 640	2 800
应收账款周转率（次数）	12	6	4
应收账款平均余额	200（2 400÷12）	440（2 640÷6）	700（2 800÷4）
坏账损失率	2%	3%	5%
坏账损失	48（2 400×2%）	49.2（1 640×3%）	140（2 800×5%）
收账费用	24	40	56

要求：根据以上资料，建立相关模型，并计算选择出最优方案。

（2）某企业甲材料的年需要量为4 000千克，每千克标准价为20元。该企业规定：客户每批购买量不足500千克的，按照标准价格计算；每批购买量在500千克以上、1 000千克以下的，价格优惠2%；每批购买量在1 000千克以上、2 000千克以下的，价格优惠3%。每批购买量在2 000千克以上的，价格优惠4%。已知每批进货费用为60元，单位材料的年储存成本为3元。

要求：在考虑数量折扣的情况下，确定该种材料的经济订货批量。

（3）某公司预测年度销售收入为6 000万元，企业销售毛利率为30%，资本成本率为10%。公司拟订A、B两个信用条件方案。A方案的信用条件为“N/60”，预计坏账损失率4为%，收账费用为80万元。B方案的信用条件为“2/10，1/20，N/60”，估计有70%（按销售额计算）的客户会利用2%的折扣，10%的客户会利用1%的折扣，坏账损失率为3%，收账费用为60万元。

要求：根据以上资料，运用信用政策分析模型，确定该企业应选择哪个方案。

（4）某公司需要一种零部件，相关资料如下：每件的购买单价为4元，每件年储存成本为单价的25%，每次订货成本为200元，全年平均日需用量为1 000件，公司确定的安全库存量为3 000件，交货时间（订货提前期）为5天。

要求：应用基本的经济订货批量决策模型和扩展的经济订货批量模型确定经济订货批量、全年订货次数和再订货点。同时，比较订货批量分别为10 000件、12 000件和15 000件时的年总成本。

第8章

销售预测和利润管理

学习目标

知识目标：掌握销售预测的方法，掌握利润管理基本内容。

技能目标：能够熟练运用Excel工具进行销售预测和定价决策，利用数据透视表功能进行销售业绩分析；能够熟练运用Excel工具对利润进行目标分析、因素分析和杠杆分析，学会编制利润计划表和进行完成情况分析。

素养目标：要实事求是，科学严谨，树立正确的利润观，关注社会责任和可持续发展。

8.1 销售预测

销售是企业生产经营活动中的一个重要环节，是取得营业收入的必要手段。加强销售管理、及时取得销售收入，对于企业不断进行再生产过程、实现资金循环、加速资金周转、获得盈利都有重要的意义。销售预测是指借助于历史销售资料及其他相关的信息，采用适当的方法，对未来一定时期产品的销售数量和销售状态及其变化趋势做出预计。

Excel的数据分析工具库提供了3种统计观测分析工具，即移动平均法、指数平滑法和回归分析法，可直接用于销售预测。

8.1.1 移动平均法

移动平均法是根据过去若干时期的销售数据计算其平均数，并将计算平均数的时期不断往后推移，每次只用最近若干期的数据进行预测的销售预测方法。

【例8-1】假设某企业2024年12个月的销售数据如图8-1所示。

要求：利用移动平均法预测2025年1月的销售量。

具体操作步骤如下：

（1）从功能区【数据】的选项卡中选择【数据分析】命令。

（2）打开【数据分析】对话框，选择【移动平均】选项，打开【移动平均】对话框，如图8-2所示。

（3）在【输入区域】框中输入“$B$3：$B$14”，在【间隔】框中输入“3”表明是进行3期移动平均，在【输出区域】框中输入“$C$3”，最后选择【图表输出】选项。

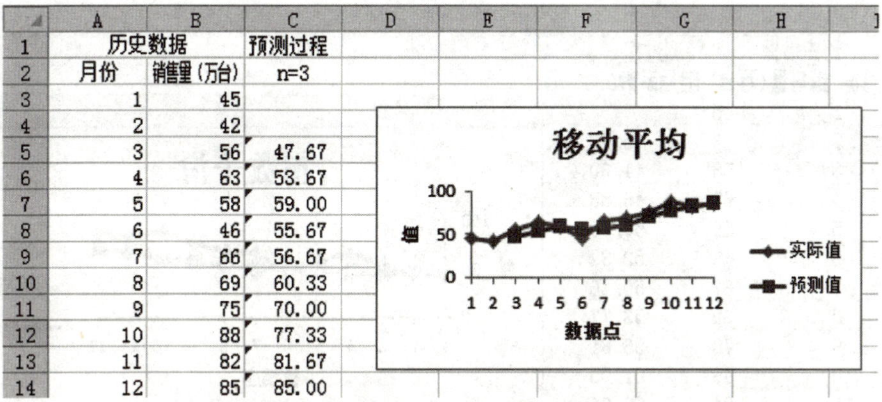

图 8-1　使用移动平均法预测销售量

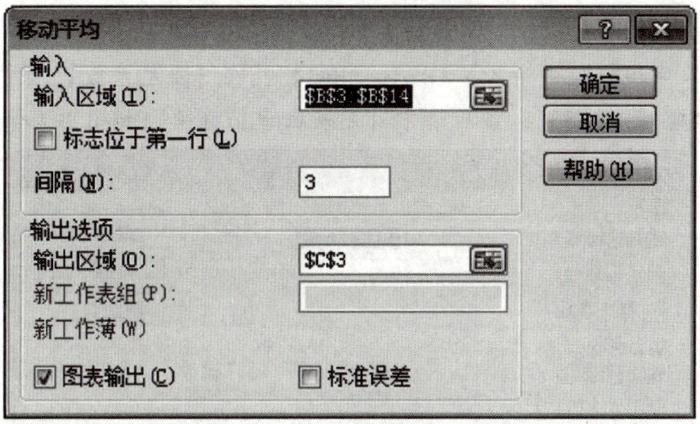

图 8-2　【移动平均】对话框

(4) 单击【确定】按钮，则运算结果就显示在单元格区域C3：C14中，如图8-1所示，同时图表也显示出来。其中单元格C14中的预测数据“85.00”，即为2025年1月的销售预测值。在实际工作中，可以分别采用几个不同的期数进行销售预测分析，从中选择预测误差最小的期数作为移动期数。

8.1.2　指数平滑法

指数平滑法是指根据近期的实际数据和预测数据，借助平滑系数进行销售预测的方法。平滑系数α的作用是适当消除偶然事件引起的实际数波动，使预测更为精确。平滑系数越大，或阻尼系数越小，近期实际数对预测结果的影响越大；反之，平滑系数越小，或阻尼系数越大，近期实际数对预测结果的影响越小。Excel中的指数平滑法需要使用阻尼系数。

【例8-2】假设某企业2024年12个月的销售数据如图8-3所示，假定阻尼系数为0.8。要求利用指数平滑法预测2025年1月份的销售量。

具体操作步骤如下：

(1) 从功能区【工具】选项卡中选择【数据分析】命令。

(2) 打开【数据分析】对话框，选择【指数平滑】选项，打开【指数平滑】对话框。

	A	B	C
1		历史数据	预测过程
2	月份	销售量(万台)	阻尼系数0.8
3	1	45	
4	2	43	45.00
5	3	56	44.60
6	4	67	46.88
7	5	58	50.90
8	6	43	52.32
9	7	67	50.46
10	8	69	53.77
11	9	78	56.81
12	10	89	61.05
13	11	84	66.64
14	12	87	70.11

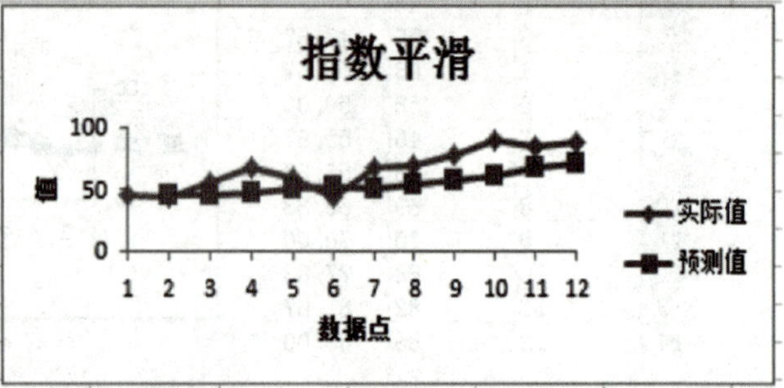

图 8-3　使用指数平滑法预测销售量

（3）在【输入区域】框中输入“$B$3：$B$14”，在【阻尼系数】框中输入“0.8”，在【输出区域】框中输入“$C$3”，最后选中【图表输出】选项，如图 8-4 所示。

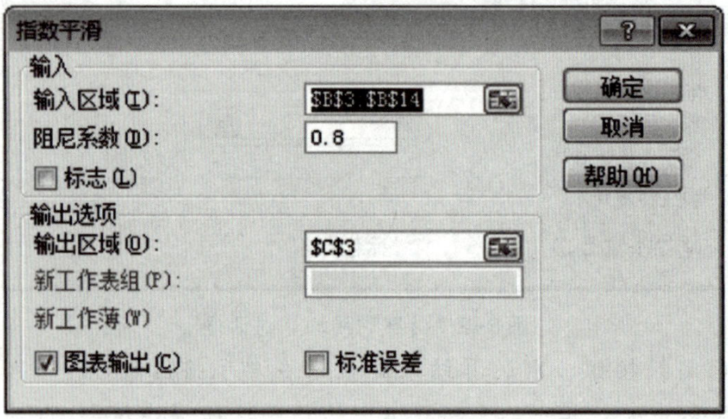

图 8-4　【指数平滑】对话框

（4）单击【确定】按钮，则运算结果就显示在单元格区域 C4：C14 中，如图 8-3 所示，同时图表也显示出来。其中单元格 C14 中的预测数据“70.11”即为 2025 年 1 月的销售量预测值。

在实际预测中，可以分别利用几个不同的阻尼系数进行预测分析，从中选择预测误差最小的阻尼系数作为预测模型的阻尼系数。

8.1.3　回归分析法

关于回归分析法我们在第 6 章已经介绍，在这里就不再赘述。

8.2　利润管理

利润是企业一定时期的经营成果，是企业生产经营活动的效率和效益的最终体现。利润的高低不仅反映企业的盈利水平，而且也反映企业的生存和竞争能力。企业只有最大限度地获取利润，才能在市场经济中求生存、得发展。利润是企业扩大再生产的主要资金来源，也是国家税收的重要保证。

8.2.1 利润管理基础分析

1）利润管理的基本内容

影响企业获取利润的因素有很多，从财务的角度来看，企业利润主要受销售收入和销售成本两大因素影响。销售收入取决于产品销售价格和销售数量，销售成本按成本习性可分为变动成本和固定成本。因此，当企业产销一种产品时，影响企业利润的因素具体涉及销售价格、销售数量、变动成本和固定成本4个方面。当企业产销多种产品时，影响利润的除了上述4个因素之外还包括产品结构因素。加强企业的利润管理，就是要对影响企业获取利润的有关因素进行认真分析，从而制订不同的方案，从中比较选优，顺利实现企业的经营目标。

企业的利润管理在通常情况下主要从3个方面进行：

一是对影响获取利润的若干因素进行分析，不仅要考虑本、量、利等单一因素发生变动的影响，而且要分析这些因素同时发生变化对利润的综合影响。我们可采用多因素变动分析的方法进行分析。

二是进行目标利润分析，在一定的利润目标要求下，综合调整有关的影响因素，求得实现这一目标水平的具体数值。我们可以采用单变量求解分析的方法进行分析。

三是进行企业利润杠杆分析，也称综合经营杠杆分析或联合经营杠杆分析。利润杠杆包括经营杠杆和财务杠杆，围绕企业成本、业务量和利润三者之间的关系，进行本、量、利分析，寻求降低成本、增加利润的途径。为此，我们可以采用单变量求解分析的方法进行分析。

2）利润管理基本分析方法

假设分析是利润分析中常用的方法，这里介绍一种常用的假设工具——【单变量求解】。

这是一种典型的逆运算过程。通常情况下，我们分析的基本是一系列从“因”到“果”的计算模型。但作为决策者，常常要考虑：“若结果是……那么必需的原因或条件是……”即如果已知一个公式的预期结果，而用于确定此公式结果的输入值未知，或者需要通过调整其他单元格的数值为某一单元格寻求一个特定值，就可以使用【单变量求解】功能。

通过【例8-3】，我们来了解一下【单变量求解】的计算方法。

【例8-3】某公司2025年的预计利润表见表8-1。现在，企业决策者希望知道如果2025年利润分别增至35 000元、40 000元、42 000元、45 000元、50 000元，销售收入、成本、费用、税金各是多少？（以销售收入为可变量，并假设成本率、费用率、税率保持不变）

表 8-1　　某公司2025年利润表数据

利润表项目	2025 年预计数(元)
营业收入	126 000
营业成本	56 700
毛利润	69 300
销售及管理费用	20 000
利息	550
利润总额	48 750
所得税	16 000
税后净利润	32 750

具体操作步骤如下：

(1) 新建工作表——单变量求解表（如图 8-5 所示）。将表 8-1 中的数据键入该工作表中，在键入时，为了单变量求解方便，利润变化之后，成本率、费用率、税金率等不变，成本、费用和税费等的键入方法如下：

(B4) =56 700÷126 000×B3

(B5) =B3-B4

(B6) =20 000÷126 000×B3

(B7) =550÷126 000×B3

(B8) =B5-B6-B7

(B9) =16 000÷126 000×B3

(B10) =B8-B9

输出结果如图 8-5 所示。

	A	B
1	单变量求解	
2	项目	2025年预计数(元)
3	营业收入	126000
4	营业成本	56700
5	毛利润	69300
6	销售及管理费用	20000
7	利息	550
8	利润总额	48750
9	所得税	16000
10	税后净利润	32750

图 8-5　单变量求解

(2) 选择功能区选项卡中的【数据】菜单条上的【模拟分析】，选择【单变量求解】命令，弹出对话框，如图 8-6 所示。

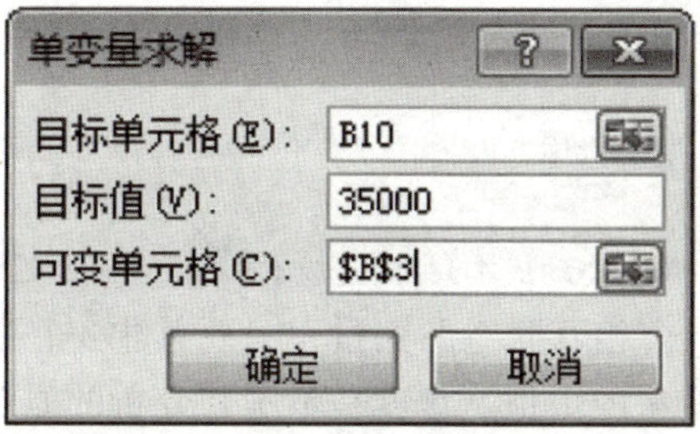

图8-6　【单变量求解】对话框

【目标单元格】表示期望控制的目标，这里填写“B10”，指税后净利润数；

【目标值】表示期望控制的目标的数值，这里填写“35 000”；

【可变单元格】表示可变动的参数，这里直接引用营业收入所对应的B3单元格。

(3) 单击【确定】按钮，弹出【单变量求解状态】对话框，显示计算结果。

小思考8-1

某公司生产和销售一种产品，其预计的目标利润为280 000元，在此目标下，销售单价为15元，销售数量为80 000件，固定成本为200 000元，单位变动成本为9元。如果目标利润变为300 000元，从单个因素来看，影响目标利润的4个基本要素该怎样调整呢？

8.2.2　量本利分析

企业经营的财务目标是获取最大利润，因此要求财务人员能随时掌握不同的产品销售数量下的利润水平，但这又不是一件易事，因为这受收入和成本的影响。尽管收入可以根据销售数量和单价直接反映，但成本却不能。不能用单位成本乘以数量来估计总成本，因为数量变化之后，单位成本也会变化。因此财务人员需要一个数学模型，在业务量与利润之间建立起直接的函数关系。反映这种函数关系的方法就是量本利分析法。

1）量本利分析概述

量本利分析是对成本、业务量和利润三者之间的关系进行分析，并揭示量、本、利内在变化规律的方法的简称。它是以成本性态分析和变动成本计算法为基础，对企业的固定成本、变动成本、销售量、销售额、单价、利润等变量之间的内在联系进行分析研究，揭示其内在变化规律，为企业预测、决策、规划和控制提供相关财务信息的一种定量分析的方法。

量本利分析建立在变动成本法的基础之上，这种分析包括保本分析和保利分析。保本分析是量本利分析的核心。

所谓保本是指企业在一定时期内的总收入等于总成本，处于不盈不亏、利润为零的状态。保本分析是研究企业在一定时期内实现某一既定目标利润时，成本和业务量之间相互关系的定量分析方法。这个方法的主要数学模型有损益方程式、贡献毛益方程式和量本利图。

（1）损益方程式。

利润=销售收入-总成本

=销售收入-销售成本-期间费用

=边际贡献-固定成本

=销售量×（销售单价-单位变动成本）-固定成本

上述基本关系中含有5个相互联系的变量，只要其中4个变量的值被确定，就可以利用该关系式推算出另一个变量的数值。这就是量本利分析的原理和根本目的。

同时可知，当利润等于零时的销售量就是盈亏平衡点销售量。其计算公式是：

$$\text{盈亏平衡点销售量}=\frac{\text{固定成本}}{\text{单位售价}-\text{单位变动成本}}$$

（2）贡献毛益方程式。

贡献毛益=产品的销售收入-变动成本

单位贡献毛益=产品的单价-单位变动成本

$$\text{盈亏平衡点销售量}=\frac{\text{固定成本}}{\text{单位边际贡献}}$$

$$\text{盈亏平衡点销售额}=\frac{\text{固定成本}}{\text{边际贡献率}}$$

（3）量本利图。

量本利图是以销售量为横轴、以成本或销售收入金额为纵轴建立一个直角坐标系，在坐标系中标出成本与利润之间的关系。

2）量本利分析模型

（1）单一产品量本利分析模型设计步骤。

①建立基本数据区。

【例8-4】某公司生产和销售一种产品，其原定的目标利润为100 000元，在此目标下，销售单价为12.5元，销售数量为60 000辆，固定成本为200 000元，单位变动成本为7.5元，据此设置基本数据区，具体如图8-7所示。

	A	B	C	D
1	多因素变动分析模型			
2	基本数据区			
3	因素	原值	变动百分比（%）	
4	销售单价（元）	12.5	0.00%	
5	销售数量（辆）	60000	0.00%	
6	固定成本（元）	200000	0.00%	
7	单位变动成本（元）	7.5	0.00%	
8	利润（元）	100000		
9				
10	分析结果	预计利润（元）	利润增减额	保本销售额
11		100000	0	40000

图8-7 单一产品的多因素变动分析模型

②建立多因素变动分析区。

多因素变动分析是指量、本、利发生变化时对利润的影响的定量分析，即研究销售数量、单价、成本等单一因素发生变化时对利润的影响和多个因素同时发生变化时对利润的影响及程度。

在Excel中，我们可以利用用户图形接口工具（滚动条、微调按钮等）建立多因素变动分析区，它能非常方便、直观地进行多因素变动分析。其建立方法主要包括以下两个步骤：

第一步：激活【窗体】工具栏，即点击【开发工具】的【插入】按钮，并选择【表单控件】。

第二步：为各个因素建立一个【滚动条】控件。

在实践中，经常发生一个或多个因素发生变动从而导致利润发生变化的情况。因此，本教材针对多因素变动分析区，在考虑各因素在合理的范围内变动的基础上，在各因素处建立一个【滚动条】控件，用户可以通过使用该【滚动条】控件，按一定的变动百分比在合理范围内改变各因素，从而进行量本利的相关分析。

下面以用户要求各因素的变动百分比为-25%~+25%、变动增减幅度为1%，建立销售单价的【滚动条】控件为例，讨论其建立的方法。

建立程序如下：

第一，给销售单价建立一个【滚动条】控件。

单击【开发工具】中的【插入】，选择【表单控件】工具栏中的【滚动条】按钮。在工作表的合适位置（这里为D4单元格）拖出一个矩形的【滚动条】控件。

如果【开发工具】选项卡不可用，请执行下列操作以显示此选项卡：

A.单击【文件】选项卡，单击【选项】，然后单击【自定义功能区】类别。

B.在【主选项卡】列表中选择【开发工具】复选框，然后单击【确定】。

第二，给销售单价【滚动条】控件设置参数。

将鼠标指针移到新建立的【滚动条】控件上，单击右键，出现快捷菜单，选择【设置控件格式】命令，出现【设置控件格式】对话框，如图8-8所示。

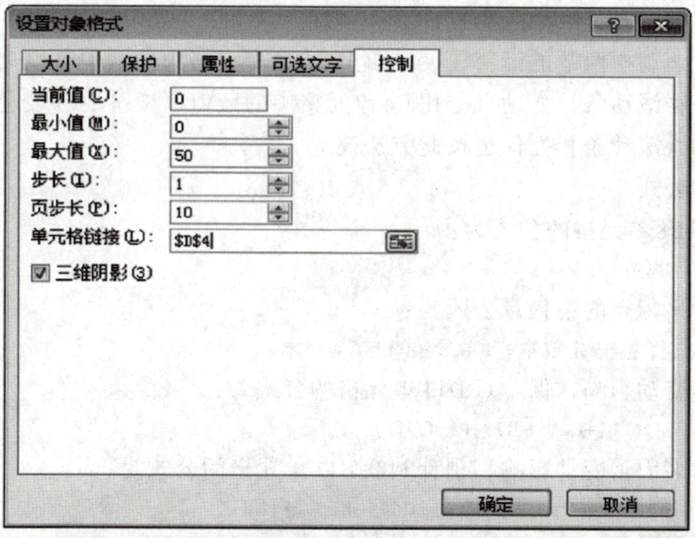

图8-8 【设置控件格式】对话框

在【控制】选项卡各选项中输入数值，其中：

【最大值】和【最小值】定义由【滚动条】控件表示的值的范围。此例中，在【最大值】框中输入“50”，在【最小值】框中输入“0”。

【步长】表示当用户单击滚动栏一端箭头时滚动的单位数。此例中，输入“1”。

【页步长】表示用户用鼠标在滚动条内空白处单击时滚动的单位数。此例中，输入“10”。

【单元格链接】表示将该滚动条的值链接到滚动条所在的单元格。此例中，输入“$D$4”。

本来【滚动条】控件的【单元格链接】应链接到C4单元格，当移动滚动条时（或单击滚动栏两端箭头时），在C4单元格——变动百分比单元格显示当前值，此时，在【设置控件格式】对话框的【当前值】选项中也显示该值。但是各个选择项不能输入小数或百分数，如果直接链接到C4单元格，则得不到所需的百分数，因此，现将其值存放在D4单元格，然后再与C4单元格建立链接。

【三维阴影】决定该控件是否有一个三维外观。

单击【确定】按钮，完成【滚动条】控件的参数设置。

第三，建立变动百分比与【滚动条】控件的联系。

D4单元格存放【滚动条】控件的参数值（最大值=50，最小值=0），为使C4单元格与【滚动条】控件建立联系，并使其值从-25%变化到+25%，应进行以下操作：

A.单击C4单元格，输入公式“=D4/100-25%”；

B.右键单击C4单元格，选择【设置单元格格式】菜单；

C.在显示的【设置单元格格式】对话框中，选择【数字】选项；

D.在一系列数字分类中选择【百分比】；

E.单击【确定】按钮，将C4单元格变为百分比格式。

这样，变动百分比与【滚动条】控件建立了联系，并且其值范围从-25%变化到+25%。

第四，试用和检查【滚动条】控件。

每单击一次滚动栏两端的箭头，变动百分比C4单元格中的数值就以1%变化。在滚动框与两端之间单击滚动条，变动百分比C4单元格中的数值以增量10%变化。

其他因素的【滚动条】控件也按此方法建立。

③建立计算公式。

第一，利润B8单元格的公式为：

B5*（B4-B7）-B6

第二，盈亏平衡点的销售量公式为：

盈亏平衡点的销售量=固定成本÷（单价-单位变动成本）

考虑多因素变动影响，保本点D11单元格的公式为：

B6*（1+C6）/（B4*（1+C4）-B7*（1+C7））

第三，考虑多因素变动影响，预计利润B11单元格的公式为：

（B4*（1+C4）-B7*（1+C7））*B5*（1+C5）-B6*（1+C6）

第四，利润增减额C11单元格的公式为：

B11-B8

（2）多因素变动分析模型的使用。

在实际工作中，不仅会出现单一因素变化的情况，也常常会出现某一因素的变动，如外部环境条件发生变化、企业拟采用某些新的经营举措等，使销售单价、成本数量等同时发生变动，从而出现利润发生变化的情况。利用多因素变动分析模型可以方便、及时地分析各种因素单独变化以及多因素同时变化对利润的影响，有利于管理者进行决策。

①单一因素的改变对利润的影响。

【例8-5】某公司计划采取一项计算机管理程序，以提高工作效率，使单位变动成本降低5%，请预测其对利润的影响。

分析：只需在多因素变动分析模型中，拖动单位变动成本的滚动条，如图8-9所示。当单位变动成本的变动百分比的值不断改变时，预计利润的值也自动变化。当单位变动成本的变动百分比的值变为-5%时（此时其他因素的变动百分比的值为0），预计利润为122 500元，利润增减额为22 500元，它是实行该管理程序开支的上限。如果实行该管理程序的开支不超过22 500元，则可以从当年的新增利润中得到补偿，并可以长期受益。如果开支超过22 500元，则需要慎重考虑这项管理程序的可行性。

	A	B	C	D
1	单一因素变动分析模型			
2	基本数据区			
3	因素	原值	变动百分比（%）	
4	销售单价（元）	12.5	0.00%	
5	销售数量（辆）	60000	0.00%	
6	固定成本（元）	200000	0.00%	
7	单位变动成本（元）	7.5	-5.00%	
8	利润（元）	100000		
9				
10	分析结果	预计利润（元）	利润增减额(元）	保本销售额
11		122500	22500	37209.30233

图8-9 单一因素的改变对利润的影响

②多因素的改变对利润的影响。

【例8-6】某公司按照规定普调工资，使单位变动成本增加7%、固定成本增加2%，这将导致利润下降。为了抵消这种影响，该公司拟采取两种措施：一种是将销售单价提高7%，因提高价格，使销售数量降低10%；另一种是降低销售单价4%，则增加销售数量18%。试分析该公司采用哪一种措施更有利。

仍按照图8-9的模型进行多因素变动分析模型的方案比较。具体操作步骤如下：

①单击单位变动成本的滚动条按钮，使其变动百分比为7%。

②单击固定成本的滚动条按钮，使其变动百分比为2%（此时其他因素的变动百分比的值为0）。

因此，可以观察到调整工资以后，如果不采取措施，则利润为109 250元，利润增减额为-40 750元。

采取第一种措施：分别调整销售单价和销售数量滚动条按钮，使其变动百分比分别为7%、-10%，此时，可以观察到调整工资并采取第一种措施以后，预计利润变为133 050元，利润增减额为-16 950元。

多因素的变化对利润所产生的影响如图8-10所示。

	A	B	C	D
1	多因素变动分析模型			
2	基本数据区			
3	因素	原值	变动百分比（%）	
4	销售单价（元）	12.5	7.00%	
5	销售数量（辆）	70000	-10.00%	
6	固定成本（元）	200000	2.00%	
7	单位变动成本（元）	7.5	7.00%	
8	利润（元）	150000		
9				
10	分析结果	预计利润（元）	利润增减额(元)	保本销售额
11		133050	-16950	38130.84112

图 8-10　改变多因素对利润的影响

采取第二种措施：分别调整销售单价和销售数量滚动条按钮，使其变动百分比分别为-4%、18%，此时，可以观察到调整工资并采取第二种措施以后，预计利润变为124 335元，利润增减额为-25 665元。

结论：对两种措施进行比较分析，第一种措施的利润额较高，因此应该采取第一种措施。

③盈亏平衡图。

在Excel中绘制盈亏平衡图之前，首先，要根据量、本、利之间的关系，以及成本分类（固定成本和变动成本）的相关数据，计算出贡献毛益及盈亏平衡点销售量。其次，需要得到成本习性表，即预测在不同的销售收入水平下，相应的成本和利润的数值。

【例 8-7】根据2024年6月份的数据，绘制出振华公司的盈亏平衡图。

第一，绘制出振华公司的量本利关系表，如图8-11所示。

	A	B	C	D
1	量本利关系表（2024年6月）			
2				
3	单位：振华公司	2024年6月30日		单位：元
4	项目		金额	
5	销售收入		300000	
6	变动成本		124775.25	
7				
8	贡献毛益		175224.75	
9	固定成本		101354.46	
10	营业利润		73870.29	
11	贡献毛益率		0.58	
12	变动成本率		0.42	
13				
14	盈亏平衡点销售额		173527.64	

图 8-11　量本利关系表

销售收入来自利润表中的本月发生数："C5=［利润表06］六月份！B5"。

变动成本和固定成本是根据成本分类数据测算出来的。其中：

贡献毛益：C8=C5-C6

营业利润：C10=C8-C9

贡献毛益率：C11=C8/C5

变动成本率：C12=C6/C5=1-C11

盈亏平衡点销售额：C14=C9/C11

第二，编制成本习性表。

为了分析企业的盈亏平衡点，我们假设企业的决策者在对企业的收入、成本和利润进行分析后，得到企业月份的成本习性表，如图8-12所示。其中：

销售收入：是假设数据，以供分析之用。

固定成本：来自“量本利关系表”中的固定成本数据，即“B5=量本利关系表!$C$9”。

变动成本：来自“量本利关系表”中的单元格C12，即“C5=量本利关系表!$C$12*成本习性表!A4”。

总成本：等于固定成本加变动成本，即“D4=B4+C4”。

营业利润：等于销售收入减去总成本，即“E4=A4-D4”。

营业利润率：等于营业利润除以销售收入，即“F5=E5/A5”。

单元格区域A5：F14的数据可以用拖动“填充柄”的方法自动复制。

第三，绘制盈亏平衡图。

按住Ctrl键同时选中A3：A14、B3：B14、D3：D14，即销售收入、固定成本、总成本及其数据所在区域，点击功能区【插入】中【折线图】下的【二维折线图】，选择【显示随时间或有序类别变化的趋势线】，即可得到图8-12。

	A	B	C	D	E	F
1	成本习性表					
2	单位：振华公司	2024年6月30日			单位：元	
3	销售收入	固定成本	变动成本	总成本	营业利润	营业利润率
4	0	101354.46	0	101354.5	-101354.46	
5	50000	101354.46	21000	122354.5	-72354.46	-144.71%
6	100000	101354.46	42000	143354.5	-43354.46	-43.35%
7	150000	101354.46	63000	164354.5	-14354.46	-9.57%
8	200000	101354.46	84000	185354.5	14645.54	7.32%
9	250000	101354.46	105000	206354.5	43645.54	17.46%
10	300000	101354.46	126000	227354.5	72645.54	24.22%
11	350000	101354.46	147000	248354.5	101645.54	29.04%
12	400000	101354.46	168000	269354.5	130645.54	32.66%
13	450000	101354.46	189000	290354.5	159645.54	35.48%
14	500000	101354.46	210000	311354.5	188645.54	37.73%

图8-12 成本习性表

单击【数据源】对话框中的【完成】按钮，即可得到“盈亏平衡图”，如图8-13所示。

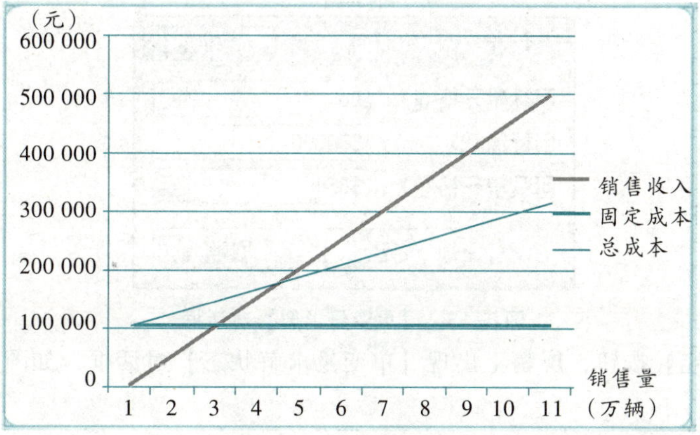

图8-13 盈亏平衡图

8.2.3 目标利润分析

在量本利分析的诸个相关联的要素中，核心要素是目标利润，它既是企业经营活动的活力和目标，也是量本利分析的中心。如果企业在经营中根据实际情况规划了目标利润，那么对其他因素的调整就是实现目标利润的条件，主要包括对销售单价、产销量、固定成本和单位变动成本等因素的调整。Excel提供的【单变量求解】工具能够帮助我们方便地完成此项分析工作。

【例8-8】某公司生产和销售一种产品，其原定的目标利润为366 000元，在此目标下，销售单价为17元，销售数量为90 000俩，固定成本为300 000元，单位变动成本为9.6元。现在假定该公司将目标利润定为380 000元。请分析从单个因素来看，影响目标利润的4个基本要素该怎样调整，资料如图8-14所示。

	A	B
1	目标利润分析	
2	基本数据区	
3	因素	原值
4	销售单价（元）	17
5	销售数量（辆）	90000
6	固定成本（元）	300000
7	单位变动成本（元）	9.6
8	利润（元）	366000

图8-14　目标利润分析

1）提高销售单价

操作分析步骤如下：

①选择目标单元格即利润所在的单元格B8。

②选择【数据】项下的【模拟分析】命令，打开【单变量求解】对话框。

③此时目标单元格编辑框中已有利润单元格地址B8，如果该地址有误，可重新输入正确的地址。

④在【目标值】编辑框中输入目标利润“380 000”元。

⑤在【可变单元格】编辑框中输入销售单价单元格地址“$B$4”，如图8-15所示。

图8-15　【单变量求解】对话框

⑥单击【确定】按钮，屏幕上出现【单变量求解状态】对话框，如图8-16所示。

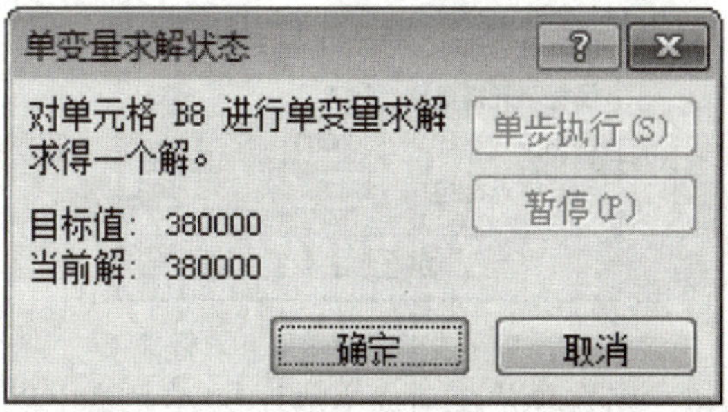

图8-16　【单变量求解状态】对话框

⑦单击【确定】按钮，则在销售单价地址B4单元格中以计算结果“17.16”代替原值“17”，即当目标利润为380 000元时，销售单价应该提高到17.16元。

2）增加产销量

操作分析步骤如下：

①选择目标单元格即利润所在的单元格B8。

②选择【数据】项下的【模拟分析】，打开【单变量求解】对话框。

③在【目标值】编辑框中输入目标利润“380 000”元。

④在【可变单元格】编辑框中输入销售数量单元格地址“$B$5”。

⑤单击【确定】按钮，屏幕上出现【单变量求解状态】对话框。

⑥单击【确定】按钮，则在销售数量地址B5单元格中以计算结果“91 891.89”代替原值“90 000”，即当目标利润为380 000元时，销售数量应该提高到91 891.89元。

3）降低固定成本

操作分析步骤如下：

①选择目标单元格即利润所在的单元格B8。

②选择【数据】项下的【模拟分析】，打开【单变量求解】对话框。

③在【目标值】编辑框中输入目标利润“380 000”元。

④在【可变单元格】编辑框中输入固定成本单元格地址“$B$6”。

⑤单击【确定】按钮，屏幕上出现【单变量求解状态】对话框。

⑥单击【确定】按钮，则在固定成本地址B6单元格中以计算结果“286 000”代替原值“300 000”，即当目标利润为380 000元时，固定成本应该降低到286 000元。

4）降低单位变动成本

操作分析步骤如下：

①选择目标单元格即利润所在的单元格B8。

②选择【数据】项下的【模拟分析】，打开【单变量求解】对话框，如图8-17所示。

③在【目标值】编辑框中输入目标利润“380 000”元。

④在【可变单元格】编辑框中输入单位变动成本单元格地址“$B$7”。

⑤单击【确定】按钮，屏幕上出现【单变量求解状态】对话框。

图8-17 【单变量求解】对话框

⑥单击【确定】按钮，则在单位变动成本地址B7单元格中以计算结果“9.44”代替原值“9.6”，即当目标利润为380 000元时，单位变动成本应该降至9.44元。

小思考8-2

有一个公式：80-0.3Y=30+10Y，你知道如何求出Y的值吗？你还有更好的方法吗？

8.2.4 利润综合杠杆分析

企业经营分析中的一个重要方面是进行企业利润杠杆分析。利润杠杆分析包括经营杠杆分析和财务杠杆分析。

1）经营杠杆分析

经营杠杆分析涉及企业固定运营成本水平及其变动程度分析，而企业经营杠杆能力，就是包括固定制造成本、固定销售费用和固定管理费用等固定性经营成本在内的经营程度杠杆。经营杠杆系数（DOL）就是指因固定性费用的存在所导致的息税前利润随产量变动而变动的程度。其计算公式为：

$$DOL=\frac{\text{产量变动百分比}}{\text{息税前利润变动百分比}}$$

$$=\frac{\text{销售额}-\text{变动成本}}{\text{销售额}-\text{变动成本}-\text{固定成本}}$$

【例8-9】震源公司目前有A、B两个投资方案，其成本资料见表8-2。

表8-2 震源公司成本资料 金额单位：元

投资方案	固定成本	单位变动成本
方案A	135 000	40
方案B	95 000	90

试根据以上资料，结合经营杠杆分析法，分析当销售量为多少时，两个投资方案在成本上没有任何区别，均达到损益平衡点。具体操作步骤如下：

①建立工作表——经营杠杆分析，如图8-18所示。

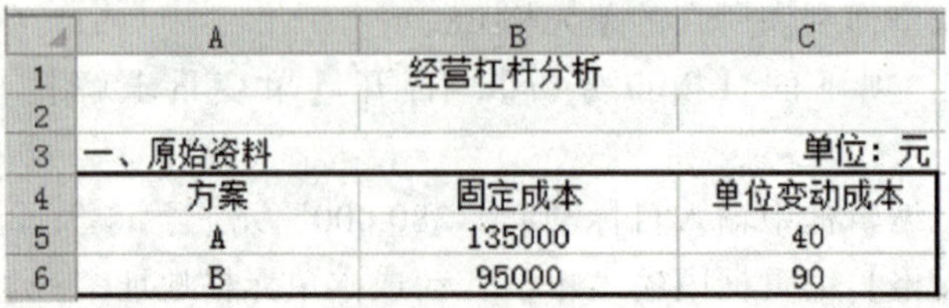

	A	B	C
1		经营杠杆分析	
2			
3	一、原始资料		单位：元
4	方案	固定成本	单位变动成本
5	A	135000	40
6	B	95000	90

图8-18 经营杠杆分析（原始资料）

②输入销售量资料，可以用“填充柄”的方式填写。

③分别求出方案A、B的总成本。B10=$B$5+$C$5*A10；C10=$B$6+$C$6*A10（其余单元格的数值可以采用“填充柄”的方式填写）。

④求出A、B两方案总成本之间的差额，如图8-19所示。D10=B10-C10，即可得到销售量为720时的差额（其余单元格的数值可以采用“填充柄”的方式填写）。

	A	B	C	D
8	二、成本比较			单位：元
9	销售量	方案A的成本	方案B的成本	A、B成本之间的差额
10	720	163800	159800	4000
11	740	164600	161600	3000
12	760	165400	163400	2000
13	780	166200	165200	1000
14	800	167000	167000	0
15	820	167800	168800	-1000
16	840	168600	170600	-2000
17	860	169400	172400	-3000
18	880	170200	174200	-4000

图8-19　经营杠杆分析（成本比较）

分析：如图8-19所示，销售量为800时，方案A、B之间的成本差额为零，也就是说这两个方案在损益平衡点的销售量为800。因此，如果公司决策者预测销售量小于800，则应选择方案B；如果预测销售量大于800，则应选择方案A；如果预测销售量等于800，则方案A、B无任何差别，两个方案均可采用。

例如，该公司的销售额为120万元，经营杠杆系数DOL为：

DOL=（240-140）/（240-50-140）=2

小知识8-1

经营杠杆原理

经营杠杆原理，指在企业生产经营中由于存在固定成本而使利润变动率大于产销量变动率的规律。根据成本性态，在一定产销量范围内，产销量的增加一般不会影响固定成本总额，但会使单位产品固定成本降低，从而提高单位产品利润，并使利润增长率大于产销量增长率；反之，产销量减少，会使单位产品固定成本升高，从而降低单位产品利润，并使利润下降率大于产销量的下降率。所以，产品只有在没有固定成本的条件下，才能使贡献毛益等于经营利润，使利润变动率与产销量变动率同步增减，但这种情况在现实中是不存在的。由于存在固定成本，利润变动率大于产销量变动率，因此，在管理会计和企业财务管理中常根据计划期产销量变动率来预测计划期的经营利润。为了对经营杠杆进行量化，企业财务管理和管理会计把利润变动率相当于产销量（或销售收入）变动率的倍数称为“经营杠杆系数”或“经营杠杆率”。

2）财务杠杆分析

财务杠杆分析主要是对企业举债经营的水平及其变动程度的分析，因此企业的财务杠杆系数（DFL）就是指因借入资金而产生的各种利息费用所导致的普通股每股盈余随息税前利润变动而变动的程度。其计算公式为：

$$DFL=\frac{每股盈余变动百分比}{息税前利润变动百分比}=\frac{息税前利润}{税前利润}$$

【例8-10】震源公司财务杠杆分析如图8-20所示。

	A	B	C	D
1	财务杠杆分析			
2				金额单位：万元
3				自有资金：200万元
4	负债比率	0%	60%	70%
5	息税前利润	40	40	40
6	利息费用	0	24	28
7	税前利润	40	16	12
8	所得税	13.2	5.28	3.96
9	税后利润	26.8	10.72	8.04
10	自有资金税后利润率（%）	13.40%	5.36%	4.02%
11	财务杠杆系数	1	2.5	3.33

图8-20　财务杠杆分析

3）综合杠杆分析

综合杠杆指的是经营杠杆和财务杠杆对利润变动的共同影响，即企业自有资金利润率随产量变动而相应变动的程度。通常用总杠杆系数（DTL）来衡量其大小，公式如下：

DTL=DOL*DFL

根据【例8-9】、【例8-10】的数据，可求出总杠杆系数，如图8-21所示。

	A	B	C	D
1	总杠杆系数			
2	资产负债率	0%	60%	70%
3	经营杠杆系数	2	2	2
4	财务杠杆系数	1	2.5	3.33
5	总杠杆系数	2	5	6.66

图8-21　总杠杆分析

本章小结

收入是实现企业利润的基础。在收入管理中，销售预测是基础。销售预测是借助于历史销售资料及其他相关的信息，采用适当的方法，对未来一定时期产品的销售情况及其变化趋势做出预计。销售预测的方法主要有移动平均法、指数平滑法和回归分析法等。Excel 2016提供了方便的工具可以直接进行销售预测。

利润管理是企业财务管理的重要内容之一，本章以Excel 2016为工具，重点讲述了3方面内容：一是对影响利润的因素进行多因素分析，二是进行目标利润分析，三是进行企业利润杠杆分析。

主要概念和观念

□ 主要概念

量本利分析　目标利润　财务杠杆

□ 主要观念

单变量求解主要用于利润管理中的基础分析的原因　进行量本利分析时利用Excel 2016衡量各个要素变动对利润的影响的方法

基本训练

□ 知识题

1）阅读理解

（1）什么是单变量求解？

（2）量本利分析法的基本概念是什么？

2）知识应用

（1）如何对单一产品进行量本利分析？

（2）如何进行目标利润分析？

□ 技能题

（1）如何进行经营杠杆、财务杠杆、综合杠杆分析？

（2）量本利分析法的基本关系式是什么？

□ 能力题

1）案例分析

资料：某企业生产销售甲、乙两种产品，其单价分别为10元和8元，贡献毛益率分别为30%和20%，预计销售量分别为2 000件和500件，生产固定成本总额为4 000元。

要求：

①计算甲、乙两种产品的盈亏临界点销售量；

②计算该企业的预计利润；

③做利润变动分析。

2）单元实训

（1）目的：利用Excel，直接确定量本利关系式及保本点。

资料：某公司只生产销售一种产品，每月产销量为2 000件，该产品单价为30元，单位变动成本为12元，每月固定成本为5 000元。

要求：

①建立单一产品量本利分析的多因素变动分析模型；

②建立各因素变动百分比分析模型，各因素的变动百分比为-25%~+25%；

③如果由于原材料涨价，该公司的单位变动成本增加5%，固定成本增加4%。该公司可以提高销售单价10%，这将导致销售量下降15%；也可以降低销售单价5%，这将增加销售量25%。请说明哪种措施对企业更有利。

（2）目的：利用Excel的单变量求解功能进行目标利润分析。

资料：某公司只生产销售一种产品，其原定的目标利润为280 000元，在此目标下，销售单价为15元，销售数量为80 000件，固定成本为200 000元，单位变动成本为9元。

要求：假定该公司将目标利润定为300 000元，从单个因素来看，试分析影响目标利润的4个基本要素应该做怎样的调整。

第9章

财务报表分析

学习目标

知识目标：掌握资产负债表、利润表、现金流量表三大报表的结构分析、趋势分析以及财务报表的相关比率分析和综合分析方法。

技能目标：能够利用Excel创建财务报表分析模型，实现对三大报表的结构分析、趋势分析以及财务报表的相关比率分析和综合分析等。

素养目标：树立法治观念，强化会计职业道德，增强全局意识。

9.1 财务报表分析概述

财务报表分析，是指以企业财务报表的相关资料为依据，运用一定的方法和手段，对企业财务报表提供的数据进行系统和深入的分析、研究，揭示相关指标之间的相互联系、指标变动情况以及形成原因，评价和剖析企业的财务状况与经营成果。财务报表分析不仅可以为有关各方提供全面、详细的财务信息，而且有助于企业管理层做出正确的经营决策。做好财务报表分析工作具有十分重要的意义。

9.1.1 财务报表分析的主体及分析目的

财务报表分析是企业财务管理工作的一项重要内容。财务报表分析的主体是指与企业有现实或潜在的利益关系，并希望通过分析企业财务状况而获得企业财务信息的单位或个人。也就是说，财务报表分析的主体绝不仅限于企业本身，还包括与企业利益有密切关系的相关各方，包括投资人、债权人、企业经营者、政府以及其他与企业经济利益有关系的单位或个人。这些利益主体出于不同的经济利益考虑，在利用企业财务报表进行分析时，虽然使用的资料相同，但分析的目的和侧重点有所不同。财务报表分析主体的多元性决定了企业财务报表分析目标的多元性。

1）企业投资人

企业投资人最关心的是其资本的保值增值能力，也就是投资的回报率情况。对一般投资人或短期投资人来讲，他们可能更关心股息的高低和发放红利的多少。而拥有企业控制权的投资人则会从长远利益出发，分析和考虑企业的竞争实力与未来发展前景。

2）企业债权人

企业债权人最关心的是其提供信用的安全性，也就是企业是否有足够的偿还能力，来保证债权人的本息被及时足额地偿还。对一般债权人来说，他们不能参与企业剩余收益的分配，他们要求的只是按时收回其贷款本金并得到相应的利息收益。当然，对提供长期信用的债权人来说，他们还会关心企业的未来发展前景与长期获利能力。另外，从风险角度考虑，债权人会密切关注企业的财务结构变化，因为这些会影响企业的偿债能力与财务风险，并进一步影响债权人提供信用的安全性。

3）企业经营者

企业经营者是把握和控制企业的核心力量，他们受投资人的委托来经营和管理企业，必须对企业进行全方位的分析，了解和掌握企业经营管理各个方面的信息，包括企业目前的营运能力、偿债能力、获利能力、财务与资本结构、未来发展潜力以及所面临的风险等，以便及时发现问题、矛盾，分析原因，采取对策，更好地完成经营者的使命。

4）政府相关部门

总体说来，政府相关部门是企业经营的宏观管理者和服务者，在财政、市场监管、审计、税务等方面对企业进行监管的同时，还提供必要的咨询及市场服务。政府利用财务报表分析、检查企业财经、税收法规的遵守情况，以及企业的社会效益状况等。另外，对国有企业而言，由于政府具有投资者的身份，所以更关心国有企业的投资效益，更注重企业的长远发展，追求企业长期利益的持续稳定增长。

5）其他财务报表分析主体

其他财务报表分析主体是指除上述主体外的一些与企业可能有潜在利益关系的单位和个人，如潜在的投资人、债权人以及潜在的合作单位和个人等。他们出于自身利益考虑，在与企业进行合作前，都会对企业的相关财务状况进行分析和考察，以便做出对自己有利的决策。

9.1.2　财务报表分析的主要内容和主要方法

1）财务报表分析的主要内容

财务报表分析主要是利用资产负债表、利润表和现金流量表所提供的资料，对企业的财务状况和发展前景等进行系统分析。财务报表分析主要包括企业财务状况（结构）分析、营运能力分析、偿债能力分析和盈利能力分析等。

2）财务报表分析的主要方法

财务报表分析所采用的方法有很多，常用的分析方法有：①结构分析法；②趋势分析法；③相关比率分析法；④综合分析法。

需要特别指出的是，本章只讨论如何创建和使用财务报表分析模型，重点介绍如何利用Excel表计算各项分析指标，至于指标结果深层次的原因分析，在此我们不进行研究。

9.2　资产负债表分析模型

二维码9-1

表9-1（电子版）

资产负债表是反映企业在某一特定日期（月末、季末、年末）所拥有的资产、负债和所有者权益等财务状况的会计报表。在计算机会计处理程序下，企业的财务报表等资料都是自动生成的（利润表和现金流量表同理）。DJ公司2023

年资产负债表的具体格式见表9-1。

表9-1 资产负债表

编制单位：DJ公司　　2023年12月31日　　单位：元

资产	期末余额	上年年末余额	负债和所有者权益	期末余额	上年年末余额
流动资产：			流动负债：		
货币资金	805 800	612 600	短期借款	200 000	300 000
交易性金融资产			交易性金融负债		
衍生金融资产			衍生金融负债		
应收票据	240 000	260 000	应付票据	402 000	360 000
应收账款	847 100	846 630	应付账款	892 600	865 900
应收款项融资			预收款项	134 650	126 380
预付款项	380 000	483 000	合同负债		
其他应收款	278 360	104 650	应付职工薪酬	900 000	891 000
存货	2 103 200	2 016 830	应交税费	178 650	156 320
合同资产			其他应付款	824 260	273 460
持有待售资产	0	0	持有待售负债		
一年内到期的非流动资产	0	0	一年内到期的非流动负债		
其他流动资产	0	0	其他流动负债	2 100	1 000
流动资产合计	4 654 460	4 323 710	流动负债合计	3 534 260	2 974 060
非流动资产：			非流动负债：		
债权投资	0	0	长期借款	1 650 000	2 000 000
其他债权投资	0	0	应付债券		
长期应收款	0	0	其中：优先股		
长期股权投资	0	0	永续债		
其他权益工具投资	0	0	租赁负债		
其他非流动金融资产	0	0	长期应付款	350 000	300 000
投资性房地产	0	0	预计负债		
固定资产	6 075 000	5 850 000	递延收益		
在建工程	0	125 000	递延所得税负债	20 360	18 650
生产性生物资产	0	0	其他非流动负债	0	0
油气资产	0	0	非流动负债合计	2 020 360	2 318 650
使用权资产	0	0	负债合计	5 554 620	5 292 710
无形资产	150 000	180 000	所有者权益：		
开发支出	0	0	实收资本	5 000 000	5 000 000
商誉	0	0	其他权益工具		
长期待摊费用	0	0	其中：优先股		
递延所得税资产	24 960	23 800	永续债		
其他非流动资产	0	0	资本公积	17 800	17 800
非流动资产合计	6 249 960	6 178 800	减：库存股	0	0
			其他综合收益	0	0
			专项储备		
			盈余公积	298 000	180 000
			未分配利润	34 000	12 000
			所有者权益合计	5 349 800	5 209 800
资产总计	10 904 420	10 502 510	负债和所有者权益总计	10 904 420	10 502 510

对于资产负债表，本节只进行结构分析和趋势分析，财务报表分析中的相关比率分析与综合分析，我们将在本章第5节、第6节集中讲解。

9.2.1 资产负债表的结构分析模型

资产负债表的结构分析主要是分析资产负债表中各个项目在总资产中所占的比重，在分析时，以资产负债表中的资产总计为基准，将其他各项目的数据与资产总计对比，求出各项目在总资产中所占的结构百分比，即可得到资产负债表的结构分析模型，实际上就是编制一个结构比资产负债表。

【例9-1】DJ公司2023年的资产负债表见表9-1，试对该企业2023年年末的资产负债表进行结构分析。

【解析过程】建立新的工作表“资产负债表结构分析模型”或“结构比资产负债表”。将表9-1中资产负债表的项目和期末数复制到该表中，见表9-2。

表9-2 资产负债表结构分析（一）

编制单位：DJ公司 2023年12月31日 金额单位：元

资产	期末余额	总结构比	内部结构比	负债和所有者权益	期末余额	总结构比	内部结构比
流动资产：				流动负债：			
货币资金	805 800			短期借款	200 000		
交易性金融资产				交易性金融负债			
衍生金融资产				衍生金融负债			
应收票据	240 000			应付票据	402 000		
应收账款	847 100			应付账款	892 600		
应收款项融资				预收款项	134 650		
预付款项	380 000			合同负债			
其他应收款	278 360			应付职工薪酬	900 000		
存货	2 103 200			应交税费	178 650		
合同资产				其他应付款	824 260		
持有待售资产	0			持有待售负债			
一年内到期的非流动资产	0			一年内到期的非流动负债			
其他流动资产	0			其他流动负债	2 100		
流动资产合计	4 654 460			流动负债合计	3 534 260		
非流动资产：				非流动负债：			
债权投资	0			长期借款	1 650 000		
其他债权投资	0			应付债券			
长期应收款	0			其中：优先股			
长期股权投资	0			永续债			
其他权益工具投资	0			租赁负债			
其他非流动金融资产	0			长期应付款	350 000		
投资性房地产	0			预计负债			
固定资产	6 075 000			递延收益			
在建工程	0			递延所得税负债	20 360		
生产性生物资产	0			其他非流动负债	0		
油气资产	0			非流动负债合计	2 020 360		
使用权资产	0			负债合计	5 554 620		
无形资产	150 000			所有者权益：			
开发支出	0			实收资本	5 000 000		
商誉	0			其他权益工具			
长期待摊费用	0			其中：优先股			
递延所得税资产	24 960			永续债			
其他非流动资产	0			资本公积	17 800		
非流动资产合计	6 249 960			减：库存股	0		
				其他综合收益	0		
				专项储备			
				盈余公积	298 000		
				未分配利润	34 000		
				所有者权益合计	5 349 800		
资产总计	10 904 420			负债和所有者权益总计	10 904 420		

说明：此表中的总结构比是指各项目占总资产（负债和所有者权益总额）的比重；内部结构比是各类项目占各类合计的比重，如流动资产各项目占流动资产合计的比重。

然后就可以在该表中进行资产负债表的结构分析，具体步骤如下：

（1）在单元格C5处输入公式“=B5/B$44”，求出得数。

（2）选择自动填充选项，将鼠标由单元格C5拖动至C44处。

（3）在单元格G5处输入公式“=F5/F$44”，求出得数。

（4）同样用自动填充选项，对G列单元格进行自动填充。

（5）选定C列和G列数字部分区域，在【设置单元格格式】中选择【数字】为【百分比】型，小数点后保留两位。

经过上述操作过程，即可得到表9-3。

表9-3　资产负债表结构分析（二）

编制单位：DJ公司　　2023年12月31日　　金额单位：元

资产	期末余额	总结构比	内部结构比	负债和所有者权益	期末余额	总结构比	内部结构比
流动资产：				流动负债：			
货币资金	805 800	7.39%	17.31%	短期借款	200 000	1.83%	5.66%
交易性金融资产		0.00%	0.00%	交易性金融负债		0.00%	0.00%
衍生金融资产		0.00%	0.00%	衍生金融负债		0.00%	0.00%
应收票据	240 000	2.20%	5.16%	应付票据	402 000	3.69%	11.37%
应收账款	847 100	7.77%	18.20%	应付账款	892 600	8.19%	25.26%
应收款项融资		0.00%	0.00%	预收款项	134 650	1.23%	3.81%
预付款项	380 000	3.48%	8.16%	合同负债		0.00%	0.00%
其他应收款	278 360	2.55%	5.98%	应付职工薪酬	900 000	8.25%	25.47%
存货	2 103 200	19.29%	45.19%	应交税费	178 650	1.64%	5.05%
合同资产		0.00%	0.00%	其他应付款	824 260	7.56%	25.32%
持有待售资产	0	0.00%	0.00%	持有待售负债		0.00%	0.00%
一年内到期的非流动资产	0	0.00%	0.00%	一年内到期的非流动负债		0.00%	0.00%
其他流动资产	0	0.00%	0.00%	其他流动负债	2 100	0.02%	0.06%
流动资产合计	4 654 460	42.68%	100.00%	流动负债合计	3 534 260	32.41%	100.00%
非流动资产：				非流动负债：			
债权投资	0	0.00%	0.00%	长期借款	1 650 000	15.13%	81.67%
其他债权投资	0	0.00%	0.00%	应付债券		0.00%	0.00%
长期应收款	0	0.00%	0.00%	其中：优先股		0.00%	0.00%
长期股权投资	0	0.00%	0.00%	永续债		0.00%	0.00%
其他权益工具投资	0	0.00%	0.00%	租赁负债		0.00%	0.00%
其他非流动金融资产	0	0.00%	0.00%	长期应付款	350 000	3.21%	17.32%
投资性房地产	0	0.00%	0.00%	预计负债		0.00%	0.00%
固定资产	6 075 000	55.71%	97.20%	递延收益		0.00%	0.00%
在建工程	0	0.00%	0.00%	递延所得税负债	20 360	0.19%	1.01%
生产性生物资产	0	0.00%	0.00%	其他非流动负债	0	0.00%	0.00%
油气资产	0	0.00%	0.00%	非流动负债合计	2 020 360	18.53%	100.00%
使用权资产	0	0.00%	0.00%	负债合计	5 554 620	50.94%	
无形资产	150 000	1.38%	2.40%	所有者权益：			
开发支出	0	0.00%	0.00%	实收资本	5 000 000	45.85%	93.46%
商誉	0	0.00%	0.00%	其他权益工具		0.00%	0.00%
长期待摊费用	0	0.00%	0.00%	其中：优先股		0.00%	0.00%
递延所得税资产	24 960	0.23%	0.40%	永续债		0.00%	0.00%
其他非流动资产	0	0.00%	0.00%	资本公积	17 800	0.16%	0.33%
非流动资产合计	6 249 960	57.32%	100.00%	减：库存股	0	0.00%	0.00%
		0.00%		其他综合收益	0	0.00%	0.00%
		0.00%		专项储备		0.00%	0.00%
		0.00%		盈余公积	298 000	2.73%	5.57%
		0.00%		未分配利润	34 000	0.31%	0.64%
		0.00%		所有者权益合计	5 349 800	49.06%	100.00%
资产总计	10 904 420	100.00%		负债和所有者权益总计	10 904 420	100.00%	

根据上面模型的计算结果，即可以对企业资产负债表的结构进行分析。比如，在DJ公司总资产中，流动资产与非流动资产的比重分别为42.68%与57.32%，结构适当。在流动资产内部结构中，存货比重达到45.19%，结构也属于适当；唯独货币资金的比重达17.31%，需要进一步研究其原因。

为了更直观地反映企业的总资产结构，还可以从资产的构成和来源两个方面来绘制企业总资产的结构图（以饼形图表示），分别如图9-1、图9-2所示。

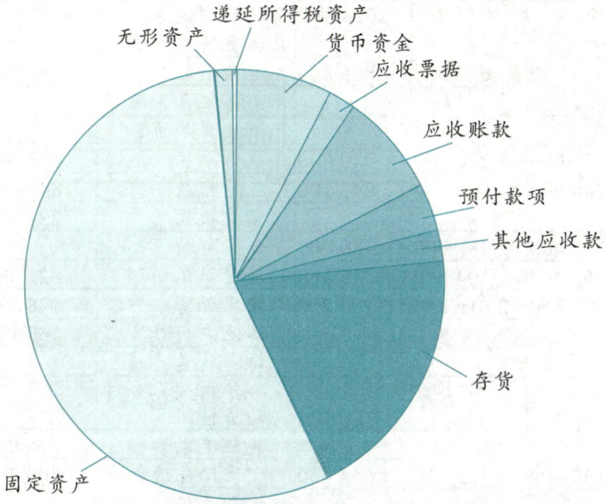

图9-1　企业总资产结构饼形图示

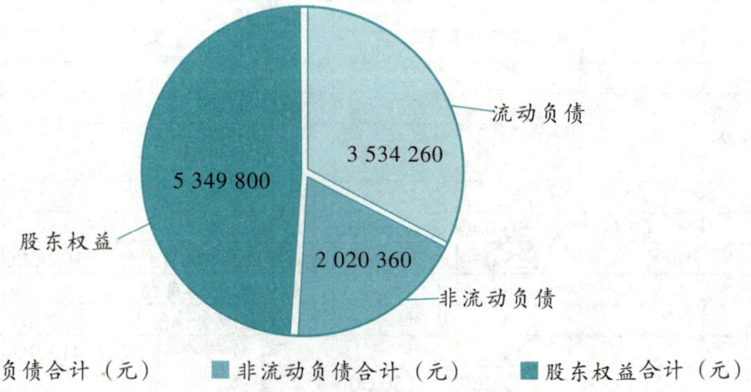

图9-2　总资产资本来源结构饼形图

9.2.2　资产负债表的趋势分析模型

趋势分析是采用连续几期（通常至少3期）财务报表数据分析单位的各期经营状况及其变化趋势的方法。通过连续几期财务报表数据的比较，可以大体了解企业的发展趋势和变化情况，同时也可以进一步分析企业生产经营情况变化的原因。一般情况下，企业各年度的各项财务指标波动的幅度应该不大。我们所要关注的是某一年度的异常变动，这种异常变动包括某一年度的指标突然趋于有利方向或不利方向，以及波动幅度突然变大。找出指标异常变动的年度，重点分析这一年度与指标变动有关的因素，如企业重大经营决策、宏观经济政策和形势，以及决定这些指标的财务数据所采用的会计政策等。

资产负债表的趋势分析，通常可以通过编制比较资产负债表进行。在编制比较资产负债表时，为了全面地反映财务指标的变动趋势，应该在使用报表的绝对数进行增减变动比较的同时，计算出增减变动的百分比，从相对意义上进行比较，使得分析更具有实际意义。

【例9-2】AM公司2021—2023年的比较资产负债表见表9-4，试对该企业近3年的资产负债表各项目进行趋势分析。

表9-4　AM公司2021—2023年比较资产负债表

编制单位：AM公司　　2021—2023年　　单位：元

资产	2021年	2022年	2023年	负债和所有者权益	2021年	2022年	2023年
流动资产：				流动负债：			
货币资金	582 550	612 600	805 800	短期借款	280 000	300 000	200 000
交易性金融资产				交易性金融负债	0	0	
衍生金融资产				衍生金融负债			
应收票据	256 000	260 000	240 000	应付票据	313 600	360 000	402 000
应收账款	788 600	846 630	847 100	应付账款	845 260	865 900	892 600
应收款项融资				预收款项	221 760	126 380	134 650
预付款项	325 000	483 000	380 000	合同负债			
其他应收款	66 400	104 650	278 360	应付职工薪酬	821 300	891 000	900 000
存货	2 101 850	2 016 830	2 103 200	应交税费	138 320	156 320	178 650
合同资产				其他应付款	169 120	273 460	824 260
持有待售资产				持有待售负债			
一年内到期的非流动资产				一年内到期的非流动负债			
其他流动资产				其他流动负债	15 000	1 000	2 100
流动资产合计	4 120 400	4 323 710	4 654 460	流动负债合计	2 804 360	2 974 060	3 534 260
非流动资产：				非流动负债：			
债权投资				长期借款	2 100 000	2 300 000	1 650 000
其他债权投资				应付债券			
长期应收款				其中：优先股			
长期股权投资				永续债			
其他权益工具投资				租赁负债			
其他非流动金融资产				长期应付款			350 000
投资性房地产				预计负债			
固定资产	5 867 000	5 850 000	6 075 000	递延收益			
在建工程		125 000		递延所得税负债	109 600	18 650	20 360
生产性生物资产				其他非流动负债			0
油气资产				非流动负债合计	2 209 600	2 318 650	2 020 360
使用权资产				负债合计	5 013 960	5 292 710	5 554 620
无形资产	214 000	180 000	150 000	所有者权益：			
开发支出				实收资本	5 000 000	5 000 000	5 000 000
商誉				其他权益工具			
长期待摊费用				其中：优先股			
递延所得税资产	18 350	23 800	24 960	永续债			
其他非流动资产				资本公积	17 800	17 800	17 800
非流动资产合计	6 099 350	6 178 800	6 249 960	减：库存股			0
				其他综合收益			0
				专项储备			
				盈余公积	172 000	180 000	298 000
				未分配利润	15 990	12 000	34 000
				所有者权益合计	5 205 790	5 209 800	5 349 800
资产总计	10 219 750	10 502 510	10 904 420	负债和所有者权益总计	10 219 750	10 502 510	10 904 420

【解析过程】建立新的工作表“比较资产负债表”或“资产负债表趋势分析模型”。利用表9-4比较资产负债表中的数据资料，采用环比法计算各项目的增减额和增减的百分比。

二维码9-2

表9-4
（电子版）

其具体操作步骤如下：

（1）B6='2021-2023资产负债表'!C5-'2021-2023资产负债表'!B5。

（2）C6=B6/'2021-2023资产负债表'!B$5。

（3）D6='2021-2023资产负债表'!D5-'2021-2023资产负债表'!C5。

（4）E6=D6/'2021-2023资产负债表'!C$5。

（5）按上述同样方法完成G、H、I、J四列的操作，然后利用填充柄完成全部数据的计算。

（6）选中C、E、H、J列区域，打开【设置单元格格式】中的【数字】选项，设置为【百分比】型，小数点后保留两位。

完成上述操作步骤，即可得到表9-5。

表9-5 资产负债表趋势分析模型

资产负债表

编制单位：AM公司　　2023年12月31日　　金额单位：元

资产	2022年		2023年		负债和所有者权益	2022年		2023年	
	增减额	增减%	增减额	增减%		增减额	增减%	增减额	增减%
流动资产：					流动负债：				
货币资金	30 050	0.73%	193 200	31.54%	短期借款	20 000	7.14%	-100 000	-33.33%
交易性金融资产	0	0.00%	0	0.00%	交易性金融负债				
衍生金融资产	0	0.00%	0	0.00%	衍生金融负债				
应收票据	4 000	0.10%	-20 000	-3.26%	应付票据	46 400	16.57%	42 000	14.00%
应收账款	58 030	1.41%	470	0.08%	应付账款	20 640	7.37%	26 700	8.90%
应收款项融资	0	0.00%	0	0.00%	预收款项	-95 380	-34.06%	8 270	2.76%
预付款项	158 000	3.83%	-103 000	-16.81%	合同负债	0	0.00%	0	0.00%
其他应收款	38 250	0.93%	173 710	28.36%	应付职工薪酬	69 700	24.89%	9 000	3.00%
存货	-85 020	-2.06%	86 370	14.10%	应交税费	18 000	6.43%	22 330	7.44%
合同资产	0	0.00%	0	0.00%	其他应付款	104 340	37.26%	550 880	183.60%
持有待售资产	0	0.00%	0	0.00%	持有待售负债				
一年内到期的非流动资产	0	0.00%	0	0.00%	一年内到期的非流动负债				
其他流动资产	0	0.00%	0	0.00%	其他流动负债	-14 000	-5.00%	1 100	0.37%
流动资产合计	203 310	4.93%	330 750	53.99%	流动负债合计	169 700	60.61%	560 200	186.73%
非流动资产：					非流动负债：	0	0.00%	0	0.00%
债权投资					长期借款	200 000	71.43%	-650 000	-216.67%
其他债权投资					应付债券				
长期应收款					其中：优先股				
长期股权投资					永续债				
其他权益工具投资					租赁负债				
其他非流动金融资产					长期应付款	0	0.00%	350 000	116.67%
投资性房地产	-17 000	-0.28%	225 000	3.85%	预计负债				
固定资产	125 000	2.05%	-125 000	-100.00%	递延收益				
在建工程					递延所得税负债	-90 950	-32.48%	1 710	0.57%
生产性生物资产					其他非流动负债				
油气资产					非流动负债合计	109 050	38.95%	-298 290	-99.43%
使用权资产					负债合计	278 750	99.55%	261 910	97.30%
无形资产	-34 000	-0.56%	-30 000	-16.67%	所有者权益：				
开发支出					实收资本				
商誉					其他权益工具				
长期待摊费用					其中：优先股				
递延所得税资产					永续债				
其他非流动资产	5 450	0.09%	1 160	4.87%	资本公积				
非流动资产合计	79 450	1.30%	71 160	1.15%	减：库存股				
					其他综合收益				
					专项储备				
					盈余公积	8 000	2.86%	118 000	39.33%
					未分配利润	-3 990	-1.43%	22 000	7.33%
					所有者权益合计	4 010	1.43%	140 000	46.67%
资产总计	282 760	4.64%	401 910	3.83%	负债和所有者权益总计	282 760	100.99%	401 910	133.97%

另外，还可以根据2021—2023年资产负债表的资料，绘制企业资产、负债及所有者权益有关项目的变化图（折线图），如图9-3所示。

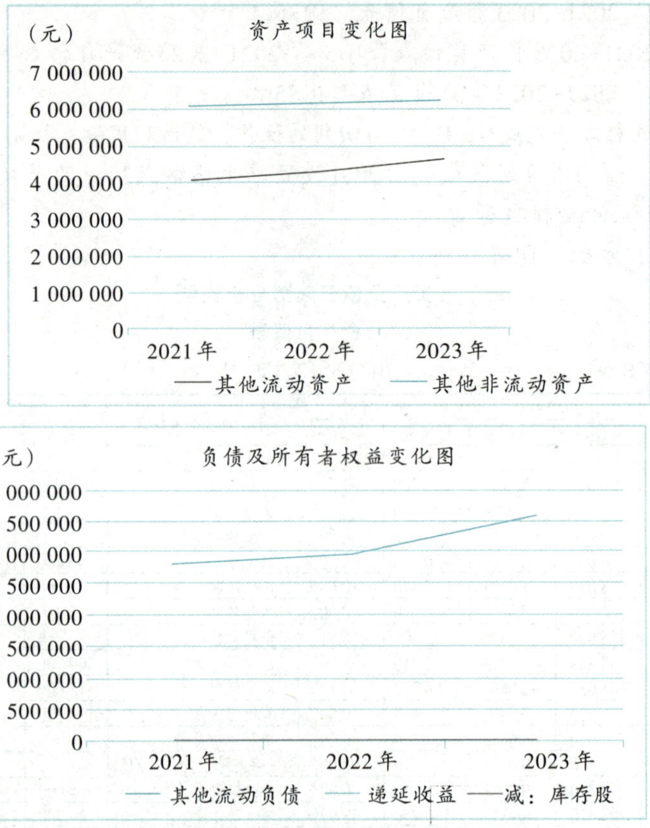

图9-3　资产、负债及所有者权益变化图

上述趋势分析也可以用柱状图表示，如图9-4所示。

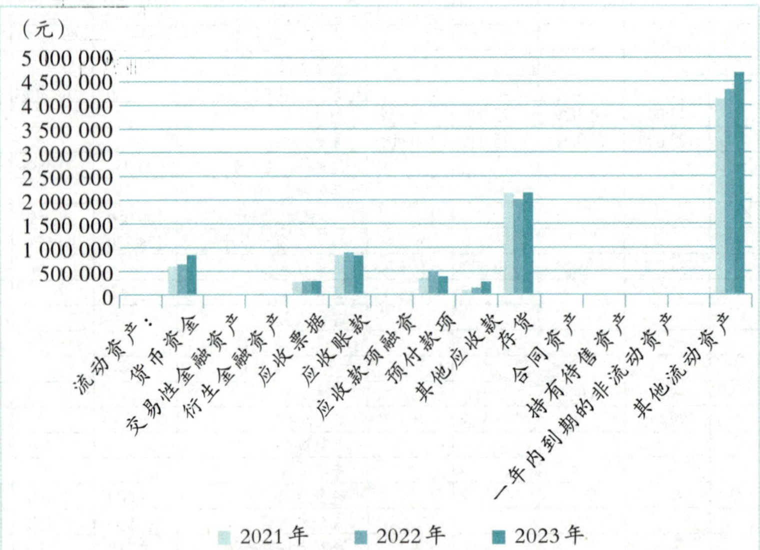

图9-4　流动资产项目变化趋势图

9.3 利润表分析模型

利润表（损益表）是反映企业一定时期内经营成果（利润或亏损）的实际情况的财务报表。利润表可以反映企业一定时期内的经营成果，可以评价企业利润计划的完成情况，可以分析利润增减变动情况及原因，还可以结合其他资料，预测企业的获利能力、偿债能力、营运能力以及企业发展前景等。

对利润表的分析，通常也包括结构分析和趋势分析，分析的依据就是企业利润表（损益表）中的数据资料。

9.3.1 利润表结构分析模型

利润表的结构分析主要是将企业主营业务收入作为总体，计算分析其他各主要项目占主营业务收入的比重，通常是通过编制结构比利润表进行的，重点是分析企业成本费用和利润占销售收入的百分比。

【例9-3】DJ公司2023年度利润表见表9-6，试对该企业进行利润表结构分析。

表9-6　DJ公司2023年度利润表（截图）

利润表

编制单位：DJ公司　2023年度		单位：元
项目	本期金额	上期金额
一、营业收入	4 800 000	3 500 000
减：营业成本	2 940 000	1 980 000
税金及附加	212 000	185 000
销售费用	58 320	56 000
管理费用	179 000	185 000
研发费用	210	0
财务费用	32 600	33 600
其中：利息费用		
利息收入		
加：其他收益		
投资收益（损失以“-”号填列）	-30 000	3 000
其中：对联营企业和合营企业的投资收益		
以摊余成本计量的金融资产终止确认收益（损失以“-”号填列）		
净敞口套期收益（损失以“-”号填列）		
公允价值变动收益（损失以“-”号填列）		
信用减值损失（损失以“-”号填列）		
资产减值损失（损失以“-”号填列）		
资产处置收益（损失以“-”号填列）		
二、营业利润（亏损以“-”号填列）	1 347 870	1 063 400
加：营业外收入	59 130	12 300
减：营业外支出	5 800	9 810
三、利润总额（亏损总额以“-”号填列）	1 401 200	1 065 890
减：所得税费用	407 690	254 500
四、净利润（净亏损以“-”号填列）	993 510	811 390
五、其他综合收益的税后净额		
六、综合收益总额	993 510	811 390
七、每股收益（股本5 000 000元）		
（一）基本每股收益	0.20	0.16
（二）稀释每股收益	0.20	0.16

二维码9-3

表9-6
（电子版）

【解析过程】建立新的工作表“结构比利润表”或“利润表结构分析模型”，并将表9-6中的项目和本年累计数复制、粘贴过来，利用利润表中的数据资料直接建立模型计算。其具体操作步骤如下：

（1）C5=B5/B$4，E5=D5/D$5。

（2）利用填充柄完成其余数字的计算。

（3）选中C列和E列单元格中的数字区域部分，打开【设置单元格格式】中的【数字】选项，设置为【百分比】型，小数点后保留两位。

完成上述操作后，即可得到表9-7。

表9-7　利润表结构分析模型

编制单位：DJ公司　　2023年度　　单位：元

项目	本期金额	本期结构	上期金额	上期结构
一、营业收入	4800000	100.00%	3500000	100.00%
减：营业成本	2940000	61.25%	1980000	56.57%
税金及附加	212000	4.42%	185000	5.29%
销售费用	58320	1.22%	56000	1.60%
管理费用	179000	3.73%	185000	5.29%
研发费用	210	0.00%	0	0.00%
财务费用	32600	0.68%	33600	0.96%
其中：利息费用		0.00%		0.00%
利息收入		0.00%		0.00%
加：其他收益		0.00%		0.00%
投资收益（损失以“-”号填列）	-30000	-0.63%	3000	0.09%
其中：对联营企业和合营企业的投资收益		0.00%		0.00%
以摊余成本计量的金融资产终止确认收益（损失以“-”号填列）		0.00%		0.00%
净敞口套期收益（损失以“-”号填列）		0.00%		0.00%
公允价值变动收益（损失以“-”号填列）		0.00%		0.00%
信用减值损失（损失以“-”号填列）		0.00%		0.00%
资产减值损失（损失以“-”号填列）		0.00%		0.00%
资产处置收益（损失以“-”号填列）		0.00%		0.00%
二、营业利润（亏损以“-”号填列）	1347870	28.08%	1063400	30.38%
加：营业外收入	59130	1.23%	12300	0.35%
减：营业外支出	5800	0.12%	9810	0.28%
三、利润总额（亏损以“-”号填列）	1401200	29.19%	1065890	30.45%
减：所得税费用	407690	8.49%	254500	7.27%
四、净利润（净亏损以“-”号填列）	993510	20.70%	811390	23.18%
五、其他综合收益的税后净额		0.00%		0.00%
六、综合收益总额	993510	20.70%	811390	23.18%
七、每股收益（股本5 000 000元）				
（一）基本每股收益	0.20		0.16	
（二）稀释每股收益	0.20		0.16	

也可以在上述模型的基础上，绘制利润表结构分析图，这样能够更直观地显示利润表中各项目占收入的百分比，如图9-5所示。

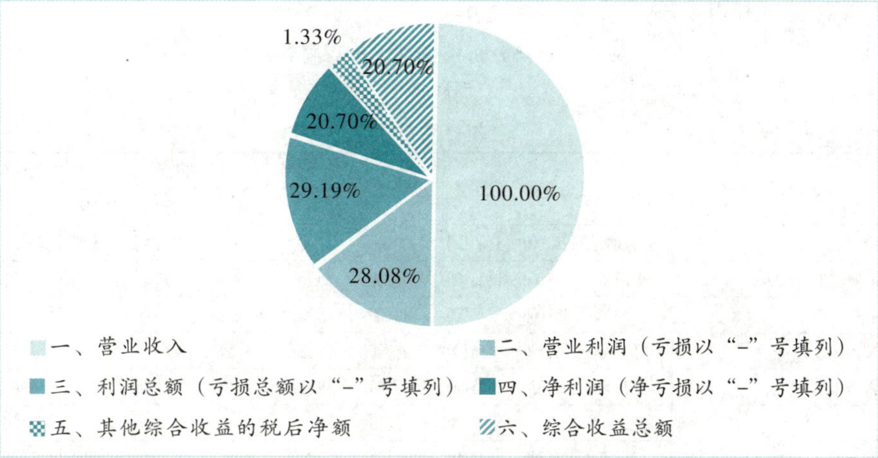

图 9-5 利润表结构分析图

9.3.2 利润表趋势分析模型

二维码 9-4

表 9-8
（电子版）

利润表趋势分析是指利用连续近几期（一般 3～5 期）利润表中的相关数据资料，通过对比分析企业经营成果状况及变化趋势并进一步分析企业经营成果发生变化的原因，方便企业更好地做出下一个循环的经营决策。

【例 9-4】DJ 公司 2021—2024 年度的利润表如表 9-8 所示，请据此资料进行利润表的趋势分析。

表 9-8 DJ 公司 2021—2024 年度利润表

编制单位：DJ公司　　2024年度　　单位：元

项目	2021年度	2022年度	2023年度	2024年度
一、营业收入	3 197 000	3 280 000	3 500 000	4 800 000
减：营业成本	1 911 800	1 968 000	1 980 000	2 940 000
税金及附加	157 300	163 000	185 000	212 000
销售费用	52 800	54 620	56 000	58 320
管理费用	159 800	168 920	185 000	179 000
研发费用			0	210
财务费用	34 800	31 800	33 600	32 600
其中：利息费用				
利息收入				
加：其他收益				
投资收益（损失以“-”号填列）	3 000	4 000	3 000	-30 000
其中：对联营企业和合营企业的投资收益				
以摊余成本计量的金融资产终止确认收益（损失以“-”号填列）				
净敞口套期收益（损失以“-”号填列）				
公允价值变动收益（损失以“-”号填列）				
信用减值损失（损失以“-”号填列）				
资产减值损失（损失以“-”号填列）				
资产处置收益（损失以“-”号填列）				
二、营业利润（损失以“-”号填列）	883 500	8 976 60	1 063 400	1 347 870
加：营业外收入	10 500	381 20	12 300	59 130
减：营业外支出	8 700	128 50	9 810	5 800
三、利润总额（亏损总额以“-”号填列）	885 300	9 229 30	1 065 890	1 401 200
减：所得税费用	254 500	2 307 00	254 500	407 690
四、净利润（净亏损以“-”号填列）	630 800	6 922 30	811 390	993 510
五、其他综合收益的税后净额				
六、综合收益总额	630 800	6 922 30	811 390	993 510
七、每股收益（股本5 000 000）				
（一）基本每股收益	0.13	0.14	0.16	0.20
（二）稀释每股收益				

【解析过程】将 2021—2024 年的利润表资料延伸制作出比较利润表，然后利用利润表

中的各年资料进行计算分析，即可得到表9-9。

表9-9　　　　利润表趋势分析模型（比较利润表）

利润表

编制单位：DJ公司　　　　2024年度　　　　金额单位：元

项目	2021年度	2022年度	2023年度	2024年度	2021年		2022年		2023年	
					增减额	增减%	增减额	增减%	增减额	增减%
一、营业收入	3 197 000	3 280 000	3 500 000	4 800 000	83 000	2.60%	220 000	6.29%	1 300 000	1 566.27%
减：营业成本	1 911 800	1 968 000	1 980 000	2 940 000	56 200	2.94%	12 000	0.61%	960 000	1 708.19%
税金及附加	157 300	163 000	185 000	212 000	5 700	3.62%	22 000	11.89%	27 000	473.68%
销售费用	52 800	54 620	56 000	58 320	1 820	3.45%	1 380	2.46%	2 320	127.47%
管理费用	159 800	168 920	185 000	179 000	9 120	5.71%	16 080	8.69%	-6 000	-65.79%
研发费用			0	210	0		0		210	
财务费用	34 800	31 800	33 600	32 600	-3 000	-8.62%	1 800	5.36%	-1 000	33.33%
其中：利息费用										
利息收入										
加：其他收益										
投资收益（损失以"-"填列）	3 000	4 000	3 000	-30 000	1 000	33.33%	-1 000	-33.33%	-33 000	-3 300.00%
其中：对联营企业和合营企业的投资收益										
以摊余成本计量的金融资产终止确认收益（损失以"-"填列）										
净敞口套期收益（损失以"-"填列）										
公允价值变动收益（损失以"-"填列）										
信用减值损失（损失以"-"填列）										
资产减值损失（损失以"-"填列）										
资产处置收益（损失以"-"填列）										
二、营业利润（亏损以"-"填列）	883 500	897 660	1 063 400	1 347 870	14 160	1.60%	165 740	15.59%	284 470	2 008.97%
加：营业外收入	10 500	38 120	12 300	59 130	27 620	263.05%	-25 820	-209.92%	46 830	169.55%
减：营业外支出	8 700	12 850	9 810	5 800	4 150	47.70%	-3 040	-30.99%	-4 010	-96.63%
三、利润总额（亏损总额以"-"填列）	885 300	922 930	1 065 890	1 401 200	37 630	4.25%	142 960	13.41%	335 310	891.07%
减：所得税费用	254 500	230 700	254 500	407 690	-23 800	-9.35%	23 800	9.35%	153 190	-643.66%
四、净利润（净亏损以"-"填列）	630 800	692 230	811 390	993 510	61 430	9.74%	119 160	14.69%	182 120	296.47%
五、其他综合收益的税后净额										
六、综合收益总额	630 800	692 230	811 390	993 510	61 430	9.74%	119 160	14.69%	182 120	296.47%
七、每股收益（股本5 000 000）										
（一）基本每股收益	0.13	0.14	0.16	0.20	0.012 286	9.74%	0.023 832	14.69%	0.036 424	296.47%
（二）稀释每股收益										

具体操作步骤如下：

（1）F6=C6-B6，G6=F6/B6，H6=D6-C6。

（2）利用自动填充柄，完成其余表内数据的计算。

（3）选中百分比各列的数字区域，打开【设置单元格格式】中的【数字】选项，设置为【百分比】型，小数点保留两位。

在上述分析的基础上，绘制收入、成本、利润趋势图，如图9-6所示。

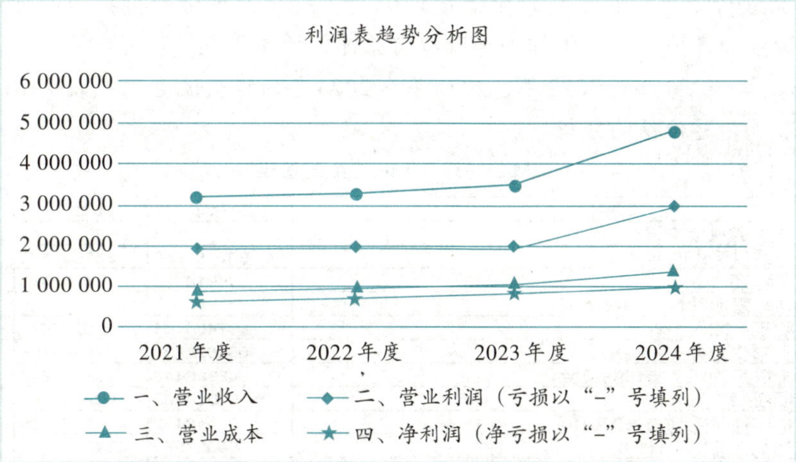

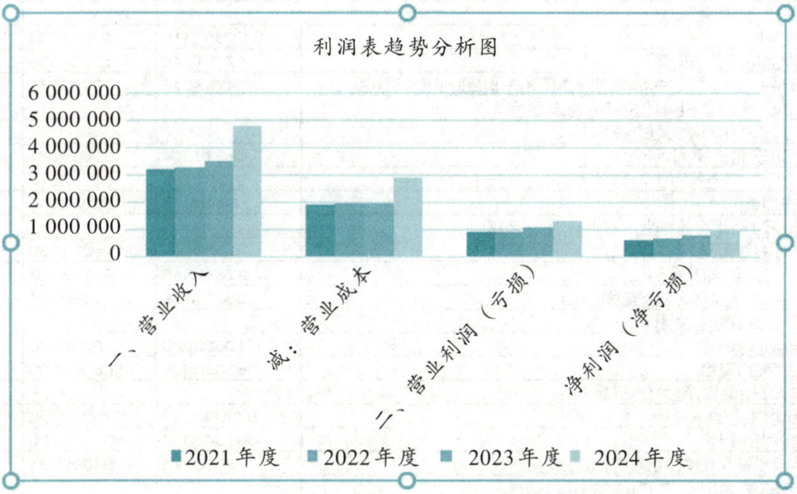

图 9-6　收入、成本、利润趋势图

9.4　现金流量表分析模型

现金流量表是以企业现金流量为反映对象的财务状况变动表，该表反映了企业一定时期内现金的流入和流出情况，同时也反映了企业获得现金和现金等价物的能力。对现金流量表的分析，通常包括结构分析和趋势分析。通过对现金流量表的分析，可以知道企业一定时期内现金流量的发生及构成情况，掌握其变动趋势，进一步预测企业未来现金流量的情况。

9.4.1　现金流量表的结构分析模型

二维码 9-5

表 9-10（电子版）

现金流量表的结构分析一般包括总体结构分析和分类结构分析两个方面。

1）现金流量表的总体结构分析

现金流量表的总体结构分析是指对企业一定时期内不同活动产生的现金流

量的构成情况进行分析，它是将现金流量表中的“现金及现金等价物净增加额”作为总体，计算分析企业各项活动产生的现金流量占总体的比重情况。

【例9-5】假如AM公司2022年、2023年和2024年的现金流量表见表9-10，试对该公司现金流量表进行总体结构分析。

表9-10 AM公司近3年的现金流量表 单位：元

项目	2024年	2023年	2022年
一、经营活动产生的现金流量：			
销售商品、提供劳务收到的现金	992567958	867541673	694100991
收到的税费返还	4918226	4185998	28115486
收到其他与经营活动有关的现金			
经营活动现金流入小计	997486184	871727671	722216477
购买商品、接受劳务支付的现金	832624736	712343181	516531840
支付给职工以及为职工支付的现金	45990448	39028992	30494288
支付的各项税费	53018080	50203686	31867155
支付的其他与经营活动有关的现金	23449492	52501068	30266155
经营活动现金流出小计	955082756	854076927	609159438
经营活动产生的现金流量净额	42403428	17650744	113057039
二、投资活动产生的现金流量：			
收回投资收到的现金	52863410	42641504	8228600
取得投资收益收到的现金	7757048	15839996	6300014
处置固定资产、无形资产和其他长期资产收回的现金净额	4756846	2983671	7443346
处置子公司及其他营业单位收到的现金净额			
收到其他与投资活动有关的资金			
投资活动现金流入小计	65377304	61465171	21971960
购建固定资产、无形资产和其他长期资产支付的现金	21807188	10162812	12037804
投资支付的现金	5400000	52948500	21000000
取得子公司及其他营业单位支付的现金净额			
支付其他与投资活动有关的现金	152360	214830	186720
投资活动现金流出小计	27359548	63326142	33224524
投资活动产生的现金流量净额	38017756	−1860971	−11252565
三、筹资活动产生的现金流量：			
吸收投资收到的现金	10000000	5000000	65384800
取得借款收到的现金	863000000	865000000	853000000
收到其他与筹资活动有关的现金			
筹资活动现金流入小计	873000000	870000000	918384800
偿还债务支付的现金	657300000	494000000	357234000
分配股利、利润或偿付利息支付的现金	33096026	84342904	53217100
支付其他与筹资活动有关的现金			
筹资活动现金流出小计	690396026	578342904	410451100
筹资活动产生的现金流量净额	182603974	291657096	507933700
四、汇率变动对现金及现金等价物的影响	0	0	0
五、现金及现金等价物净增加额	263025158	307446869	609738175
加：期初现金及现金等价物余额	582500	612600	805800
六、期末现金及现金等价物余额	263607658	308059469	610543975

【解析过程】建立新的工作表“AM公司现金流量表的总体结构分析”，并将相关项目输入各单元格，见表9-11。

表9-11 AM公司现金流量表的总体结构分析（一）

项目	现金流入构成			现金流出构成			现金净额构成		
	2024年	2023年	2022年	2024年	2023年	2022年	2024年	2023年	2022年
经营活动现金流入小计									
经营活动现金流出小计									
经营活动产生的现金流量净额									
投资活动现金流入小计									
投资活动现金流出小计									
投资活动产生的现金流量净额									
筹资活动现金流入小计									
筹资活动现金流出小计									
筹资活动产生的现金流量净额									
各项结构合计									

然后利用现金流量表中的数据进行计算分析，【设置单元格格式】中【数字】为【百分比】型。具体操作步骤（以2024年资料为例）如下：

（1）B4='AM公司近3年的现金流量表'!B7/('AM公司近3年的现金流量表'!B7+'AM公司近3年的现金流量表'!B20+'AM公司近3年的现金流量表'!B31)。

（2）B7='AM公司近3年的现金流量表'!B20/('AM公司近3年的现金流量表!'B7+'AM公司近3年的现金流量表'!B20+'AM公司近3年的现金流量表'!B31)。

（3）B10='AM公司近3年的现金流量表'!B31/('AM公司近3年的现金流量表'!B7+'AM公司近3年的现金流量表'!B20+'AM公司近3年的现金流量表'!B31)。

（4）B13=B4+B7+B10。

选取单元格区域B4：B13，将其复制到单元格区域C4：D13，便可得到2023年和2022年的现金流入构成结构。

依据同样的原理，计算现金流出构成和现金流量净额构成各有关项目，即可得到表9-12的分析模型结果。

表9-12　AM公司现金流量表的总体结构分析（二）

项目	现金流入构成			现金流出构成			现金净额构成		
	2024年	2023年	2022年	2024年	2023年	2022年	2024年	2023年	2022年
经营活动现金流入小计	51.5%	48.3%	43.4%						
经营活动现金流出小计				57.1%	57.1%	57.9%			
经营活动产生的现金流量净额							16.1%	5.7%	18.5%
投资活动现金流入小计	3.4%	3.4%	1.3%						
投资活动现金流出小计				1.6%	4.2%	3.2%			
投资活动产生的现金流量净额							14.5%	-0.6%	-1.8%
筹资活动现金流入小计	45.1%	48.2%	55.2%						
筹资活动现金流出小计				41.3%	38.7%	39.0%			
筹资活动产生的现金流量净额							69.4%	94.9%	83.3%
各项结构合计	100.0%	100.0%	100.0%	100.0%	100.0%	100.0%	100.0%	100.0%	100.0%

另外，还可以在上述分析模型的基础上，绘制出现金流入构成图，图9-7是以饼状图表示的现金流入构成图。

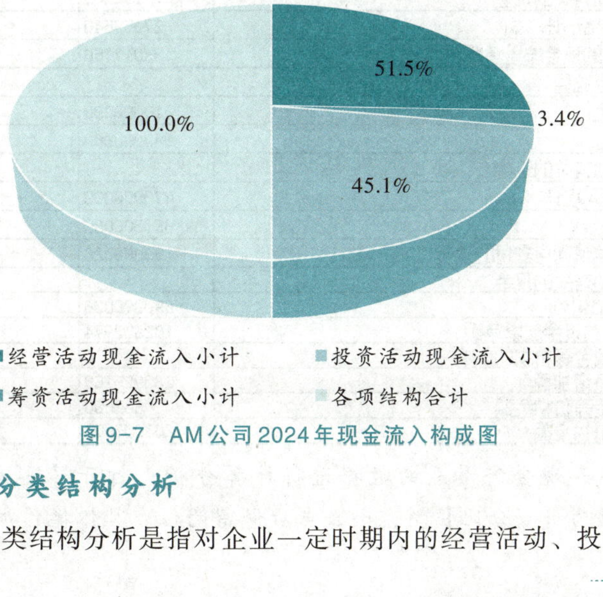

图9-7　AM公司2024年现金流入构成图

2）现金流量表的分类结构分析

现金流量表的分类结构分析是指对企业一定时期内的经营活动、投资活动和筹资活动现金流入、流出的具体项目构成进行的分析。它是以每项经济活动的现金流入或流出量为总体，计算该项活动内各项业务的现金流入或流出量占总体的比重，来反映企业各项经济活动中每项业务现金流量发生及构成的详细信息。

【例9-6】我们仍以前面的现金流量表（见表9-10）的资料为例，进行现金流量表的分类结构分析。

【解析过程】在现金流量表的分类结构分析中，可以不涉及总体结构内容，因此为简化起见，可以建立工作表"现金流量表分类结构分析"，仅以AM公司2024年资料为例，见表9-13。

表9-13　现金流量表分类结构分析（一）　金额单位：元

项目	2024年	现金流入构成	现金流出构成
一、经营活动产生的现金流量：			
销售商品、提供劳务收到的现金	992567958		
收到的税费返还	4918226		
收到其他与经营活动有关的现金			
经营活动现金流入小计	997486184		
购买商品、接受劳务支付的现金	832624736		
支付给职工以及为职工支付的现金	45990448		
支付的各项税费	53018080		
支付其他与经营活动有关的现金	23449492		
经营活动现金流出小计	955082756		
经营活动产生的现金流量净额	42403428		
二、投资活动产生的现金流量：			
收回投资所收到的现金	52863410		
取得投资收益收到的现金	7757048		
处置固定资产、无形资产和其他长期资产收回的现金净额	4756846		
处置子公司及其他营业单位收到的现金净额			
收到其他与投资活动有关的现金			
投资活动现金流入小计	65377304		
购建固定资产、无形资产和其他长期资产支付的现金	21807188		
投资支付的现金	5400000		
取得子公司及其他营业单位支付的现金净额			
支付其他与投资活动有关的现金	152360		
投资活动现金流出小计	27359548		
投资活动产生的现金流量净额	38017756		
三、筹资活动产生的现金流量：			
吸收投资收到的现金	10000000		
取得借款收到的现金	863000000		
收到其他与筹资活动有关的现金			
筹资活动现金流入小计	873000000		
偿还债务支付的现金	657300000		
分配股利、利润或偿付利息支付的现金	33096026		
支付其他与筹资活动有关的现金			
筹资活动现金流出小计	690396026		
筹资活动产生的现金流量净额	182603974		
四、汇率变动对现金及现金等价物的影响	0		
五、现金及现金等价物净增加额	263025158		
加：期初现金及现金等价物余额	582500		
六、期末现金及现金等价物余额	263607658		

然后利用2024年现金流量表的数据进行计算分析，打开【设置单元格格式】中的【数字】选项，设置为【百分比】型，小数点后保留两位。具体操作步骤如下：

（1）在单元格区域C4：C7输入数组公式{= B4：B7/B7 }。

（2）在单元格区域C15：C20输入数组公式{=B15：B20/B20}。

（3）在单元格区域C28：C31输入数组公式{=B28：B31/B31}。

（4）在单元格区域D8：D12输入数组公式{=B8：B12/B12}。

（5）在单元格区域D21：D25输入数组公式{=B21：B25/B25}。

（6）在单元格区域D32：D35输入数组公式{=B32：B35/B35}。

按上述步骤操作后，就可以得到表9-14。

表9-14 现金流量表分类结构分析（二） 金额单位：元

项目	2024年	现金流入构成	现金流出构成
一、经营活动产生的现金流量：			
销售商品、提供劳务收到的现金	992567958	99.51%	
收到的税费返还	4918226	0.49%	
收到其他与经营活动有关的现金		0.00%	
经营活动现金流入小计	997486184	100.00%	
购买商品、接受劳务支付的现金	832624736		87.18%
支付给职工以及为职工支付的现金	45990448		4.82%
支付的各项税费	53018080		5.55%
支付其他与经营活动有关的现金	23449492		2.46%
经营活动现金流出小计	955082756		100.00%
经营活动产生的现金流量净额	42403428		
二、投资活动产生的现金流量：			
收回投资所收到的现金	52863410	80.86%	
取得投资收益收到的现金	7757048	11.87%	
处置固定资产、无形资产和其他长期资产收回的现金净额	4756846	7.28%	
处置子公司及其他营业单位收到的现金净额		0.00%	
收到其他与投资活动有关的现金		0.00%	
投资活动现金流入小计	65377304	100.00%	
购建固定资产、无形资产和其他长期资产支付的现金	21807188		79.71%
投资支付的现金	5400000		19.74%
取得子公司及其他营业单位支付的现金净额			0.00%
支付其他与投资活动有关的现金	152360		0.56%
投资活动现金流出小计	27359548		100.00%
投资活动产生的现金流量净额	38017756		
三、筹资活动产生的现金流量：			
吸收投资收到的现金	10000000	1.15%	
取得借款收到的现金	863000000	98.85%	
收到其他与筹资活动有关的现金		0.00%	
筹资活动现金流入小计	873000000	100.00%	
偿还债务支付的现金	657300000		95.21%
分配股利、利润或偿付利息支付的现金	33096026		4.79%
支付其他与筹资活动有关的现金			0.00%
筹资活动现金流出小计	690396026		100.00%
筹资活动产生的现金流量净额	182603974		
四、汇率变动对现金及现金等价物的影响	0		
五、现金及现金等价物净增加额	263025158		
加：期初现金及现金等价物余额	582500		
六、期末现金及现金等价物余额	263607658		

9.4.2 现金流量表的趋势分析模型

现金流量表的趋势分析就是利用连续的近几期（一般为3～5期）现金流量表中的相

关数据资料，对比分析企业各种经济活动产生的现金流量的变动趋势的一种分析方法。企业也可以在此基础上进一步分析现金流量发生变化的原因，以便更好地进行下一个循环的经营决策。

【例9-7】我们仍以前面的现金流量表（见表9-10）的资料为例，进行现金流量表的趋势分析。

【解析过程】建立新的工作表“现金流量表趋势分析”，然后根据现金流量表中的资料，采用环比法计算各年较上年的增减额和增减百分比，见表9-15。

表9-15 现金流量表趋势分析 金额单位：元

项目	2024年（较上年）			2023年（较上年）			2022年
	金额	增减额	增减	金额	增减额	增减	金额
一、经营活动产生的现金流量：							
销售商品、提供劳务收到的现金	992567958	125026285	14.41%	867541673	173440682	24.99%	694100991
收到的税费返还	4918226	732228	17.49%	4185998	-23929488	-85.11%	28115486
收到其他与经营活动有关的现金							
经营活动现金流入小计	997486184	125758513	14.43%	871727671	149511194	20.70%	722216477
购买商品、接受劳务支付的现金	832624736	120281555	16.89%	712343181	195811341	37.91%	516531840
支付给职工以及为职工支付的现金	45990448	6961456	17.84%	39028992	8534704	27.99%	30494288
支付的各项税费	53018080	2814394	5.61%	50203686	18336531	57.54%	31867155
支付其他与经营活动有关的现金	23449492	-29051576	-55.34%	52501068	22234913	73.46%	30266155
经营活动现金流出小计	955082756	101005829	11.83%	854076927	244917489	40.21%	609159438
经营活动产生的现金流量净额	42403428	24752684	140.24%	17650744	-95406295	-84.39%	113057039
二、投资活动产生的现金流量：							
收回投资所收到的现金	52863410	10221906	23.97%	42641504	34412904	418.21%	8228600
取得投资收益收到的现金	7757048	-8082948	-51.03%	15839996	9539982	151.43%	6300014
处置固定资产、无形资产和其他长期资产收回的现金净额	4756846	1773175	59.43%	2983671	-4459675	-59.91%	7443346
处置子公司及其他营业单位收到的现金净额							
收到其他与投资活动有关的现金							
投资活动现金流入小计	65377304	3912133	6.36%	61465171	39493212	179.74%	21971960
购建固定资产、无形资产和其他长期资产支付的现金	21807188	11644376	114.58%	10162812	-1874992	-15.58%	12037804
投资支付的现金	5400000	-47548500	-89.80%	52948500	31948500	152.14%	21000000
取得子公司及其他营业单位支付的现金净额							
支付其他与投资活动有关的现金	152360	-62470	-29.08%	214830	28110	15.05%	186720
投资活动现金流出小计	27359548	-35966594	-56.80%	63326142	30101618	90.60%	33224524
投资活动产生的现金流量净额	38017756	39878727	-2142.90%	-1860971	9391594	-83.46%	-11252565
三、筹资活动产生的现金流量：							
吸收投资收到的现金	10000000	5000000	100.00%	5000000	-60384800	-92.35%	65384800
取得借款收到的现金	863000000	-2000000	-0.23%	865000000	12000000	1.41%	853000000
收到其他与筹资活动有关的现金							
筹资活动现金流入小计	873000000	3000000	0.34%	870000000	-48384800	-5.27%	918384800
偿还债务支付的现金	657300000	163300000	33.06%	494000000	136766000	38.28%	357234000
分配股利、利润或偿付利息支付的现金	33096026	-51246878	-60.76%	84342904	31125804	58.49%	53217100
支付其他与筹资活动有关的现金							
筹资活动现金流出小计	690396026	112053122	19.37%	578342904	167891804	40.90%	410451100
筹资活动产生的现金流量净额	182603974	-109053122	-37.39%	291657096	-216276604	-42.58%	507933700
四、汇率变动对现金及现金等价物的影响	0						0
五、现金及现金等价物净增加额	263025158	-44421711	-14.45%	307446869	-302291306	-49.58%	609738175
加：期初现金及现金等价物余额	582500	-30100	-4.91%	612600	-193200	-23.98%	805800
六、期末现金及现金等价物余额	263607658	-44451811	-14.43%	308059469	-302484506	-49.54%	610543975

具体操作步骤如下：

（1）C5=B5-E5。

（2）D5=C5/E5，并在【设置单元格格式】中将【数字】设置为【百分比】型，保留两位小数。

（3）F5=E5-H5。

（4）G5=F5/H5，并在【设置单元格格式】中将【数字】设置为【百分比】型，保留两位小数。

（5）利用自动填充选项完成其余数字的计算。

9.5 财务比率分析模型

财务比率分析是把财务报表中的一些相关项目进行对比，得出一系列的财务比率，以发现和评价企业财务现状、揭示经营中存在的问题的一种财务分析方法。

财务比率分析是财务报表分析的重中之重。一般说来，企业财务比率分析包括的内容是多方面的，比如偿债能力分析、营运能力分析、盈利能力分析、发展能力分析等。我们在这里只介绍如何利用Excel表建立相关模型，进行企业的偿债能力分析、营运能力分析和盈利能力分析。

9.5.1 企业偿债能力分析模型

企业的偿债能力分析包括短期偿债能力分析和长期偿债能力分析。所以，反映企业偿债能力的财务比率主要有两个方面：一是衡量企业短期偿债能力的指标，包括流动比率、速动比率和现金比率三项；二是衡量企业长期偿债能力的指标，包括资产负债率、权益乘数、产权比率和已获利息倍数等项指标。

关于上述反映企业偿债能力的财务比率指标的计算公式，我们已经学过，主要指标可以归纳如下：

流动比率=流动资产÷流动负债

速动比率=速动资产÷流动负债

现金比率=货币资产÷流动负债

资产负债率=负债总额÷资产总额×100%

权益乘数=资产总额÷股东权益总额

产权比率=负债总额÷股东权益总额×100%

已获利息倍数=（利润总额+利息费用）÷利息费用

这里重点强调的是如何运用Excel建立企业偿债能力分析模型。

【例9-8】假如DJ公司2023年资产负债表和利润表分别见表9-1和表9-6显示的结果，试对该企业的偿债能力进行相关比率分析。

由于财务比率分析是利用已有的资产负债表和利润表资料进行计算分析的，所以在建立分析模型时，需要打开和使用本章前面的资产负债表和利润表所在的工作簿和工作表，然后进行相关操作。为了方便起见，我们也可以把2023年的资产负债表和利润表复制到一个新的工作簿中，从而进行相关的财务比率分析。

【解析过程】打开一个新的工作簿，命名为“财务比率分析”，先将DJ公司2023年的资产负债表和利润表分别复制到该工作簿的两个工作表中，同时再建立一个新的工作表“财务比率分析模型——偿债能力分析”，填写好反映企业偿债能力的财务比率，见表9-16。

表9-16　财务比率分析模型——偿债能力分析（一）

财务比率名称	财务比率
一、短期偿债能力	
流动比率	
速动比率	
现金比率	
二、长期偿债能力	
资产负债率	
权益乘数	
产权比率	
已获利息倍数	

将各项财务比率指标的计算公式输入相应的单元格中，具体步骤如下：

（1）B5='2023年资产负债表'!C18/'2023年资产负债表'!F18。

（2）B6=（'2023年资产负债表'!C18-'2023年资产负债表'!C13））/'2023年资产负债表'!F18。

（3）B7=（'2023年资产负债表'!C5+'2023年资产负债表'!C8+'2023年资产负债表'!C11）/'2023年资产负债表'!F18。

（4）B9='2023年资产负债表'!F31/'2023年资产负债表'!C44。

（5）B10='2023年资产负债表'!C44/'2023年资产负债表'!F43。

（6）B11='2023年资产负债表'!F31/'2023年资产负债表'!F43。

（7）B12=（'2023年利润表'!B25+'2023年利润表'!B11）/'2023年利润表'!B11。

（8）根据指标的常规表达方式，分别在【设置单元格格式】中将【数字】项目设置为【数值】型或【百分比】型即可。

完成上述操作过程，即可得到偿债能力分析模型的最后结果，见表9-17。

表9-17　财务比率分析模型——偿债能力分析（二）

一、短期偿债能力	
流动比率	1.32
速动比率	0.72
现金比率	0.40
二、长期偿债能力	
资产负债率	50.94%
权益乘数	2.04
产权比率	103.83%
已获利息倍数	43.98

当然，为了更加直观，在创建“财务比率分析模型——偿债能力分析”工作表时，也可以先将偿债能力分析所需要的相关基础数据资料转填到该表上，建立“基本数据区域”，再建立“分析区域”，进行相应的操作，这样就不必在计算过程中打开前面的资产负债表和利润表了。该分析模型见表9-18。

表 9-18 财务比率分析模型——偿债能力分析（三）

基本数据区域		分析区域	
项目	金额（元）	财务比率名称	财务比率
货币性资金	1425800	一、短期偿债能力	
速动资产	2551260	流动比率	1.32
存货	2103200	速动比率	0.72
流动资产合计	4654460	现金比率	0.40
资产总额	10904420	二、长期偿债能力	
流动负债合计	3534260	资产负债率	50.94%
负债总额	5554620	权益乘数	2.04
股东权益总额	5349800	产权比率	103.83%
财务费用（利息）	32600	已获利息倍数	43.98
利润总额	1401200		

9.5.2 企业营运能力分析模型

营运能力分析又称运营效率分析或经营能力分析，是对用来反映企业经营资产的周转情况和资产管理效率的财务比率的计算分析，所以也称作资产管理比率。反映企业营运能力的财务比率主要包括存货周转率、应收账款周转率、流动资产周转率和总资产周转率等。

营运能力分析所需要的数据来源于资产负债表和利润表等有关资料。计算公式如下：

$$存货周转率=\frac{营业成本}{平均存货}$$

$$应收账款周转率=\frac{赊销收入}{平均应收账款}$$

$$流动资产周转率=\frac{营业收入}{平均流动资产}$$

$$总资产周转率=\frac{营业收入}{平均资产总额}$$

$$资本保值增值率=\frac{期末股东权益总额}{期初股东权益总额}\times 100\%$$

根据以上公式，结合前面的资产负债表和利润表资料，就可以建立企业营运能力分析模型进行相关分析了。

【例 9-9】现在我们仍以前面的资产负债表和利润表的资料为例，对企业的营运能力进行分析。

同偿债能力分析一样，我们仍然需要打开和使用前面的资产负债表和利润表所在的工作表，直接调用表中的相关数据，然后进行相关操作。这里为简便起见，我们假定企业的销售收入均为赊销收入。

【解析过程】建立新的工作表“财务比率分析模型——营运能力分析”，填写好反映企业营运能力的相关财务比率，因为计算这些财务比率需要运用相关资产的平均值，所以，可以先计算这些资产的平均值，再按公式计算相关财务比率，据此建立的模型见表 9-19。

表 9-19　　财务比率分析模型——营运能力分析（一）

项目		数额
基本数据（元）	平均存货	
	平均应收账款	
	平均流动资产	
	平均资产总额	
	期末股东权益总额	
	期初股东权益总额	
	营业收入	
	营业成本	
分析指标	存货周转率	
	应收账款周转率	
	流动资产周转率	
	总资产周转率	
	资本保值增值率	

基本计算步骤都是按照各项指标的公式进行计算，即可得到表9-20。

表 9-20　　财务比率分析模型——营运能力分析（二）

项　目		数　额
基本数据（元）	平均存货	=AVERAGE('2023年资产负债表'!B13:C13)
	平均应收账款	=AVERAGE('2023年资产负债表'!B9:C9)
	平均流动资产	=AVERAGE('2023年资产负债表'!B18:C18)
	平均资产总额	=AVERAGE('2023年资产负债表'!B44:C44)
	期末股东权益总额	='2023年资产负债表'!F43
	期初股东权益总额	='2023年资产负债表'!E43
	营业收入	='2023年利润表'!B4
	营业成本	='2023年利润表'!B5
分析指标	存货周转率	=C10/C3
	应收账款周转率	=C9/C4
	流动资产周转率	=C9/C5
	总资产周转率	=C9/C6
	资本保值增值率	=C7/C8

项　目		数　额
基本数据（元）	平均存货	2060015
	平均应收账款	846865
	平均流动资产	4489085
	平均资产总额	10703465
	期末股东权益总额	5349800
	期初股东权益总额	5209800
	营业收入	4800000
	营业成本	2940000
分析指标	存货周转率	1.43
	应收账款周转率	5.67
	流动资产周转率	1.07
	总资产周转率	0.45
	资本保值增值率	102.69%

9.5.3　企业盈利能力分析模型

盈利能力分析也称获利能力分析，通俗点讲，就是指对企业赚取利润的能力的分析，这是企业内外各方都十分关心的问题。反映企业盈利能力的主要财务比率包括营业利润率、成本费用利润率、总资产报酬率和净资产收益率等。

以上财务比率的计算公式为：

$$营业利润率=\frac{营业利润}{营业收入净额}\times100\%$$

$$成本费用利润率=\frac{利润总额}{成本费用总额}\times100\%$$

$$总资产报酬率=\frac{利润总额}{平均资产总额}\times100\%$$

$$净资产收益率=\frac{净利润}{平均净资产}\times100\%$$

根据上面的公式，结合企业资产负债表和利润表，我们可以运用Excel建立企业盈利能力分析模型进行相关分析。

【例9-10】 我们可以继续以前面的资产负债表和利润表的资料为例，对企业的盈利能力进行分析。

由于仍然需要应用资产负债表和利润表的资料，所以应继续打开和使用前面的资产负债表和利润表所在的工作表，直接调用表中的相关数据，进行相关操作。

【解析过程】建立新的工作表“财务比率分析模型——盈利能力分析”，填写好反映企业盈利能力的相关财务比率，见表9-21。

表9-21 财务比率分析模型——盈利能力分析（一）

分析指标	计算结果
营业利润率	
成本费用利润率	
总资产报酬率	
净资产收益率	

在上述相关单元格内输入对应的计算公式即可，具体操作步骤如下：

（1）B3=’2023年利润表’!B22/’2023年利润表’!B4。

（2）B4=’2023年利润表’!B25/（’2023年利润表’!B5+’2023年利润表’!B6+’2023年利润表’!B7+’2023年利润表’!B8+’2023年利润表’!B9+’2023年利润表’!B10）。

（3）B5=’2023年利润表’!B25/’营运能力分析模型’!C6。

（4）B6=’2023年利润表’!B27/AVERAGE（’2023年资产负债表’!E43:F43）。

（5）选中计算结果，在【设置单元格格式】中将【数字】设置为【百分比】型。

完成上述操作过程即可得到表9-22。

表9-22 财务比率分析模型——盈利能力分析（二）

分析指标	计算结果
营业利润率	28.08%
成本费用利润率	40.95%
总资产报酬率	13.09%
净资产收益率	18.82%

小思考9-1

利用Excel进行财务报表分析时，在单元格输入公式的过程中，需要在每个单元格里输入原始计算公式吗？

由于Excel具有强大的数据处理功能，所以在单元格输入公式的过程中，其实只需要用鼠标点击资产负债表、利润表或现金流量表中相应项目的数据和运算符号就可以了，并不需要逐个输入原始计算公式。

9.6 财务综合分析与评价模型

财务综合分析就是将各项财务分析指标作为一个整体，系统、全面、综合地对企业财务状况和经营情况进行剖析、解释和评价。财务综合分析的方法有很多，其中，杜邦财务分析体系和沃尔比重综合评分法应用比较广泛，也是这类方法的主要代表。另外，我国现行的企业财务综合分析，通常根据《企业效绩评价操作细则》的规定，列出企业绩效评价指标体系的基本指标、修正指标和评议指标三个层次共28项指标，并据以对企业财务状况进行综合分析。本节我们只介绍杜邦财务分析体系模型和沃尔比重综合评分模型的应用。

9.6.1 杜邦财务分析体系模型

杜邦财务分析体系是以净资产收益率为核心，将其分解为若干财务指标，利用各项财务指标间的内在关系，对企业综合经营理财及经济效益进行系统分析评价的方法。这种方法首先由美国著名的杜邦公司创建和运用，故称杜邦财务分析体系，简称杜邦体系。

我们知道，杜邦财务分析体系是一种分解财务比率的方法，其基本结构如图9-8所示。

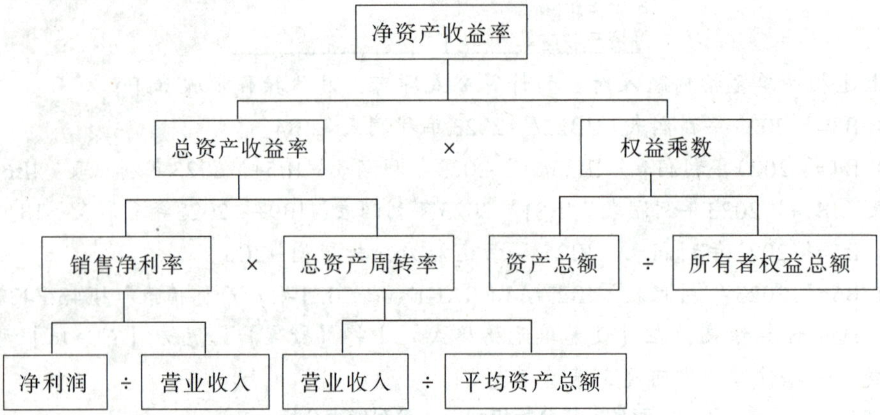

图9-8 杜邦财务分析体系

根据图9-8中杜邦财务分析体系中各指标之间的关系，我们可以利用Excel表进行相关操作。

【例9-11】我们可以继续以本章前面例题中企业的报表资料为例，利用杜邦财务分析体系，建立杜邦财务分析体系模型，进行相关分析。

首先创建新的工作簿“财务综合分析工作簿”，打开一个工作表，命名为“杜邦财务分析体系模型”，然后按杜邦财务分析体系设计表格，并按设计好的表格样式在相应单元格位置输入公式，完成后即可得到表9-23。

杜邦分析体系不是建立新的指标体系进行财务分析，而是以净资产收益率（也称权益报酬率或权益净利率）为核心，通过对该指标的层层分解，建立起相关指标之间的内在联系，从而对企业经济效益及其原因进行系统分析与评价。所以在计算指标时，应自下而上进行。上述模型中各单元格具体操作步骤如下。

表 9-23 杜邦财务分析体系模型

					净资产收益率				
					18.92%				
		总资产收益率					权益乘数		
		9.28%					2.04		
	销售净利率			总资产周转率		资产总额		股东权益总额	
	20.70%			0.45		10904420		5349800	
净利润		营业收入	营业收入		平均资产总额				
993510		4800000	4800000		10703465				

（1）依次将前面资产负债表、利润表及财务比率分析表中的资产总额、股东权益总额、净利润、营业收入、平均资产总额复制到相应的单元格中。

（2）B10=A13/C13。

（3）E10=D13/F13。

（4）C7=B10*E10。

（5）H7=G10/I10。

（6）F4=C7*H7。

完成上述操作过程，就可以得到表 9-23。

为了直观地看出各指标之间的相互联系，可以用数学符号和相关连线对表 9-23 进行进一步处理，便可以得到图 9-9。

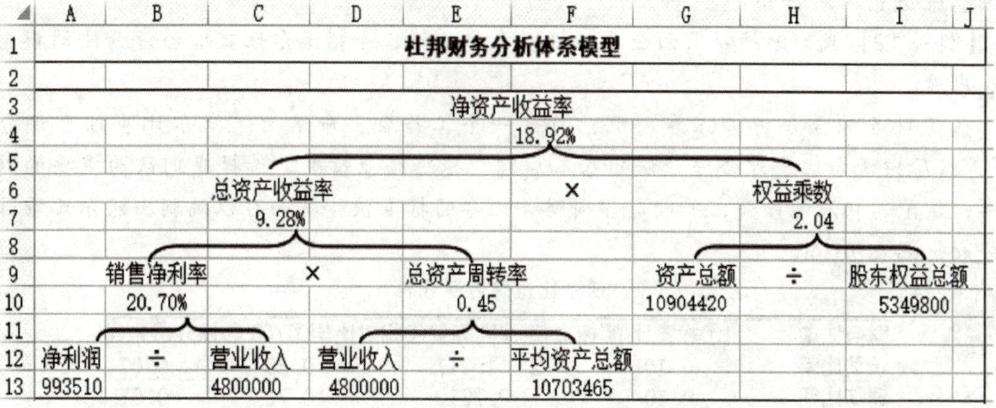

图 9-9 杜邦财务分析体系模型

小知识 9-1

杜邦体系与杜邦公司

美国杜邦公司创造的杜邦财务分析体系（The Du Pont System）是一种比较实用的财务分析体系，杜邦财务分析体系为改善企业内部经营管理提供了有益的分析框架。

杜邦（Du Pont）公司由法裔移民 Eleuthere Irence Du Pont de Nemours 于 1802 年在美国

特拉华州创立，初期以制造黑火药为主。经过200多年的发展，公司已成为历史悠久、业务多元化的化学及能源跨国企业之一，每年总营业额达420亿美元，年盈利为33亿美元，在《财富》杂志列举的全美五百强企业中排行第13位，同时名列化工行业榜首。杜邦来到中国发展已有30多年的历史。

从1987年至今，杜邦在我国多家重点大学设立奖学金，其中有北京化工大学、大连理工大学、上海交通大学、中国纺织大学、西安交通大学、湖南大学、中山大学等，已有数千名大学生受惠。

小思考9-2

根据杜邦财务分析体系，你能在Excel表中建立其他格式的杜邦财务分析体系模型吗？

提示：Excel表是一个具有强大功能的数据处理工具，使用者可以根据需要定义各个单元格，也可以在各个单元格输入相应的数字或计算公式，从而得到所需要的结果，所以我们可以在Excel表中建立其他格式的杜邦财务分析体系模型。比如，上面的例题是按自上而下的方向对净资产收益率进行分解的，我们也可以按从左到右的方向对净资产收益率进行分解。

9.6.2 沃尔比重综合评分模型

沃尔比重综合评分法的基本原理是，把企业相关财务比率用线性关系结合起来，按不同财务比率对企业影响的大小，分别给定其分数比重（权数），然后通过将各财务比率与标准比率进行比较，确定各项指标的得分及总体指标的累计分数，从而对企业财务状况进行综合评价。

【例9-12】我们继续以前面企业的报表资料为例，介绍沃尔比重综合评分法的模型创建及应用。

在“财务综合分析工作簿”中，打开一个工作表，命名为“沃尔比重综合评分模型”，然后按沃尔比重综合评分法的基本原理，根据企业情况，选择我们认为重要的财务比率，赋予其相应的权数，并确定各项财务比率的标准值，从而可以编制出沃尔比重综合评分表，见表9-24。

表9-24　沃尔比重综合评分表

财务比率	①权重比	②标准值	③实际值	④相对比例③/②	⑤评分①×④
流动比率	0.10	2	1.317	0.66	0.07
速动比率	0.10	1	0.7219	0.72	0.07
资产负债率	0.20	60%	50.94%	0.85	0.17
流动资产周转率	0.10	1.5	1.0693	0.71	0.07
总资产周转率	0.10	0.5	0.45	0.90	0.09
营业利润率	0.10	30%	28.08%	0.94	0.09
净资产收益率	0.15	25%	18.82%	0.75	0.11
总资产报酬率	0.15	15%	13.09%	0.87	0.13
合　　计	1.00				0.81

本章小结

企业财务报表主要包括资产负债表、利润表、现金流量表、所有者权益变动表和报表附注等。

分析资产负债表，既可以深入了解企业某一时刻所拥有的经济资源及其构成情况、企业资金的来源及其构成情况、企业的短期偿债能力和长期偿债能力，也可以了解企业不同时期财务状况的变动情况。本章的资产负债表分析主要从资产负债表的结构分析、趋势分析两个方面来进行。

利润表是反映企业一定时期经营成果的报表，对利润表进行分析可以了解企业一定时期经营成果的形成情况及获利能力，判断企业未来的发展趋势，从而做出正确决策。利润表的分析主要从利润表的结构分析、趋势分析两个方面来进行。

现金流量表是反映企业一定时期经营活动、投资活动和筹资活动产生的现金流量信息的报表，通过对现金流量表进行分析，可以了解企业一定时期现金流量的发生及构成情况，并进一步分析企业的偿债能力，预测企业未来产生现金流量的情况。现金流量表的分析主要从现金流量表的结构分析、趋势分析两个方面来进行。

财务比率分析则是综合运用上述财务报表中的一些相关项目进行对比，得出一系列的财务比率，以评价企业财务现状、揭示经营中存在的问题的一种财务分析方法。主要的财务比率分析包括偿债能力分析、营运能力分析和盈利能力分析等。

要对企业的财务状况和经营成果进行系统的评价，就应当把各种财务分析指标结合在一起进行系统的分析，综合分析的方法主要有杜邦财务分析体系与沃尔比重综合评分法两种。

主要概念

资产负债表分析　利润表分析　现金流量表分析　财务比率分析

基本训练

□ 知识题

（1）在资产负债表结构分析模型中，结构比例的数字是如何计算的？

（2）你能根据利润表趋势分析模型绘制出收入、成本、利润趋势分析图（线形图和柱状图）吗？

（3）现金流量表的结构分析一般有哪两个方面？各是如何进行分析的？

（4）财务比率分析通常包括哪几个方面的指标？各是根据哪个财务报表的资料计算的？

（5）杜邦财务分析体系是以哪个指标为核心进行指标分解的？

二维码9-6

表9-25
（电子版）

□ 技能题

（1）运达公司2024年资产负债表资料见表9-25。

表 9-25　　运达公司2024年资产负债表

编制单位：运达公司　　2024年12月31日　　单位:元

资产	期末余额	上年年末余额	负债和所有者权益	期末余额	上年年末余额
流动资产：			流动负债：		
货币资金	705 800	602 600	短期借款	300 000	400 000
交易性金融资产			交易性金融负债		
衍生金融资产			衍生金融负债		
应收票据	356 000	264 000	应付票据	402 000	258 000
应收账款	647 100	746 630	应付账款	692 600	455 900
应收款项融资			预收款项	134 000	127 380
预付款项	437 000	433 000	合同负债		
其他应收款	218 890	186 000	应付职工薪酬	900 000	891 000
存货	2 203 200	2 016 920	应交税费	179 650	166 320
合同资产			其他应付款	378 000	320 550
持有待售资产	0	0	持有待售负债		
一年内到期的非流动资产	0	0	一年内到期的非流动负债		
其他流动资产	0	0	其他流动负债	2 100	
流动资产合计	4 567 990	4 249 150	流动负债合计	2 988 350	2 619 150
非流动资产：			非流动负债：		
债权投资	0	0	长期借款	1 600 000	1 500 000
其他债权投资	0	0	应付债券		
长期应收款	0	0	其中：优先股		
长期股权投资	0	0	永续债		
其他权益工具投资	0	0	租赁负债		
其他非流动金融资产	0	0	长期应付款		
投资性房地产	0	0	预计负债		
固定资产	6 035 000	5 760 000	递延收益		
在建工程	128 000	125 000	递延所得税负债	0	0
生产性生物资产	0	0	其他非流动负债	0	0
油气资产	0	0	非流动负债合计	1 600 000	1 500 000
使用权资产	0	0	负债合计	4 588 350	4 119 150
无形资产	167 000	172 000	所有者权益：		
开发支出	0	0	实收资本	6 000 000	6 000 000
商誉	0	0	其他权益工具		
长期待摊费用	0	0	其中：优先股		
递延所得税资产	25 860	22 800	永续债		
其他非流动资产	0	0	资本公积	17 800	17 800
非流动资产合计	6 355 860	6 079 800	减：库存股	0	0
			其他综合收益	0	0
			专项储备		
			盈余公积	284 000	180 000
			未分配利润	33 700	12 000
			所有者权益合计	6 335 500	6 209 800
资产总计	10 923 850	10 328 950	负债和所有者权益总计	10 923 850	10 328 950

要求：建立资产负债表结构分析模型，进行资产负债表的结构分析。

（2）运达公司2022—2024年度利润表资料见表9-26。

二维码9-7

表9-26（电子版）

表9-26 运达公司2022—2024年度利润表 单位：元

项目	2022年	2023年	2024年
一、营业收入	13500000	14680000	16875000
减：营业成本	8180000	9026000	10896000
税金及附加	685000	719000	816000
销售费用	156000	218320	237620
管理费用	525000	579210	609270
研发费用			
财务费用	83600	88300	97600
其中：利息费用			
利息收入			
加：其他收益			
投资收益（损失以"-"号填列）	53000	30000	26000
其中：对联营企业和合营企业的投资收益			
以摊余成本计量的金融资产终止确认收益（损失以"-"号填列）			
净敞口套期收益（损失以"-"号填列）			
公允价值变动收益（损失以"-"号填列）			
信用减值损失（损失以"-"号填列）			
资产减值损失（损失以"-"号填列）			
资产处置收益（损失以"-"号填列）			
二、营业利润（亏损以"-"号填列）	3923400	4079170	4244510
加：营业外收入	27300	46130	35180
减：营业外支出	12810	11800	21800
三、利润总额（亏损总额以"-"号填列）	3937890	4113500	4257890
减：所得税费用	854500	928650	1024470
四、净利润（净亏损以"-"号填列）	3083390	3184850	3233420
五、其他综合收益的税后净额			
六、综合收益总额			
七、每股收益			
（一）基本每股收益			
（二）稀释每股收益			

要求：运用Excel表进行利润表的结构分析和趋势分析，并绘制出收入、成本、利润趋势分析柱状图。

（3）运达公司2022—2024年度的现金流量表见表9-27。

要求：根据资料，运用Excel表进行现金流量表趋势分析。

二维码9-8

表9-27（电子版）

□ 能力题

（1）依据技能题中运达公司2024年资产负债表和利润表的资料，运用Excel表建立模型，对该公司进行相关财务比率分析，要求计算出偿债能力、营运能力和盈利能力的相关指标。

（2）依据技能题中运达公司2024年资产负债表和利润表的资料，根据杜邦财务分析体系，运用Excel表建立杜邦财务分析体系模型，计算相关指标进行综合分析。

表9-27 运达公司2022—2024年现金流量表 单位：元

项目	2022年	2023年	2024年
一、经营活动产生的现金流量：			
销售商品、提供劳务收到的现金	92567958	867541673	694100991
收到的税费返还	918226	4185998	28115486
收到其他与经营活动有关的现金			
经营活动现金流入小计	93486184	871727671	722216477
购买商品、接收劳务支付的现金	32624736	712343181	516531840
支付给职工以及为职工支付的现金	5990448	39028992	30494288
支付的各项税费	3018080	50203686	31867155
支付其他与经营活动有关的现金	3449492	52501068	30266155
经营活动现金流出小计	45082756	854076927	609159438
经营活动产生的现金流量净额	48403428	17650744	113057039
二、投资活动产生的现金流量：			
收回投资收到的现金	957048	15839996	6300014
取得投资收益收到的现金	5863410	42641504	8228600
处置固定资产、无形资产和其他长期资产收回的现金净额	756846	2983671	7443346
处置子公司及其他营业单位收到的现金净额			
收到其他与投资活动有关的现金			
投资活动现金流入小计	7577304	61465171	21971960
购建固定资产、无形资产和其他长期资产支付的现金	4537188	2162812	3307804
投资支付的现金	1400000	52948500	8000000
取得子公司及其他营业单位支付的现金净额			
支付其他与投资活动有关的现金	82360	214830	186720
投资活动现金流出小计	6019548	55326142	11494524
投资活动产生的现金流量净额	1557756	6139029	10477436
三、筹资活动产生的现金流量：			
吸收投资收到的现金	3000000	5000000	5384800
取得借款收到的现金	63000000	65000000	53000000
收到其他与筹资活动有关的现金			
筹资活动现金流入小计	66000000	70000000	58384800
偿还债务支付的现金	57300000	6000000	7234000
分配股利、利润或偿付利息支付的现金	3096026	4342904	3217100
支付其他与筹资活动有关的现金			
筹资活动现金流出小计	60396026	10342904	10451100
筹资活动产生的现金流量净额	5603974	59657096	47933700
四、汇率变动对现金及现金等价物的影响	0	0	0
五、现金及现金等价物净增加额	55565158	83446869	171468175
加：期初现金及现金等价物余额			
六、期末现金及现金等价物余额			

第10章

综合案例

10.1 综合案例一

10.1.1 综合案例一目标

通过本案例的学习，要求学生练习使用函数IF（），练习设置单元格的有效数据范围，练习使用函数NPV（）计算净现值，练习在工作表中进行方案管理，练习设置共享工作簿。

10.1.2 案例情况介绍

某企业目前有两种投资方案：方案一——新建厂房生产新产品；方案二——扩建厂房生产现有产品。如果新建厂房（方案一），则需投资300万元；如果扩建厂房（方案二），则需投资100万元。但是，新产品的市场前景不能确定，主要面临5种可能的市场前景，各前景的说明及预计发生的概率见表10-1。

表10-1 各前景的说明及预计发生的概率

前景	说明	概率
前景1	新产品畅销	25%
前景2	1年后新产品畅销	35%
前景3	2年后新产品畅销	20%
前景4	3年后新产品畅销	10%
前景5	新产品滞销	10%

如果新产品畅销，预计年净收益为180万元；如果新产品滞销，预计年净收益为20万元。如果继续生产现有产品，则每年净收益为20万元。已知基准折现率为15%，厂房使用年限为4年。

要求：根据上述条件选择投资方案。

10.1.3 案例解析

对于这类看似简单的问题，在最终确定究竟使用哪种方案时，必须考虑多种因素。通常情况下，常用方法是考虑各种方案的预计净现值并加以比较。

具体步骤是：①建立工作簿，将本案例有关资料输入所设立的工作簿，便于以后计算；②由各种前景的概率计算出各年的年净收益期望值；③使用各种函数计算净现值；④比较各种方案的净现值。

步骤一：建立工作簿。

新建名为“投资风险分析”的工作簿，并在其中建立计算净现值的表格（如图10-1所示）。

	A	B	C	D	E	F
1						
2	基本数据：					
3	基准折现率：	15%				
4	投资（万元）：					
5	产品：					
6						
7	计算表格：					
8			年净收益		金额单位：万元	概率
9		1	2	3	4	
10	前景1					25%
11	前景2					35%
12	前景3					20%
13	前景4					10%
14	前景5					10%
15	年净收益期望值					
16	净现值					

图10-1　净现值计算

步骤二：输入逻辑公式。

在本例中，要计算两种不同方案的预计净现值，并加以比较。可在一张表格中计算两种不同方案的预计净现值，使用逻辑函数IF（）来计算各种前景下的各年净收益。

使用函数IF（）计算各年净现值的操作步骤如下：

（1）将B4单元格命名为“投资”，将B5单元格命名为“产品”。

（2）单击选中B10单元格。

根据前景说明可知：如果企业生产的产品为新产品而且畅销，则年净收益为180万元；如果企业生产的产品是现有产品或新产品滞销，则年净收益为20万元。

（3）单击【公式】中的【逻辑】按钮，弹出【函数名】列表框（如图10-2所示）。

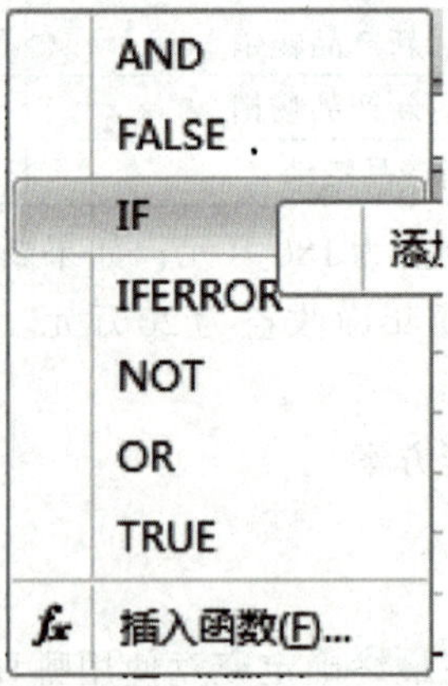

图10-2　【函数名】列表框

（4）在【函数名】列表框中单击选中【IF】，单击【确定】，弹出【IF函数参数】框（如图10-3所示）。

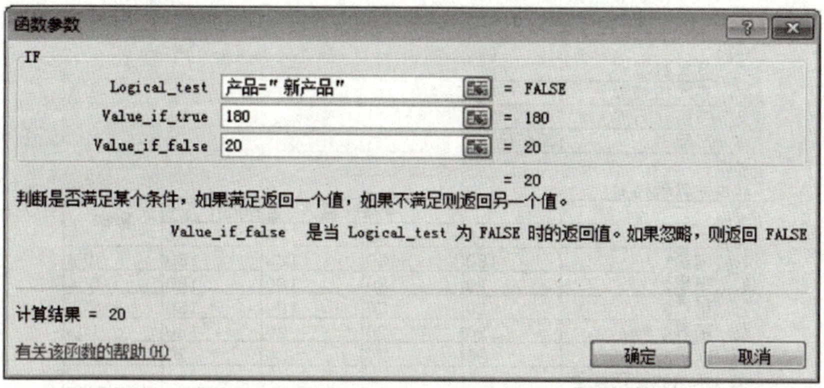

图 10-3 使用函数 IF（）

（5）在【Logical_test】编辑框中键入“产品="新产品"”。

（6）在【Value_if_true】编辑框中键入“180”，在【Value_if_false】编辑框中键入“20”，单击【确定】按钮。

由于“产品”单元格中还没有数值，即不为“新产品”，所以B10单元格中显示数值“20”，如图10-4所示。

	A	B	C	D	E	F
1						
2	基本数据：					
3	基准折现率：	15%				
4	投资（万元）：					
5	产品：					
6						
7	计算表格：					
8			年净收益	金额单位：万元		概率
9		1	2	3	4	
10	前景1	20				25%
11	前景2					35%
12	前景3					20%
13	前景4					10%
14	前景5					10%
15	年净收益期望值					
16	净现值					

图 10-4 逻辑函数计算结果

将B10单元格中的公式复制到C10：E10单元格中。再用同样的方法在B11单元格中输入公式“=IF（AND（B9>1，产品="新产品"），180，20）”，并复制到C11：E11单元格中；在B12单元格中输入公式“=IF（AND（B9>2，产品="新产品"），180，20）”，并复制到C12：E12单元格中；在B13单元格中输入公式“=IF（AND（B9>3，产品="新产品"），80，20）”，并复制到C13：E13单元格中；在B14单元格中输入“20”，然后复制到C14：E14单元格中。这样做是根据已知条件表10-1中各前景的说明及发生的概率而确定的。由于“产品”单元格中没有数值，即既不为“新产品”，也不为“现有产品”，所以所有的年净收益单元格中都显示数值“20”。

按照生产新产品的方案在“投资”单元格和“产品”单元格中键入数据，计算表格中对应的年净收益数值，如图10-5所示。

	A	B	C	D	E	F
1						
2	基本数据：					
3	基准折现率：	15%				
4	投资（万元）：	300				
5	产品：	新产品				
6						
7	计算表格：					
8			年净收益	金额单位：万元		概率
9		1	2	3	4	
10	前景1	180	180	180	180	25%
11	前景2	20	180	180	180	35%
12	前景3	20	20	180	180	20%
13	前景4	20	20	20	180	10%
14	前景5	20	20	20	20	10%
15	年净收益期望值					
16	净现值					

图 10-5　生产新产品时的年净收益

步骤三：设置单元格的有效数据范围。

在上个步骤中，用于计算年净收益的逻辑函数引用了“产品”单元格，计算结果由“产品”单元格中的数据决定。如果在向该单元格中输入数据时稍出差错，如不小心多键入了一个空格，则会造成年净收益的计算错误。

为了避免这种情况的发生，为该单元格设置有效数据的范围，使该单元格的数据输入只能从下拉列表中选择。操作步骤如下：

（1）选定“产品”单元格（B5）。

（2）单击【数据】菜单中的【数据有效性】命令，弹出【数据有效性】对话框（如图10-6所示）。

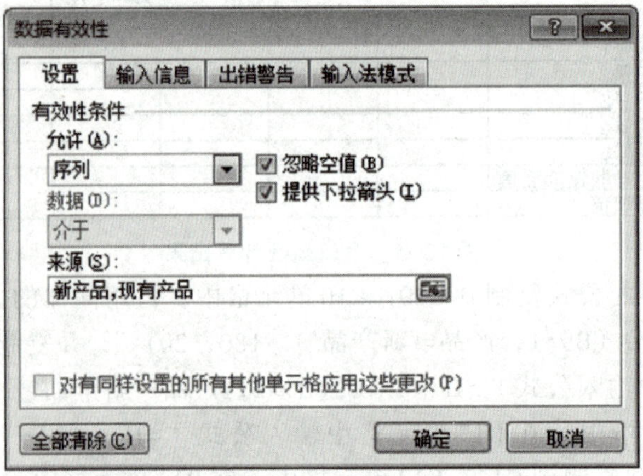

图 10-6　设置单元格的有效数据范围

（3）在【允许】下拉列表中选择【序列】。

（4）在【来源】编辑框中键入“新产品，现有产品”。

注意：在【来源】编辑框中键入的可选单元格数据系列中，必须用英文输入法下的逗号来分隔。

（5）选中【提供下拉箭头】复选框。

（6）单击【出错警告】选项卡（如图10-7所示）。

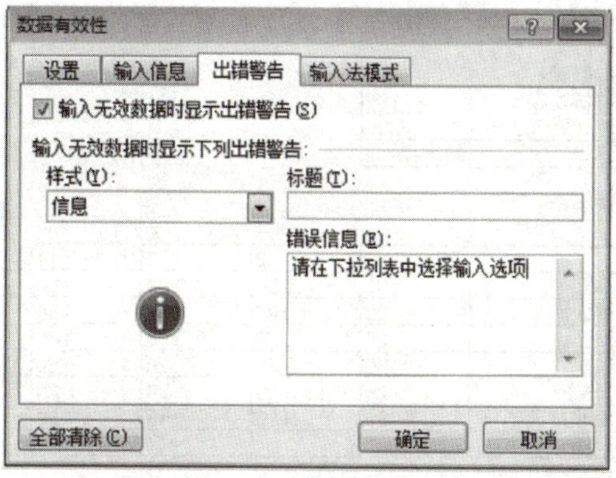

图 10-7　设置错误警告信息

（7）确定选中【输入无效数据时显示出错警告】复选框。

（8）在【样式】下拉列表框中选择【信息】。

（9）在【错误信息】编辑框中键入“请在下拉列表中选择输入选项”。

（10）单击【确定】按钮。

经过上述步骤，Excel为“产品”单元格设置了下拉列表。当单击该单元格时，将在单元格右侧显示【下拉箭头】按钮，单击【下拉箭头】按钮，显示在【有效数据】对话框中设置的列表选项，如图10-8所示。

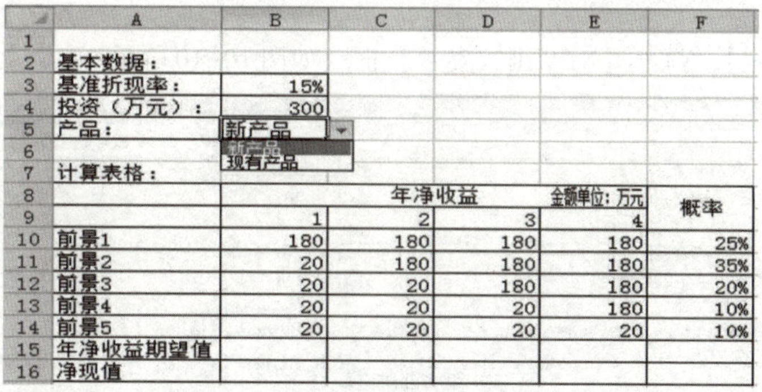

	A	B	C	D	E	F
1						
2	基本数据：					
3	基准折现率：	15%				
4	投资（万元）：	300				
5	产品：	新产品				
6		新产品				
7	计算表格：	现有产品				
8			年净收益		金额单位：万元	概率
9		1	2	3	4	
10	前景1	180	180	180	180	25%
11	前景2	20	180	180	180	35%
12	前景3	20	20	180	180	20%
13	前景4	20	20	20	180	10%
14	前景5	20	20	20	20	10%
15	年净收益期望值					
16	净现值					

图 10-8　为单元格设置下拉列表

步骤四：计算净现值。

下面计算投资的净现值。所谓净现值是指未来各期支出（负值）和收入（正值）的当前值的总和。它是用来比较方案优劣的重要指标。

（1）计算年净收益期望值。

在用函数NPV（）计算净现值时，需要用到各期的净收益值。在计算净现值之前首先计算出年净收益期望值。

在B15单元格中键入计算第一年年净收益期望值的计算公式“=B10*$F10+B11*$F11+B12*$F12+B13*$F13+B14*$F14”或者使用函数公式“=SUMPRODUCT（B10:B14，$F10:$F14）”。

选中该单元格，用鼠标拖拉填充柄，将公式复制到C15：E15单元格中。计算表格中显示出各期的年净收益期望值，如图10-9所示。

	A	B	C	D	E	F
1						
2	基本数据：					
3	基准折现率：	15%				
4	投资（万元）：	300				
5	产品：	新产品				
6						
7	计算表格：					
8			年净收益	金额单位：万元		概率
9		1	2	3	4	
10	前景1	180	180	180	180	25%
11	前景2	20	180	180	180	35%
12	前景3	20	20	180	180	20%
13	前景4	20	20	20	180	10%
14	前景5	20	20	20	20	10%
15	年净收益期望值	60	116	148	164	
16	净现值					

图10-9　各期的年净收益期望值

（2）使用函数NPV（）计算净现值。

下面用函数NPV（）计算净现值，操作步骤如下：

①单击B16单元格。

提示：在对单元格进行合并及居中操作后，合并的单元格的引用采用合并区域左上角的单元格的引用。

②单击【公式】按钮。

③在【公式】对话框中，在【函数库】列表框中选择【财务】，在【函数名】列表框中选择【NPV】。

④单击【确定】，弹出【NPV函数参数】框（如图10-10所示）。

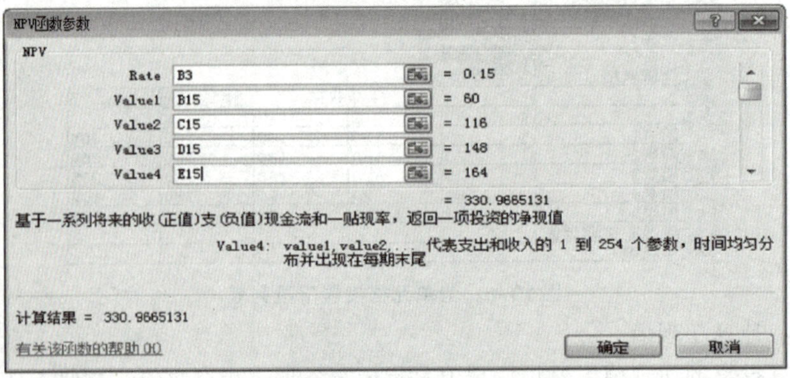

图10-10　设置NPV（）函数的参数

⑤在【Rate】编辑框中键入“基准折现率”单元格的引用。

⑥在各【Value】编辑框中键入各期年净收益期望值的单元格引用。

⑦单击【确定】。

⑧由于函数NPV（）没有考虑初始投资的现金流，所以应在原来的基础上减去初始投资额。在编辑框中原公式的后面加上“-投资”，公式变为“=NPV（B3，B15，C15，D15，E15）-投资”。

经过上述步骤，表格中净现值的计算结果如图10-11所示。

	A	B	C	D	E	F
1						
2	基本数据：					
3	基准折现率：	15%				
4	投资（万元）：	300				
5	产品：	新产品				
6						
7	计算表格：					
8			年净收益		金额单位：万元	概率
9		1	2	3	4	
10	前景1	180	180	180	180	25%
11	前景2	20	180	180	180	35%
12	前景3	20	20	180	180	20%
13	前景4	20	20	20	180	10%
14	前景5	20	20	20	20	10%
15	年净收益期望值	60	116	148	164	
16	净现值		330.97			

图 10-11 净现值计算结果

步骤五：多方案求解。

在图10-11中只显示出了一种方案的计算结果。在基本数据表格中，输入另一种方案的数据，可得出另一种方案的净现值。对于这种多方案问题，使用【方案管理器】可以更好地管理数据和信息，还可以创建方案总结报告和方案数据透视表，便于对各方案进行分析、比较。

（1）创建方案。

创建方案的步骤如下：

①单击【数据】菜单中的【模拟分析】命令，弹出【方案管理器】对话框（如图10-12所示）。

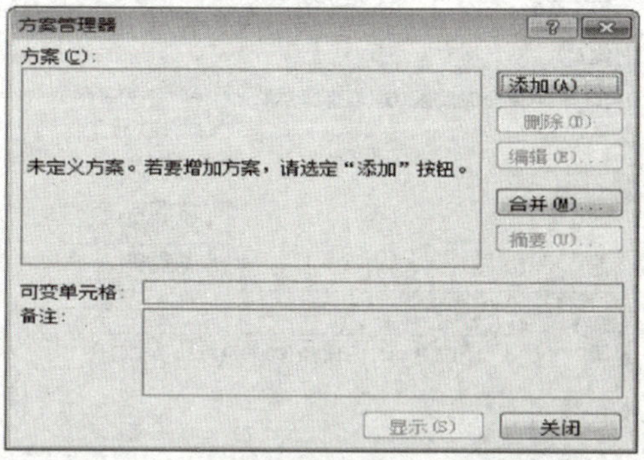

图 10-12 【方案管理器】对话框

②单击【添加】按钮，弹出【添加方案】对话框（如图10-13所示）。

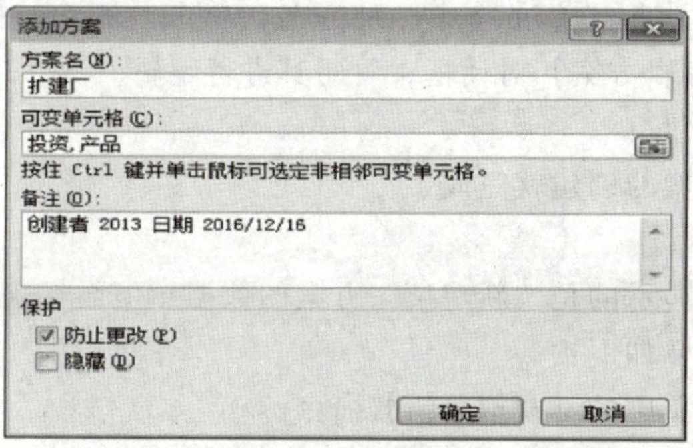

图 10-13 【添加方案】对话框

③在【方案名】编辑框中，键入方案名称“扩建厂”。

④在【可变单元格】编辑框中，键入“投资，产品”。

提示：对话框中【保护】标题下的复选框用于设置对方案的保护。选中【防止更改】复选框可禁止对方案的更改；选中【隐藏】复选框，可隐藏方案。在设置了对方案的保护后，还应对工作表进行保护，方法是：将光标指向并选中【审阅】菜单中的【保护工作表】选项，在【取消工作表保护时使用的密码】编辑框中输入密码。

⑤单击【确定】按钮，弹出【方案变量值】对话框（如图10-14所示）。

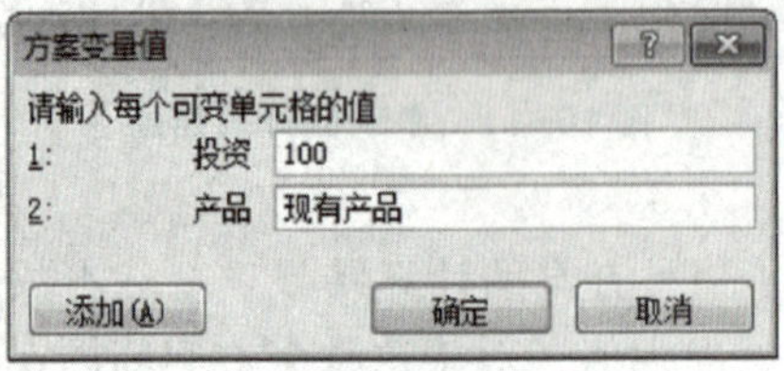

图10-14　【方案变量值】对话框

⑥在【方案变量值】对话框中，键入投资额为“100”，产品为“现有产品”。

⑦单击【添加】按钮，重复③到⑥的操作，创建名为“新建厂”的方案，投资额为“300”，产品为“新产品”。

⑧单击【确定】按钮，在【方案管理器】对话框中显示出已有的方案列表（如图10-15所示）。

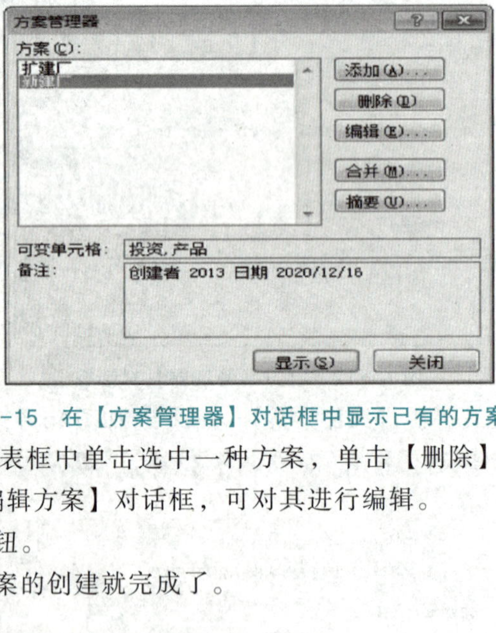

图10-15　在【方案管理器】对话框中显示已有的方案列表

此时在【方案】列表框中单击选中一种方案，单击【删除】按钮可将其删除；单击【编辑】按钮，进入【编辑方案】对话框，可对其进行编辑。

⑨单击【关闭】按钮。

经过上述步骤，方案的创建就完成了。

（2）显示方案。

目前，计算表格中显示的是“新建厂”方案的数据。下面在表格中显示“扩建厂”方案的计算结果。操作步骤如下：

①单击【数据】菜单中的【模拟分析】命令。

②在【方案管理器】对话框中，单击选中【方案】列表框中的“扩建厂”选项。

③单击【显示】按钮。

④单击【关闭】按钮。

在计算表格中显示出对“扩建厂”方案的计算结果（如图10-16所示）。

	A	B	C	D	E	F
1						
2	基本数据：					
3	基准折现率：	15%				
4	投资（万元）：	100				
5	产品：	现有产品				
6						
7	计算表格：					
8	计算表格：					
9			年净收益		金额单位：万元	概率
10		1	2	3	4	
11	前景1	20	20	20	20	25%
12	前景2	20	20	20	20	35%
13	前景3	20	20	20	20	20%
14	前景4	20	20	20	20	10%
15	前景5	20	20	20	20	10%
16	年净收益期望值	20	20	20	20	
17	净现值		-42.90			

图10-16 “扩建厂”方案的计算结果

由于扩建厂方案的净现值为-42.90万元，所以不应采用“扩建厂”方案。

步骤六：共享工作簿。

投资决策绝不是简单地比较各方案的预计净现值就可以确定的，毕竟净现值只是其中需要考虑的一个重要因素，而且计算得出的结果只是预测结果。投资决策的确定，还需要考虑其他因素。

在企业管理中进行科学的决策，应避免一人说了算的情况。众人讨论的结果会更加科学、可靠。电脑和网络使人们不必坐在一起就可以进行讨论。在通过网络进行决策讨论时，应共享所有的决策参考数据。将这个辅助投资风险分析的工作簿设置为共享工作簿，可使多人同时参阅该工作簿或对该工作簿进行操作，如在工作簿中添加批注。

(1) 共享工作簿简介。

通过建立共享工作簿，可以与其他人同时审阅和编辑同一项工作，还可以查看各自所作的改动。

当多人一起在共享工作簿上工作时，Excel会保持信息不断被更新。在一个共享工作簿中，各个用户可以输入数据、插入行和列、添加和更改公式，还可以更改格式。每个用户能够独立地筛选工作表来显示感兴趣的数据行。Excel可以为每一个用户保留各自的视面，其中包含用户的各种筛选设置。

每个用户都可以通过单击【保存】按钮，来按自己所做的更改更新共享工作簿，还可以得到所有其他用户保存的更改内容。Excel能够自动按指定的时间间隔对改动进行更新。在保存一个共享工作簿时，可以用自己所做的改动替换他人作出的相冲突的改动，也可以审查每一处改动从而决定是否接受。

通过保存冲突日志，可以保留被接受改动的记录，并查看一个记录着详细改动情况的日志工作表，其中包含用户间互相冲突的改动内容。保留冲突日志还使用户能够合并共享工作簿的各种副本。

在共享工作簿时，既可以给每个人相同的权限，也可以通过保护共享工作簿来限制权限。

（2）设置共享工作簿。

下面将这个辅助投资风险分析的工作簿设置为共享工作簿，操作步骤如下：

①单击【审阅】菜单中的【共享工作簿】命令，弹出【共享工作簿】对话框（如图10-17所示）。

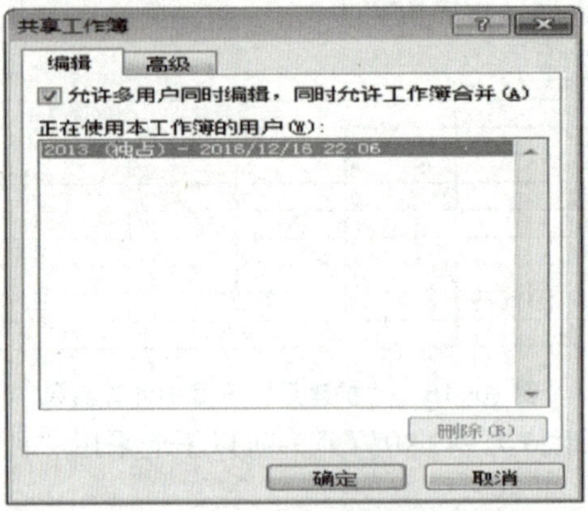

图10-17 【共享工作簿】对话框

②单击【编辑】选项卡，选中【允许多用户同时编辑，同时允许工作簿合并】复选框，然后单击【确定】。

③在【文件】菜单中单击【另存为】命令，然后将共享工作簿保存在其他用户可以访问到的一个网络资源上。

注意：如果要将共享工作簿复制到一个网络资源上，应确保该工作簿与其他工作簿或文档的任何链接都保持完整。可以使用【数据】菜单中的【现有链接】命令对链接定义进行修正。这一步骤同时也启用了冲突日志，使用它可以查看对共享工作簿的更改信息，以及在有冲突时修改的取舍情况。

（3）撤销工作簿的共享状态。

如果不再需要其他人对共享工作簿进行更改，则可以将自己作为打开并操作该工作簿的唯一用户。撤销工作簿的共享状态的操作如下：

①单击【审阅】菜单中的【共享工作簿】命令，然后单击【编辑】选项卡。

②确认自己是在【正在使用本工作簿的用户】框中的唯一用户，如果还有其他用户，则他们都将丢失未保存的工作内容。

③清除【允许多用户同时编辑，同时允许工作簿合并】复选框，然后单击【确定】按钮。

④当提示到对其他用户的影响时，单击【是】按钮。

注意：一旦撤销了工作簿的共享状态，将中断所有其他用户与共享工作簿的联系，关闭冲突日志，并清除已存储的冲突日志，此后就不能再查看冲突日志，或是将共享工作簿的此备份与其他备份合并。为了确保其他用户不会丢失工作进度，应在撤销工作簿共享之前确认所有其他用户都已得到通知，这样，他们就能事先保存并关闭共享工作簿。

（4）保护共享工作簿。

能够访问保存有共享工作簿的网络资源的所有用户，都可以访问共享工作簿。如果希望控制对共享工作簿的某些访问，可以通过保护共享工作簿和冲突日志来实现。

与一般工作簿一样，也可以为共享工作簿指定一个打开时输入的密码，且方法相同。

防止他人对共享工作簿进行更改的操作步骤如下：

①为设置共享工作簿的改动密码，先撤销对工作簿的共享。

②隐藏不希望其他用户看到的某些行和列，取消允许其他人进行更改的指定区域的锁定。

③在【审阅】菜单中单击【保护并共享工作簿】命令，弹出【保护共享工作簿】对话框（如图10-18所示）。

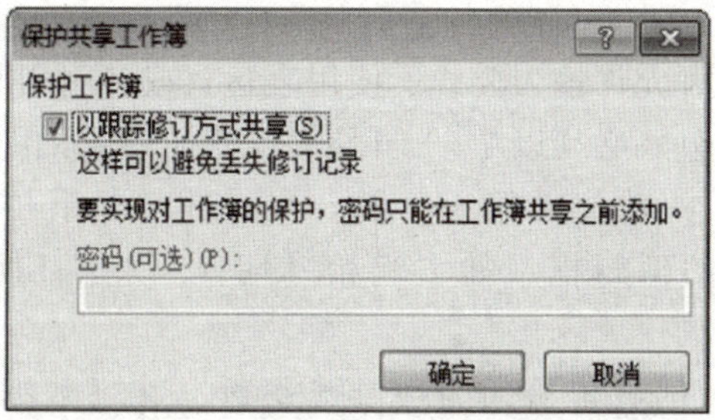

图10-18　【保护共享工作簿】对话框

④选中【以跟踪修订方式共享】复选框。

⑤设置其他用户在关闭冲突日志或撤销工作簿共享状态时须输入的密码，在【密码】框中键入密码，单击【确定】。

⑥在【确认密码】对话框中再输入一遍密码，单击【确定】。

⑦在出现提示时，单击【确定】保存工作簿，这样就可以共享此工作簿并且启用冲突日志了。

需要注意的是：为工作簿提供共享保护以后，其他用户就不能撤销工作簿共享状态或者关闭冲突日志。

在一个已经共享的工作簿中，可以启用对共享和冲突日志的保护，但是不能为这种保护指定密码。如果需指定密码，必须先撤销工作簿的共享状态。

10.1.4　案例小结

在本案例中，重点涉及以下几个方面的问题：①逻辑公式的建立；②设置单元格的有效数据范围；③财务函数NPV（）的使用；④多方案求解；⑤工作簿的共享。

其中，函数IF（）用于执行真假值判断，根据逻辑测试的真假值，返回不同的结果。可以使用函数IF（）对数值和公式进行条件检测。

通过对单元格有效数据范围的设置，可以防止由于数据输入错误而造成的计算错误。在本例中，我们为单元格设置了有效数据的下拉列表。

对于多方案求解的问题，使用【方案管理器】可以更好地管理数据和信息，还可以创建方案总结报告和方案数据透视表，以便对各方案进行分析、比较。

通过建立共享工作簿，可以与其他人同时审阅和编辑同一项工作，还可以查看各自所作的改动。

10.1.5 疑难解答

Q1：有效数据有哪些类型？

答：【数据有效性】对话框中显示的选项根据【许可】和【数据】下拉列表框中设置的不同而不同。

可选的有效数据的类型如下：

（1）任何数值，对输入数据不作任何限制。如果希望不检查输入的正确性而只显示输入信息，可使用此设置。

（2）自定义，这种设置允许输入公式、使用表达式或者引用其他单元格中的计算值来判定输入数值的正确性。公式必须以“=”开始，且得出结果的必须是True或False。

（3）日期，指定输入的数值必须为日期。在【数据】下拉列表框中单击选定一个操作符，接着填充下面的编辑框，如“起始日期”“终止日期”，可指定输入日期的范围。

（4）小数，指定输入的数值必须为数字或小数。在【数据】下拉列表框中单击选定一个操作符，接着填充下面的编辑框，如“最小值”“最大值”，可指定输入小数的范围。

（5）序列，为有效数据指定序列。在【来源】编辑框中输入工作簿上包含有效数据的区域的引用或名称（如“销售部”“生产部”“技术部”“公关部”），或者以逗号为间隔符直接键入有效数据。选中【提供下拉箭头】复选框后，将在用户单击单元格时显示下拉箭头，让用户在有效数据序列中选择。

（6）文本，指定有效数据的字符数。在【数据】下拉列表框中单击选定一个操作符，接着填充下面的编辑框，如“最小值”“最大值”，可指定输入数据字符数的范围。

（7）时间，指定输入的数值必须为时间。在【数据】下拉列表框中单击选定一个操作符，接着填充下面的编辑框，如“起始时间”“终止时间”，可指定输入时间的范围。

（8）整数，指定输入的数值必须为整数。在【数据】下拉列表框中单击选定一个操作符，接着填充下面的编辑框，如“最小值”“最大值”，可指定输入整数的范围。

Q2：为何【数据】菜单中的【数据有效性】命令不能使用？

答：由于下列原因，【数据有效性】命令将不能使用：

（1）正在输入数据。当设置了有效数据范围或信息的单元格中正在进行编辑时，【数据有效性】命令不能使用。

（2）工作表内容可能处于保护状态。如果要取消保护，单击【审阅】菜单中的【保护工作表】，再单击【撤销工作表保护】命令。

（3）工作簿可能是共享工作簿，尽管仍可以继续输入数据，并且输入信息和错误信息也照常显示，但是在工作簿被共享时，【数据有效性】命令不能使用。

Q3：使用共享工作簿有哪些限制？

答：使用共享工作簿时，Excel的某些功能无效。如果需要使用这些功能，应在将工作簿共享之前进行操作，或撤销工作簿的共享状态。

在共享工作簿中，不能完成下列操作：

（1）删除工作表。

（2）合并单元格。

（3）查看合并单元格的单元格。

（4）定义或使用条件格式。

（5）在工作簿共享之前查看条件格式的使用效果。

（6）设置或更改数据有效性的限制和消息。

（7）在工作簿共享之前查看所设置的限制和消息的效果。

（8）成块插入或删除单元格。

（9）插入或删除整个行和列。

（10）插入或更改图表、图片、对象或超级链接。

（11）使用绘图工具。

（12）设置密码来保护单独的工作表或整个工作簿。

（13）更改或删除密码。

（14）保存、查看或更改方案。

（15）创建组或分级显示数据。

（16）插入自动分类汇总。

（17）创建模拟运算表。

（18）创建数据透视表或更改已存在的数据透视表布局。

（19）写入、更改、查看、记录或分配宏。

可以将共享工作簿中所录制的宏保存到另一个未共享的工作簿中。在共享工作簿中，还可以使用工作簿共享之前创建的宏，但在这种情况下，如果所使用的宏中包含某个此时无效的操作，宏将在运行到此无效操作时停止运行。

Q4：如何为工作簿保存冲突日志？

答：如果为工作簿保存冲突日志，Excel会同时开启工作簿共享。保存冲突日志的操作步骤如下：

（1）单击【审阅】菜单中的【共享工作簿】命令。

（2）单击【编辑】选项卡。

（3）选定【允许多用户同时编辑，同时允许工作簿合并】复选框。

（4）单击【高级】选项卡（如图10-19所示）。

（5）在【修订】标题下，单击【保存修订记录】，接着在【天】微调编辑框中键入希望保留冲突日志的天数。

（6）单击【确定】按钮。当弹出对话框提示保存工作簿时，再次单击【确定】按钮。完成为工作簿保存冲突日志。

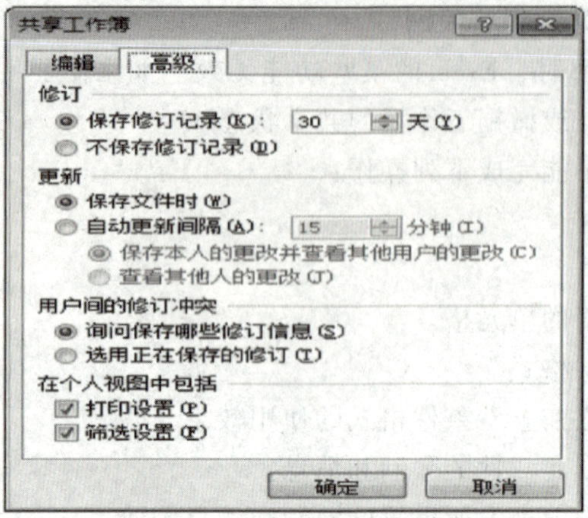

图 10-19 保存冲突日志

10.2 综合案例二

10.2.1 综合案例二目标

财务预算表达的主要是资金、收入、成本、费用和利润之间的关系，其中利润是企业的主要奋斗目标。为了实现这一目标，各部门必须根据具体的财务目标安排各自的经营活动，使企业总体目标得到保障。利用Excel进行财务预算编制，建立预算管理制度，有助于企业有效地调整和控制生产经营活动，促进企业实现经营目标。

10.2.2 案例情况介绍

（1）曙光公司2024年度销量及销售单价见表10-2。

表 10-2 曙光公司2024年度销量及销售单价

时间	销售量(件)
第一季度	1 900
第二季度	2 700
第三季度	3 500
第四季度	2 500
销售单价(元)	105

每季度收到的货款占当季销售额的80%，其余部分在下一季度收取。该公司各季度的期末存货按第一季度销售量的10%计算，年末存货预计为220件。各季度的期末存料量是下一季度预计生产需要量的20%，预计期末存料量为900千克。期末材料单价为10元，每季度支付的购料款为当季购料费用的60%，其余在下一季度支付。

（2）预计预算期制造费用。制造费用按标准总工时分配，如图10-20所示。

项目	金额（元）
职工工资	63000
生活福利	6500
修理费	19000
设备折旧	9400
办公用品	15000
水电费	12000
物料消耗	8000
劳动保护	5800
租赁费	20000
差旅费	15000
保险费	13600
其他	9600
合计	196900

图10-20 预计预算期制造费用

（3）预计财务费用各项开支数额，如图10-21所示。

项目	金额（元）
利息支出	3310
利息收入	2940
汇兑损失	5600
汇兑收益	3500
手续费	9870
其他	16750
合计	41970

图10-21 预计财务费用各项开支数额

预计销售费用各项开支数额及计算比例如下：工资第一、第三季度为1 200元，第二、四季度为1 300元；第二、第三季度广告费开支分别为800元、1 200元；业务费、运输费、保险费为预计销售费的1‰。根据资料，该公司计划预算期第一季度以分期付款方式购入一套设备，价值76 800元，第一季度付款33 000元，第二季度付款15 300元，第三季度付款12 000元，余款在第四季度支付。按税后利润的20%计提盈余公积，将税后利润的30%分给投资单位。该公司按年末应收账款余额的3‰计提坏账准备。

（4）预计预算期管理费用项目开支，如图10-22所示。

项目	金额（元）
职工工资	33000
生活福利	3500
设备折旧	4600
办公用品	17200
差旅费	10500
保险费	3640
物料消耗	6500
低值易耗品摊销	2140
无形资产摊销	5820
递延资产摊销	4800
坏账损失	800
业务招待费	5000
工会经费	7382
职工教育费	6250
税金	400
车船费	80
印花税	50
其他	975
合计	112637

图10-22 预计预算期管理费用项目开支

（5）公司定额成本资料如图10-23所示。

	A	B
1		
2	单位产品材料消耗定额（千克）	1.8
3	单位产品工时定额（工时）	5.5
4	单位工时的工资率（元/工时）	5.8

图10-23　公司定额成本资料

（6）2024年年末简要资产负债表如图10-24所示。

	A	B	C	D	E	F
1	资产	期末余额（元）	上年年末余额（元）	负债和所有者权益	期末余额（元）	上年年末余额（元）
2	流动资产：			流动负债：		
3	货币资金	48 000		交易性金融负债		
4	交易性金融资产			应付账款	22 500	
5	应收账款	26 900		预收款项		
6	预付款项			其他应付款		
7	存货(材料750×12+产成品260×80)	29 800		流动负债合计		
8	其他流动资产			非流动负债：		
9	流动资产合计			长期借款		
10	非流动资产：			非流动负债合计		
11	长期股权投资			负债合计		
12	其他非流动金融资产			所有者权益：		
13	固定资产			实收资本		
14	无形资产			资本公积		
15	商誉			盈余公积		
16	长期待摊费用			未分配利润		
17	非流动资产合计			所有者权益合计		
18	资产总计			负债和所有者权益总计		

图10-24　曙光公司简要资产负债表（2024年12月31日）

其中，存货=材料数量×材料单价+产成品数量×产成品单价，这里的4个数分别为750、12、260、80。

（7）预计各季度销售税金、预计预期投资收益、营业外收入和营业外支出等，如图10-25所示。

	A	B	C	D
1				
2	季度	金额（元）		
3	第一季度	12040		
4	第二季度	15460		
5	第三季度	16260		
6	第四季度	12510		
7				
8				
9	预计预期投资收益、营业外收入和营业外支出（元）			
10	季度	投资收益	营业外收入	营业外支出
11	第一季度			6500
12	第二季度			2200
13	第三季度			300
14	第四季度	20000	41560	17680

图 10-25　各季度销售税金

10.2.3　案例解析

编制这样的财务预算，要先在打开的空白工作簿中，将有关原始资料放在相应的工作表中，这里就用“资料1”“资料2”……“资料6”工作表来存放这些原始数据如图10-26所示。为了能够快速查到每个工作表中的数据，也可以将工作表的名字设为“销售量资料”等。

	A	B	C	D
1				
2	季度	金额（元）		
3	第一季度	12040		
4	第二季度	15460		
5	第三季度	16260		
6	第四季度	12510		
7				
8				
9	预计预期投资收益和营业外收入支出（元）			
10	季度	投资收益	营业外收入	营业外支出
11	第一季度			6500
12	第二季度			2200
13	第三季度			300
14	第四季度	20000	41560	17680
15				

资料1　资料2　资料3　资料4　资料5　资料6　资料7

图 10-26　各季度销售税金

还有一些原始资料中的数据没在上述工作表中体现，这是为了避免此类的工作表过多。在实际工作中，应该将所有数据都存入工作表，以避免数据丢失。

利用这些原始资料，我们就可以进行现金预算了。下面的这些工作表，就是通过引用这些原始数据进行计算和预测而得出的。现金支出各项目的预算主要来自生产预算、采购预算、直接工资预算、制造费用预算等。

（1）销售预算的编制。

销售预算的编制如图10-27所示。

图10-27中的第3、第4行数据引自“曙光公司2024年度销量表”，其余数据为计算所得。

以B栏公式为例，B3、B4取自“曙光公司2024年度销量表”；B5=B3*B4；B6取自“资产负债表”；B7=B5*0.8，根据“曙光公司2024年度销量表”的说明部分计算而得：“每季度收到的货款占当季销售额的80%，其余部分在下一季度收取”；C列的公式与B列大体相同，只是C7=B5-B7较特殊，反映收到上季度欠款的预算数。

	A	B	C	D	E	F
1						
2	摘要	第一季度	第二季度	第三季度	第四季度	全年
3	预计销售量（件）	1900	2700	3500	2500	10600
4	销售单价（元）	105	105	105	105	105
5	预计销售金额（元）	199500	283500	367500	262500	1113000
6	期初应收账款（元）	26900				26900
7	一季度销售收入（元）	159600	39900			199500
8	二季度销售收入（元）		226800	56700		283500
9	三季度销售收入（元）			294000	73500	367500
10	四季度销售收入（元）				210000	210000
11	现金合计(元)	186500	266700	350700	283500	1087400

图10-27　各季度及全年的销售预算

下面我们来介绍一下工作表中的公式情况，操作方法如下：

选中要使用的工作表，单击【公式】菜单中的【公式审核】命令，单击【显示公式】选项卡。这时就可以看到在所有单元格中，凡是有公式的地方都显示成公式的形式，如图10-28所示。

	A	B	C	D	E	F
1						
2	摘要	第一季度	第二季度	第三季度	第四季度	全年
3	预计销售量（件）	=资料1!B3	=资料1!B4	=资料1!B5	=资料1!B6	=SUM(B3:E3)
4	销售单价（元）	=资料1!B7	=资料1!C7	=资料1!D7	=资料1!E7	=资料1!F7
5	预计销售金额（元）	=B3*B4	=C3*C4	=D3*D4	=E3*E4	=F3*F4
6	期初应收账款（元）	26900				=SUM(B6:E6)
7	一季度销售收入（元）	=B5*0.8	=B5-B7			=SUM(B7:E7)
8	二季度销售收入（元）		=C5*0.8	=C5-C8		=SUM(B8:E8)
9	三季度销售收入（元）			=D5*0.8	=D5-D9	=SUM(B9:E9)
10	四季度销售收入（元）				=E5*0.8	=SUM(B10:E10)
11	现金合计(元)	=SUM(B6:B10)	=SUM(C6:C10)	=SUM(D6:D10)	=SUM(E6:E10)	=SUM(B11:E11)

图10-28　各季度及全年的销售预算

这样，我们就可以一目了然地看到每个单元格中数据的来源和算法了。

（2）生产预算的编制。

生产预算的编制如图10-29所示。

	A	B	C	D	E	F
1						
2	摘要	第一季度	第二季度	第三季度	第四季度	全年
3	预计销售量（件）	1900	2700	3500	2500	10600
4	加：预计期末存货量(件)	270	350	250	220	220
5	预计需要量合计(件)	2170	3050	3750	2720	10820
6	减：期初存货量(件)	200	270	350	250	250
7	预计产量(件)	1970	2780	3400	2470	10570
8	直接材料消耗					
9	预计生产需要材料总数（千克）	3546	5004	6120	4446	19026
10	直接人工消耗					
11	预计生产需要工时总数（工时）	10835	15290	18700	13585	58135

图10-29　生产预算

预计产量的计算公式为：

预计产量=预计销售量+预计期末存货量-期初存货量

在该工作表中，预计销售量取自“销售预算表”。

预计期末存货量的计算公式为：

预计期末存货量=下一季度销售量×10%

第四季度的存货量在预计预算期制造费用中给出。

第一季度期初存货数量根据上年度资产负债表得到，如图10-24所示。

直接材料消耗和直接人工消耗的计算公式为：

直接材料消耗=预计生产量×单位产品材料消耗定额

直接人工消耗=预计生产量×单位产品工时定额

通过生产预算表中各部分内容所涉及的公式的分析和解释，我们可以看到，编制生产预算表本身并不复杂，只是在编制过程中不仅需要大量的原始数据，还需要掌握很多财务预算的相关知识。

材料采购现金支出预算如图10-30所示。

	A	B	C	D	E	F
1						
2	摘要	第一季度	第二季度	第三季度	第四季度	全年
3	预计生产需要量（千克）	3546	5004	6120	4446	19116
4	加：预计期末存料量（千克）	1000.8	1224	889.2	900	900
5	预计需要量合计（千克）	4546.8	6228	7009.2	5346	20016
6	减：期初存料量（千克）	820	1000.8	1224	889.2	900
7	预计材料采购量（千克）	3726.8	5227.2	5785.2	4456.8	19116
8	预计计划单价（元）	10	10	10	10	10
9	预计购料金额（元）	37268	52272	57852	44568	191160
10	期初应付账款（元）	22500				22500
11	一季度购料(元)	22360.8	14907.2			37268
12	二季度购料(元)		31363.2	20908.8		52272
13	三季度购料(元)			34711.2	23140.8	57852
14	四季度购料(元)				26740.8	26740.8
15	现金支出合计(元)	44860.8	46270.4	55620	49881.6	196632.8

图10-30 材料采购现金支出预算（一）

材料采购现金支出预算中的相关公式如图10-31所示。

	A	B	C	D	E	F
1						
2	摘要	第一季度	第二季度	第三季度	第四季度	全年
3	预计生产需要量（千克）	=生产预算!B9	=生产预算!C9	=生产预算!D9	=生产预算!E9	=SUM(B3:E3)
4	加：预计期末存料量（千克）	=C3*0.2	=D3*0.2	=E3*0.2	900	=E4
5	预计需要量合计（千克）	=SUM(B3:B4)	=SUM(C3:C4)	=SUM(D3:D4)	=SUM(E3:E4)	=SUM(F3:F4)
6	减：期初存料量（千克）	820	=B4	=C4	=D4	=E4
7	预计材料采购量（千克）	=B5-B6	=C5-C6	=D5-D6	=E5-E6	=F5-F6
8	预计计划单价（元）	10	10	10	10	10
9	预计购料金额（元）	=B7*B8	=C7*C8	=D7*D8	=E7*E8	=F7*F8
10	期初应付账款（元）	=资料6!F4				=SUM(B10:E10)
11	一季度购料(元)	=B9*0.6	=B9-B11			=SUM(B11:E11)
12	二季度购料(元)		=C9*0.6	=C9-C12		=SUM(B12:E12)
13	三季度购料(元)			=D9*0.6	=D9-D13	=SUM(B13:E13)
14	四季度购料(元)				=E9*0.6	=SUM(B14:E14)
15	现金支出合计(元)	=SUM(B10:B14)	=SUM(C10:C14)	=SUM(D10:D14)	=SUM(E10:E14)	=SUM(B15:E15)

图10-31 材料采购现金支出预算（二）

（3）直接工资预算的编制。

直接工资预算的编制如图10-32所示。

	A	B	C	D	E	F
1						
2	摘要	第一季度	第二季度	第三季度	第四季度	全年
3	预计生产需要工时总数（工时）	10835	15290	18700	13585	58135
4	单位工时的工资率（元/工时）	5.8	5.8	5.8	5.8	5.8
5	预计直接工资支出总额（元）	62843	88682	108460	78793	337183

图10-32 直接工资预算（一）

直接工资预算中的相关公式如图10-33所示。

	A	B	C	D	E	F
1						
2	摘要	第一季度	第二季度	第三季度	第四季度	全年
3	预计生产需要工时总数（工时）	=生产预算!B11	=生产预算!C11	=生产预算!D11	=生产预算!E11	=生产预算!F11
4	单位工时的工资率（元）	=资料5!B4	=资料5!C4	=资料5!D4	=资料5!E4	=资料5!F4
5	预计直接工资支出总额（元）	=B3*B4	=C3*C4	=D3*D4	=E3*E4	=F3*F4

图10-33　直接工资预算（二）

（4）制造费用的编制。

制造费用的编制如图10-34所示。

	A	B	C
1			
2	项目	金额（元）	费用分配率（元／小时）
3	职工工资	63000	
4	生活福利	6500	
5	修理费	19000	
6	设备折旧	9400	
7	办公用品	15000	
8	水电费	12000	
9	物料消耗	8000	
10	劳动保护	5800	
11	租赁费	20000	
12	差旅费	15000	
13	保险费	13600	
14	其他	9600	
15	合计	196900	
16	减：折旧	9400	
17	制造费用全年现金支出	187500	
18	制造费用每季现金支出	46875	3.39

图10-34　制造费用

制造费用中的相关公式如图10-35所示。

	A	B	C
1			
2	项目	金额（元）	费用分配率（元／小时）
3	职工工资	=资料2!B3	
4	生活福利	=资料2!B4	
5	修理费	=资料2!B5	
6	设备折旧	=资料2!B6	
7	办公用品	=资料2!B7	
8	水电费	=资料2!B8	
9	物料消耗	=资料2!B9	
10	劳动保护	=资料2!B10	
11	租赁费	=资料2!B11	
12	差旅费	=资料2!B12	
13	保险费	=资料2!B13	
14	其他	=资料2!B14	
15	合计	=SUM(B3:B14)	
16	减：折旧	=B6	
17	制造费用全年现金支出	=B15-B16	
18	制造费用每季现金支出	=B17/4	=B15/工资预算!F3

图10-35　制造费用的计算公式

（5）管理费用的编制。

管理费用的编制如图10-36所示。

	A	B
1		
2	项目	金额（元）
3	管理费用合计	112637
4	减：折旧	4600
5	低值易耗品摊销	2140
6	无形资产摊销	5820
7	递延资产摊销	4800
8	管理费用全年现金支出总额	95277
9	管理费用每季现金支出总额	23819.25

图 10-36 管理费用

管理费用中的相关公式如图 10-37 所示。

	A	B
1		
2	项目	金额（元）
3	管理费用合计	=资料4!B21
4	减：折旧	=资料4!B5
5	低值易耗品摊销	=资料4!B10
6	无形资产摊销	=资料4!B11
7	递延资产摊销	=资料4!B12
8	管理费用全年现金支出总额	=B3-B4-B5-B6-B7
9	管理费用每季现金支出总额	=B8/4

图 10-37 管理费用的计算公式

（6）财务费用的编制。

财务费用的编制如图 10-38 所示。

	A	B
1		
2	项目	金额（元）
3	利息支出	3310
4	利息收入	-2940
5	汇兑损失	5600
6	汇兑收益	-3500
7	工时费	3500
8	手续费	6200
9	其他费用	16750
10	合计	28920

图 10-38 财务费用

财务费用的相关公式如图 10-39 所示。

	A	B
1		
2	项目	金额（元）
3	利息支出	=资料3!B3
4	利息收入	=-资料3!B4
5	汇兑损失	=资料3!B5
6	汇兑收益	=-资料3!B6
7	工时费	3500
8	手续费	6200
9	其他费用	=资料3!B8
10	合计	=SUM(B3:B9)

图 10-39 财务费用的计算公式

（7）销售费用预算的编制。

销售费用预算的编制如图 10-40 所示。

	A	B	C	D	E	F
1						
2	摘要	第一季度	第二季度	第三季度	第四季度	全年
3	工资(元)	1200	1300	1200	1300	5000
4	福利费(元)	144	156	144	156	600
5	业务费(元)	199.5	283.5	367.5	262.5	1113
6	广告费(元)		800	1200		2000
7	包装费(元)	199.5	283.5	367.5	262.5	1113
8	运输费(元)	199.5	283.5	367.5	262.5	1113
9	保管费(元)	199.5	283.5	367.5	262.5	1113
10	合计(元)	2142	3390	4014	2506	12052

图 10-40 销售费用预算

销售费用预算的相关公式如图 10-41 所示。

	A	B	C	D	E	F
1						
2	摘要	第一季度	第二季度	第三季度	第四季度	全年
3	工资(元)	1200	1300	1200	1300	=SUM(B3:E3)
4	福利费(元)	=B3*0.12	=C3*0.12	=D3*0.12	=E3*0.12	=F3*0.12
5	业务费(元)	=销售预算!B5*0.001	=销售预算!C5*0.001	=销售预算!E5*0.001	=销售预算!E5*0.001	=SUM(B5:E5)
6	广告费(元)		800	1200		=SUM(B6:E6)
7	包装费(元)	=B5	=C5	=D5	=E5	=SUM(B7:E7)
8	运输费(元)	=B5	=C5	=D5	=E5	=SUM(B8:E8)
9	保管费(元)	=B5	=C5	=D5	=E5	=SUM(B9:E9)
10	合计(元)	=SUM(B3:B9)	=SUM(C3:C9)	=SUM(D3:D9)	=SUM(E3:E9)	=SUM(F3:F9)

图 10-41 销售费用预算的计算公式

（8）现金收支预算的编制。

现金收支预算的编制如图 10-42 所示。

	A	B	C	D	E	F
1						
2	摘要 （单位：元）	第一季度	第二季度	第三季度	第四季度	全年
3	期初现金余额	48000	4204.97	10693.34	22830.11	50000
4	加：现金收入					
5	收回应收账款及销货现金收入	186500	266700	350700	283500	1087400
6	其他现金收入				61560	61560
7	可供使用现金合计	234500	270904.97	361393.3	367890.11	1198960
8	减：现金支出					
9	采购直接材料	44860.8	46270.4	55620	49881.6	196632.8
10	支付直接工资	62843	88682	108460	78793	337183
11	支付制造费用	46875	46875	46875	46875	187500
12	支付管理费用	23819.25	23819.25	23819.25	23819.25	95277
13	支付财务费用	7230	7230	7230	7230	28920
14	支付销售费用	2142	3390	4014	2506	12052
15	支付销售税金	12040	15460	16260	12510	56270
16	支付所得税	15984.98	15984.98	15984.98	15984.98	63939.92
17	购置固定资产	33000	15300	12000	26400	86700
18	分配给其他单位的利润				38751.46	38751.46
19	其他现金支出	6500	2200	300	17680	26680
20	现金支出合计	255295.03	265211.63	290563.2	320431.29	1131501.18
21	现金多余（或不足）	-20795.03	5693.34	70830.11	47458.82	67458.82
22	资金的筹集运用					
23	向银行借款	25000	5000			30000
24	归还借款			-30000		-30000
25	短期证券投资			-18000	-10000	-28000
26	出售短期投资证券				14000	14000
27	运用资金合计				1600	1600
28	筹集运用资金合计	4204.97	10693.34	22830.11	51458.82	53458.82

图 10-42 现金收支预算

现金收支预算的相关公式如图10-43所示。

	A	B	C	D	E	F
1						
2	摘要（单位：元）	第一季度	第二季度	第三季度	第四季度	全年
3	期初现金金额	=资料6!C3	=B28	=C28	=D28	50000
4	加现金收入					
5	收回应收账款及销货现金收入	=销售预算!B11	=销售预算!C11	=销售预算!D11	=销售预算!E11	=SUM(B5:E5)
6	其他现金收入				41560+2000	=SUM(E6)
7	可供使用现金合计	=SUM(B3:B6)	=SUM(C3:C6)	=SUM(D3:D6)	=SUM(E3:E6)	=SUM(F3:F6)
8	减现金支出					
9	采购直接材料	=材料采购!B15	=材料采购!C15	=材料采购!D15	=材料采购!E15	=SUM(B9:E9)
10	支付直接工资	=工资预算!B5	=工资预算!C5	=工资预算!D5	=工资预算!E5	337183
11	支付制造费用	=制造费用!B18	=B11	=C11	=D11	=SUM(B11:E11)
12	支付管理费用	=管理费用!B9	=B12	=C12	=D12	=SUM(B12:E12)
13	支付财务费用	=财务费用!B10/4	=B13	=C13	=D13	=SUM(B13:E13)
14	支付销售费用	=销售费用!B10	=销售费用!C10	=销售费用!D10	=销售费用!E10	=SUM(B14:E14)
15	支付销售税金	= 资料7 !B3	= 资料7 !B4	= 资料7 !B5	= 资料7 !B6	=SUM(B15:E15)
16	支付所得税	公式见书中正文	=B16	=B16	=B16	=SUM(B16:E16)
17	购置固定资产	33000	15300	12000	26400	=SUM(B17:E17)
18	分给其他单位的利润				=$B$16*4/0.33*0.2	=SUM(B18:E18)
19	其他现金支出	6500	2200	300	17680	=SUM(B19:E19)
20	现金支出合计	=SUM(B9:B19)	=SUM(C9:C19)	=SUM(D9:D19)	=SUM(E9:E19)	=SUM(B20:E20)
21	现金多余（或不足）	=B7-B20	=C7-C20	=D7-D20	=E7-E20	=F7-F20
22	资金的筹集运用					
23	向银行借款	25000	5000			=SUM(B23:E23)
24	归还借款			-30000		=SUM(B24:E24)
25	短期证券投资			-18000	-10000	=SUM(B25:E25)
26	出售短期投资证券				14000	=SUM(B26:E26)
27	运用资金合计				1600	=SUM(B27:E27)
28	筹集运用资金合计	=B7-B20+SUM(B22:B26)	=C7-C20+SUM(C22:C26)	=D7-D20+SUM(D22:D26)	=E7-E20+SUM(E22:E26)	=F7-F20+SUM(F22:F26)

图10-43　现金收支预算的计算公式

现金收支预算表是财务部门在各业务部门编制完成的分预算的基础上编制出来的，在本表的编制过程中几乎用到了上面所有表的数据和内容。

根据“其他现金支出”行及以上各行的数据可计算得到“现金支出合计”，并可以对“现金多余（或不足）”做出调整。

在第23行到28行中，我们对数据做了如下调整：

在第一季度，“购买固定资产”支出33 000元，此时公司“合计现金支出”为-20 795.03元，故“向银行借款”25 000元。

在第二季度，“向银行借款” 5 000元。

在第三季度，由于有了较大盈余，所以一并归还了银行的借款，并将一部分资金用于证券投资，提高资金的利用效率。

在第四季度，“出售短期投资证券”获利1 600元，同时又进行“短期证券投资”10 000元。

当然，我们可以根据这些资料和实际的资金运筹能力，优化上面的数据表。比如，借贷可以更多些，购买固定资产的时间可以向后推迟等。

10.2.4 举一反三

可以看到，使用Excel编制预算的思路和手工编制预算基本相同，但借助Excel，可以使计算得到简化。由于所有数据是动态链接在一起的，所以只要原始数据有变化，下面的预算也会做出相应的变化，这就极大地方便了数据的调试，同时也给各部门以更大的灵活性。当然，数据的调试只是小范围内的，也就是说一些原始参数只能有小的调整，不能随意输入一些不切实际的数据。对于这一点，作为财务工作者，应该做到心中有数。

如果数据表更完善，还可以利用“单变量求解”进行逆向运算。比如，要使利润达到某一特定数值，在其他数据不变的情况下，产量应达到多少才能使企业达到利润目标？通过这个例子，希望财务工作者能掌握利用Excel进行财务预算的思路，并结合本单位的实际情况，编制出更合理、更实用的财务预算表。

10.3 综合案例三

10.3.1 综合案例三目标

无论是会计人员还是运营人员、行政人员，甚至公司高管，凡是用电脑办公的人，几乎或多或少地都会利用Excel处理工作，作简单地数据分析。如果能够更进一步地利用数据透视表、切片器、函数等工具，会极大地提升数据分析能力，提高工作效率与工作质量。

本例通过综合使用数据透视表、切片器、数据透视图，将单一的表格内容转换为可视化的、可交互的、更加直观和高效的动态看板。

10.3.2 案例情况介绍

资料：下载二维码10-1的电子表，获取某公司2023年度书写笔的销售数据，表中记录了每位销售员、每个产品类别、每个销售城市的销售金额。

二维码 10-1

书写笔的销售数据

要求：综合利用数据透视表、切片器、数据透视图，将单一的表格内容转换为可视化的、可交互的、更加直观高效的动态看板。

提示：本例需要使用Excel 2010以上版本，因为需要运用切片器功能。可以升级Excel版本，或者安装金山WPS。

10.3.3 案例解析

步骤一：创建数据透视表。

（1）空白数据透视表的创建。

首先点击任意一个单元格，然后点击“插入”，最后点击“数据透视表”，如图10-44所示。

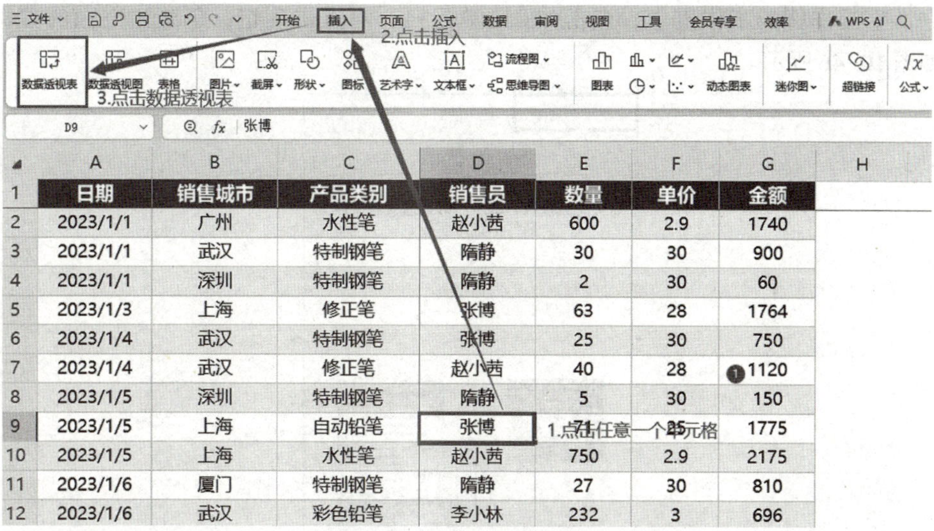

图 10-44　创建数据透视表

（2）数据透视表的设置。

点击“数据透视表”后，会出现设置弹框。设置时：①点击现有工作表；②在现有工作表的位置处，点击学生操作区；③点击学生操作区工作表的任意位置，如图 10-45 所示。

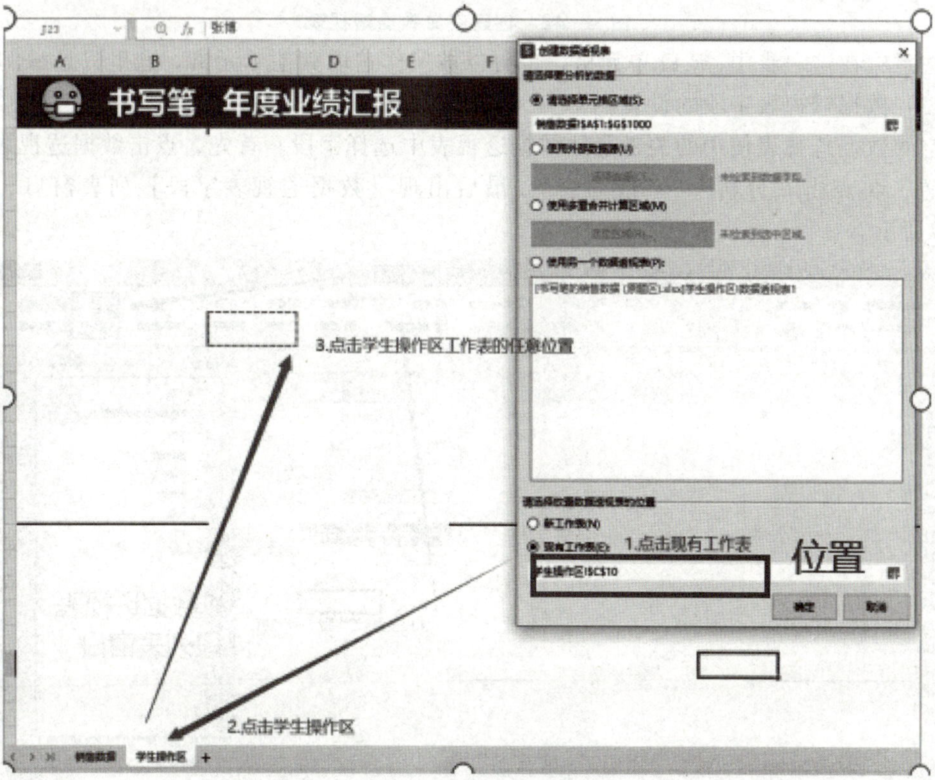

图 10-45　数据透视表的设置步骤

在学生操作区的工作表中，点击如C11单元格，再点击确定，创建出空白的数据透视表，如图10-46所示。

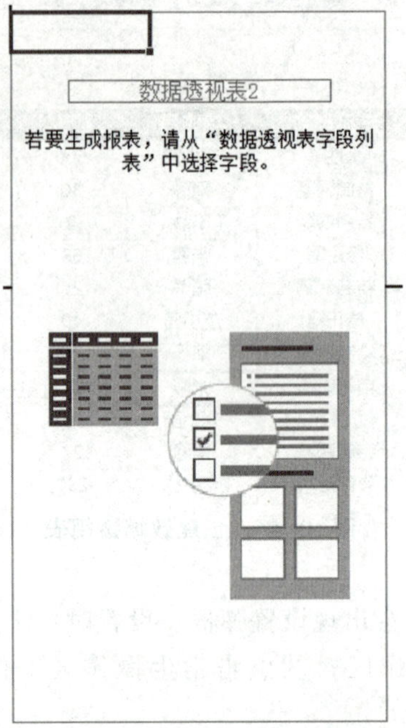

图10-46　创建空白数据透视表

注意：在这一步中，C11单元格，也可以被换作选取其他单元格。这里只是举例。

（3）数据透视表字段的设置。

空的数据透视表使用的关键是从数据透视表中选择字段。首先，点击数据透视表的任意位置，再点击“分析”“字段列表”，最后出现【数据透视表字段】列表窗口，如图10-47所示。

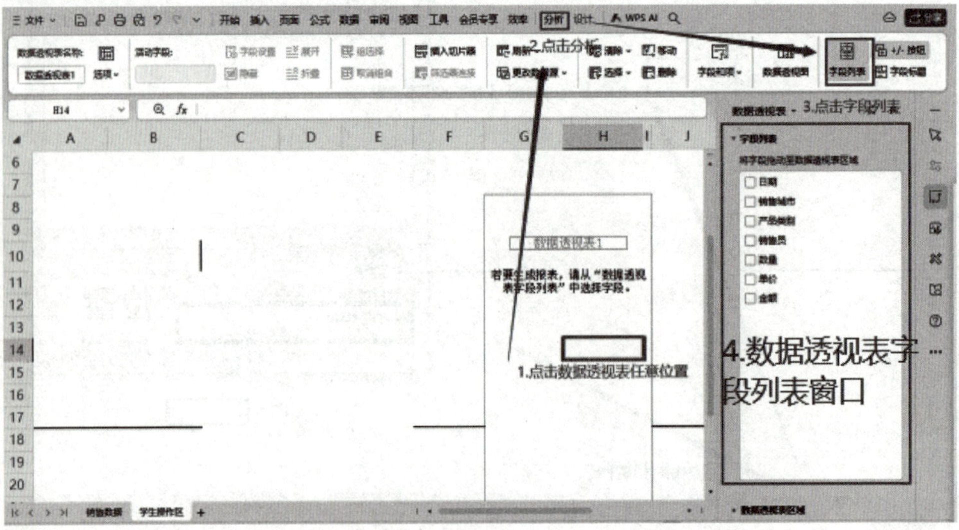

图10-47　【数据透视表字段】列表窗口

在【数据透视表字段】列表窗口上面有这批销售数据的表头，如日期、销售城市、产品类别、销售员、金额等，按照分析意向，勾选相应指标。本例首先勾选“产品类别”和“金额”，如图10-48所示。

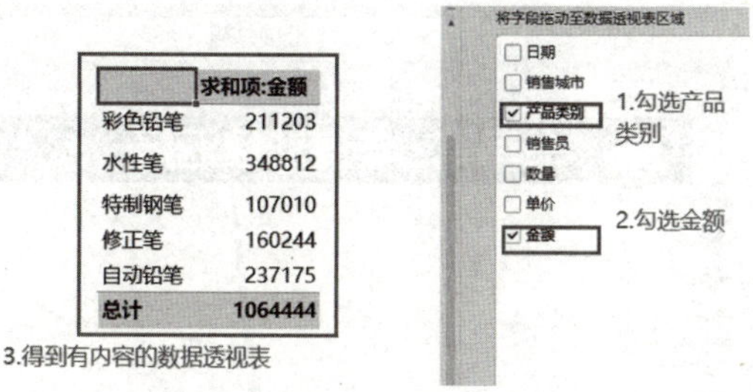

图10-48　勾选产品类别和金额

（4）数据透视表字段的修饰。

在有内容的数据透视表中，首行标签默认显示的是求和项。为了更加清晰、准确、美观地反映分析内容，需要对这个默认的标题进行修改和修饰，如图10-49所示。

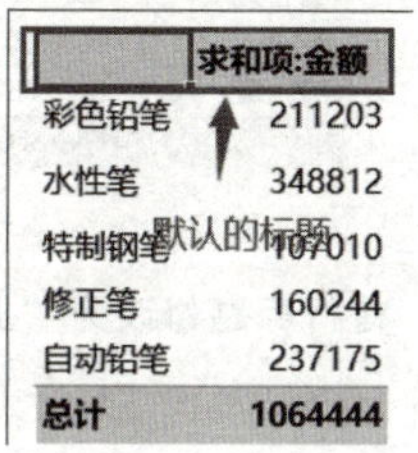

图10-49　首行默认标签

具体步骤如下：

①点击透视表任意位置。

②点击“设计”。

③点击“报表布局”。

④选择“以表格形式显示”，如图10-50所示。

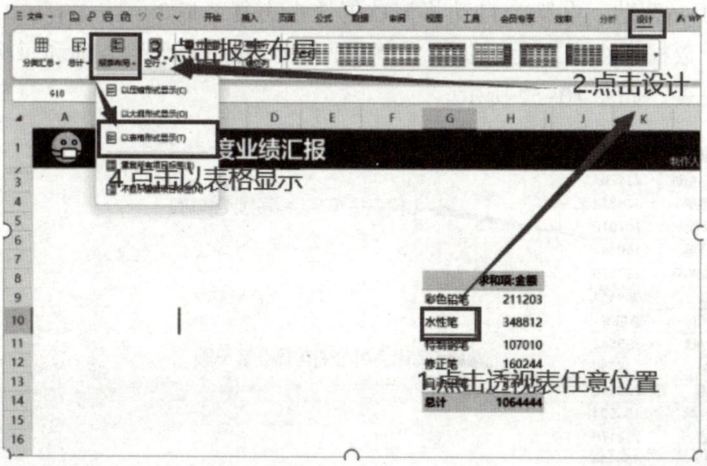

图10-50　修改首行标题

⑤手动修改D11单元格，将其改为业绩总额，点击Enter键即可，如图10-51所示。

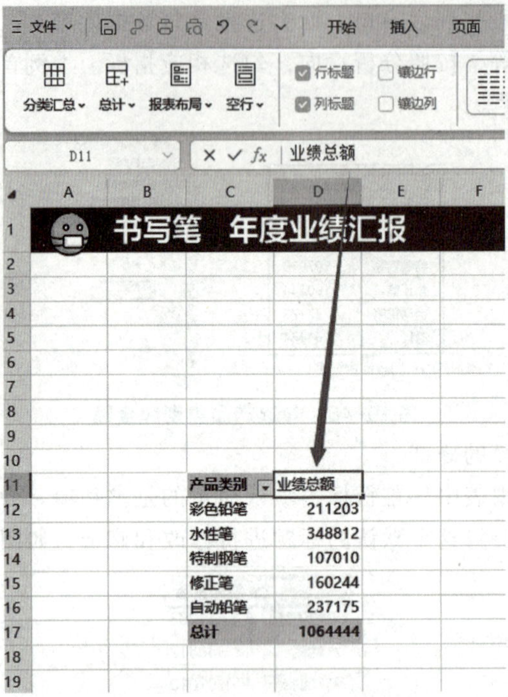

图10-51 首行标题修改为“业绩总额”

（5）数据透视表的多重要素显示。

前面完成的只是各个产品类别的销售总额，如果想了解某个销售员对某种产品的销售额，或者某个销售员在某地的销售业绩，或者某种产品在某地的销售量，等等，就需要对数据透视表进行多重要素复合显示。

具体步骤如下：

① 点击数据透视表任意部位，Ctrl+A全选整个数据透视表。

② 按住Ctrl+C复制，电脑会自动复制该数据透视表。

③ 按住Ctrl+V粘贴，电脑会自动将该数据透视表复制成2个。

④ 将第2个数据透视表改为销售员，就会得到代表每个产品类别和每个销售员的业绩总额的数据透视表，如图10-52所示。

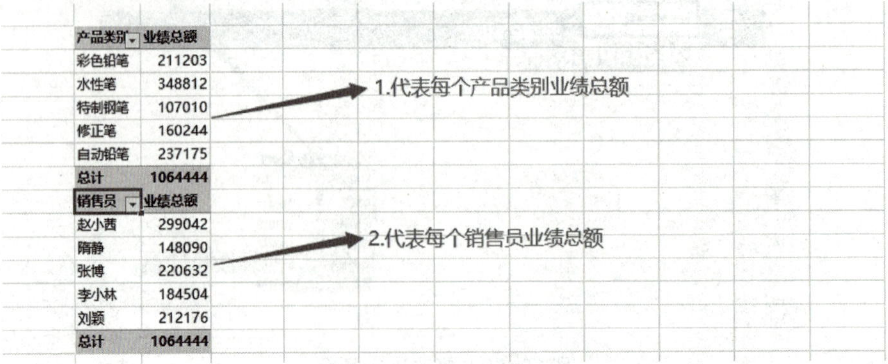

图10-52 显示两个要素的数据透视表

同时选中两个透视表，点击“设计”，再选取合适的表样，就可以对数据透视表进行美化，如图10-53所示。

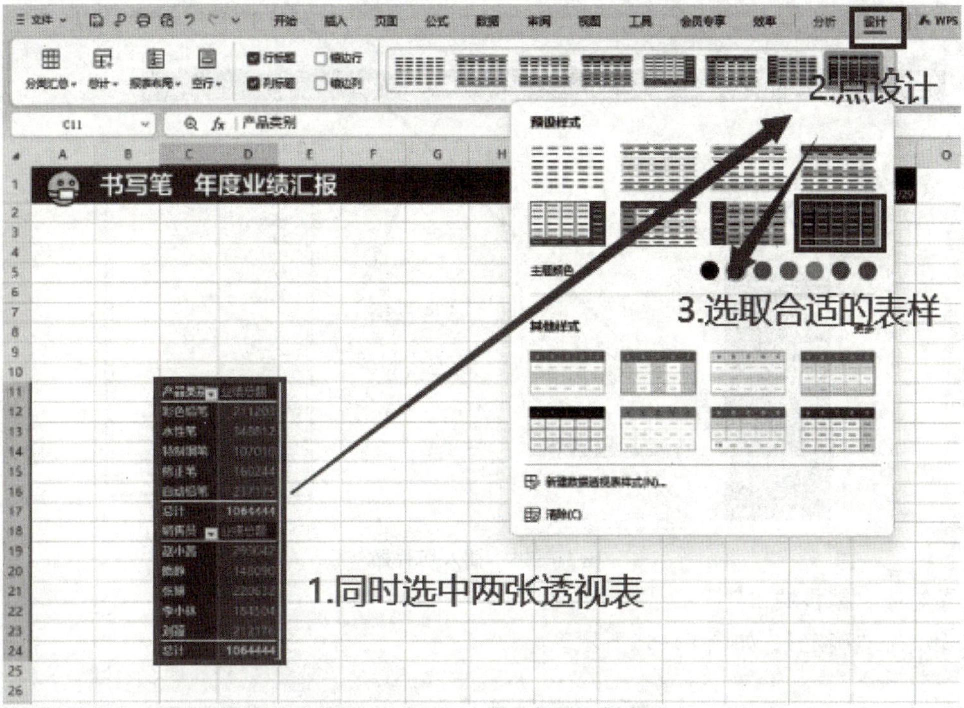

图10-53 美化数据透视表

这样，数据透视表的样式就基本完成美化。不同的版本系统自带的样式版本不同，免费版相对简单，收费版能更多元化且美观，在实际应用中，可以根据自己的喜好，选择不同样式对数据表进行美化。

步骤二：切片器的运用。

前面所介绍的数据透视表是为动态看板的制作搭建骨架，动态看板之所以能动起来，表现为与人的互动，关键就是切片器。因为切片器可以把我们创建的数据透视表“切开来看”，比如，我们想知道张博的业绩总额里有多少是深圳地区的，就可以运用切片器来看。

（1）建立切片器。

①点击数据透视表任意位置。在此温馨提示：一定要记得先点击透视表！任意位置都可以，这样才能看到分析选择。很多同学都犯了这个错，导致找不到“分析”按键。

②点击“分析”。

③点击“插入切片器”。

④出现切片器，如图10-54所示。

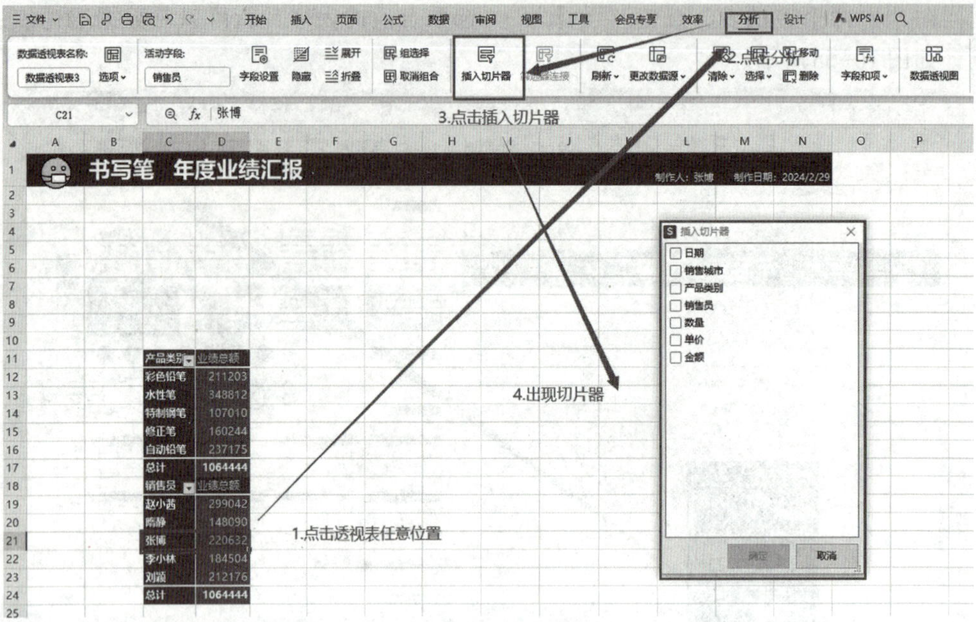

图 10-54 插入切片器

⑤勾选“销售城市”。

⑥点击“确定”，如图 10-55 所示。

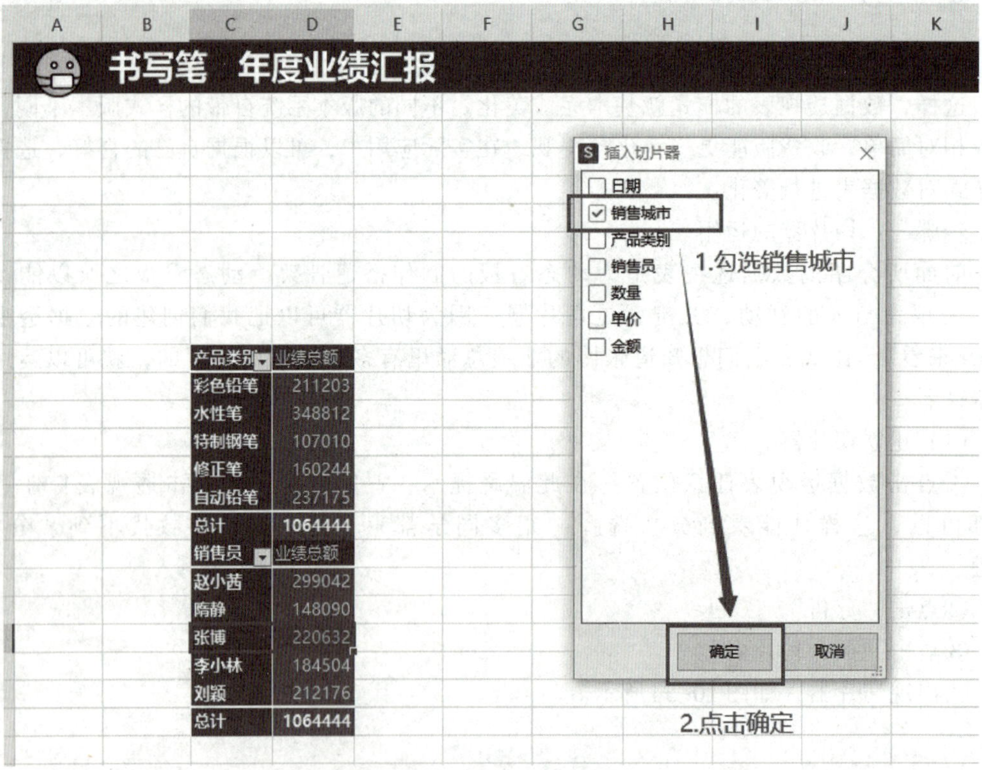

图 10-55 勾选“销售城市”

切片器其实也是一组要素选项，根据自己的需要选取即可，本例选取的是销售城市，如图10-56所示。

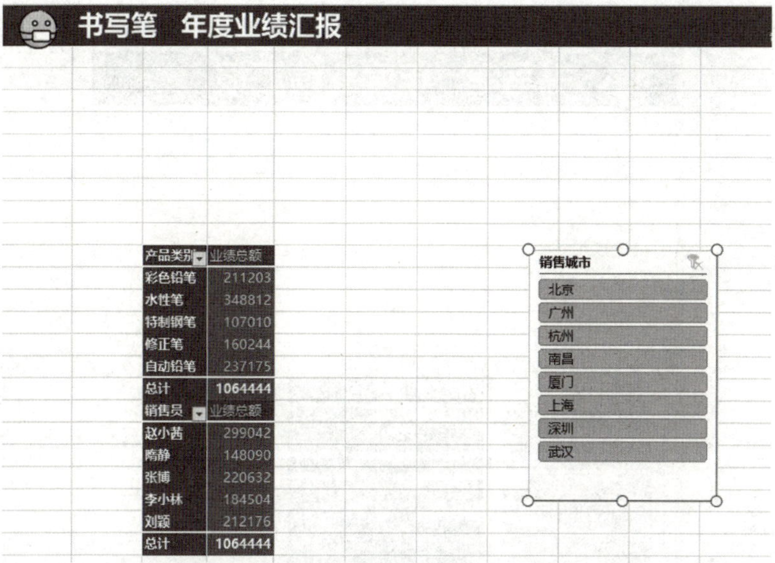

图10-56 选取“销售城市”

（2）建立切片器与数据透视表之间直接的数据连接。

具体步骤如下：

① 点击切片器。

② 点击“选项”。

③ 点击“报表连接”。

④ 同时勾选两个数据透视表。

⑤ 点击“确定”，如图10-57所示。

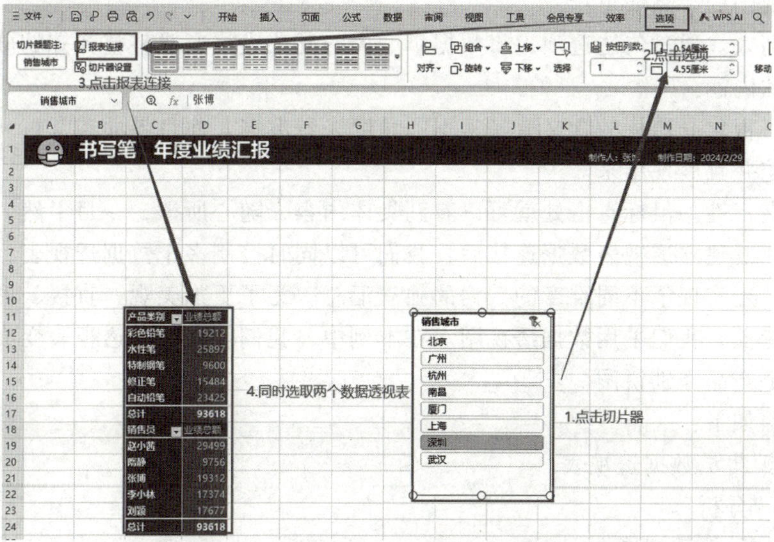

图10-57 切片器与数据透视表之间建立连接

此时，切片器就与两个透视表实现了实时同步。通过点击某销售员业绩按键，或者某产品类别按键，就可以看到数据透视表的数据也相应改变了，如图10-58所示。如果切片器位置挡到了透视表，可以拖曳切片器，调整到合适位置。

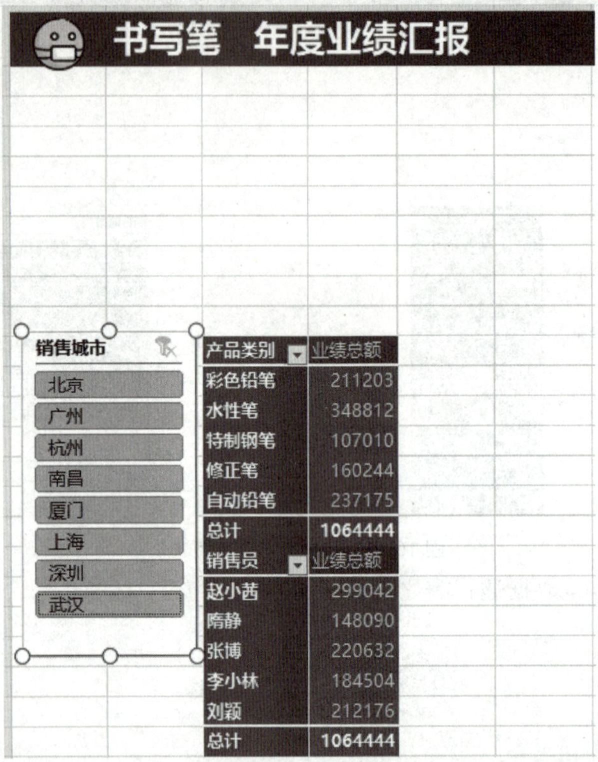

图10-58 切片器与两个透视表实现实时同步

步骤三：数据透视图的运用。

数据透视图的特点如下：

第一，高效。通过勾选选项，将数据量巨大的复杂表格变成整整齐齐的分析结果，清晰表达数据的内涵。

第二，可视化。透视的含义就是从不同角度去看数据，而且界面非常直观，直接将数据的内容深挖并且展现出来。

第三，交互性。鼠标点击处就可以看到具体内容，随心所欲，一目了然。

通过切片器建立透视表数据连接后，我们可以同时控制多个数据透视表，同时通过切片器的切换，还实现了不同维度的数据的独立汇总。为了更加美观、直接、形象地反映出数据之间的特征，我们采用数据透视图。在本例中，我们将做好的透视表变成一个销售员柱状图和一个产品类别饼图。

具体步骤如下：

① 点击销售员数据透视表。

② 点击“分析”。

③ 点击“数据透视图”。

④ 弹出插入图表窗口，点选“柱形图”，然后确定，如图 10-59 所示。

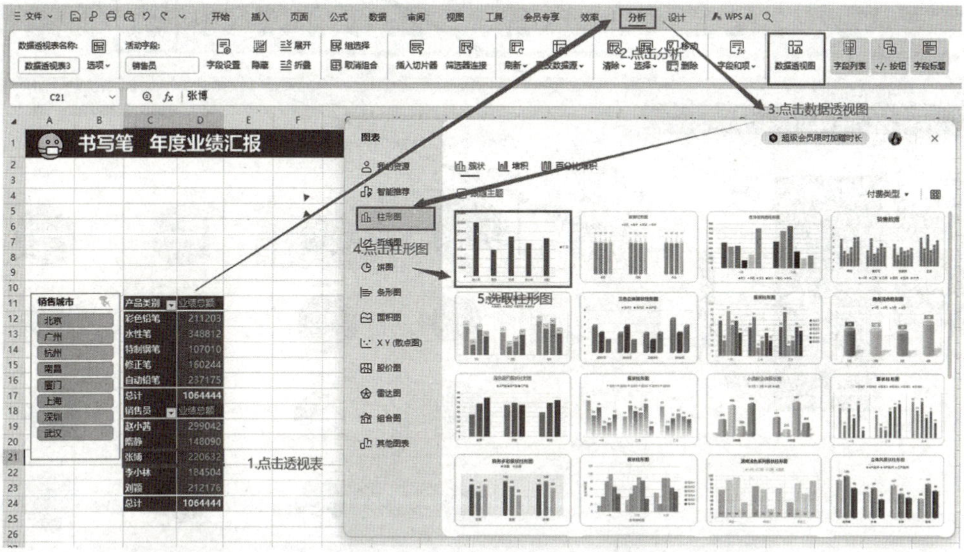

图 10-59 销售员销售业绩数据透视图的操作步骤示意图

最后，我们就得到一个能够显示每个销售员的销售业绩柱形图，如图10-60所示。

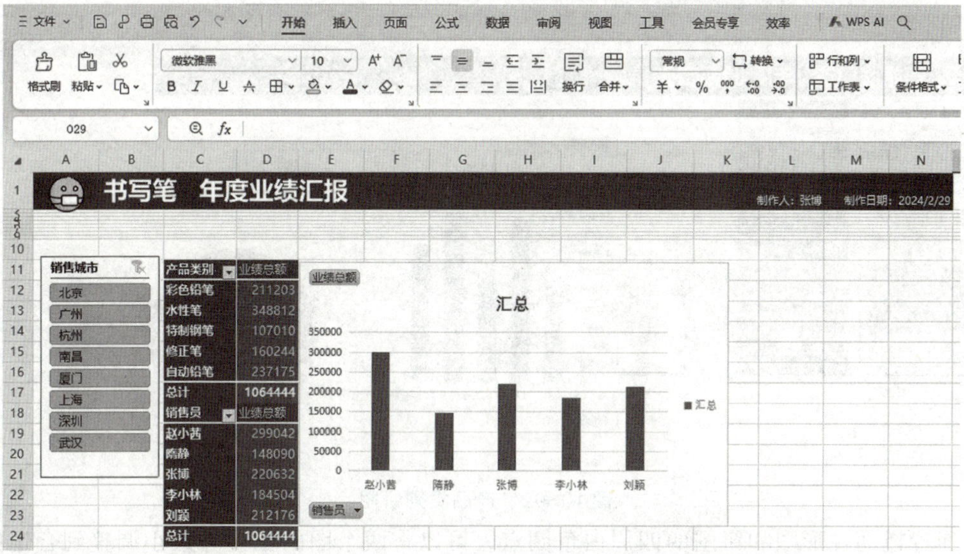

图 10-60 每个销售员的销售业绩柱形图

用同样的方法，我们可以为产品类别对应的数据透视表建一个饼图。

具体步骤为：

①点击产品类别数据透视表。

②点击“分析”。

③点击“数据透视图”。

④在图表类型弹框中选择“饼图”，然后确定，如图 10-61 所示。

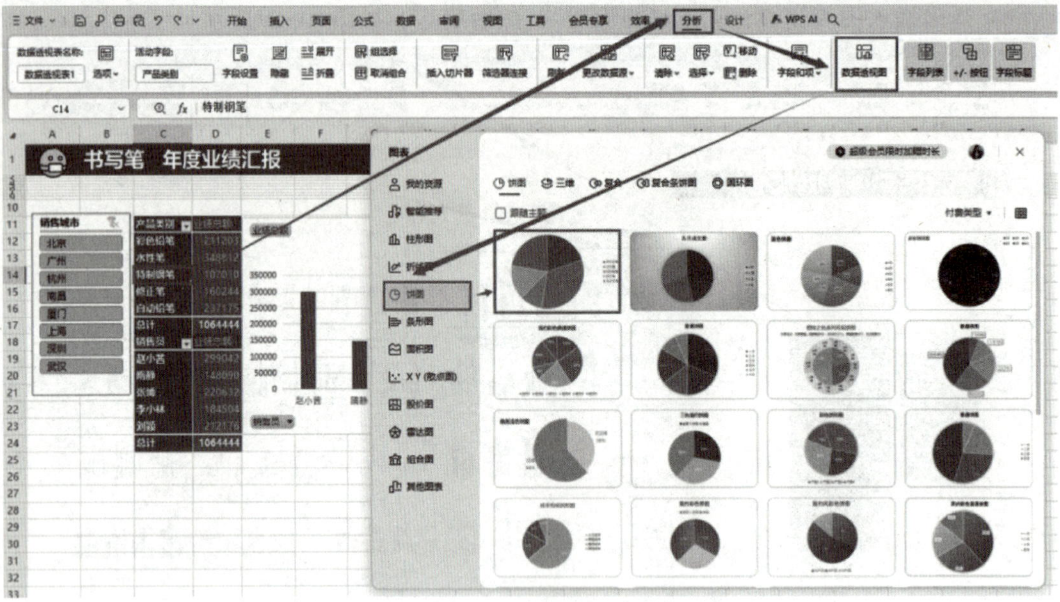

图 10-61 产品类别数据透视图的操作步骤示意图

最后，我们就得到一个能够显示产品类别的饼图，如图10-62所示。

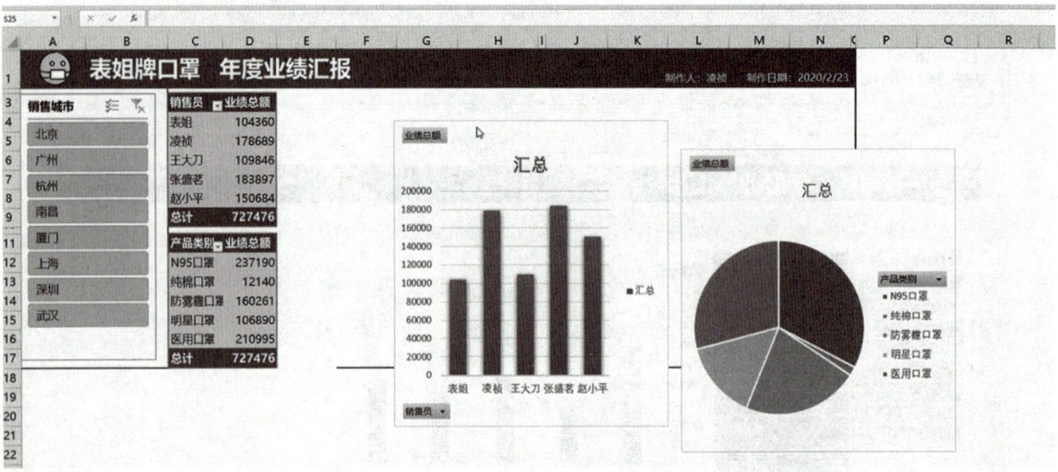

图 10-62 产品类别饼图

通过拖动柱形图和饼图的四周白色圆点，可以将两个图的位置与大小调整到合适的状态，如图10-63所示。

最后，我们对已经创建出来的柱形图和饼图进行美化。

具体步骤如下：

①点击柱形图。

②点击“设计”选项卡。

③点击右侧下拉箭头，选择黑色背景样式，需要注意的是，WPS没有设计选项卡，直接点击“绘图工具”，再选择“填充”下的黑色背景，如图10-64所示。

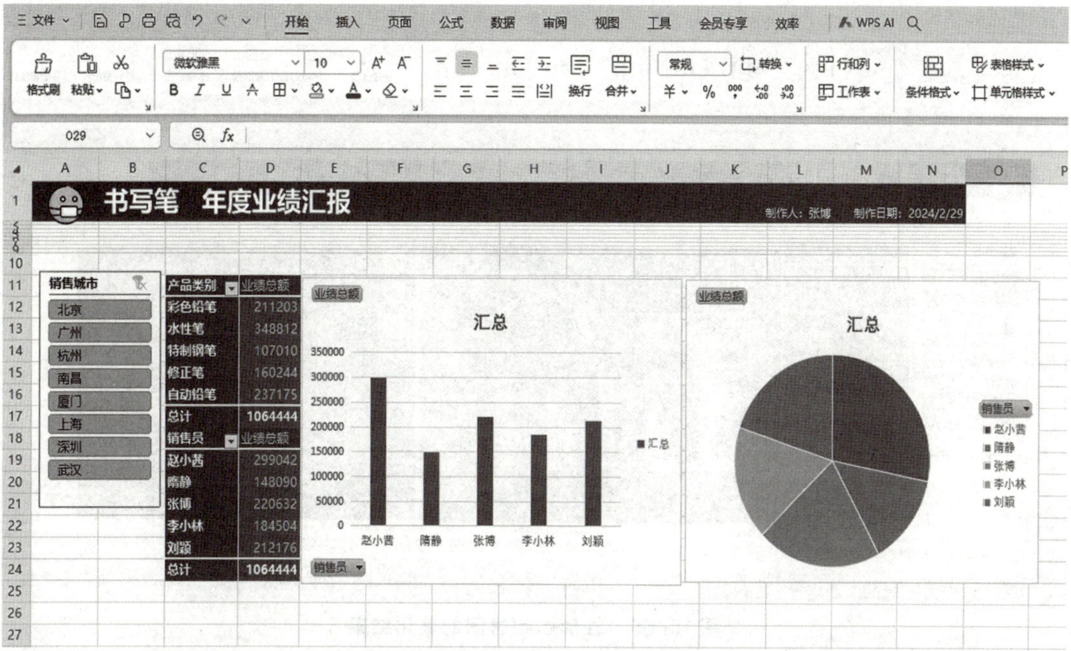

图 10-63 调整柱形图和饼图的大小和位置

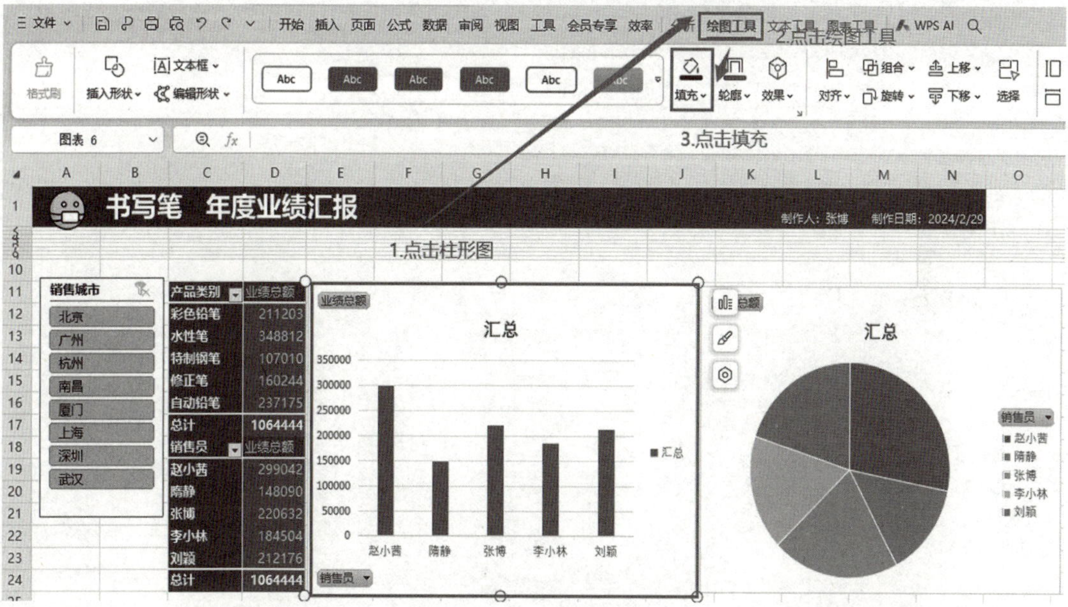

图 10-64 柱形图和饼图的美化步骤

（4）点击图表样式边的“更改颜色”，需要注意的是，WPS可以直接点击柱体，在样式中更改颜色，如图 10-65 所示。

最终，我们就完成了动态看板的制作。本例中运用的是 WPS，如果用 Excel 2010 以上版本，也可以对切片器进行美化。直接选取切片器就可以进行编辑，此处不再赘述。

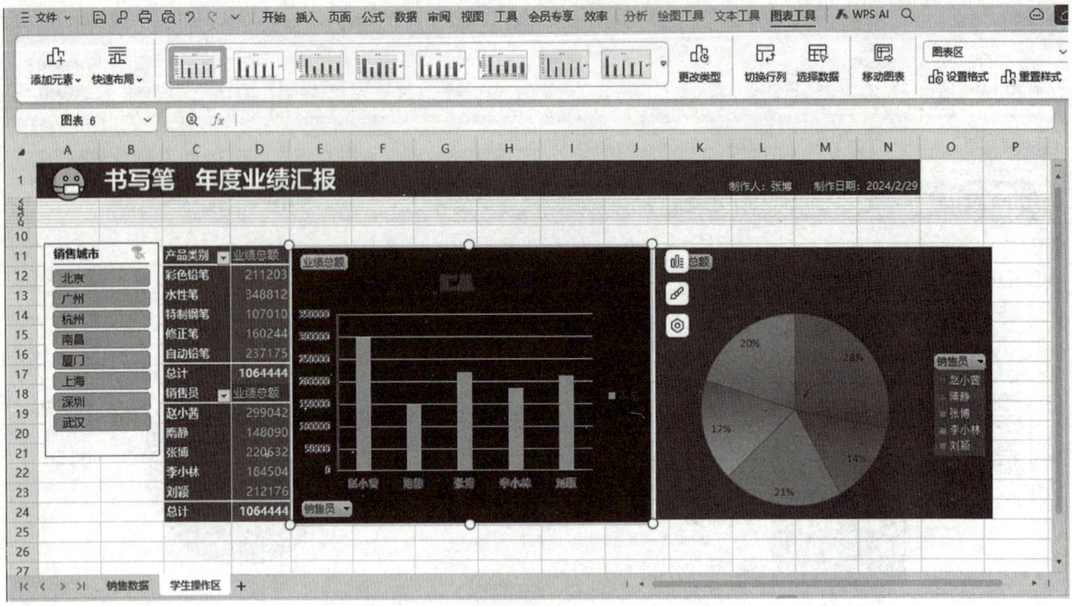

图 10-65　柱形图和饼图的美化结果

主要参考文献

［1］韩良智．Excel在财务管理中的应用［M］．北京：人民邮电出版社，2004．

［2］李继兵．Excel公式与函数应用范例［M］．北京：中国青年出版社，2004．

［3］谢岚，林润华．Excel在公司理财中的应用［M］．北京：人民邮电出版社，2004．

［4］国家发展和改革委员会培训中心．经济计量分析与Excel应用［M］．北京：中国市场出版社，2005．

［5］王诚君，王鸿．中文Excel 2016应用教程［M］．北京：清华大学出版社，2005．

［6］周丽媛，付艳，刘大志．Excel在财务管理中的应用学习导航［J］．辽东学院学报，2005（6）．

［7］李箐．Excel在财务管理中的应用［M］．北京：电子工业出版社，2008．

［8］孟俊婷．Excel在财务管理中的应用［M］．2版.上海：立信会计出版社，2012．

［9］Excel Home.Excel2016函数与公式应用大全［M］．北京：北京大学出版社，2018．

［10］Excel Home.Excel2016数据透视表应用大全［M］．北京：北京大学出版社，2018．

［11］精英资讯.Excel财务管理［M］．北京：中国水利水电出版社，2019．

［12］刘淑莲．财务管理［M］．6版.大连：东北财经大学出版社，2022．

主要参考文献